东汉佛经词汇研究

史光辉 著

商务印书馆
The Commercial Press
创于1897

教育部哲学社会科学后期资助项目
"东汉佛经词汇研究",编号:11JHQ057
本书获杭州师范大学中国语言文学学科经费资助

序

　　从上世纪 80 年代开始,汉译佛经语言研究蔚然兴起。蒋礼鸿、郭在贻、项楚、吴金华、李维琦、江蓝生、蔡镜浩、董志翘等诸位学者,利用汉译佛经考释研究近代汉语、中古汉语词汇,创获卓著。我与王云路的《中古汉语语词例释》,也征引、利用了一批译经;我们合编的《中古汉语读本》,第一类就是佛经。朱庆之、颜洽茂、梁晓虹等诸位同道,均较早地开展了对汉译佛经语言的专项研究,成就斐然。1996 年,我在《中国语文》发表了题为《东汉语料与词汇研究刍议》的文章,认为汉译佛经的重要学术价值亟待发掘。

　　1997 年秋季,我招收的第一位博士研究生史光辉入学。光辉是我和云路向来敬重的贵州大学王锳先生的高足,话不多,颇有内秀。交谈后发现,光辉是有志于学术研究的可造之材,惟其如此,我对他的博士学位论文选题颇费斟酌。我认为,博士学位论文的选题,最好既有一定的体量,也有前沿性、可持续性。佛经汉译肇自东汉,东汉安世高、支娄迦谶等翻译的佛经,对三国魏晋以后译经的影响很大,很多词汇现象实源于此。我想,既然要研究汉译佛经的词汇,那就应该从源头做起。经与光辉商量,他的毕业论文,就以东汉佛经词汇为题。

　　东汉佛经词汇研究涉及的面非常广,如何兼顾宏观概括与微观分析、词汇面貌与理论探讨、汉语文献的共性与汉译佛经的特殊性等问题,颇费周章。光辉几经调整,最终将东汉佛经的新词新义作为重点,同时利用东汉佛经,开展了近代汉语溯源、成语溯源、常用词研究,并以词汇研究为基础,初步考辨了失译经《大方便佛报恩经》的翻译时代。

光辉的博士学位论文,大致描绘了东汉佛经词汇的基本面貌,部分弥补了当时这一领域的研究空缺,可述者大致有三:其一,不仅研究东汉佛经中的新词新义,也分析新词的构词类型和新义的产生方式,既有词汇面貌的描写,也有词汇学理论的探讨。其二,及时响应张永言、汪维辉两位先生从汉语常用词演变的角度研究汉语词汇史的倡导,重点考察了"矢、箭""焚、燔、烧"两组常用词,描写、分析了佛经语料中它们的发展演变及其特点。其三,对东汉佛经语料面貌的复杂性有敏锐的认识。早期利用佛经,多不加辨析,轻信大藏经的题署。光辉的论文对东汉译经的数量、篇目进行了翔实考订,为论文奠定了较为可靠的文献基础。又专章考察可疑佛经《大方便佛报恩经》的翻译年代,颇具远见卓识;所选择的考辨标准,很有方法论方面的意义。因此,论文送审及答辩时,得到了答辩委员会主席吴金华老师及各位专家的较高评价。

博士毕业后二十多年来,光辉一直在修改、打磨这篇论文。与当时的博士学位论文相比,《东汉佛经词汇研究》着力从以下四个方面做了提升:

第一,从宏观的角度揭示东汉佛经词汇的整体面貌和特点。

作为汉译佛经的开端,东汉佛经词汇既有大量的口语成分,又不可避免地受到原典语言的影响;同时,尽管东汉佛经的翻译只有六十年左右的时间,但其语言面貌经历了一个迅速汉化的过程。概括东汉佛经词汇的整体面貌,提炼其特点,颇为不易。书稿设立"东汉佛经词汇的整体面貌及特点"专章讨论这个问题,值得赞许。

第二，从汉译佛经的角度深化汉语词汇的理论探讨。

作为汉语与外语第一次大规模接触形成的文本，探究汉译佛经词汇的形成、发展、演变，不仅要考虑汉语本身的发展规律，还要关注汉译佛经原典语言——古印度语言和古中亚语言。书稿从东汉佛经词语的形成、新词新义、汉语词语溯源、汉语词义演变四个方面，加深了汉语词汇研究的理论探讨。

第三，拓展充实了词汇研究的内容。

作为翻译文献，东汉佛经蕴含着丰富的外来词。光辉当年的博士学位论文虽有涉及，但未能深入讨论这个问题，现在书稿专设"东汉佛经与外来词研究"一章，弥补了当年的遗憾。另外，书稿还充实了汉语成语、常用词等方面的内容。

第四，内容更加系统全面。

纵观现在的书稿，既有凝炼的宏观概括，也有细致的微观分析；既有全面的词汇面貌描写，也有更深入的理论探讨；既注重中古文献的共性，也较为充分地考虑了汉译佛经的特殊性，内容更为系统全面。

总之，此次出版的书稿，无论是研究的内容，还是描写、解释的问题，与当年的博士论文相比，都更加丰富全面，也更为系统深入，我感到由衷的高兴。

古人云："教学相长。"指导光辉完成博士论文之后，我对汉译佛经的重要性有了更进一步的认识。从那时到现在，又过去了二十多年，我陆续指导的多位硕、博士研究生以佛经为语料，不断深化汉译佛经语言研究，取得了系列研究成果。回顾数十年的研究历程，展望未来，在新材料续有发现、计算机和人工智能不断发展的今天，年轻的朋友如果想在这一领域涉足耕耘，有所收获，除了要扎实学习掌握必备的文史、古文献和汉语史知识外,最好也能掌握(起码是粗通)一两种如梵文、巴利文和藏文等相关语言,积极尝试利用大数据和人工智能展开统计研究。只有与时俱进,不断开拓,才有可能取得不负时代和社会期许的成绩。

　　《东汉佛经词汇研究》在商务印书馆出版,光辉索序于我,恭敬不如从命,故写下上面这些文字,聊为喤引耳。

方一新

目　录

第一章　绪论

东汉时间不长，却是汉语发展史的一个重要时期。以前，学界对东汉语言注意不够，在对汉语史进行分期时，往往把它归入上古时期。如土力先生把东汉归入上古期（公元3世纪以前），吕叔湘先生在《近代汉语指代词·序》中指出："以晚唐五代为界，把汉语历史分成古代汉语和近代汉语两个人的阶段是比较适合的。"（吕叔湘，1985）同时又说："以语法和词汇而论，秦汉以前的是古代汉语，宋元以后是近代汉语，这是没有问题的。"（吕叔湘，1988）西汉开始，书面语和口语之间已经出现差别，东汉时尤其明显。后来，日本学者太田辰夫认为东汉作为第四期（即魏晋南北朝）的先驱，也可以归入第四期；志村良治也以汉末作为参考期。（参太田辰夫，1991；志村良治，1995）他们已经注意到东汉汉语与先秦汉语有很大的不同，而与魏晋南北朝时期汉语的联系更为紧密。王云路与方一新先生提出把古汉语分成上古和中古两块，"前者以先秦、秦汉的书面语为代表，后者以自东汉到隋末约四五百年间含有较多口语成分的典籍的语言为代表"。他们认为，"西汉可以看作是从上古汉语到中古汉语的演变的过渡阶段，初唐、中唐则可以看作是从中古汉语到近代汉语的演变的过渡阶段"（王云路、方一新，1992）。虽然各家对于汉语史所作的分期尚不一致，但可以看到，无论是划入上古后期，还是划入中古前期，东汉都处于汉语发生剧烈变化的转折时期。随着对各个时期汉语研究的不断深入，对这一问题会有一个更为清晰的认识，这就需要我们对东汉这一时期的语言进行更为细致的研究。东汉时期，汉语词汇出现了许多重要变化。通过东汉佛经和同时期的其他一些文白夹杂、口语成分相对较高的中土文献，我们可以看到，东汉时期的语言和先秦汉语有着明显的差别。这一时期，出现了一大批新词、新义以及一大批新兴语法形式，一批常用词也在发生着变迁更替。关于东汉汉语词汇研究的重要价值，方一新先生明确指出："加强对汉代尤其是东汉语言材料的发掘和研究，已经成为汉语词汇史研究的新课题。"（方一新，1996）

我们研究古代语言，当然是要研究那一时期的口语，但是口语材料是通过书面语言记录下来的，因此，事实上我们研究的还是一种书面文献，只不过是含有较多口语成分的古白话，我们可以通过这一时期的口语性强的语料了解当时的语言面貌。东汉时期的中土文献主要有《汉书》《东观汉记》《白虎通义》《论衡》《太平经》《风俗通义》等著作以及文人的文赋，这些作品中虽然或多或少有一些口语成分，总的看来还是正统的文言作品。而题名为这一时期的汉代小说，其著述年代往往存在问题。汉乐府民歌是比较有价值的材料，可惜数量太少。另有汉人对先秦古籍所作的注，但材料太分散。这一时期的中土文献口语化的程度不同，其价值也不一样，需作具体的分析。总的说来，中土文献中反映口语程度高、对语言史研究价值大的语料并不多见。而这一时期大量口语性极强的佛经材料，正好弥补了这一不足。东汉翻译佛经多为直译，且不加文饰，口语性比较强，是我们研究汉语史的宝贵材料，具有独特的价值。翻译佛经材料具有极高的语言研究价值，同时存在一定的缺憾，其词汇不能切近生活，宗教性太强，佛教的专业词汇太多，有些"中土文献颇为常用的词，在佛经中却几乎见不到"（汪维辉，2000：18）。对此，我们应有一个正确的认识。因此，在研究这一时期的语言时，我们最好能把佛经与中土文献结合起来，这样才能更准确地反映出这一时期的语言面貌。

第一节　东汉佛经词汇研究的价值

东汉时期是汉语由上古阶段到中古阶段转变的关键期，新质成分急剧增加，旧质要素也随之发生细微变化。但目前能见的反映当时实际语言状况的中土文献资料较少，而东汉翻译的佛经中具有相当多的口语成分，更能反映当时汉语的真实面貌，是汉语词汇史研究的珍贵语料。由于东汉是中古汉语的起始阶段，又是翻译佛经的最早时期，对东汉时期的佛经进行研究尤其显得必要，学界对东汉翻译佛经词汇的研究总体上说还是零星的，部分专题的研究不能完全体现东汉翻译佛经词汇的整体面貌，还存在进一步拓展的空间，有必要对其进行全面系统的考察。

有两个方面尤其值得注意：一是系统性研究有待加强；二是佛经翻译对汉语词义发展的影响值得深入思考。

关于系统性研究。蒋礼鸿先生指出："研究古代语言，我以为就应该从纵横两方面做起，所谓横的方面是研究一代的语言，……其中可以包括一种文学作品方面的，……也可以综合这一时代的各种材料，……所谓纵的方面是联系各个时代的语言来看它们的继承、发展和异同。"（蒋礼鸿，1997）王锳先生进一步补充，提出研究还应点面结合。所谓点，指的是专书研究；所谓面，则是从一代或一个历史阶段的某一类或几类体裁的作品去博观约取，作为专书研究的补充，以克服专人专著在词汇面上存在的局限。（王锳，1990）这一现象已为众多学者所注意，江蓝生先生曾指出："为了使汉语史研究更加系统、深入地开展下去，有两桩基础性的工作必须要做。一是有计划、有选择地开展各代的专书研究，全面描写其中的语言现象。专书研究是断代研究的基础，而断代研究又是汉语史研究的基础。不挖地基，何以起屋？而地基不牢，大厦倾危。这种基础性的研究对于建立科学的、系统的、完备的汉语史是必不可少的环节，我们应该舍得投入人力、花功夫来做。二是系统开展汉语常用词演变史的研究，词汇史的研究较之语音和语法尤为薄弱。早期中古汉语词汇研究侧重于对疑难词语的考释，而对常用词、对某一历史时期词汇系统的研究则较少关注。"（江蓝生，1998）

在这一思想的指导下，本研究以东汉汉译佛经（本书简称"东汉佛经"）为基础语料，从共时和历时两方面进行研究。从史的角度对词义的发展演变进行考察和研究，从整体上系统探讨词汇构成、变化的规律和内部机制。

关于佛经翻译对汉语词义发展的影响。传统研究重视疑难字词或外来词语的考证工作，往往忽视汉语固有的基本词在佛经中的使用状况。疑难字词以及译经新词（如音译词）由于流通范围通常局限于佛教文献，并且它们在佛经中的用法通常不太容易发生变化。例如，某些译经新词的意义可以通过梵汉对勘、异译经对比得到合理解释。20世纪80年代以来，不少学者注意到某些中土词语在佛经中的用法完全不同，在具体考察的基础上提出了新的解释。如颜洽茂从词义发展的角度认为，不少汉语词在佛经中的用法与中土差异较大，加之两种不同文化之间存在巨大鸿沟，理论上不存在词义由中土用法向佛经用法发展引申的条件。他认为，佛经用法是译师将原典用法强行移栽给汉语词的结果，称之为"灌注得义"（颜洽茂，1998）。朱冠明从梵汉对勘的角度出发，通过考察对应原典词在原典语中的用法，认为佛经用法是译师根据原典语类推汉语词汇，将原典语的用法强加给汉语词的结果。他将这种词义变化现象称为"语义移植"（朱冠明，2008）。汉语固有词在译经中的流变情况是值得深入探讨的问题之一。早期汉译佛经中出现了大量固有双音词。初步统计，东汉佛经中出现的双音词，有两千多个产生于东汉及以前，对这些词的研究，目前尚未引起学界足够重视，缺乏系统的研究。具体来说，这些词在译经中有无变化，发生了什么变化，这些变化是否符合汉语词汇的发展规律？佛经中的用法系误用还是有意为之？具体原因是什么？佛经中的用法有些流传下来，并在此基础上进一步发展，有的没有流传下来，原因又是什么？搞清楚这些问题，探明这部分词的历史发展状况，才能正确揭示佛经翻译、佛教文化传播对汉语词汇产生的影响。

第二节　东汉佛经考论

佛教最初传入中国的具体时间，传说纷歧，已经难以辨明。而佛经翻译，在东汉时就开始了。东汉佛经的译者、数目一直存在争议，究竟哪些才是东汉时期可靠的译经，这一问题必须首先弄清楚。

最早系统地将佛经翻译成汉语的当属安息人安世高。安世高，又名安清。据《出三藏记集》《高僧传》记载，安世高本是安息国的太子，博学多识，信仰佛教。当轮到他即位的时候，"遂让国与叔，出家修道博综经藏，尤精阿毗昙学"。最初游化于西域各地，于汉桓帝建和元年（147年），辗转来到中国洛阳，不久即通晓华语，开始了他的译经事业，其结束大概在灵帝建宁年间（170年左右）。据《高僧传》记载，他曾游历了江南的豫章、浔阳、会稽等地，在华活动前后约30年。（王邦维，1993；李铁匠，1989；许理和，1998）有关安世高身世的传说较多，众说纷纭，其真实面貌尚无确考。① 安世高所译的佛经主要涉及禅法和数法两方面的内容。②

安世高译出的经有多少？这一问题尚未完全解决。③ 有关安世高译经的最早记载，当属晋代道安编纂的《众经目录》（以下简称为"道安经录"），但是道安经录在梁代就已散佚，所幸《出三藏记集》中有著录，并一一指明了哪些是道安提到的，哪些是僧祐自己加入的。具体如下：

释僧祐《出三藏记集》卷二《新集撰出经律论录第一》：

《安般守意经》一卷。（安录云《小安般经》）

《阴持入经》一卷。

《百六十品经》一卷。（旧录云《增一阿含》百六十章）

《大十二门经》一卷。

《小十二门经》一卷。

《大道地经》二卷。（安公《大道地经》者，《修行经》抄也，外国所抄）

《人本欲生经》一卷。

《道意发行经》二卷。

《阿毗昙五法经》一卷。（旧录云《阿毗昙五法行经》）

① 见梁僧祐《出三藏记集》卷十三《安世高传第一》。梁慧皎《高僧传》卷一《安清传》。
② 《出三藏记集》卷六引道安《安般注序》："有安世高者，博闻稽古，特专阿毗昙，学其所出经，禅数最悉。"《出三藏记集》卷六引道安《阴持入经序》："有舍家开士，出自安息，字世高。大慈流洽，播化斯土，译梵为晋，微显阐幽，其所数宣，专务禅观，醇玄道数，深矣远矣。"
③ 许多失译经被归入安世高名下，但据学者考察，这些题署多不可靠。关于安世高译经，详参 Stefano Zacchetti（2010、2019）和潘小溪（2020）。

《七法经》一卷。（旧录云《阿毗昙七法行经》，或云《七法行》，今阙此经）

《五法经》一卷。

《十报经》二卷。（旧录云《长阿含十报法》）

《普法义经》一卷。（一名具法行，具法行作舍利弗，普法义作舍利曰，余并同）

《义决律》一卷。（或云《义决律法行经》，安公云：此上二经出《长阿含》，今阙）

《漏分布经》一卷。

《四谛经》一卷。（安公云：上二经出《长阿含》）

《七处三观经》二卷。

《九横经》一卷。

《八正道经》一卷。（安公云：上三经出《杂阿含》）

《杂经四十四篇》二卷。（安公云：出《增一阿含》既不标名，未详何经，今阙）

《五十校计经》二卷。（或云《明度五十校计经》）

《大安般经》一卷。

《思惟经》一卷。（或《思惟略要法》）

《十二因缘经》一卷。

《五阴喻经》一卷。（旧录云《五阴譬喻经》）

《转法轮经》一卷。（或云《法轮转经》）

《流摄经》一卷。（旧录云《一切流经》，或云《一切流摄守经》）

《是法非法经》一卷。

《法受尘经》一卷。

《十四意经》一卷。（旧录云《菩萨十四意经》，今阙）

《本相猗致经》一卷。（安公云出《中阿含》）

《阿含口解》一卷。（或云《阿含口解十二因缘经》，或云《断十二因缘经》，旧录云《安侯口解》，凡有四名，同一本）

《阿毗昙九十八结经》一卷。（今阙）

《禅行法想经》一卷。

《难提迦罗越经》一卷。（今阙）

右三十四部，凡四十卷。汉桓帝时安息国沙门安世高所译出。其《四谛》《口解》《十四意》《九十八结》，安公云似世高撰也。

这里所列的实际上有三十五部，四十一卷。

关于安世高的译经，历来各种经录的记载互有出入。慧皎在《高僧传》中作三十九部。① 到了隋代费长房《历代三宝纪》，世高所译经增加到一百七十六部之多。后来的《开元录》有九十五部，而缺本几乎占一半。这些记载不足置信。正如荷兰汉学家许理和（Erik Zürcher）先生所说："只要一涉及到汉代佛教，后来的经录总显得没有意义。"（许理和，1998：44）因此，道安目录所载最为可信。这些译经其后历经散失，据吕澂先生考定，现存二十二部、二十六卷。其名目如下：

《五十校计经》二卷。

《五阴譬喻经》一卷。

《七处三观经》一卷。

《转法轮经》一卷。

《积骨经》一卷。

---

① 慧皎《高僧传》卷一《安清传》："其先后所出经论，凡三十九部。"

《八正道经》一卷。

《一切流摄守因经》一卷。

《四谛经》一卷。

《本相猗致经》一卷。

《是法非法经》一卷。

《人本欲生经》一卷。

《漏分布经》一卷。

《长阿含十报法经》二卷。

《杂经四十四篇》二卷。

《普法义纾》一卷。

《法受尘经》一卷。

《大安般守意经》一卷。

《禅行法想经》一卷。

《九横经》一卷。

《阿毗昙五法经》一卷。

《阴持入经》一卷。

《道地经》二卷。

吕澂先生认为：《七处三观经》大概在道安（312—385 年）以后就成为两卷本，而误收《积骨经》和《杂经四十四篇》于内，未加区别；现经今人考订，特将那两种分列出来（吕澂，1979：283—284）。《道安录》中《七处三观经》为二卷，这中间是否收了《积骨经》和《杂经四十四篇》，今已不可辨考，不知吕先生据何而言？又《杂经四十四篇》，据《出三藏记集》载："安公云：出《增一阿含》既不标名，未详何经，今阙。"此经在僧祐时已阙失，吕先生却也把它列出来了。因此，这部经的可信度是值得怀疑的。

许理和教授曾对东汉佛经进行过专门研究，他于 1977 年发表了《最早的佛经译文中的东汉口语成分》一文，认为有 29 篇是真正东汉时期翻译的佛经，其中安世高的译经有 15 部。（许理和，1984）1991 年，他对这 29 篇佛经的看法稍微有点改变，认为以下 16 部经为安世高译，具体如下：

T13《长阿含十报法经》，一卷。①

T14《人本欲生经》，一卷。

T31《一切流摄守因经》，一卷。

T32《佛说四谛经》，一卷。

T36《佛说本相猗致经》，一卷。

T48《是法非法经》，一卷。

T57《漏分布经》，一卷。

T98《佛说普法义经》，一卷。

T112《佛说八正道经》，一卷。

T150《七处三观经》，二卷。

T602《大安般守意经》，二卷。

T603《阴持入经》，一卷。

T605《禅行法想经》，一卷。

T607《道地经》，一卷。

T792《佛说法受尘经》，一卷。

T1509《阿含口解十二因缘经》，一卷。（Erik Zürcher，1991）

比较许理和和吕澂的观点，许理和少了《五十校计经》《五阴譬喻经》《转法轮经》《阿毗昙五法行经》四种，多了《阿含口解十二

---

① T13，即《大正藏》13 号经，指《大正藏》中佛经的编号。下同。

因缘经》一种。《五十校计经》，道安录中就有了，在《大正新修大藏经》中没有单独列出来，是收在《大方等大集经》中的，由于《大方等大集经》本身的卷数就存在争议，[①] 因此这里不把它作为可靠的东汉佛经。吕澂认为《五阴譬喻经》《转法轮经》《法受尘经》《禅行法想经》四部是否为安世高所译，尚有问题。许理和认为《五阴譬喻经》《转法轮经》两部可疑，把它们归入失译经，不过二人都没有提出具体证据，我们据最早的道安录，还是把这四部经归入安世高名下。《阿毗昙五法行经》在道安录中就有了，许理和并没有收录，我们采用吕说，把它归入安世高译经中。《阿含口解十二因缘经》，一般认为译者是安玄，道安录载此经为安世高所译，据许理和（1991）考订，把它归入安世高译经。

这一时期还有一个伟大的翻译家支娄迦谶，他是第一个把大乘般若学传进汉地的僧人。支娄迦谶，简称支谶，原月氏国人，于东汉桓帝末年来到洛阳。他通晓汉语，除了独自翻译外，有时还和早来的竺朔佛（一称竺佛朔）合作。他译经的年代是在灵帝光和、中平年间（178—189年），比安世高稍迟。支谶译经的口语性较强[②]，译籍基本上属于大乘（汤用彤，1997；任继愈，1985；许理和，1998；吕澂，1979）。

关于支谶的译经，释僧祐《出三藏记集》卷二《新集撰出经律论录第一》有载：

《道行经》一卷。（安公云《道行品经》者，般若抄也，外国高明者所撰，安公为之序注）

____

① 参《大方等大集经》卷1，大集经第一卷校正后序，13，8c；《大方等大集经》卷30，13，213a。
② 《出三藏记集》卷十三《支谶传》："凡此诸经，皆审得本旨，了不加饰。"《出三藏记集》卷七《合首楞严经记》："凡所出经，类多深玄。贵尚实中，不存文饰。"

右一部，凡一卷。汉桓帝时，天竺沙门竺朔佛赍胡本至中夏，到灵帝时，于洛阳译出《般若道行品经》十卷（或云《摩诃般若波罗经》，或八卷，光和二年十月八日出）。

《首楞严经》二卷。（中平二年十二月八日出，今阙）

《般舟般三昧经》一卷。（旧录云《大般舟三昧经》，光和二年十月八日出）

《伅真陀罗经》二卷。（旧录云《屯真陀罗王经》别录所载，安录无，今阙）

《方等部古品曰遗日说般若经》一卷。（今阙）

《光明三昧经》一卷。（出别录，安录无）

《阿阇世王经》二卷。（安公云出《长阿含》，旧录《阿阇贳经》）

《宝积经》一卷。（安公云一名《摩尼宝》光和二年出，旧录云《摩尼宝经》二卷）

《问署经》一卷。（安公云出方等部，或云《文殊问菩萨署经》）

《胡般泥洹经》一卷。（今阙）

《兜沙经》一卷。

《阿閦佛国经》一卷。（或云《阿閦佛刹诸菩萨学成品经》，或云《阿閦佛经》）

《孛本经》二卷。（今阙）

《内藏百品经》一卷。（安公云出方等部，旧录云《内藏百宝经》，遍校群录，并云《内藏百宝》无《内藏百品》，故知即此经也）

右十三部，凡二十七卷。汉桓帝灵帝时，月支国沙门支谶所译出。其《古品》以下至《内藏百品》凡九经，安公云：似支谶出也。

据吕澂先生考订："支谶译籍现存九种，缺本四种。僧祐《出三藏记集》依据《别录》加了《光明三昧经》一卷，这是支曜译本的误记。费长房《历代三宝纪》又依各杂录加了《大集经》等八种，也都出于附会，不可信。"（吕澂，1979：288）现存的九种为：

年代可考的有：《道行般若经》十卷（光和二年，即 179 年译）和《般若三昧经》二卷（现存本三卷，译年同上）。

从译文体裁上比较，道安认为像支谶所译的有：《阿阇世王经》二卷，《宝积经》（一名《摩尼宝经》）一卷，《问署经》一卷，《兜沙经》一卷，《阿閦佛国经》一卷，《内藏百宝经》二卷。

又支敏度在《合首楞严记》里提到了一种道安所未见的经文：《伅真陀罗所问宝如来三昧经》一卷（吕澂，1979：288）。

许理和（1991）认为以下八种为支谶译。即：

T224《道行般若经》，十卷。

T280《佛说兜沙经》，一卷。

T313《阿閦佛国经》，一卷。

T418《般舟三昧经》，三卷。

T458《文殊师利问菩萨署经》，一卷。

T350《遗日摩尼宝经》，一卷。

T626《阿阇世王经》，二卷。

T807《佛说内藏法宝经》，一卷。

比较许、吕二人的观点：

关于《般舟三昧经》，许吕两位都认为 T418《般舟三昧经》（三卷）是真的。[①] 许吕二人看法不尽相同的地方在于 T624《伅真陀罗所

---

① 对于这部译经，学界也存在不同意见。如 Jan Nattier 虽然将 T418 视为支谶译经的"核心文本"，但同时指出其内部仍有"不均匀"的成分，详见 Jan Nattier（2008：81—83）。方一新、高列过认为该经内也存在一批仅见于西晋以后译经的词语，译出时间或可再讨论，详见方一新、高列过（2012：191—199）。

问如来三昧经》（三卷），吕澂将其归入支娄迦谶名下，而许理和则认为是东汉失译经。此经道安经录归入失译，《开元释教录》和更晚的经录认为译者是支娄迦谶。根据许理和先生的研究，从风格和翻译用语来看，此经是东汉所译，但不一定是支谶。现代学者如史光辉（2005）、辛岛静志（2010）、张静（2016：5—12；2021）等也从语言学角度对《伅真陀罗所问如来三昧经》进行了鉴别，认为其与支谶的可靠译经有明显差别。因此，我们采用许理和的意见，将《伅真陀罗所问如来三昧经》定为东汉失译经。

在东汉时期从事译经工作的，除了安世高、支谶两大译师外，还有竺佛朔、安玄、支曜、康孟详①等人，也都各有传译。

据《高僧传》卷一《支楼迦谶》②所引：

> 时有天竺沙门竺佛朔，亦以汉灵之时，赍《道行经》，来适洛阳，即转梵为汉。译人时滞，虽有失旨，然弃文存质，深得经意。朔又以光和二年，于洛阳出《般舟三昧》，谶为传言，河南洛阳孟福、张莲笔受。

所以《道行般若经》事实上的译者是支谶，《般舟三昧经》的译者也是支谶，孟福、张莲两人为笔受。

安玄是优婆塞，来中国的年代比安世高稍后，灵帝时游历于洛阳，渐通华言，常和沙门讲论道义，在光和四年（181 年）和中土沙门严佛调共译出《法镜经》，安玄口译梵文，严佛调笔受。

《出三藏记集》卷十三《安玄传》：

> 安玄，安息国人也。志性贞白，深沉有理致，为优婆塞。秉持法戒，毫厘弗亏。博诵群经，多所通习，汉灵帝末，游贾洛

---

① 康孟详，一作"康孟祥"。
② "楼"，元明等本作"娄"。

阳，有功，号骑都尉。性虚静温恭，常以法事为己务，渐练汉言，志宣经典。常与沙门讲论道义，世所谓都尉玄也。玄与沙门严佛调，共出《法镜经》，玄口译梵文，佛调笔受。理得音正，尽经微旨，郢匠之义，见述后代。

《高僧传》卷一也有安玄的传，与《出三藏记集》所载略同。

支曜、康孟详等于汉灵帝、献帝间来到洛阳从事译经工作。其中支曜在灵帝中平年间（184—189 年）译出《成具光明定意经》①。

《出三藏记集》卷二《新集撰出经律论录》：

> 《成具光明经》一卷。（或云《成具光明三昧经》或云《成具光明定意经》）
>
> 右一部，凡一卷。汉灵帝时，支曜译出。

支曜的译经口语性也较强。②

康孟详在献帝建安中（196—220 年）译出《中本起经》。《出三藏记集》卷二《新集撰出经律论录第一》：

> 《中本起经》二卷。（或云《太子中本起经》）
>
> 右一部，凡二卷，汉献帝建安中康孟详译出。

《出三藏记集》卷十三《安玄传第三》有载：

> 次有康孟详者，其先康居人也，译出《中本起》，安公称：孟详出经，奕奕流便，足腾玄趣。

《出三藏记集》卷三《新集安公失译经录第二》：

> 祐校安公旧录，其经有译名则继录上卷，无译名者则条目于下。寻安录，自《修行本起》讫于《和达》，凡一百有三十四

---

① 也有学者对该经提出质疑，如 Jan Nattier 认为其中所使用的术语多是远迟于东汉才开始使用的，详见 Jan Nattier（2008：96—102）
② 《高僧传》卷一《支楼迦谶》："曜译《成具定意》《小本起》等，巨译《问地狱事经》，并言直理旨，不加润饰。"

经，莫详其人。以关凉二录，并阙译名，今总而次，列入失源之部。

又，

《修行本起经》二卷。（安公言南方近出，直益小本起耳，旧录有《宿行本起》，疑即此经）

《高僧传》卷一《支楼迦谶》：

又有沙门支曜，康巨、康孟详等，并以汉灵献之间，有慧学之誉。……孟详译《中本起》及《修行本起》，先是沙门昙果，于迦维罗卫国得梵本，孟详共竺大力译为汉文。

因此，许理和认为："《修行本起经》既没有被僧祐在自己的著作中提到，也没有被道安的著作提及。但这很可能有误，因为后来所有的译经在谈及此经时都提到了道安的经录。"（许理和，1998：119）此经在道安录中为失译，祐录据道安录定为失译，《高僧传》已题为竺大力共康孟详译，许理和的说法是没有根据的。不过，许理和还是把它定为竺大力共康孟详所译。（Erik Zürcher，1991）近年来，也有学者对《修行本起经》的译者和译出年代提出怀疑，如顾满林（2016：240—250）、李周渊（2020：216—220）等。

上述译家中，竺佛朔、康巨等的译经今已佚。

虽然《大正藏》收录的东汉佛经有 96 种之多，但是我们参照早期经录，综合吕、许等人的看法和自己的分析，我们认为现存可靠的东汉佛经有 32 部，按译者不同和时代的先后分列如下：

一、安世高（150—172 年），译经共有 15 部：T13《长阿含十报法经》，一卷。T14《人本欲生经》，一卷。T31《一切流摄守因经》，一卷。T32《佛说四谛经》，一卷。T36《佛说本相猗致经》，一卷。T48《是法非法经》，一卷。T57《漏分布经》，一卷。T98《佛说普法义经》，一卷。T112《佛说八正道经》，一卷。T150《七处三观经》，二卷。T602《大安般守意经》，二卷。T603《阴持入经》，一卷。T607《道地经》，一卷。T1509《阿含口解十二因缘经》，一卷。T1557《阿毗昙五法行经》一卷。

二、支谶（179—190 年），译经有 8 部：T224《道行般若经》，十卷。T280《佛说兜沙经》，一卷。T313《阿閦佛国经》，一卷。T418《般舟三昧经》，三卷。T458《文殊师利问菩萨署经》，一卷。T350《遗日摩尼宝经》，一卷。T626《阿阇世王经》，二卷。T807《佛说内藏百宝经》，一卷。

三、安玄、严佛调（约 180 年），译经 1 部：T322《法镜经》，一卷。

四、支曜（约 200 年），译经 1 部：T630《成具光明定意经》，一卷。

五、康孟详、昙果、竺大力（197 年），译经 2 部：T184《修行本起经》，二卷。（207 年）T196《中本起经》，二卷。

六、失译 5 部：T105《五阴譬喻经》，一卷。T109《转法轮经》一卷。T605《禅行法想经》，一卷。T792《佛说法受尘经》，一卷。T624《伅真陀罗所问宝如来三昧经》，一卷。

对佛经汉译的最初阶段——东汉时期的翻译佛经情况进行考订，这一工作对于中国佛教史、中外文化交流以及汉译佛经文献等方面研究都具有重要的意义。

第二章　东汉佛经词汇的整体面貌及特点

汉语是典型的孤立语，梵语是典型的屈折语，它们属于不同的语言类型。要实现从梵语到汉语的翻译转化，两种语言的显著差异自然构成了巨大障碍。佛经汉译本质上是一种异质文化的输入。在佛教传入中土以前，中土文明缺乏与之对等的文化因素。语言和文化的巨大差异使译师很难找到完全对应的语言形式对译原典语言，尤其是那些宗教文化色彩鲜明的词。因此佛教文献翻译的最终实现，必然要对汉语各个层面进行适当"调整"，在尽量符合汉语习惯的同时，又能相对准确地传达原典意义。早期佛经翻译没有形成统一的翻译风格，译师的翻译带有很强的主观性，所选择的汉语形式也只能相对准确地反映原典义，有时甚至歪曲了原典义。朱庆之说："任何翻译都不可能将原义表达得完全无误，而佛经的汉译在'歪曲'原典方面尤为明显。这与中印语言和文化的巨大差异有关，也与翻译的水平有关。"（朱庆之、梅维恒，2004：1）东汉译经是汉语史上大规模翻译外来语言的初步尝试，"歪曲原典"的情况相对会更常见。俞理明说："当时佛教传入中国未久，印度的社会文化背景与中国的差异又很大，许多佛教概念很难为中国人理解，要用汉语表达佛经的内容十分艰难。译经者本身并无专门翻译训练，一些业余译人已经带有很大的偶然性，许多经文只是具有择译性质，随意译出。译经作为一项写作活动，没有什么汉语文献可供参考或借鉴，译经者往往不能兼通佛学和梵汉语言。"（俞理明，1993：10）但我们无意苛求古人，通常情况下这些深谙佛法的传教士和忠实信徒，力图以另一种完全异质的语言符号将佛教文化思想准确传达出来，在没有成熟的翻译方法和技巧可以借鉴的情况下，其中的难度不言而喻。但语言具有独特的魔力，能够通过恰当的方式表达完全没有出现过的新概念，这使佛经汉译的实现成为可能。译师对佛教的忠诚决定了其翻译佛经的基本态度，那就是要尽可能用异质语言将佛教思想传达出来。于是，他将首先关注达意问题，也就是准确传达佛经本义。其次才考虑沟通问题，也就是翻译出来的文本要让大部分受众（他们希望是所有受众）都能理解。不少证据可以证明他们对这个问题的关注程度，比如尽量选择关联度高、受众熟悉的词翻译原典词。相关研究表明汉译佛经有不少口语成分，反映了译经翻译的地域特色，也是考虑便于译地受众理解佛教文化的一个旁证。

尽管译师用尽全力，但文化系统之间的差异，还是使东汉佛经词汇体现出鲜明的个性特征，在词量、词形、词义等方面均呈现新质成分。东汉佛经词汇的新质成分主要表现在新词的产生和旧词新义两个方面。我们所说的新词，是指在佛经翻译过程中运用汉语词汇材料和规则创造的新的词汇形式。这是新质成分最突出的表现。所谓旧词新义，即佛经翻译为汉语固有词增加了新义。其中最突出的表现是单音词增加了带有宗教文化色彩的语义特征，同时作为语素参与构造新词。也有不少双音词或成语由于佛经翻译增加了新义。

为全面了解东汉佛经词汇的特点，我们对东汉佛经词汇的整体状况进行了全面统计分析，具体如下表：

表1　东汉佛经词汇基本情况统计表

项目 音节分类	词量	占总词量 百分比	总词次 （次）	占总词次 的百分比	频次 （次/词）
单音节	1740	14.93%	149694	67.29%	86.03
双音节	8477	72.72%	61935	27.84%	7.31
三音节	602	5.16%	5463	2.456%	9.07
四音节	594	5.1%	2869	1.29%	4.83
五音节	152	1.3%	1957	0.88%	12.88
六音节	53	0.455%	255	0.115%	4.81
七音节	20	0.172%	62	0.028%	3.1
八音节	14	0.12%	197	0.089%	14.07
九音节	4	0.034%	26	0.012%	6.5
十音节	1	0.009%	1	0	1.0
合计	11657	100%	222459	100%	
总频次（次/词）	19.08				

东汉佛经共有11657个词。其中单音词与双音词是主要构成成分，合计10217个词，占总词量的87.65%。与上古汉语词汇相比，东汉佛经词汇体现出不少新质特征。其中最明显的特征是，双音词的绝对数量大幅增多，达8477个。不过，双音词虽然数量巨大，但使用频率不高，平均为7.31次/词，远低于东汉佛经词语19.08次/词的平均使用频率，与单音词86.03次/词的高频率相比，双音词在语用中的优势变得很不明显。因此在具体语用过程中，单音词仍然是最基本、最活跃的造句单位，即使双音化程度较高的佛经文献也同样如此。

接下来，本章主要讨论东汉佛经中单音词、双音词和三音词的基本情况。

第一节　东汉佛经单音词的基本状况与特点

通过对东汉翻译佛经的全面调查，共得到单音词 1740 个，其中有不少是翻译新创词（包括词形），如"垒、驮、软、躄、刹、蟆、殻、翠、塔、钵、踉、榻、扠、摸、渧、甜、打、魔、扰、港、恼、挝、吼、闹、现、唤、朣、皱、绕、懙、评、蟋、囷、呪、孍、住、衍、蕙、箬、潒、躯、傑、鞹、魖"等。东汉佛经中的单音词，最显著的变化表现在语义上。佛教思想文化的传播使不少单音词沾染了佛教文化色彩，对汉语单音词的发展产生了深远影响。因此，对东汉佛经单音词的考察，能够厘清不少词语历史发展的线索，弥补中古汉语词汇研究的不足。

与先秦时期汉语单音词相比，东汉佛经中的单音词具有如下特点：

一、不少单音词沾染了佛教文化色彩

尘　本指飞扬的灰土。《左传·成公十六年》有云："甚嚣，且尘上矣。"先秦时期也可作动词用，"污染"义。如《诗·小雅·无将大车》中的"无将大车，祇自尘兮"。朱熹集传解释道："言将大车，则尘污之。"东汉以前，"尘"在中土的用法，不管作名词还是作动词用，都是具体的用法。

在译经中，"尘"的名词用法被保留下来，也产生了一些变化，如：

> 东汉安世高译《阿毗昙五法行经》卷 1："着无有色见习断疑。着无有色见尽断疑。着无有色见道断疑。是名为十二疑。使

是为尘是为尘恼，有时尘无有恼者，除尘所余乱意念法。"（28，1000c）

东汉安世高译《佛说法受尘经》卷1："佛言：'比丘！凡人为一法，受尘自污，迷惑忧愁，没无端际，吾见其不得无上吉祥之道。如丈夫欲见女子色，是以好色之士，为染、为醉、为贪、为污、为惑、为着、为住、为受。'"（17，737a）

东汉安玄译《法镜经》卷1："今我不宜造不成之想，当如树木草秽之属，亦为若此无响，以解一切彼法以具行之。以响断山泽居，去离淫尘。无诸响山泽居，非我非有物者。"（12，21a）

这些例子中，"尘"的用法已经不再是指具体的尘土，而是喻指有碍佛道修行的追名逐利、贪声逐色等俗世行为和意识。佛教认为，修行佛道要"远尘离垢"，从根本上消除一切欲望，因此世俗社会的一切均是修行佛道的障碍，给修行带来了"染污"。

根 本指植物生长于土中或水中吸收营养的部分。《说文·木部》："根，木株也。"《管子·水地》："（水）集于草木，根得其度，华得其数，实得其量。"按常理，"根"是植物生存的依据，能催生植物的枝干花果。因此，在汉语中，"根"常被用来隐喻事物的本源、根由、依据等。由于人的感觉器官能对客观世界产生各种反应，因此佛教以"根"隐喻"能产生感觉或善恶观念等的生理或心理基础"（俞理明、顾满林，2013：333），有所谓"眼、耳、鼻、舌、身、意""六根"等。如安世高译经：

《长阿含十报法经》卷1："第六五法，当增道。五根，一为信根、二为精进根、三为意根、四为定根、五为慧根。"（01，235a）

《一切流摄守因经》卷1："何等为，比丘！流从守断？是闻比丘行者，眼见色，摄眼根自守，行恶露观；念本从所生。"（01，813c）

《普法义经》卷1："七为净思想不观，八为世间行人不欲共，九为不欲受世间行，十为自守根。"（01，923b）

《佛说大安般守意经》卷2："为种故有根，有为之事皆为恶，便生想，不能得胜。"（15，168c）

业 东汉以前，"业"的用法已经很丰富，可以指"基业，功业"，如《易·系辞上》所言："盛德大业，至矣哉！"也可指"家业，产业"，如《韩非子·六反》所述："受赏者甘利，未赏者慕业。"亦可指"事务、职业"，如《左传·昭公十三年》所记："是故明王之制，使诸侯岁聘以志业。"此外，"业"还可作动词用，意为"使……立业或乐业"，如《战国策·齐策四》所述："齐有处士曰钟离子无恙耶？是其为人也，有粮者亦食，无粮者亦食；有衣者亦衣，无衣者亦衣。是助王养其民者也，何以至今不业也？"东汉佛经开始，"业"成为佛教常用名词术语，指引生报应的思想、行为，如：

《长阿含十报法经》卷1："第五四法，可减四失，戒失、意是失、行失、业失。"（01，234a）

《普法义经》卷1："四为不净思想不知义行，五为不能得观不净，六为行恶业人共从事，七为不识是者，八为不事，九为不问。"（01，923a）

种 在汉语词汇系统中，名词"种"主要指"植物的种子"。如《汉书·沟洫志》："如此，数郡种不得下。"颜师古注："种，五谷之子也。"东汉佛经以种子能萌发生成新的植物体的特性隐喻能引生欲念、贪念等影响修行的基本因素。如：

《长阿含十报法经》卷1："第三五法，当知五种，一为色受种、二为痛受种、三为想受种、四为行受种、五为识受种。"（01，234c）

染　据《汉语大词典》（以下简称《大词典》），"染"在东汉以前主要有两个意义：一是用染料着色。如《周礼·天官·染人》所言："染人，掌染丝帛。"及《墨子·所染》所述："染于苍则苍，染于黄则黄。"二是熏染、影响。如《书·胤征》所记："旧染污俗，咸与维新。"及《墨子·所染》所述："舜染于许由、伯阳，禹染于皋陶、伯益，汤染于伊尹、仲虺。"在译经中，"染"通常也保留了"影响"这一意义，但受佛教文化的影响，其使用范围相对狭窄，特指受到世俗欲望等有碍修行的思想行为的不良影响。例如：

东汉安世高译《佛说法受尘经》卷1："是故，不当为士色、声、香、味、细滑所染惑也，当觉知是。"（17，737a）

东汉竺大力共康孟详译《修行本起经》卷2《游观品》："当学燃意灯，自练求智慧，离垢勿染污，执烛观地道。"（03，466c）

东汉昙果共康孟详译《中本起经》卷1《转法轮品》："八正觉自得，无离无所染，爱尽破欲网，自然无师受。"（04，148a）

藏（zàng）　本指储存东西的地方。如《礼记·月令》所言："（孟冬之月）天气上腾，地气下降，天地不通，闭塞而成冬，命百官谨盖藏。"郑玄注："谓府库囷仓有藏物。"由于佛陀的思想深奥难测，不可穷尽，与"藏"的功能、特征相似，因此佛经翻译借用了"藏"这一词语，用来喻指佛陀深奥的思想精髓。如《道行般若经》卷9《累教品》："佛语阿难：'嘱累汝六波罗蜜，六波罗蜜者，佛不可尽经法之藏，过去、当来、今现在佛，皆从六波罗蜜出生。'"

（08，469a）此义后演变为汉语常用义。例略。

二、不少单音词词义发生了明显的变化

（一）词义变化，词性不变

天　汉语中，"天"主要用"天空"义。不过先秦以前，人们已经常常将"天"与神秘、尊崇的人或事物联系起来，如认为"以天为万物主宰者"。《书·泰誓上》："天佑下民，作之君，作之师。"或"以之尊称父母或夫"。《诗·墉风·柏舟》"母也天只"毛传："天谓父也。"或"以天为精神实体"。类似用法，使"天"逐渐被人格化。宗教神秘色彩鲜明的佛经翻译使这种变化成为现实：在佛经中，"天"常常指生活在天界、未脱离轮回的神灵。（俞理明、顾满林，2013：53）如：

> 东汉安世高译《七处三观经》卷1："佛告比丘：'有四行法轮，令天亦人从是四轮行，若堕人天，是轮法行便得尊一得豪，从善法行。'"（02，877a）

> 东汉支娄迦谶译《佛说阿阇世王经》卷2："说是经时，诸天及人九万六千悉得须陀洹道，七万八千人悉发阿耨多罗三耶三菩心，二千菩萨得无所从生法乐忍，八千人皆得阿罗汉道。"（15，406a）

印　东汉以前指"官印"，如《墨子·号令》："守还授其印，尊宠官之。"由于"官印"传递官方意思具有不可动摇的特征，与佛陀思想、知识的真理性（不可违背）特征相似，因此译师在翻译过程中以"印"喻指佛陀的思想、知识。如：

> 东汉安世高译《阴持入经》卷2："佛说慧印百六十三定解。"（15，180b）

东汉支娄迦谶译《佛说阿阇世王经》卷 2："诸外道者闻是法即而自知。是故因为伏是者则菩萨印，其得是印者乃到佛树下。"（15，406b）

色　汉语中"色"为名词，主要用"颜色"义。《书·益稷》："以五采彰施于五色。"《论语·乡党》："色恶不食。"也用来指"情欲，性欲"等，如《孟子·告子上》："食、色，性也。"在佛教文化系统中，"色"是修行的主要障碍之一，指通过视觉，能使人产生欲念的外界事物，与表示"情欲，性欲"的用法密切相关。如：

东汉安世高译《长阿含十报法经》卷 1："第三五法，当知五种，一为色受种、二为痛受种、三为想受种、四为行受种、五为识受种。"（01，234c）

东汉支娄迦谶译《佛说阿阇世王经》卷 2："尚有余念，谓有我身，诸色识悉止。复闻其音：'如一切有所见，当自见其狐疑。'"（15，402b）

精　"精"的核心义是"纯净，纯粹"。例如，《大词典》录以下先秦时期的用法：纯净的好米。《论语·乡党》："食不厌精。"刘宝楠正义："精者，善米也。"精制。汉刘向《列女传·邹孟轲母》："夫妇人之礼，精五饭，羃酒浆，养舅姑，缝衣裳而已矣。"纯粹；精粹；精华。《易·干》："大哉干乎！刚健中正，纯粹精也。"高亨注："色不杂曰纯，米不杂曰粹，米至细曰精。"精密；严密。《公羊传·庄公十年》："精者曰伐。"何休注："精，犹精密也。"

佛经中指"心专注而无杂念"，由具体事物的"精纯"发展出抽象的用法。如：

东汉支娄迦谶译《佛说阿阇世王经》卷 1："其中央行小儿，悦心精进来行，举其一足时，却其罪百劫。"（15，395a）

　　东汉安世高译《普法义经》卷1："六为不在贪，七为少事，八为不舍精进，九为无有横，十为不随形，十一为不求称。"（01，923c）。

　　这类的例子在东汉佛经中很常见，如"护"产生了"遵守"义。《般舟三昧经》卷2《四辈品》中提到："何等为菩萨不缺戒？一切悉护禁法，出入行法悉当护，不得犯戒大如毛发。"（13，909b）"合"发展出了"共计，总共"义。《阿含口解十二因缘经》卷1中提到："人头有四十五骨，从腰以上五十一骨，四支百四骨，合二百骨。"（25，55a）"出"发展出了"卖出"义。《中本起经》卷2《须达品》中提到："还彼舍卫，周行求地，唯祇园好——众果流泉，奇鸟翔集，地夷木茂，去城又近——因往守请祇，了无卖意。求之不止，恚而言曰：'若能以金钱，集布满园，尔乃出耳？'重问：'审实尔不？'祇谓：'价高，子必不及，戏言决耳！复何疑哉？'"（04，156b）。"流"发展出了泛指障碍修行佛道的各种影响因素之义。如《一切流摄守因经》卷1中提到："佛便说是：'智者见者，比丘！为得流尽，不智者不见者流不得尽。'"（01，813a）"戒"发展出了佛教徒修行须遵循、以防非止恶的规范之义。如《长阿含十报法经》卷1中提到："第十五法自证知，一不学阴、二不学戒、三不学定、四不学慧、五不学度世解脱。"（01，235c）等。

（二）词义变化，词性随之变化

　　谛　"谛"在东汉以前，通常是谓词性的用法，有"仔细、注意、细察、确实"之义。如《关尹子·九药》："谛毫末者，不见天地之大。"汉袁康《越绝书·外传枕中》："范子曰：'夫八谷之贱也，如宿谷之登，其明也谛。'"东汉佛经中用为梵语"satya"之意译，指佛所说法，喻指真实无谬的道理，产生名词用法。如：

东汉安世高译《长阿含十报法经》卷 1:"第七四法,难知四谛,苦谛、习谛、尽谛、受灭苦谛。"(01,234a)

东汉支娄迦谶译《佛说阿阇世王经》卷 2:"怛萨阿竭以四谛法而说之,应时得法眼,深入其事则得阿罗汉。"(15,403c)

尊　先秦以前,"尊"主要用"尊贵、高贵"义,如《荀子·正论》:"天子者,埶位至尊。"也用来形容"辈分、地位高或年纪大",如《礼记·丧服小记》:"养尊者必易服,养卑者否。"是形容词的用法。佛经中语义范围扩大,发展出名词用法,相当于"尊者",指修行得道者,或值得尊敬之人。如:

东汉昙果共康孟详译《中本起经》卷 1《化迦叶品》:"热气归龙,郁闷欲死,举头视佛,见相知尊,凉风趣龙,寻凉诣佛,火灭毒除,归命入钵。"(04,150b)

又卷 2《须达品》:"长者伯勤,承佛降尊,驰诣竹园,五心礼足,逡巡恭住,整心白佛:'唯愿世尊,顾下薄食。'"(04,156a)

漏　先秦时期,"漏"主要用为动词。① 主要有"渗出、泄露、流失、遗漏"等义,如:

《易·井》:"井谷射鲋,瓮敝漏。"

《荀子·王制》:"筐箧已富,府库已实,而百姓贫,夫是之谓上溢而下漏。"

《荀子·修身》:"难进曰偍,易忘曰漏。"

《韩非子·外储说右上》:"今为人主而漏其群臣之语,是犹无当之玉卮也。"

佛经翻译在其动词义的基础上产生了名词的用法,指违反教条,

---

① 也有名词用法,如"漏壶""更次、时刻"义,但接下来要讨论的意义跟此义无关。

有碍修行的思想或行为。如：

东汉安世高译《漏分布经》卷1："便说是：'比丘！当知漏，亦当知漏从本有，亦当知从漏受殃，亦当知漏分布，亦当知漏尽，亦当知受何行令漏毕。'"（01，851c）

东汉竺大力共康孟详译《修行本起经》卷2《出家品》："佛漏已尽，无复缚着，神真睿智，自知见证，究畅道行，可作能作，无余生死，其智明审，是为佛十神力也。"（03，472a）

东汉支曜译《佛说成具光明定意经》卷1："善明！我所说贤女、凡人、贵姓贤女、凡姓女人、好贤行者，四品之行，诚法了了，其身履行无毁漏者，是之福佑难譬喻也。"（15，457c）

调（tiáo）　在东汉以前，"调"用为动词，如以下用法：

协调；使协调。《诗·小雅·车攻》："决拾既佽，弓矢既调。"郑玄笺："调谓弓强弱与矢轻重相得。"

适合，符合。《淮南子·说林训》："梨橘枣栗不同味，而皆调于口。"高诱注："调，适。"

调和；调配。《礼记·内则》："凡和，春多酸，夏多苦，秋多辛，冬多咸，调以滑甘。"

调试；调弄；演奏。《礼记·月令》："（仲夏之月）是月也，命乐师修鼗鞞鼓，均琴瑟管箫，执干戚戈羽，调竽笙笸簧，饬钟磬柷敔。"

调剂。汉桓宽《盐铁论·本议》："故盐铁均输，所以通委财而调缓急，罢之不便也。"《汉书·食货志下》："以临万货，以调盈虚。"

东汉佛经中，"调"从动词用法发展出形容词用法，为和谐顺畅义，指动作的结果得以凸显。如：

东汉安世高译《长阿含十报法经》卷1："身不大寒不大热，

无有恚时和令消饮食啖，令身安调，发精进行。"（01，234b）

东汉安世高译《佛说遗日摩尼宝经》卷1："譬如调马师，马有躁踊者，当数数教之久后调好；比丘时时法观制心调，亦不见其恶如是。"（12，192b）

东汉安世高译《佛说大安般守意经》卷1："不得息数为恶意不可绊；恶意止，乃得数，是为和调可意绊也。"（15，165b）

东汉佛经中词义变化伴随词性变化的例子也很常见，如下文将要讨论的数量词，也属于这类变化。

三、不少单音词发展出量词的用法

先秦时期，汉语的数量词很少，但东汉翻译佛经产生了不少量词，这一现象值得注意。东汉佛经中新生量词以名量词为主，如"辈"。在东汉以前，"辈"已有不少量词用法。如《六韬·均兵》："三十骑为一屯，六十骑为一辈。"《史记·张耳陈馀列传》："使者往十余辈，辄死，若何以能得王？"又《白起王翦列传》："王翦既至关，使使还请善田者五辈。"司马贞索隐："谓使者五度请也。"但表示"种类"义的量词用法，最早产生于东汉佛经，如《人本欲生经》卷1："是痛，贤者！为三辈：有乐痛、有苦痛、有不乐不苦痛。"（01，243c）东汉安世高译《七处三观经》卷1："佛告比丘：'有三辈人。何等三？一辈眼不见，二辈一眼，三辈两眼。'"（02，876a）其余如"滴、叶、贯、茎、章、句、口、宿、品、瓶、味"等也产生了名量词的用法，"反、拳"等产生了动量词的用法。以下举几例进行说明。

1. 名量词

宿　"宿"原来是动词，"住宿"义，如《诗·邶风·泉水》：

"出宿于沸，饮饯于袮。"东汉佛经中产生了量词的用法，如《中本起经》卷1《化迦叶品》："佛告迦叶：'欲寄一宿，宁见容不？'"（04，150a）其中"一宿"相当于今天的"一夜"。译经中产生的"宿"的量词用法沿用至今。《大词典》注意到此义源于翻译佛经，首引《百喻经·人谓故屋中有恶鬼喻》："昔有故屋，人谓此室常有恶鬼，皆悉怖畏，不敢寝息。时有一人自谓大胆，而作是言：'我欲入此室中寄卧一宿。'即入宿止。"晚出。

瓶 "瓶"本来是名词，主要是用来盛水的陶制器皿，如《易·井》："汔至，亦未繘井，羸其瓶。"《礼记·礼器》："夫奥者，老妇之祭也。盛于盆，尊于瓶。"郑玄注："盆、瓶，炊器也。"东汉佛经中产生了量词的用法，如《中本起经》卷2《须达品》："却从步涉中路有人，奉酪一瓶，顾无所使，自提而行。"（04，156c）这种用法至今常用。《大词典》此义首引唐白居易《湖上招客送酒泛舟》诗："两瓶箬下新求得，一曲《霓裳》初教成。"晚出。

章 "章"在汉以前是意义丰富的常用词，但尚未产生量词的用法，如《大词典》所录"典章制度""采色；花纹""标记；徽章""旌旗""诗歌或乐曲的段落""指事物发展的阶段""条款""显赫的功勋"等义，但无量词的用法。东汉佛经中"章"产生了量词的用法，表示事物的种类，如东汉昙果共康孟详译《中本起经》卷1《化迦叶品》："容颜紫金耀，面满发绀青，大人百福德，神妙应相经。方身立丈六，姿好八十章，顶光烛幽昧，何驮忽无常。"（04，150b）

句 "句"本是表示话语片段的词，犹今天的"句子"，如《庄子·骈拇》："骈于辩者，累瓦结绳窜句，游心于坚白同异之闲，而敝跬誉无用之言非乎？"司马彪注："窜句，谓邪说微隐，穿凿文句也。"东汉佛经中发展出表示话语片段的量词用法，如东汉支娄迦谶译《道行般若经》卷 10《嘱累品》："佛言：'阿难！汝所恭敬于佛以来，为了无复有供养佛，设从是般若波罗蜜中，亡一句一言若拟置，以为背佛恩。'"（08，477c）《大词典》"句"的量词用法首引《水浒传》第四回："（金老）说了几句言语，那官人笑将起来。"

2. 动量词

拳 "拳"本为名词，即今天的"拳头"。《说文·手部》："拳，手也。"段玉裁注："合掌指而为手……卷之为拳。"汉王延寿《梦赋》："乃挥手振拳，雷发电舒。"东汉佛经中出现了量词的用法，用来表示以拳头打击人或事物的数量，动量词，不过不常见。如：

> 东汉竺大力共康孟详译《修行本起经》卷 1《试艺品》："太子即与优陀、难陀、调达、阿难等五百人，执持礼乐射艺之具，当出城门，安置一象，当其城门，决有力者。调达先出，见象塞门，扠之一拳，应时即死。"（03，465c）

反 上古汉语中"反"通常作动词用，"往返"义，又有"翻转""归还""违背""回报"等义。东汉以前，有些用法在一定程度上可以作动量词理解，或蕴含动量范畴，为进一步发展出动量词的用法奠定了基础。如《国语·越语下》："（越）遂兴师伐吴，至于五湖，吴人闻之，出而挑战，一日五反，王弗忍，欲许之。"《史记·刺客列传》："严仲子至门请，数反，然后具酒自畅聂政母前。""反"表动量的用法即由动词义"往返"发展而来，东汉佛经中出现了表示动作数量的用法，相当于现代的动量词"次"。如：

> 东汉支娄迦谶译《般舟三昧经》卷 3《至诚佛品》："我尔时作国王刹利种，于梦中闻是三昧，觉已便行求持是三昧。比丘即从作沙门，欲得于是比丘所一反闻是三昧，承事师三万六千岁，魔事数数起，不得一反闻。"（13，918c）

东汉昙果共康孟详译《中本起经》卷1《度瓶沙王品》："住空现变，出没七反，从身出光，五色赫奕。"（04，152b）

四、有些动词发展出副词的用法

会　东汉以前，"会"主要作动词用，有"聚会"义，如《书·洪范》："会其有极，归其有极。"孔颖达疏："集会其有中之道而行之。"有"符合、相合"义，如《管子·法禁》："上明陈其制，则下皆会其度矣。"有"盟会"义，如《礼记·檀弓下》："周人作会而民始疑。"郑玄笺："会，谓盟也。""开会议论"义，如《韩非子·八经》："是以事至而结智，一听而公会。"陈奇猷集释："公会即公开会合以辩难。"有"会见、会面"义，如《左传·文公八年》"冬，襄仲会晋赵孟于衡雍，报扈之盟也"等。

东汉佛经中，"会"发展出副词的用法，"终于、最终"义。如：

东汉支娄迦谶译《佛说阿阇世王经》卷2："若为恶师所误，若其心不足者，而所犯罪会当解脱。其以信心法本净，是人不堕恶道。"（15，404a）

东汉昙果共康孟详译《中本起经》卷2《本起该容品》："王去之后，女与父谋，烧杀该容及其侍女，诈言失火，谓可掩塞。事会发露，王大恚之，斥徙吉星，捐弃于外，以其道士故全其命。"（04，157c）

赐　汉语中"赐"是动作性极强的动词，通常用为"赏赐"义，语义核心是将某物给予某人，如以下两种用法：

赏赐，给予。

《礼记·少仪》："其以乘壶酒、束修、一犬赐人。"郑玄注："于卑者曰赐。"

对帝王下达旨意的敬称。

《周礼·春官·小宗伯》："赐卿、大夫、士爵则傧。"郑玄注："赐，犹命也。"

东汉佛经出现副词用法，"完全"义。如：

东汉支娄迦谶译《道行般若经》卷1《难问品》："须菩提语诸天子：'设复有法出于泥洹，亦复如幻。何以故？幻人、泥洹赐如空，无所有。'"（08，430a）

又卷7《远离品》："佛言：'假令火赐灭已、赐消已、赐去已，知是，须菩提！菩萨摩诃萨受决已，过去怛萨阿竭阿罗诃三耶三佛，授阿耨多罗三耶三菩，知是阿惟越致相。'"（08，459c）

倍　"倍"原是动词，东汉以前主要有两义：照原数等加。如《书·吕刑》："墨辟疑赦，其罚百锾……剕辟疑赦，其罚惟倍。"孔传："倍百为二百锾。"《墨子·非攻下》："此皆十倍其国之众，而未能食其地也。"引申为增益。《左传·僖公三十年》："焉用亡郑以倍邻？""增益"义进一步发展，虚化为副词，意义相当于现代的"加倍、更加"，最初出现于东汉佛经。如：

东汉支娄迦谶译《佛说阿阇世王经》卷2："今如是菩萨见佛有所作为，其心不恐亦不怖慄。所以者何？倍复欢喜。"（15，399c）

东汉失译《佛说伅真陀罗所问如来三昧经》卷1："以法功德，而自长养，虽身而死，后还倍好。"（15，351b）

东汉竺大力共康孟详译《修行本起经》卷2《游观品》："仆言：'行见沙门，倍更忧思，不向饮食。'"（03，467b）

《大词典》此义引《北齐书·神武纪上》："于是士众感悦，倍愿附从。"

第二节　东汉佛经双音词的构成与发展

上古汉语新词以单音为主，双音词还不是主要生产方式，这是学界的普遍共识。"春秋战国时大量增加的新词在形式上有一个显著的特点，就是以单音节为主。"（周光庆，1989：63）汉语发展到中古时期，语言表达精密化的需求是新词逐步走向双音化的重要原因，因为"单音词在语言交际的局限性主要体现为具体词义满足不了人们的认识日益概括、抽象的需要；宽泛的词义满足不了语言交际日益精密、准确的需要"（苏新春，1990）。另外，佛教文化传播的现实需要与佛经翻译过程中原典语的影响，在很大程度上加快了汉语双音化发展的进程。根据我们的统计，在约 31 万字的东汉佛经中，双音词的数量表现很突出，达 8477 个，其中 6014 个是译经新造词，约占双音词总数的 71%，这是东汉佛经词汇的显著特征之一，也是学界普遍认为中古汉语双音化程度较高的依据之一。

从东汉佛经双音词的构成看，东汉佛经双音词有几个比较显著的特点。例如，先秦时代汉语双音复合词以并列式为主，但东汉佛经中偏正式复合词的数量最大（共有 4120 个），远远超过了并列式复合词（2812 个）；与先秦时代相比，东汉佛经主谓式复合词也获得了很大发展，出现了不少新词（119 个）。以下，从双音单纯词和双音复合词两个方面分别介绍东汉佛经双音词的构成特点与发展状况。

一、双音单纯词

双音单纯词包括三类：

（一）音译词

东汉佛经中的音译词是汉语词汇系统第一次大规模吸收外来词的实例，是汉语词汇新质成分的重要体现，也是东汉佛经双音词的重要特征之一。从结构上看，音译词不能分析其中的语义结构关系，也不能从字面上考求其意义，其相关概念主要表示中国传统文化所没有的事物名、人名（包括称号）、地名等。东汉佛经中的双音节音译词共有"阿夷、阿鼻、阿閦、阿兰、阿难、安般、跋陀、般若、比丘、波蓝、波利、波陀、波育、阐特、达傸、怛萨、忉利、坻罗、帝释、头陀、梵摩、阇炎、颊陛、诃萨、和南、和上、迦和、迦兰、迦陵、迦罗、袈裟、迦维、迦叶、迦夷、骞特、拘利、拘怜、拘翼、惧或、琉璃、罗汉、罗刹、罗耶、弥勒、摩诃（呵）、魔罗、摩尼、摩仳、摩舐、摩耶、末利、目连、那术、那替、难陀、泥洹、尼揵、泥梨、泥曰、荓沙、瓶沙、菩萨、祇洹、祇陀、干陀、瞿昙、瞿咤、若那、三昧、僧那、僧涅、沙阿、沙呵、沙河、沙竭、刹利、沙罗、沙门、沙挴、沙祇、舍利、舍卫、舍夷、首耶、斯那、提谓、天竺、惟位、文殊、悉达、须达、须门、须弥、须萨、须深、须陀、须真、延纳、伊提、因坻、优钵、优填、忧陀、优吁、忧支、由旬、踰旬、爵单、阅叉、栴檀、占波、震越"112个。这些词有些后来成为汉语常用词，如"菩萨""三昧""沙门""阅叉（夜叉）""比丘""般若""琉璃""罗汉"等，但绝大部分都只在佛教文化内部使用，未能演化为汉语常用词。

（二）联绵词

东汉佛经中联绵词的数量不算丰富，共36个[①]，多沿用汉语固有

---

① 周俊勋（2002）统计为10个。

词，语义基本未发生变化，新造词较少。

1. 沿用汉语固有

蒺藜　"蒺藜"本作"蒺莉"。《易·困》："困于石，据于蒺莉，入于其宫，不见其妻，凶。"孔颖达疏："蒺莉之草，有刺而不可践也。"

《一切流摄守因经》卷1："何等为，比丘！流从避断？是闻比丘行者，所应从自守，避弊象……避蒺藜、避溪……"（01，813c）

逡巡　《公羊传·宣公六年》："赵盾逡巡北面再拜稽首，趋而出。"

东汉昙果共康孟详译《中本起经》卷2《须达品》："长者伯勒，承佛降尊，驰诣竹园，五心礼足，逡巡恭住。"（04，156a）

须臾　《仪礼·燕礼》："寡君有不腆之酒，以请吾子之与寡君须臾焉，使某也以请。"

东汉安世高译《长阿含十报法经》卷2："或时行者，应好行，便计：'我应好行，我不能行，不能奉受教诫，令我须臾间倾卧。'"（01，237b）

玄黄　《易·坤》："夫玄黄者，天地之杂也，天玄而地黄。"

《道行般若经》卷9《萨陀波伦菩萨品》："其中所有服饰，玄黄琦珍不可复计。"（08，471c）

宛转　《庄子·天下》："椎拍辐断，与物宛转，舍是与非，苟可以免。"

东汉支娄迦谶译《道行般若经》卷9《萨陀波伦菩萨品》："是时萨陀波伦菩萨卖身不售，便自宛转卧地啼哭，大呼：'欲自卖身持用供养于师，了无有买者。'"（08，472b）

从容　《书·君陈》："宽而有制，从容以和。"《庄子·秋水》：

"鯈鱼出游从容，是鱼之乐也。"

东汉竺大力共康孟详译《修行本起经》卷2《出家品》："面如满月色从容，名闻十方德如山，求佛像貌难得比，当稽首斯度世仙。"（03，471b）

此外，"仿佛、恍忽（惚）、踟蹰、仓卒、徘徊、彷徉、强梁、童蒙、斯须、霹雳、鸳鸯、崭岩、淋沥、淋落、零落"等词，在东汉佛经中出现，均为中土固有词，东汉佛经沿用。

2. 译经新创

魂礴　东汉安世高译《道地经》卷1："如是骨聚魂礴骨城，筋缠、血浇、肉涂革覆，福从是受，靡不知痛痒，随意随风作俳掣。"（15，234b）

绲綖　东汉失译《佛说伅真陀罗所问如来三昧经》卷3："其中悉有床，具足皆珍宝，皆布天缯以为绲綖。"（15，360c）①

朦胧　东汉支娄迦谶译《般舟三昧经》卷3《请佛品》："一者、乐于深经无有尽时，不可得极，悉脱于众灾变去、以脱诸垢中、以去冥入明，诸朦胧悉消尽。"（13，915a）②

岖峨　东汉失译《佛说伅真陀罗所问如来三昧经》卷1："诸一一尊比丘及新发意菩萨，其在会者诸天、龙、鬼、神，一切自于坐皆踊跃，岖峨其身而欲起舞。"（15，351c）

（三）重叠词

东汉以前，汉语重叠词的数量虽然不多，但涉及的范围已比较普遍，名词、动词、形容词等都可以重叠，因此东汉佛经中出现的重叠

---

① 中土"宛延"表"曲折延伸貌"。《文选·扬雄〈甘泉赋〉》："曳红采之流离兮，扬翠气之宛延。"张铣注："长曲貌。"东汉译经据此新创"绲綖"，指丝织品上曲折延伸的花纹。

② 《大词典》引宋苏轼《杜介送鱼》诗太晚。

词，主要以沿用汉语固有为主，如"处处、尔尔、光光、行行、煌煌、汲汲、家家、久久、空空、蒙蒙、晢晢、明明、冥冥、祁祁、人人、日日、上上、稍稍、少少、生生、时时、事事、世世、数数、堂堂、巍巍、寻寻、一一、悒悒、颙颙、昭昭、种种、转转"共有33个。在佛经翻译过程中，也产生了不少重叠词，共有21个：

翩翩：树木摇摆貌。

　　东汉失译《佛说㐹真陀罗所问如来三昧经》卷1："鼓是音时，三千大千之刹土应时诸树、名大山、冰山、王摩诃目邻皆悉翩翩摇，譬若如舞，一切低昂皆向佛，譬若如人之作礼。"（15，351c）

彼彼：各种各样，所有的。

　　东汉安世高译《四谛经》卷1："贤者！苦生为何等？若是人彼彼人种，从生增生，以随以有欲成，五阴已生，命根已得，是名为生。"（01，814c）

忽忽：仓卒，急急忙忙。

　　东汉竺大力共康孟详译《修行本起经》卷1《现变品》："见人欣然，忽忽平治道路，洒扫烧香，即问行人：'用何等故？'行人答曰：'锭光佛今日当来，施设供养。'"（03，462a）①

在在：处处，到处。

　　东汉支曜译《佛说成具光明定意经》卷1："大人相满，宝慧具足；在在现法，将导不逮。"（15，452a）②

---

① 《大词典》首引《三国志·魏志·华佗传》："适值佗见收，忽忽不忍从求。"
② 《大词典》首引唐武元衡《春斋夜雨忆郭通微》诗："桃源在在阻风尘，世事悠悠又遇春。"

各各：全部，所有的。

东汉安世高译《人本欲生经》卷1："若，阿难！有因缘无有，宁有鱼、鱼种，飞鸟、飞鸟种，蚊蚅、蚊蚅种，龙、龙种，神、神种，鬼、鬼种，人、人种。各各种如应应有，无有亦无有者，为有无有。"（01，242a）①

句句：每一句，所有的问题。

东汉支曜译《佛说成具光明定意经》卷1："我化作道人，被服往到其所，句句为解，本末分了，疑意权开，令入微妙而无疑难。"（15，456b）

了了：明了，晓了。

东汉支娄迦谶译《道行般若经》卷4《持品》："须菩提白佛言：'难及也，天中天！怛萨阿竭！阿罗呵！三耶三佛，悉豫了了署菩萨摩诃萨。'"（08，445c）②

羸羸：瘦弱困顿的样子。

东汉安世高译《道地经》卷1："裁身有余在，心已冷如木，已弃五行，并心中羸羸，裁有余微。"（15，233b）

面面：每一面，每一边。

东汉失译《佛说伅真陀罗所问如来三昧经》卷1："伅真陀罗王便以手持琉璃之琴。所以者何？是本之愿。面面各四万二千伎乐，伅真陀罗在其中央，同时鼓琴，其声悉遍三千大千之刹土。"（15，351c）③

念念：每时每刻；一心一意。

---

① 《大词典》首引《玉台新咏·古诗为焦仲卿妻作》："执手分道去，各各还家门。"

② 《大词典》首引晋袁宏《后汉纪·献帝纪》："小时了了者，至大亦未能奇也。"

③ 《大词典》首引宋范成大《咏吴中二灯·琉璃球》："叠晕重重见，分光面面呈。"

东汉安世高译《佛说大安般守意经》卷 2："何等为觉？念念为觉，念念为得，觉得是意，便随道也。"（15，172a）①

疲疲：极度困顿疲劳。

东汉安世高译《四谛经》卷 1："贤者！苦老为何等？所各各疲疲人，其为是老，皱白力动以老，偻拄杖、鬓发堕、黑子生变变、根已熟、身欲坏、色已转、老已寿，是名为老。"（01，814c）

色色：样样；各式各样。

东汉竺大力共康孟详译《修行本起经》卷 1《菩萨降身品》："于其殿前列种甘果树，树间七宝浴池，池中奇花，色色各异，譬如天花，水类之鸟，数十百种，宫城牢固。"（03，465a）②

心心：指连绵不断的思想念头。

东汉支娄迦谶译《道行般若经》卷 4《持品》："佛语舍利弗：'我劝助是善男子、善女人、至德学菩萨道，有作是教者，心心展转相明。'"（08，446b）③

其他还有"识识、视视、寿寿、痛痛、味味、邪邪、形形"等。根据相关研究，译经新造的重叠词多是仿译原典词的结果，详见第四章，此不详述。

（四）名物意译

这类词中，有些是汉语固有词，如"猕猴、鹦鹉、鹐鹊（扁鹊）、鸧鸹（鸥鸹）、狐狸、孔雀"。不少是翻译新创词，主要是人名或称号，如"散结、胜达、裘夷、佑众、应真、度胜、罗云、如来、

---

① 《大词典》较早引《维摩经·方便品》："是身如电，念念不住。"
② 《大词典》首引《新唐书·选举志上》："敦厚浮薄，色色有之。"
③ 《大词典》首引《仁王经·奉持品》："断诸功用，心心寂灭，无身心相，犹如虚空。"

照堂、普平、雨音、宝称、宝炎、光尊、伯勤、和轮、堕色、鸠洹、善逝、沙然";其他事物的翻译新创词如"苏合、苍蝇、鸥鸢、芭蕉"等。

二、双音复合词

东汉时期,汉语双音词的数量急剧增加,逐渐改变了上古汉语以单音词为主的状况。与同期的中土文献相比,东汉佛经复合双音词的数量激增,其特点表现在以下几个方面:

(一)偏正式复合词的数量超过并列式复合词

汉语复合词中,并列式复合词的数量最多。相关研究表明,东汉至魏晋南北朝时期,中土文献中的并列式复合词在复合词中的比例总体超过50%。这表明,在中古时期,并列式是汉语最突出的结构方式。此外,偏正式复合词在中古汉语词汇系统中也占有重要地位,其数量仅次于并列式复合词,约占复合词总体数量的20%—30%。下表展示了相关研究的统计结果:

表2　偏正式、并列式复合词占比表

统计范围	数据来源	并列式	偏正式
《论衡》	程湘清（1984）	61.04%	22.48%
	胡敕瑞（2002）	67.55%	24.01%
《颜氏家训》	周日健、王小莘（1998）	62.36%	27.60%
《世说新语》	程湘清（1988）	43.56%	26.95%
魏晋南北朝志怪小说	周俊勋（2006）	51.51%	29.58%

从他们的统计不难看出,在纯正的中土文献中,并列式和偏正式是中古复合词的两种常见结构类型,其中,并列式数量又远远超过偏

正式。根据我们的统计，并列式和偏正式也是东汉佛经复合词的主要结构类型。但不同的是，东汉佛经中偏正式复合词的数量超过了并列式。具体数量上，东汉佛经中并列式复合词有 2805 个，偏正式复合词则有 4117 个。为什么东汉佛经中会出现这么多偏正式结构的复合词呢？显然，佛经翻译产生了重大影响。其中比较明显的表现是，不少原典语的词缀在佛经汉译的过程中使某些汉语词素成为活跃的修饰成分，反复参与构词，形成了大量的偏正结构；或者使某些不是词的短语结构凝固为词。例如，译经中"不+X"模式双音词，通常是仿译原典"a/an+X"模式的结果，在东汉佛经中形成了 176 个偏正式双音复合词（详见第四章）。也就是说，佛经翻译扩展了"不"的语法功能，使其从句法层面降格为词法层面，成为活跃的造词语素。同样，作为词法层面的"未、无"等否定副词也经历了相似的演化过程。例如，"无+X"模式构成的双音复合词"无常"，源于《书·蔡仲之命》："民心无常，惟惠之怀。"义谓变化不定。先秦时期有不少用例，但都还不是词，如：

　　《文子·道原》："老子曰：'夫事生者应变而动，变生于时。知时者，无常之行。'"

　　《庄子·大宗师》："仲尼曰：'同则无好也，化则无常也。'"

　　《荀子·修身》："窃货曰盗，匿行曰诈，易言曰诞，趣舍无定谓之无常。"

　　译经中的"无常"为梵语复合词"anitya/anityatā/adhruva"等的仿译，显然是词，指佛法、万物不能久住，不存在恒常不变的实体，带有较强的佛教文化色彩。如：

　　东汉支娄迦谶译《般舟三昧经》卷 1《行品》："犹如幻，勿受阴，勿入界。阴如贼，四如蛇，为无常，为恍惚，无常主。

了本无，因缘会，因缘散。"（13，899a）

东汉支娄迦谶译《佛说伅真陀罗所问如来三昧经》卷 3：
"何谓六十四法，但闻无常声，苦声，空声，无我声，寂声。"
（15，363c）

东汉竺大力共康孟详译《中本起经》卷 1《转法轮品》：
"三人分卫，二人供养，为说色苦：'一切众祸，皆由色欲，众
好无常，人亦无住。'"（04，148b）

东汉竺大力共康孟详译《修行本起经》卷 2《游观品》：
"生天皆无常，人间老病忧，观身如雨泡，世间何可乐。"（03，
466c）

东汉支曜译《佛说成具光明定意经》卷 1："不听六患五蔽
之惑，不惟家乐，不有四食之想，亦无衣容冠帻之饰，处计常之
中而知无常之谛，居惑乐之地则觉必苦之对。"（15，451c）

由于原典词"a-nitya"等是由否定前缀"a-"构成的复合词，
汉语没有相应的否定前缀，于是译师将其对译为语义相似相关的否定
副词"无"，形成可以类推的词法模式，产生了不少"无+X"模式
的双音复合词，而这些词都是偏正式复合词，有 96 个，为"无碍、
无安、无报、无本、无边、无常、无耻、无处、无从、无道、无德、
无等、无底、无恶、无法、无缚、无盖、无根、无垢、无故、无过、
无害、无患、无悔、无恚、无秽、无对、无得、无坏、无行、无尽、
无极、无己、无几、无际、无价、无间、无疾、无见、无苦、无力、
无利、无量、无漏、无乱、无灭、无目、无命、无名、无难、无内、
无能、无念、无期、无亲、无穷、无人、无色、无身、无声、无生、
无识、无世、无寿、无所、无他、无外、无望、无闻、无我、无吾、
无瑕、无黠、无相、无想、无心、无形、无崖、无眼、无羞、无遗、

无疑、无益、无异、无意、无忧、无余、无欲、无缘、无怨、无愿、
无乐、无知、无智、无主、无罪"。

丰富的佛教名词和术语，是导致偏正式复合词大量产生的又一重
要原因。这其中，不少词法模式也是仿译的结果，同样是可以类推的
翻译方式。如：

"道+X" 模式

道宝、道本、道边、道藏、道痴、道地、道定、道法、道福、道
根、道过、道行、道化、道慧、道疾、道迹、道教、道戒、道经、道
力、道律、道脉、道念、道品、道人、道食、道事、道士、道术、道
说、道俗、道听、道位、道总、道點、道心、道信、道训、道言、道
眼、道要、道业、道义、道意、道迎、道栽、道真、道证、道志、道
智、道中、道种。

"法+X" 模式

法術、法爱、法宝、法本、法财、法藏、法池、法道、法德、法
地、法谛、法度、法恩、法服、法鼓、法观、法行、法慧、法家、法
教、法解、法戒、法诫、法经、法净、法铠、法轮、法门、法名、法
器、法忍、法舍、法身、法声、法施、法师、法时、法实、法识、法
士、法事、法水、法说、法王、法味、法文、法點、法相、法想、法
像、法心、法信、法形、法言、法眼、法药、法要、法衣、法仪、法
义、法意、法议、法音、法印、法雨、法语、法御、法乐、法则、法
斋、法正、法证、法治、法智、法罪、法尊。

"佛+X" 模式

佛德、佛地、佛恩、佛法、佛光、佛国、佛慧、佛教、佛界、佛
戒、佛经、佛力、佛门、佛名、佛刹、佛身、佛圣、佛时、佛事、佛
树、佛寺、佛所、佛头、佛土、佛點、佛相、佛像、佛心、佛性、佛

学、佛言、佛眼、佛要、佛意、佛音、佛印、佛语、佛元、佛智、佛子、佛足。

此外，数名结构的简称词通常也是仿译的结果。从结构类型上看，数名结构的简称词都是偏正式。佛经中丰富的数名结构简称词扩充了偏正式复合词的数量，东汉佛经共出现数名结构的简称词294个：

二辈、二本、二病、二禅、二分、二戒、二亲、二事、二署、二随、二心、二言、二夜、二业、二意、二知、三慧、三爱、三宝、三辈、三别、三病、三部、三藏、三禅、三处、三祠、三达、三道、三毒、三恶、三法、三反、三垢、三观、三好、三合、三会、三秽、三火、三结、三戒、三界、三救、三礼、三流、三漏、三门、三冥、三品、三神、三生、三食、三时、三世、三事、三署、三痛、三涂、三为、三邪、三眼、三殃、三要、三意、三阴、三有、三怨、三匝、三止、三尊、三种、三智、四辈、四变、四部、四禅、四成、四城、四处、四疮、四大、四倒、四道、四德、四等、四谛、四定、四窦、四断、四恶、四恩、四法、四饭、四方、四佛、四观、四过、四海、四行、四极、四角、四脚、四街、四解、四戒、四句、四口、四轮、四马、四面、四品、四衢、四色、四舍、四神、四失、四时、四事、四受、四天、四痛、四王、四为、四维、四黠、四向、四信、四姓、四要、四意、四阴、四隅、四域、四乐、四支（肢）、四止、四种、四著、四足、五百、五蔽、五腪、五道、五德、五恶、五法、五福、五覆、五盖、五根、五谷、五还、五行、五湖、五结、五戒、五句、五力、五恼、五内、五逆、五品、五情、五色、五善、五使、五事、五通、五为、五味、五习、五相、五邪、五心、五信、五旬、五疑、五意、五阴、五欲、五愿、五乐、五种、五浊、六本、六持、六畜、六德、六度、六法、六反、六方、六根、六更、六行、六患、六敬、六净、六慢、六念、六情、六亲、六人、六身、六师、六识、六事、六衰、六通、六痛、六味、六相、六止、六种、六子、六足、七宝、七辈、七病、七处、七恶、七法、七慧、七结、七觉、七慢、七生、七识、七使、七世、七事、七死、七意、七智、八辈、八便、八恶、八疮、八道、八部、八法、八方、八关、八行、八祸、八力、八难、八念、八千、八事、八危、八味、八业、八意、八正、八直、八种、九辈、九道、久后、九江、九结、九孔、九门、九品、九思、久停、九痛、久鲜、久修、九月、九漏、十倍、石壁、十地、十恶、十法、十方、十互、十诚、十戒、十力、十善、十使、十世、十事、十息、十月、十万、十亿、十黠、十印、十种。

因此，东汉佛经中偏正式复音词的数量超过并列式，这明显是受到了原典语词法模式的影响。

（二）东汉佛经产生了大量主谓式双音复合词

关于先秦时代是否存在主谓式，学界有不同的看法。主张先秦时代不存在主谓式的学者有马真（1980）、祝敏彻（1981）、赵克勤（1994）等。也有研究认为先秦时代存在主谓式，如管燮初（1981）、程湘清（1992）、史存直（1989）、张双棣（1989）、郭锡良（1997）等学者的研究。这两种意见反映了上古汉语中主谓式并非典型的复合词结构形式。东汉以来，主谓式复合词获得了一定的发展，但纯正的中土文献中，它还不是汉语复合词的典型结构方式。根据胡敕瑞（2002）的统计，《论衡》主谓式复合词只有"尸解、天崩"2个；周日健、王小莘（1998）的统计显示，《颜氏家训》中主谓式复合词有23个；周俊勋（2006）的统计显示，"魏晋南北朝志怪小说"中主谓式复合词仅有5个。

　　然而，翻译佛经的情况与中土文献不同，其中包含了较为丰富的主谓式复合词，这一点在东汉佛经中尤为明显。据胡敕瑞（2002）的统计，东汉佛典中的主谓式复合词有"鸡鸣、神通、自便、命过、月明、自大、命终、众会、自由、人定、众闹、自在"等12个。我们的研究结果与胡敕瑞的统计存在较大出入，如以下"自+X"模式的复合词，我们认为均属于主谓式复合词：

　　自出、自从、自爱、自安、自卑、自陈、自惭、自便、自称、自持、自大、自当、自得、自度、自副、自缚、自高、自归、自行、自护、自化、自坏、自悔、自活、自及、自计、自济、自见、自降、自憍、自解、自觉、自可、自慢、自蒙、自灭、自明、自鸣、自念、自欺、自取、自沈、自生、自胜、自食、自誓、自守、自投、自为、自问、自惜、自信、自学、自养、自以、自有、自娱、自誉、自由、自乐、自在、自责、自证、自知、自制、自致、自重、自专、自恣、自足、自尊、自作。

　　其他的如：

　　病愈、灯灭、地沃、耳聋、耳声、耳听、耳闻、发白、发竖、风吹、根生、根熟、观止、行熟、行异、火起、结解、结尽、戒净、筋缓、口燥、苦灭、漏尽、毛竖、面满、面皱、命过、命尽、命终、沫聚、母生、目见、年大、年高、年少、年耆、年老、念息、怒盛、皮皱、气盛、人定、日出、日高、日食、色少、色衰、舌味、身安、身强、身轻、身壮、势强、手搏、寿尽、寿终、岁终、息绝、相好、相满、心安、心怀、心动、心欢、心解、心净、心乱、心明、心恼、心念、心软、心喜、形变、形瘦、性急、眼冥、疑解、意得、意定、意断、意坚、意解、意净、意乱、意息、意憙、意喜、意止、月明、志大。

东汉佛经中出现的主谓式复合词，大部分是翻译新创词，也有一部分是承袭古语而来的。因此，可以认为先秦以前，汉语中已经存在主谓式复合词，但数量相对较少。如：

自在　《老子》："万物归焉而不为主，可名为大。"河上公注："万物横来横去，使各自在，故不若于大也。"

自化　《老子》："法令滋彰，盗贼多有，故圣人云：我无为而民自化。"《庄子·秋水》："何为乎，何不为乎，夫固将自化。"

自大　《礼记·表记》："是故君子不自大其事，不自尚其功。"

心动　《战国策·赵策一》："襄子如厕，心动，执问涂厕，则豫让也。"

寿终　《释名·释丧制》："老死曰寿终。寿，久也；终，尽也。生已久远，气终尽也。"

自得　《史记·管晏列传》："其夫为相御，拥大盖，策驷马，意气扬扬，甚自得也。"

从上述可以看出，东汉佛经中主谓式复合词的数量极其可观，在同期中土文献中，很难见到如此数量的主谓式复合词。这是东汉佛经双音词的又一显著特点。

（三）其他类型的双音复合词也获得了一定程度的发展

1. 述补式

东汉佛经中，某些单音形容词、动词的语义逐渐虚化，在双音组合中产生了表示动作结果的用法，形成不少述补式双音词。如：

变坏　逐渐发生变化而败坏。东汉竺大力共康孟详译《修行本起经》卷2《出家品》："如令年少形，不变坏者；如令所不可，不以着心；如令死至时，无有众畏。"（03，468c）

飞过 东汉竺大力共康孟详译《修行本起经》卷1《现变品》："时有五百梵志，皆有五神通，飞过宫城，不能得度。"（03，463b）

化成 东汉支娄迦谶译《道行般若经》卷1《难问品》："须菩提心则了知，言：'是华不出忉利天上，我曾见是华，是华所出生散我上者，化作耳、化成耳。'"（08，430a）

归脱 东汉失译《佛说伅真陀罗所问如来三昧经》卷3："大已住其处，降伏贡高自用者，于一切而无所著，故知而极尊。今自归脱人之欲者。"（15，361a）

制伏 东汉昙果共康孟详译《中本起经》卷1《度瓶沙王品》："鼻嗅香臭，心当制伏，情无所着。"（04，152c）

归尽 东汉昙果共康孟详译《中本起经》卷1《还至父国品》："世尊惟空，苦乐非真，有者归尽，神静无为。"（04，154c）

高出 东汉昙果共康孟详译《中本起经》卷1《化迦叶品》："佛以神力，断水令住，高出人头，使底扬尘，佛行其中。"（04，151b）

捣碎 东汉安世高译《道地经》卷1："或时虎遮断，亦狗猴亦驴，南方行入冢间，见聚炭发毛分骨，捣碎干华，自身见入盐王。"（15，232b）

成为 东汉竺大力共康孟详译《修行本起经》卷1《现变品》："复念言：'本行何术，致斯巍巍？所事何师，今得特尊？始修何法，得成为佛？'"（03，461a）

拽出 东汉昙果共康孟详译《中本起经》卷2《本起该容品》："王怒隆盛，遣人拽出，缚置殿前，将欲射杀。"（04，157c）

增多　东汉安世高译《一切流摄守因经》卷1："已爱流生，便增多不致，未生爱流亦痴流便生，已生爱流亦痴流，便增多不致。"（01，813a）

2. 附加式

东汉以前，汉语附加式复合双音词的数量不大，东汉佛经有所发展，但表现不算突出，主要是增加了一些新词。如"X+者""X+然"：

（1）"X+者"

其中"X"主要是名词、动词或形容词，表示具有某种性质、特征，或从事某种职业的人。在东汉以前，这种模式构造的双音词已有不少，如"主者、卜者、占者、卦者、内者、介者"等。在东汉佛经中，这种模式构造的词以沿用汉语固有为主，如"侍者、使者、聋者、贤者、明者、学者、作者、仁者、乞者、智者、来者、盲者、问者、溺者、长者、惠者、尊者、弱者、善者、慧者、生者、王者、耕者、愚者、健者、行者"等，新造词较少，有以下四个：

病者　东汉支娄迦谶译《道行般若经》卷5《譬喻品》："其人语病者言：'安意莫恐，我自相扶持在所至到，义不中道相弃。'"（08，452a）

黠者　东汉安世高译《七处三观经》卷1："法行道，比丘！所黠知，亦贤者知，愚人所不知，黠者可。"（02，883a）

猎者　东汉竺大力共康孟详译《修行本起经》卷2《出家品》："太子喜念言：'此则真人衣，度世慈悲服，猎者何故着？'"（03，469a）

胜者　东汉竺大力共康孟详译《修行本起经》卷1《试艺品》："王复问言：'谁为胜者？'其仆答言：'难陀得胜。'"

（03，465c）

表示时间的有三个词，都沿用汉语固有词，即"昔者、今者、向者"。

总的看来，"X+者"模式在东汉佛经词汇的构成中并未体现出明显的个性特征，反而体现了汉语词汇系统对佛经翻译的影响。

（2）"X+然"

其中"X"为形容词或动词，表示人或事物处于某种状态，或具有某种特征。这种构词模式在东汉以前常见，东汉佛经中沿用此模式，如"灿然、忽然、忿然、默然、欢然、寂然、金然、憺然、愕然、赫然、嘿然、奄然、俨然、欣然、唯然、肃然、坦然"等，新造词很少，只有以下三个：

燡然　忽然，一下子。

东汉竺大力共康孟详译《修行本起经》卷1《现变品》："于是能仁菩萨，以得决言，踊跃欢喜，疑解望止，燡然无想，寂而入定，便逮清净。"（03，462b）

悚然　惶恐不安的样子。

东汉竺大力共康孟详译《修行本起经》卷1《菩萨降身品》："国王及群臣，见国师阿夷敬礼太子，心便悚然。"（03，464b）

炯然　光焰明亮貌。

东汉昙果共康孟详译《中本起经》卷1《化迦叶品》："于是如来，便现火光，炯然概天。"（04，150b）

有些附加式双音复合词的发展比较明显，产生了不少常用的双音词。例如，"X+头""X+曹/等/辈"模式：

（1）"X+头"

其中"X"为方位名词或身体部位名词，"X+头"表示方向或位置。如：

前头 前面；前方。①

东汉支娄迦谶译《道行般若经》卷7《远离品》："复次，须菩提！菩萨摩诃萨梦中与若千百弟子共会，在中央坐；不可数千弟子，不可数百千弟子共会，在中央坐说经；与比丘僧相随，最在前头。"（08，459b）

上头 之前；前面。②

东汉安世高译《阴持入经》卷2："是上头为不了，后为悔，是共名为不了悔盖。"（15，180a）

后头 犹后面。③

东汉安世高译《阿含口解十二因缘经》卷1："诸爱欲是为聚。上头为上头为心、中央为意、后头为识。"（25，54b）

膝头 膝盖。④

东汉安世高译《道地经》卷1："一种着指节约，一种在胫，一种在膝头。"（15，235a）

（2）"X+曹/X+等/X+辈"

其中"X"为代词，"曹、等、辈"表示复数，整体表示（你、我、他）们，或一类人。

汝曹 你们。⑤

---

① 《大词典》首引唐寒山《诗》之一三二："前头失却橇，后头又无柁。"

② 《大词典》首引古乐府《陌上桑》："东方千余骑，夫婿居上头。"

③ 《大词典》首引唐寒山《诗》之二二九："前头失却橇，后头又无柁。"《初刻拍案惊奇》卷三一："只见人丛里缚着两个俊俏后生，又见陈林妻子跟在后头。"

④ 《大词典》首引茅盾《昙》："坐在窗前的沙发上，书本子摊在膝头，温暖的南风轻轻地吹拂地的秀发。"

⑤ 《大词典》首引《后汉书·马援传》："汝曹知吾恶之甚矣，所以复言者，施衿结褵，申父母之戒，欲使汝曹不忘之耳。"

东汉昙果共康孟详译《中本起经》卷 1《现变品》："佛敕
诸比丘：'汝曹各行，广度众生，随所见法，示导桥梁，普施法
眼，宣畅三尊，拔爱除有，迁入泥洹。'"（04，149c）

若曹　你们。①

东汉安世高译《七处三观经》卷 1："比丘！若曹皆当拔其
本根，去离本恶，用是故不复生死，不复生死，便得度世泥洹
道。"（02，880b）

是曹　这些人，那些人。②

东汉支娄迦谶译《道行般若经》卷 10《昙无竭菩萨品》：
"贤者！他所勒使愿相语，有是曹人者，我曹悉当护之，所欲得
者悉当与之。"（08，474c）

卿曹　你们。

东汉支娄迦谶译《佛说遗日摩尼宝经》卷 1："两比丘复问
言：'卿曹淫怒痴悉尽未？'五百人复报言：'亦无内亦无外
也。'"（12，193c）

汝等　你们。③

东汉竺大力共康孟详译《修行本起经》卷 1《现变品》：
"佛告比丘：'汝等见此供设严好光目者不？昔吾承事往古诸佛，
供养庄严，亦如今也！'"（03，461c）

我等　我们。④

东汉支娄迦谶译《修行本起经》卷 2《出家品》："我等好
洁，年在盛时，愿得晨起夜寐供侍左右。"（03，470c）

---

① 《大词典》首引《明史·王鏊传》："讲罢，诏广曰：'讲官指若曹耳。'"
② 《大词典》未收。
③ 《大词典》未收。
④ 《大词典》未收。

吾等　我们。

东汉支娄迦谶译《文殊师利问菩萨署经》卷1："复有七千优婆塞、优婆夷五千人，皆从坐起言：'吾等当具学。'"（14，437c）

若等　你们。①

东汉失译《佛说㐌真陀罗所问如来三昧经》卷3："㐌真陀罗谓诸会者：'若等悉住在地，而我在虚空。'"（15，363a）

是辈　这些人。

东汉支娄迦谶译《佛说兜沙经》卷1："为四面如是辈，各各呼释迦文佛名，合为万字。"（10，446a）

我辈　我们。②

东汉支娄迦谶译《道行般若经》卷2《功德品》："其有闻者，若讽诵读有行者，我辈恭敬视如怛萨阿竭，我辈恭敬视菩萨摩诃萨持般若波罗蜜者。"（08，431a）

汝辈　你们。③

东汉竺大力共康孟详译《修行本起经》卷2《出家品》："汝辈乱人道意，不计非常，经历劫数，展转五道。"（03，471a）

---

① 《大词典》未收。
② 南朝宋刘义庆《世说新语·文学》："孙兴公作《天台赋》成，以示范荣期云：'卿试掷地，要作金石声。'范曰：'恐子之金石，非宫商中声。'然每至佳句，辄云：'应是我辈语。'"
③ 《大词典》首引《隋书·韦世康传》："（吾）今年将耳顺，志在悬车，汝辈以为云何？"

第三节　东汉佛经三音词的基本特征

"凡是社会生活中出现了新的东西，不论是新制度，新体制，新措施，新思潮，新物质，新观念，新工具，总之，这新的东西千方百计要在语言中表现出来。"（陈原，1994：207）两汉之交，佛教传入中国，引入了新的思想观念和新的物质概念，这些新观念和新概念反映在词汇上，便是在佛经翻译过程中产生了很多新词，并且这些新词通常是复音词。

三音词在近代以来得到了充分的发展。在现代汉语中，三音词的发展速度惊人（韩晨宇，2007；张小平，2008；邱雪玫、李葆嘉，2011；刘楚群，2012；惠天罡，2014；刘中富，2014；程荣，2015；孟凯，2016；高原，2017等），同时呈现出与古代汉语三音词不同的特征。与此相应，目前学界普遍倾向于对近现代汉语，尤其是现代汉语三音词的研究（如何援朝，1985；王彦承，1989；杨爱媛，2000/2002a/2002b/2003；翟燕，2006；王红美，2010；王思妮，2012；吕晓玲，2015；刘天乐、彭家法，2017；王佩佩，2017；赵敏，2018等），而中古汉语三音词，尚未受到应有的重视。向熹先生认为："汉语里的三音节词，中古开始产生，元以后有了巨大的发展。"（向熹，2010：630）如果将佛教文献纳入考察范围，我们会发现中古时期汉语三音词的数量非常可观，三音词在中古时期已经有较大发展。在东汉佛经中，我们统计所得的三音词总共有602个（详见东汉佛经词汇基本情况统计表）。显然，东汉佛经不能完全反映同时代汉语三音词的基本面貌，相反，鲜明的异质成分更多凸显了汉语词汇的新质特征。

　　东汉以前，汉语中也存在一些三音词，但数量少且范围较小，主要集中在摹声状貌（如"欣欣然"）、人或事物的名称、官职（如"中秘书""中宫史"）等方面，像形容词（尤其是性质类）、动词等类别的三音词极少。但在东汉佛经中，三音节的整体面貌得到较大发展，佛经翻译产生了大量三音节形式的译音词，其中有不少是动词、形容词。总体上看，东汉佛经三音词不仅在量上有很大发展，在质的方面也表现出译经词汇的新质特征。东汉佛经共有三音词602个（存异文另立词条），其中包含［2+1］式253个，［1+2］式85个，［1+1+1］式99个，三字连式163个。① 这些三音词中，以名词为主（如人名、地名、国名、山名、神名、佛名、佛号、菩萨名等专有名词），同时也有不少非专有名词。

　　东汉佛经中的三音词，大部分有音译成分参与构成，其中相当一部分三音词本身就是音译外来词。在［1+2］式三音词中，有很大一部分是通过译音加类名（如"国、道、树"等）的方式构成的。

一、［2+1］式

　　这类三音词中，有些包含音译成分。根据音译成分的数量和位置，这些包含音译成分的三音词可细分为三类：

　　第一类，前两字为音译成分，修饰第三字，构成偏正结构，第三字通常为类名。这样的三音词有：佛教专名，如"阿閦地、罗汉地、罗汉道、菩萨道、菩萨藏、菩萨法、萨芸慧、三昧门、娑娑根、奢夷种、术阇者"等，有些类名由两个音译双音词加音译单音词构成，

---

　　① 胡敕瑞根据词素间结合的紧密程度，将东汉三音词的结构分为［2+1］式、［1+2］式、［1+1+1］式和三字连式四种类型，我们参考了他的分类方法。详见胡敕瑞（2002：271—280）。

这类词通常将原典词的组合方式也连带翻译过来，如"比丘僧、陂陀劫、波罗劫、婆罗劫、尼连禅、伊提钵"等。天名，由音译双音词加类名"天"构成，如"忉利天、兜术天、权呵天、首呵天、首诃天、惟呵天、修干天、羞讫天、须蔓天、须鬘天、伊沙天、因坻天"等。事物名，通常也是由音译双音词加类名（如"花［华］、香"等）构成，如"贝多树、迦陀树、拘耆树、娑罗树、梯陛树、阎浮树、拘文华、占匐华、优钵华、摩尼宝、摩尼珠、随蓝风、栴檀香"等。国名、地名，如"拔耆国、拘类国、罗阅国、摩竭国、舍卫国、舍利国、舍夷国、惟致国、越祇国、奈氏园、斯奈园、罗阅城、斯奈门、那私县、波罗林、颇那山、须弥山、斯那川"等。人名或名号，主要由音译双音词加类名"佛"构成，这类词的翻译有些综合运用了音译和仿译两种方式，有些由音译＋类名形成，前者如：辟支佛（Pratyeka-buddha），定光佛（锭光佛，Dīpaṃkara-buddha），弥勒佛（Maitreya-buddha），须波佛（Supra-buddha），后者如"惟卫佛（Vipaśyin）"等。还有几个其他类似的三音词，如表示瞬时义的"须臾间"、表述人物的"瓶沙王"及经名"毗罗经"等。

第二类，第一个音节为音译成分，修饰第二音节构成偏正结构，整体修饰第三音节构成偏正结构。有"恒边沙、恒中沙、魔天王、梵志师、梵天王"5个。

第三类，前两字修饰第三音节构成偏正短语，第三音节为音译成分。有"七宝塔、法王佛、大难佛"3个。

不含音译成分的三音词，通常构成名词性偏正结构，其中前两个音节作定语，表示人或事物的性质、特征、状态，并修饰第三个音节。这些词以［2+1］式三音词为主，有"爱欲天、安处度、安隐觉、安处意、八味水、八种道、八种行、白净王、百味饭、白象宝、本正愿、冰山王、不尽欲、博达慧、不色爱、不转意、不摄根、不色有、长者子、瞋瞋恚、慈仁署、大爱道、大陂水、大丛树、大处废、大花净、大逆道、大小便、大障山、揮指顷、弹指间、当来世、鐙明王、典兵臣、调马师、多和光、法眼净、法乐忍、复上风、绀青色、高远行、共遮意、孤独氏、光德王、孤独园、光景尊、光声阳、光耀炎、过去时、过去世、寒热风、行愿结、慧意观、后世生、坏败色、交龙车、交路帐、交露帐、交露车、教书师、金翅鸟、金刚杵、金刚山、金刚钻、金缕衣、金轮宝、今现世、金华佛、金轮王、敬端行、净弃结、镜中像、空慧行、空空慧、昆仑光、力人王、离垢王、六通智、漏刻时、鹿野树、靡胜国、明眼人、衅血人、平等觉、破骨风、七戒意、七使道、前世时、青绀色、清信士、清信女、青莲花、热时炎、日光精、三种事、善中善、师子王、师子威、师子座、十八法、十八事、十二入、十种力、十二因、十方刹、十二衰、世间解、水中泡、水中影、四马车、四衢道、四事法、四种观、天人师、天树香、天中天、铁围山、外余道、王舍国、惟净首、未来世、未来时、味合坐、无垢光、无秽王、无极上、无怒王、无色界、无央数、无怨王、无欲界、五色光、西北方、现在世、小障山、炎天王、炎炽妙、血热病、一念顷、一切智、一善相、一食顷、一转顷、意是成、意杂宝、意乐香、音乐器、油花香、余道人、玉女宝、元吉树、正真道、正真觉、指地池、专精志、转根香、转轮圣、转轮王、族姓子、紫磨金、道法御、生死苦”162 个。

二、[1+2] 式

东汉佛经中的［1+2］式三音词，通常是佛教名词术语，其中有很大一部分是数名结构的简称词，这是佛教词汇的典型特征之一。有

"三领名、三恶处、三恶道、三恶行、三法衣、三法意、三毒火、四禅足、四谛法、四断意、四颠倒、四定意、四等心、四方石、四解事、四口恶、四净法、四神足、四天王、四无畏、四意定、四因缘、四意止、四意断、五恶世、五逆恶、五神通、五盛阴、五音声、六洁意、六望受、七觉意、八恶处、八行意、八敬法、八直水、八关斋、八正觉、八直道、八正行、九绝处、十地道、十神力、十法护"43个。如：

三恶处　东汉支曜译《佛说成具光明定意经》卷1："虽尔，以闻之功德，所生不在三恶处，常遇值是尊定之法。"（15，455c）

四禅足　东汉安世高译《长阿含十报法经》卷2："四禅足行已具足，是为四力。"（01，238c）

五逆恶　东汉支娄迦谶译《道行般若经》卷7《远离品》："置是四事重法，是为五逆恶，当意生是念时，其罪重。"（08，461a）

六洁意　东汉安世高译《佛说大安般守意经》卷1："佛有六洁意，谓数息、相随、止、观、还、净，是六事能制无形也。"（15，166b）

七觉意　东汉安世高译《长阿含十报法经》卷1："七觉意，一为意觉意、二为分别法觉意、三为精进觉意、四为可觉意、五为猗觉意、六为定觉意、七为护觉意。"（01，236b）

八恶处　东汉支娄迦谶译《道行般若经》卷10《昙无竭菩萨品》："其人前世有功德，其人远离八恶处生，其人黠慧信于佛。"（08，476c）

九绝处　东汉安世高译《阴持入经》卷1："九绝处，为一切慧衙令部伴，从流行。"（15，175a）

十地道　东汉失译《佛说伅真陀罗所问如来三昧经》卷1："今

到十地道，以到十地道，从次第悉晓了。是为四事。"（15，351a）

除了数名结构的简称词以外，主要是人物名号、称呼或事物名称，如"祖父母、最正觉、最后末、最后世、宝如来、大夫人、缘一觉、大伏爱、德普洽、绀马宝、给孤独、光等知、坚精进、净复净、口四过、两山鼎、莫诃失、莫平诃、普调敏、仁特尊、善女人、善男子、世多罗、天捣香、天杂香、今现在"。例如：

佛舍利 东汉支娄迦谶译《道行般若经》卷2《功德品》："若般泥洹后，持佛舍利起塔，自归作礼承事供养——名华、捣香、泽香、杂香、缯彩、华盖、旗幡，如是其福，何所为多者？"（08，432a）

绀琉璃 东汉失译《佛说伅真陀罗所问如来三昧经》卷2："其地墙壁绀琉璃色，以天金分布其间，无央数宝以杂厕其中。"（15，355b）

南天竺 东汉支娄迦谶译《道行般若经》卷4《持品》："怛萨阿竭去后，是般若波罗蜜当在南天竺。其有学已，从南天竺当转至西天竺。"（08，446a）

染师利 东汉支娄迦谶译《文殊师利问菩萨署经》卷1："复有比丘，名曰染师利。"（14，437b）

无尘垢 东汉支娄迦谶译《佛说阿阇世王经》卷2："尔时久远过去时，有佛号字安隐觉，劫名无尘垢。"（15，404a）

等正觉 东汉昙果共康孟详译《中本起经》卷1《转法轮品》："汝于来世九十一劫，当得作佛，字释迦文，号如来、至真、等正觉、明行成为、善逝、世间解、无上士、道法御、天人师、众佑，度人如我今也。"（04，147c）

天栴檀 东汉支娄迦谶译《阿閦佛国经》卷1《阿閦佛刹善快

品》："复次，舍利弗！阿閦如来成无上正真道最正觉、得萨芸若慧时，无央数那术亿百千诸天人于虚空住，以天华、天栴檀、杂香、天捣香、伎乐供养，散阿閦佛上。"（11，755b）

月精曜　东汉支娄迦谶译《佛说成具光明定意经》卷1："有明士名无秽王、次复名光景尊、次复名智如山弘、次复名大花净、次复名转根香、次复名月精曜、次复名光之英……"（15，451c）

有几个是形容词性的，即：

新发意　东汉支娄迦谶译《道行般若经》卷5《照明品》："佛语须菩提：'如若所言，新发意者所知甚少，其心不入大法，亦不讽诵般若波罗蜜，是为魔所得已，自起魔因缘，至使得断。'"（08，448c）

初发意　东汉支娄迦谶译《阿閦佛国经》卷1《发意受慧品》："天中天！阿閦菩萨摩诃萨初发意时，有几何天在会中？"（11，753a）

甫当来　东汉支娄迦谶译《道行般若经》卷4《觉品》："佛言：'如是，须菩提！甫当来有菩萨摩诃萨得闻深般若波罗蜜，而不可意，便弃舍去，入声闻法中，求萨芸若欲得作佛。'"（08，447b）

不了了　东汉安世高译《普法义经》卷1："五为爱疮，六为痴疮，七为利恭敬名闻疮，八为疑不了了疮。"（01，924c）

三、[1+1+1] 式

从构词法角度来看，这种类型的三音词基本上是三个类义语素的并列。其中，名词性的最多（40个，最后6个中第一个为经名，其余5个为菩萨名），这类三音词分别是"床榻燉、发草楃、膤楃肌、倡伎乐、床卧具、床机座、刀矛钻、老病忧、老病苦、老病死、恼热忧、沙砾石、身口意、身色相、身心意、生老病、生老死、身意念、殊绝好、髓肪皮、贪瞋痴、贪恚痴、天帝释、心口意、心意识、意心识、瘖痫欧、淫怒痴、淫恚痴、欲爱色、垣壁墙、灾变妄、缯盖幡、智慧黠、阴持入、谛议意、见诸幻、光之英、整不法、转模贸"。动词性的次之（36个），即"哀矜济、悲檎懑、别离亡、瞋恚怒、出流走、颠倒堕、来至到、弃舍去、连相著、舍还去、谗佞欺、杀欺盗、杀盗淫、念说诵、讽诵读、讽诵赞、讲讽诵、讽诵说、见闻知、伤愍哀、贪爱好、勤劝率、语言说、转流行、行求索、相连着、晓了知、笑欢喜、住受止、饮食噉、忧愁悔、废坏灭、如之何、譬如若、譬若如、譬喻如"。形容词性的再次之（19个），即"恼热疲、热恼疲、恶秽浊、烦热恼、恐畏怖、贫困厄、贫穷困、嫉恚疑、瞋恚痴、瞋恚恨、嫉妒痴、忧悲苦、忧悲恼、忧愁恼、忧苦恼、愚痴冥、微妙深、消干坏、卓荦异"。此外，还有4个数词，即"百千亿、百亿千、千亿万、千万亿"，1个副词即"遍皆悉"。

四、三字连式

三字连式完全是汉语词汇的新质成分，其三个构成成分之间无法进行结构分析，也不能从字面上探求其确切意义，是纯粹的音译词，主要用于表示人名、地名、国名、菩萨名等，共168个："阿阇贳、阿阇世、阿阇堕、阿难律、阿禾真、阿迦县、阿那含、阿楼那、阿罗汉、阿罗诃、阿罗呵、阿具利、阿耨达、阿耆达、阿祇达、阿僧祇、阿逝堕、阿惟颜、阿惟致、阿羞伦、阿修罗、阿须伦、阿须轮、阿须罗、阿伊檀、跋登加、拔提弗、般泥洹、飚陀和、跋陀和、般遮旬、彼罗斯、比丘尼、邠陀施、波罗栋、波罗蜜、波罗奈、波斯匿、波头洹、波头犁、不楼陀、蔡呵祇、坻罗末、坻弥罗、堕楼延、颊真提、弗于逮、荷沙漫、和轮调、和夷罗、桓迦怜、活逸洹、迦兰迦、迦兰陀、迦留勒、迦留罗、迦楼罗、迦罗蜜、加罗卫、迦罗越、迦夷卫、犍阇洹、犍陀罗、捷沓恝、健陀罗、捷陀越、憍曰兜、拘达卢、拘蓝尼、拘类留、拘舍罗、利三匐、邻那竭、楼耆洹、罗怜洹、罗阅祇、摩诃敢、摩诃萨、摩诃衍、摩呵衍、摩睺勒、摩竭提、摩难斯、摩休勒、摩因提、目捷连、那利绳、那罗达、那罗陀、难檀桓、难瞿昙、潘利洹、盘头越、婆罗门、干陀罗、桥曰兜、瞿昙弥、萨和萨、萨芸若、梵摩达、非陀遍、分诃舟、荷蠡勒、憍炎钵、鸠睒弥、拘律陀、拘耶尼、倪三飓、沤呵沙、祇树给、讫连桓、瞿师罗、三波奢、三昧越、三术阇、僧伽梨、沙竭勃、沙竭末、舍怛罗、舍利弗、释迦文、首陀卫、私呵难、私呵末、私诃末、斯陀含、随兰然、提无离、提和竭、昙无竭、陀怜尼、惟摩罗、惟三佛、惟耆先、维耶离、乌苏慢、文陀竭、文陀弗、悉达滕、须波日、须摩提、须陀扇、须陀洹、须菩提、雪真提、阎浮利、阎浮提、优陂洹、优彼洹、忧波替、优婆塞、优昙钵、优婆夷、爵俾罗、爵单越、爵迦罗、阅头檀、占倍洹、遮迦越、甄多罗、真陀罗、甄陀罗、朱利敢、捣栴檀、飓陀调、阿阇浮、阿閦佛、诃閦佛"。

三音节词主要是名词性的，其中"［2+1］式"和"三字连"式最为常见。

从以上不难看出，与先秦时代相比，东汉佛经中的三音词无论在数量还是范围上均得到大幅扩展。这是佛教文化传播对汉语词汇发展产生影响的表现之一。然而，译经三音词并未在汉语中广泛流传，只有极少数，如"婆罗门、舍利佛、阿罗汉、摩尼珠、定光佛、辟支佛"等，在汉语词汇系统中确立了地位，其余则主要在佛教文化内部使用，很少跨出佛门进入世俗社会。

　　从汉语史的角度看，译经产生的三音词逐渐消失了，这与汉语韵律特征密切相关。因为三音词总体上不适合汉语韵律特征，加之这些三音词往往具有浓厚的佛教文化色彩，反映的是佛教词汇的自身特色，所以很难进入传统儒家思想体系。

第三章 东汉佛经与汉语词语溯源

　　随着研究的深入，越来越多的人认识到，许多原本被认为是唐代特有的词语实际上可以追溯到魏晋六朝，甚至有些词语在汉代就已出现了。较早关注这一问题的学者当属蒋礼鸿先生，他在《敦煌变文字义通释》一书中将许多唐宋时期的口语词源头上溯至汉魏六朝。东汉时期的佛经词汇与近代汉语词汇之间联系紧密，不少近代汉语的词汇源头可以追溯到东汉佛经。究竟有多少过去被认为是近代汉语中的口语词汇可以在更早的作品中找到其源头呢？要回答这一问题，就需要大家的共同努力，将这些词语及其源头一一找出来。本章拟在这方面进行一些工作，将东汉佛经中沿用的中土固有词离析出来，① 以便研究汉语固有词在佛经翻译中的使用及其变化情况，同时对部分源自东汉佛经中的词汇作进一步考察。

第一节 东汉佛经中的汉语固有双音词

　　佛经翻译首先要考虑目的语受众的接受问题，否则难以达到传教的目的。因此，译师在译经过程中不可能完全新创词汇对应原典语言。相反，他们要尽量选择受众熟悉的词汇来翻译原典，以便受众理解并接受佛教文化。为了了解东汉佛经对汉语固有词的使用状况，学者们考察了东汉佛经中双音词的历史来源，发现这些双音词中有

_____

　　① 这里主要是双音词。

2063 个是汉语固有词。根据这些词产生的时代，可将其分为以下三个部分：一、继承自先秦时代的双音词；二、继承自西汉时代的双音词；三、继承自东汉时代的双音词。

一、继承先秦时代的双音词（1456 个）

哀矜 哀乐 哀伤 爱敬 爱重 安措 安谛 安平 安徐 安隐 安置 暗冥 拔出 败乱 败亡 暴露 悲哀 悲怜 悲喜 悲忧 被服 备具 本根 本末 彼此 闭塞 变化 表里 宾主 兵器 兵刃 病疾 才艺 财贿 财利 财求 财物 惭愧 草木 豺狼 长短 长久 称名 驰骋 迟疾 炽盛 惆怅 愁思 愁忧 酬酢 丑恶 出入 出生 出迎 出游 出征 初始 除去 慈仁 慈孝 次第 聪明 粗细 存亡 存在 大高 大小 大远 旦暮 盗贼 道路 道理 道巷 得失 得无 德行 德义 地方 弟子 帝王 颠倒 典籍 殿堂 调和 调均 毒害 髑髅 度量 多少 恩爱 恩德 耳目 发动 发起 发作 乏绝 法度 法令 法则 烦劳 烦乱 反复 反顾 饭食 方略 方术 放弃 放逸 诽谤 分别 分布 分明 分散 忿怒 粪壤 风寒 风雨 讽诵 奉承 伏藏 扶持 服从 服饰 凫雁 拊拍 父母 父子 妇女 富贵 改更 肝肺 感动 感应 刚强 高大 高下 歌舞 工匠 功勋 供给 供养 宫室 恭敬 道德 车驾 车马 车张 臣下 陈言 尘埃 成败 成熟 承顺 城郭 诚信 痴惑 垢浊 孤独 孤寡 孤老 骨肉 谷食 观见 光晖（光辉）光景 光明 广博 广大 广远 归到 鬼神 贵大 贵富 国邑 过度 过失 害伤 寒热 寒暑 好恶 禾稼 合会 合聚 合离 和调 和协（和叶）弘大 厚薄 呼吸 虎狼 虎兕 花（华）实 化分 坏乱 欢乐 欢喜 欢欣 还归 荒乱 皇帝 悔恨 肌肉 饥饿 饥寒 饥馑 饥渴 积聚 及至 吉祥 吉凶 急疾 疾病 疾苦 疾速 疾疫 集会 几何 忌讳 技艺 嫉妒（嫉妒）计数 寂寞 寄托 瘕疵 假借 驾乘 奸恶 坚固 坚强 监临 艰难 建立 江河 将军 交接 交通 蛟龙 憍慢 侥幸 教导 教告 教诲 教授 教学 嗟叹 解散 解止 斤两 金钱 金银 筋骨 筋脉 锦绣

谨慎 进行 禁止 禁制 经历 精明 精神 精通 惊怖 惊动 惊愕 敬爱 敬让
敬重 境界 久长 久远 酒肉 酒食 拘逼 拘系 具备 炬火 捐弃 决断 军师
开导 可能 刻镂 空闲 恐怖 恐惧 恐畏 口舌 苦痛 狂惑 旷野 困苦 困穷
牢狱 魂磞（魂磊）劳苦 老耄 老少 老死 乐歌 乐好 雷电 离别 礼节 礼
乐 礼仪 利害 廉贞 粮食 零落 流行 聋盲 漏刻 露见 庐舍 陆地 履行 论
议 罗网 马车 卖买 盲聋 矛戟 贸易 门户 萌芽 迷惑 迷乱 面目 名称 名
闻 名字 明白 明达 明曜（耀）明哲 明知 明智 沐浴 男女 逆恶 年岁 鸟
兽 佞谄 皮毛 疲病 疲倦 疲劳 譬如 譬若 譬犹 譬喻 贫贱 贫苦 贫困 贫
穷 平均 破碎 仆从 耆老 骑乘 起居 气力 气息 讫行 弃捐 弃舍 弃远 器
物 千万 千亿 牵连 谦卑 前后 钱财 浅深 遣使 墙垣 憔悴 桥梁 亲爱 亲
近 亲属 亲迎 琴瑟 禽兽 勤（懃）苦 勤劳 清白 清澄 清旦 清洁 清凉
清明 轻侮 穷极 穷困 丘墟 求索 曲戾 屈伸 趋走 衢道 取予 泉源 权谋
劝励 劝勉 人客 人民 人物 仁爱 仁慈 仁义 忍默 日夜 日月 容貌 荣利
柔刚 柔弱 柔顺 若干 山川 山林 山陵 山泽 善恶 伤害 裳衣 上下 射御
呻吟 深奥 深远 神灵 神圣 升降 生活 生熟 生死 声名 声音 省察 省视
胜负 失亡 施行 施与 师徒 师友 食饮 时日 时世 实行 识知 事故 室家
是非 视听 嗜欲 长老 长幼 长者 手足 殊异 树木 衰弱 水火 水浆 思虑
思念 死丧 死生 死亡 夙夜 肃恭 贪爱 贪淫 谈言 谈语 唐举 啼哭 涕泣
天地 恬淡 听闻 通达 头目 土地 瓦石 危殆 危害 危崄 微薄 微妙 委曲
伪诈 畏惧 温暖 闻名 问对 巫祝 屋室 无不 乌鹊 便利 安心 安身 安行
八法 白垩 白骨 白黑 白马 百倍 百谷 百疾 百岁 百种 败绩 悲鸣 暴雨
陂池 宝珠 宝藏 北方 本国 本心 本行 本作 边人 辩辞 辩慧 兵法 病人
不安 不报 不比 不必 不避 不便 不常 不成 不从 不待 不怠 不当 不到
不得 不定 不独 不度 不断 不恶 不尔 不二 不服 不腐 不敢 不更 不共
不轨 不过 不好 不和 不慧 不惑 不及 不见 不解 不敬 不久 不具 不觉

不堪 不可 不肯 不亏 不愧 不来 不离 不利 不了 不满 不明 不耐 不起
不然 不忍 不容 不如 不杀 不善 不少 不舍 不失 不时 不实 不识 不使
不事 不适 不熟 不遂 不听 不危 不为 不惟 不违 不谓 不问 不息 不贤
不祥 不肖 不懈 不信 不行 不修 不学 不言 不厌 不依 不宜 不已 不以
不应 不用 不有 不正 不至 不智 不中 不周 不着 不足 不作 步兵 步行
部界 菜园 谗言 长跪 长寿 长养 长夜 常法 常人 常行 常足 朝露 车盖
车轮 诚言 赤色 赤子 初生 垂珠 慈父 大宾 大臣 大城 大道 大法 大风
大福 大国 大过 大寒 大河 大会 大家 大麦 大美 大明 大难 大器 大人
大山 大赦 大师 大王 大威 大象 大要 大义 大指 大祝 刀刃 盗人 道法
道教 道人 道术 道心 道行 道义 道志 德守 德威 殿下 雕文 居处 居家
居士 可观 可见 可口 可乐 可怜 可畏 可谓 可以 可作 空中 枯木 苦昧
快意 昆弟 来今 来处 来世 老母 老人 力士 力行 立侍 利业 砺石 莲花
良医 凉风 两行 流从 流民 流水 六度 六事 六相 六行 六畜 卵生 乱世
乱心 美食 门阃 门徒 梦中 猛兽 面见 民心 名宝 名声 名言 明见 明镜
明日 明声 明星 明月 明照 冥室 末世 莫如 目前 乃至 奈何 南方 难当
难得 逆流 怒心 女色 旁行 偏见 七事 其实 其余 奇人 齐限 前列 前世
前行 潜居 亲附 青黑 青雀 青色 青衣 轻易 情欲 请问 全国 泉水 人道
人间 人类 人命 人生 人事 人数 人头 人心 人形 人言 人意 人欲 日食
如此 如何 如是 乳母 若此 若何 若使 三宝 三道 三恶 三法 三戒 三食
三世 三事 三邪 散名 色欲 山顶 善处 善人 善事 善行 善言 上次 上圣
上士 少男 少年 少子 设令 设使 身体 身行 身意 深山 神化 神人 神武
慎守 生法 生物 盛阴 圣道 圣德 圣人 圣王 圣心 圣智 十万 十月 士女
世道 世故 世人 世事 世俗 是以 守舍 寿命 熟虑 庶民 水波 水精 斯人
死人 死尸 死罪 四处 四德 四恶 四方 四海 四面 四衢 四维 四行 四隅
四支 四种 四足 素行 速成 宿罪 酸枣 随便 所出 所得 所生 所谓 所闻

所以 所愿 所在 所知 他人 太平 太子 泰山 贪心 堂上 天帝 天盖 天女
天人 天神 天师 天王 天物 天下 天子 听从 同道 同等 同居 同时 同事
同心 同行 同学 同业 同意 同义 同志 童蒙 图书 吞食 外交 外人 外姓
外用 万民 万年 万事 万岁 万物 王法 王后 王家 王明 王舍 王位 王言
往世 往昔 王子 妄言 威德 威力 威仪 未尝 未有 未曾 文士 文绣 沃田
无比 无处 无从 无得 无德 无端 无法 无根 无故 无过 无极 无际 无价
无间 无乐 无力 无名 无奈 无能 无期 无穷 无人 无色 无上 无生 无声
无识 无数 无双 无所 无他 无瑕 无限 无形 无厌 无央 无以 无益 无意
无有 无择 无知 无智 伯母 当时 无足 无罪 被发 陈情 成德 成法 成人
成身 成行 承教 承事 乘车 从生 得计 持久 出火 出口 出门 出身 出声
传语 喘息 从道 从来 从事 得法 得胜 得罪 低头 钓鱼 断疑 发声 犯法
犯禁 犯治 放心 奉事 服药 高世 告教 供事 鼓乐 鼓琴 观色 观身 观行
过世 好色 合意 如何 何以 何有 悔过 获罪 稽首 积德 见知 交友 教道
教法 教戒 教令 教习 解结 解衣 尽力 尽心 进善 敬礼 就席 举重 举足
决疑 乐天 履道 乞食 起兵 起事 起舞 请命 入室 杀生 上天 生心 生子
失常 失火 失精 失利 失时 失言 失志 施德 施惠 施教 守道 守法 守节
守身 守慎 守心 守行 受福 受教 受命 受罪 说道 随时 随行 贪利 贪生
为难 为人 为行 为身 为学 违命 畏罪 闻知 光照 身善 长大 化成 化作
还至 溺死 塞满 深入 盛满 望见 处处 恶恶 煌煌 汲汲 空空 瞢瞢 蒙蒙
明明 冥冥 祁祁 人人 上上 日日 少少 生生 实实 世世 事事 数数 所所
堂堂 巍巍 粲然 处所 从而 而已 嘿然 忽然 忽而 寂然 君子 来者 男子
农夫 女子 然而 然后 仁者 使者 侍者 童子 王者 往者 唯然 踟蹰 恍忽
(惚) 昆仑 徘徊 逡巡 宛转 汪洋 滋味 子弟 姊妹 宗室 宗族 卒暴 族姓
中和 尊敬 左右 追念 止息 周遍 中用 忠孝 中央 中正 中外 中下 志道
志念 志意 智慧 知解 珍美 照耀 习俗 贤善 喜乐 细微 下降 鲜洁 戏乐

闲暇 嫌疑 贤圣 庠序 想象 消散 消灭 小大 孝顺 邪恶 邪乱 乡里 懈怠
懈惰 懈堕 欣喜 腥臭 信用 星宿 星辰 行步 形状 形容 姓名 兄弟 形体
休息 修治 须臾 许诺 性德 宣畅 宣告 玄妙 旋转 学诵 学问 音乐 学习
学业 训导 言行 言语 言辞 血脉 衣被 衣服 衣食 依附 依恃 疑惑 仪式
仪法 移动 逸豫 意志 义理 亿万 音声 音响 淫乐 淫乱 淫心 淫泆 鹦鹉
踊跃 勇悍 灾患 勇武 幽昧 幽冥 忧悲 忧患 忧戚 幼少 鱼鳖 愚暗 愚冥
语言 远近 怨仇 怨恶 怨恨 云气 愿欲 燥湿 择取 野马 昭昭 止止 智者
昔者 学者 俨然 亦然 智士 尊者 心痛 忭怠 作恶 作法 作福 作火 作善
作事 作难 止观 专心 钻木 治生 主事 拄杖 有道 有事 止足 治道 致乐
知道 知非 知名 知友 知足 脂粉 治木 执事 至诚 张弓 下车 照明 信道
修道 修德 修行 学道 扬尘 饮酒 饮食 用兵 用法 用人 用心 用费 有德
有家 有劳 有力 有名 有命 有色 有身 有神 有声 有心 有信 有形 有言
有益 有用 诱人 相爱 相传 相错 相得 相观 相好 相和 相会 相见 相近
相离 相率 相求 相事 相视 相受 相熟 相随 相依 相应 相与 相助 行成
行道 行德 行度 行法 行礼 行列 行令 行律 行乞 行人 行善 行身 行使
行事 行修 行药 行意 行者 行止 行作 一本 一发 一法 一饭 一方 一贯
一芥 一齑 一毛 一人 一日 一善 一舍 一身 一时 一世 一事 一同 一物
一向 一心 一夜 一一 一意 一曰 一月 一者 一指 一致

二、继承西汉时代的双音词（298 个）

爱乐 爱力 爱慕 白言 败坏 报告 悲苦 悲泣 本源 崩坏 鄙陋 避去
卜问 财富 操行 称举 成就 仇怨 愁愦 愁戚 出行 祠祀 辞谢 辞语 大豪
颠疾 端正 断刍 夺取 发见 发毛 烦浊 贩卖 风尘 风气 丰熟 奉使 富乐
富饶 覆盖 甘美 各自 供设 乖异 观察 观持 光炎 寒苦 号哭 合偶 和畅
（昶）坏败 晖光 恚恨 婚姻 技术 减损 讲议 交集 皎洁 街巷 劫夺 节度

解除 解释 觉知 郡国 郡县 咳嗽 开辟 空亡 箜篌 快乐 馈遗 来还 栏楯
劳倦 劳疲 乐安 乐喜 流衍 流溢 毛发 茂盛 问讯 明旦 明慧 鸣呼 平正
破坏 谦逊 清潨 轻微 丘墓 屈辱 权诈 饶益 柔软 润泽 洒扫 骚扰 山野
少小 深妙 神龙 神仙 生存 术法 衰老 衰微 似若 诵习 随从 特异 啼泣
涕唾 田地 帏帐 帏幄 萎枯 畏怖 温雅 伏惟 悲声 鼻涕 弊衣 不合 不尽
不下 不休 不直 草蓐 常在 初学 大度 大火 大指 道士 德道 德号 居肆
可取 可喜 孔雀 焦赣 来人 乐音 留难 六本 猕猴 宁可 屏语 期会 前时
勤（懃）力 囚徒 日光 日益 如故 如今 蠕动 若是 三好 上方 上人 神
祠 深知 圣意 识味 手搏 手指 熟视 顺流 所有 头发 头痛 往时 妄杀 无
碍 无异 尊号 最后 竹园 终生 种姓 智臣 中热 正意 正义 应行 正殿 下
方 想见 小儿 小腹 小山 已来 以便 异处 以故 隐道 茵褥 印封 悦心 怨
家 预知 誉言 闭口 除罪 从今 得力 发言 防水 分部 感人 供具 归命 好
书 怀恨 磨镜 就食 骑马 求人 伤心 起色 失期 失意 受恩 随俗 为何 恩
施 年少 病愈 获得 降伏 生致 望见 闻见 家家 稍稍 曹辈 憺然 犊子 愕
然 赫然 黑子 老者 默然 肃然 陶家 田家尊卑 尊大 佐助 冢墓 指示 瑕
秽 下贱 贤明 祥瑞 休止 严峻 厌足 肴膳 医药 意念 忧愁 忧苦 忧念 愚
惑 怨仇 遭遇 种种 欣然 心烦 心动 意得 钻火 以此 益智 用意 有识 有
意 相持 相类 相欺 相谓 行径 行清 行舍 行失 一辈 一旦 一分 一面 一
起 一切

三、继承东汉时代的双音词（309 个）

哀念 爱惜 安善 安详 谤讪 胞胎 保持 抱持 表识 被害 发露 炳然
病困 博达 怖惧 采择 缠裹 魑魅 筹算 出去 触碍 床席 蹴蹋 摧伤 逮及
淡泊 毒痛 端首 断截 惰怠 恶逆 恩福 发遣 发生 发行 防护 放散 肥沃
费耗 粪治 风雨 丰饶 改易 高远 高尊 根林 垢秽 骨血 顾念 乖错 观视

灌注 光色 光曜（耀）广平 归伏 好丑 合应 赫奕 猴猿 狐狸 坏病 欢豫
还复 环绕（遶）惶怖 魂灵 机关 积累 计挍（校）建议 讲授 交结 街
里 节约 救解 具足 聚会 克责 克作 宽大 宽解 狂乱 亏损 困厄 老病 羸
瘦 礼拜 力势 留止 毁灭 妙好 灭除 愍伤 明晖 冥晦 慕恋 念思 奴婢 奴
客 欺慢 琦珍 起立 起生 起坐 怯弱 亲厚 清妙 轻薄 轻慢 曲躬 躯体 去
离 劝助 染污 扫除 扫洒 珊瑚 少多 舍止 市里 势力 受取 受施 授与 蔬
食 说教 思望 思惟 思想 速疾 涕泪 听受 痛苦 痛痒 头面 完具 威武 围
绕 畏慎 慰安 安意 白象 宝物 比喻 博闻 不大 不调 不犯 不偶 不取 不
照 采（婇）女 惭色 樗蒲 春华 大夫 大树 大姓 道边 地道 道根 道家
道经 道听 道意 道真 德本 等辈 可意 糜烂 妙句 妙旨 明诚 明经 明珠
男儿 宁当 女人 乞丐 倾动 趣向 日来 如意 散意 身命 生日 圣典 圣上
圣旨 时人 熟念 树叶 俗间 宿止 所见 贪欲 帑藏 特出 头须 外家 威神
我家 坐死 紫金 珠光 烛火 直声 正度 昔时 下辈 先世 县官 邪意 乡亭
心声 悦心 豫见 豫知 报恩 持法 从行 得死 定神 短恶 犯罪 分流 奉命
好物 护视 教诫 就坐 就座 叩头 命令 求道 取水 燃火 起意 烧香 受戒
说道 贪乐 听声 痛心 投身 为生 日照 盗取 加以 寿终 光光 久久 了了
时时 尔乃 鸡子 坦然 忘忽 我曹 仓卒 绸缪 彷徉 坐卧 訾毁 尊重 重敬
制持 真正 贤良 显达 形声 修正 雅正 意识 幼稚 谀谄 育养 渊海 圆方
澡浴 遭逢 造作 增加 转转 止宿 中风 中语 指事 沾污 学法 有利 有娠
造行 相动 相伐 相法 相逢 相将 相连 相去 行当 行市 行所 一定 一色
一味 一章 一种

第二节　东汉佛经与近代汉语词语溯源

《唐五代语言词典》与《敦煌文献语言词典》较为集中地反映了

近代汉语词汇的研究成果。《唐五代语言词典》（江蓝生、曹广顺，1997）共收词语4500多条，"所收词语，以唐五代出现和使用的口语词、方言词为主，也酌收一些唐五代的名物词和其他方面的词语"（江蓝生、曹广顺，1997），"是我国第一部反映唐五代时期语言面貌的断代词典"（张永言、董志翘，1999）。《敦煌文献语言词典》（蒋礼鸿主编，杭州大学出版社，1994年）收词1526条，约40万字。这部词典总括了敦煌语言学的研究成果，并加以补充推阐，是近代汉语词汇方面具有代表性的成果。

无论是在收词的丰富性和释义的精确性方面，还是溯源探流方面，这两部词典所取得的成就都是显著的。可能受限于体例，编者对有些词语未能一一溯源。我们对这些词典中的词进行了全面考察，发现其中不少词和词义早在东汉佛经中就已出现，并在早期佛经中广泛使用。

这里仅以这两部词典所收的词为限，找出一些在东汉佛经中已经出现的词。这些词或词义多为学者尚未论及，或者虽有论及但未溯至东汉。体例方面按音序排列，先列出两部词典中的词条、释义及唐五代书证，再举出东汉的例子。对于一些在东汉佛经中出现较少的词，为了更容易看清其发展脉络，有时也会酌情举出部分中古佛经的用例。

一、《唐五代语言词典》中可溯至东汉佛经中的词语

爱乐　喜爱。

慧立、彦琮《大慈恩寺三藏法师传》卷五："此国是佛生处，非不爱乐，但玄奘来意者，为求大法，广利群生。"

此词东汉已见。如：

东汉支娄迦谶译《文殊师利问菩萨署经》："于本佛所无功德者，常有怖惧于本际。欲于世事转相克识，所作但求名字而无至者，爱乐于五所欲。"（14，437a）

东汉昙果共康孟详译《中本起经》卷下《瞿昙弥来作比丘尼品第九》："譬如四姓家女，沐浴涂香，衣庄严事，而人复欲利益之，安隐不怖。以好华香珍宝，结为步瑶，持与其女。岂不爱乐头首受耶？"（4，159a）

东汉支娄迦谶译《般舟三昧经》卷中《授决品第十》："若比丘尼学是法，常当恭敬弃憍慢；远离调戏及贡高，得是三昧不复难；常行精进除睡卧，不计吾我诸人物；爱乐法者不惜命，然后学诵是三昧。"（13，912b）

东汉失译《佛说伅真陀罗所问如来三昧经》卷上："其闻德莫不欢喜，形像若宝；其见者无不爱乐，于施与已离淫怒痴。今自归其德，若天无所不覆。"（15，349b）

爱念：喜爱。

《变文集》卷二《庐山远公话》："且见远公标身长七尺，白银相光，……看众咨嗟，无不爱念。"

此词《魏晋南北朝词语例释》和《中古汉语语词例释》均已收，《中古汉语语词例释》释为"疼爱"，首例举《大方便佛报恩经》。（蔡镜浩，1990：243；王云路、方一新，1992：1）

东汉竺大力共康孟详译《修行本起经》卷上《现变品第一》："至于昔者，锭光佛兴世，有圣王号，名灯盛治，在提和卫国。人民长寿，慈孝仁义，地沃丰盛。其世太平，生一太子，字为灯光，聪明智远，世之少双。圣王爱念，甚奇甚异。"（3，461b）

安置：安放，搁置。

《变文集》卷二《庐山远公话》："后取其疏抄将入寺内，于经藏中安置。"

此词东汉佛经中已出现：

> 东汉竺大力共康孟详译《修行本起经》卷上《试艺品第三》："太子即与优陀难陀调达阿难等五百人，执持礼乐射艺之具，当出城门，安置一象，当其城门，决有力者。"（3，465c）

按行：巡察，巡视。

范摅《云溪友议》卷三："宋宇种蔬三十品，时雨之后，按行园圃曰：天苗此徒，助予鼎俎，家复何患。"

按行，同"案行"。"案行"一词，东汉佛经已见。如：

> 东汉竺大力共康孟详译《修行本起经》卷上《现变品第一》："金轮宝者，轮有千辐，雕文刻镂，众宝填厕，光明洞达，绝日月光，当在王上。王心有念，轮则为转，案行天下，须臾周匝，是故名为金轮宝也。"（3，462c）

此词后世佛经中也多见：

> 西晋法炬共法立译《法句譬喻经》卷3《道行品第二十八》："从此西行四百余里有大川其中有城，此是诸天神案行世间停宿之城。"（4，597c）

> 后秦佛陀耶舍共竺佛念译《长阿含经》卷20："太子受王教已，即案行天下，观察万民。知有孝顺父母，宗事师长，勤修斋戒，布施贫乏者。"（1，134c）

办：

（1）成，办到。

张籍《寄梅处士》诗："君今独得居山乐，应喜多时未办归。"

东汉佛经中已有此用法。如：

东汉支曜译《佛说成具光明定意经》，向所念者如来在此，何患不办，如来能使不办者办，不足者足，一切常足，所作常办，是谓如来。（15，451c）

东汉支娄迦谶译《阿閦佛国经》卷上《弟子学成品》："阿閦佛刹弟子意不念："今日当于何食？今日谁当与我食？"亦不行家家乞。时到饭食便办满钵自然在前。"（11，757b）

（2）准备。

《变文集》卷三《燕子赋》："但办脊背衹随，何用密相。"

此义东汉已见。如：

东汉支娄迦谶译《佛说阿阇世王经》卷下："阿阇世王前白文殊师利：'所作供具甚少，愿忍须臾，今更欲办其具。'"（15，400a）

东汉支娄迦谶译《般舟三昧经》卷下《请佛品第十》："跋陀和与八菩萨，与诸宗亲，以饭时俱往诣佛前。以头面着佛足，却白佛言：'饭餐具以办，愿佛可行。'"（13，914c）

保任：担保。

《旧唐书·薛登传》："汉法亿举之主，终生保任。"

此词早期译经中常见。

东汉支娄迦谶译《阿閦佛国经》卷上《法意受慧品》："佛语舍利弗：'尔时其比丘如是，如来无所着等正觉为作保任，若如来为作保任者，诸天阿须伦世间人民亦为作保任。尔时大目如来为作保任，时诸天阿须伦世间人民，亦为作保任。'"（11，752c）

吴支谦译《佛说孛经抄》卷1："凡人有四自危：保任他家，

为人证佐，媒嫁人妻，听用邪言。是为四自危。"（17，731b）

高齐那连提耶舍译《大方等大集经》卷50《月藏分第十四何等为十》："一者众人保任所言皆信，二者于一切处乃至诸天发言得中，三者口出香气如优钵罗花，四者于人天中独作证明，五者众人爱敬离诸疑惑，六者常出实语，七者心意清净，八者常无诳语言必应机，九者常多欢喜，十者身坏命终得生善道。"（13，327c）

隋阇那崛多共笈多译《添品妙法莲华经》卷2《譬喻品第三》："汝等莫得乐住三界火宅，勿贪粗弊色声香味触也，若贪着生爱则为所烧。汝等速出三界，当得三乘声闻辟支佛佛乘。我今为汝保任此事，终不虚也。"（9，146a）

报答：答复。

《变文集》卷三《孔子项托相问书》："项托七岁能言语，报答孔丘甚能强。"

"报答"的"答复"义，出现较早。如：

东汉失译《佛说㐌真陀罗所问如来三昧经》卷上："身心意而适等。其名流于三世莫不闻者，一切所问皆能报答，惟不以烦而肯说者，愿欲所问。"（15，349c）

东汉支娄迦谶译《佛说阿阇世王经》卷下："陀邻尼者则道之元，不断佛元、持法之元、总持僧之元，于诸法无有殆在人之所问，即能知报答。"（15，397b）

坌

（1）尘土蒙覆。

《变文集》卷三《燕子赋》："正见雀儿卧地，面色恰似坌土。"

东汉安世高译《道地经》："或时鸟枙吞足亦蹹，或时尘坌

头，或时虎遮断。"（15，232b）

东汉支娄迦谶译《道行般若经》卷10《昙无竭菩萨品第二十九》："今地大有土尘，恐来坌师及诸菩萨当共洒之，周行索水不能得。"（8，474c）

（2）堆积尘土。

孙光宪《北梦琐言》卷一二："庄内有鼠狼穴，养四子为蛇所吞。鼠狼雄雌情切，乃于穴外坌土，恰容蛇头，俟其出穴。"

坌，作"堆积尘土"，此义在东汉佛经中已有：

东汉安世高译《道地经》："已死视南方，复见乌鸦巢有声，复见小儿俱相坌土。……"（15，232c）

逼迮：狭窄。

《祖堂集》卷五"龙潭和尚"："乃问第子：'浮生扰扰，比竟如何？'天皇云：'在家牢狱逼迮，出家逍遥宽广。'"

逼迮，东汉佛经中首见，后世常用，用例可参"东汉佛经词语例释"节"逼迮"条。

东汉支曜译《佛说成具光明定意经》："于是复以一切十方诸佛之国，以内方圆一尺之器中而不逼迮，现变毕竟耀如常故。"（15，456c）

变现：变化。

欧阳炯《题景焕画应天寺壁天王歌》诗："包含万象藏心里，变现百般生眼前。"

东汉昙果共康孟详译《中本起经》卷下《度波斯匿王品第十》："比丘破恶，精进入禅；道成神通，变现度人。"（4，159c）

东汉支曜译《佛说成具光明定意经》："又见天尊足不履地，

相轮罥列端严如画，身空体轻，在所变现。"（15，452c）

旧题吴支谦译《撰集百缘经》①卷 8《比丘尼品第八》："南踊北没，于虚空中，行住坐卧，随意变现。"（4，243b）

不成：做不到，实现不了。

李白《题江夏修静寺》诗："平生种桃李，寂灭不成春。"

"成"有"实现、做到"义。王符《潜夫论·实贡篇》："各以所宜，量材授任，则庶官无旷，兴功可成，太平可致，麒麟可臻。"不成，义即实现不了。早期译经中多见：

东汉昙果共康孟详译《中本起经》卷上《度瓶沙王品第四》："迦叶白佛：'杀生祠祀，不得其福，天神不食，杀者得罪。学道无师，道终不成。'"（4，152b）

东汉支娄迦谶译《佛说阿阇世王经》卷下："菩萨藏者无所不持，无所不成。"（15，398a）

吴支谦译《大明度经》卷 3《觉邪品第九》："佛言：'受经人欲闻法，师便不安；正使安欲与明度，受经人舍去。师徒不和书不成也。'"（8，491a）

不净：指粪便。

王梵志诗二二八首："饮酒是痴报，如人落粪坑。情知有不净，岂合岸头行。"

"不净"即"不干净"，泛指不干净的东西，不只是指粪便。王云路、方一新《中古汉语语词例释》、李维琦《佛经释词》（李维琦，1993）均有详释，可参。此词早期译经常见，如：

---

① 关于《撰集百缘经》的译者和译出时代，目前学界已有不少成果，认为该经应译成于三国之后，译者也并非支谦。详见辛岛静志（2006）。张雨薇（2015）。张雨薇、方一新（2019）。

东汉竺大力共康孟详译《修行本起经》卷上《现变品第一》:"食自消化,无大小便利之患,亦无女人恶露不净。"(3,462c)

又卷下《游观品第三》:"天化为病人,在于道侧。身瘦腹大,躯体黄熟,咳嗽呕口逆,百节痛毒,九孔败漏,不净自没。"(3,466c)

东汉竺大力共康孟详译《修行本起经》卷下《游观品第三》:"是身为脆哉,常俱四大中;九孔不净漏,有老有病患;生天皆无常,人间老病忧;观身如雨泡,世间何可乐。"(3,466c)

元魏瞿昙般若流支译《正法念处经》卷45《观天品第六之一》:"彼比丘尼,复更谛求观身九种恶疮不净,从身流出。"(17,265c)

侧塞: 塞满,遍布。

杜甫《大云寺赞公房》诗四首之四:"侧塞被径花,飘飘委墀柳。"

"侧塞"一词,《敦煌变文字义通释》和《中古汉语语词例释》有详释(蒋礼鸿,1997:356;王云路、方一新,1992:461)。此词东汉佛经中首见:

东汉安世高译《佛说转法轮经》卷1:"时有千比丘诸天神,皆大会侧塞空中。"(02,503b)

东汉竺大力共康孟详译《修行本起经》卷上《菩萨降身品第二》:"释梵摩持天衣裹之,天雨花香,弹琴鼓乐,熏香烧香,捣香泽香,虚空侧塞。"(3,463c)

又卷下《游观品第三》:"至夜半后,明星出时,诸天侧塞

虚空，劝太子去。时裴夷见五梦，即便惊觉。"（3，467c）

早期译经中已多见：

吴康僧会译《六度集经》卷7《禅度无极章第五》："太子睹之，若幻难可久保，处世假借，必当还主。卧者纵横，犹如死尸，愈不乐焉。一心得禅，从禅觉，仰视沸星，夜已向半，诸天侧塞，叉手作礼，华香众乐举头无量。"（3，41c）

吴支谦译《菩萨本缘经》卷1《毗罗摩品第一》："时邻国人民闻王功德悉来归化，其土充满间无空处，犹如山顶暴涨之水流注沟坑溪涧深处，亦如半月海水潮出，其国外来归化之民，充满侧塞亦复如是。"（3，55a）

成持：扶持，帮助。

《祖堂集》卷四"道吾和尚"："从引共师弟递相成持。"

此词东汉佛经中已见：

东汉昙果共康孟详译《中本起经》卷上《度瓶沙王品第四》："佛告大王：'道法无亲，唯善是辅。成持五戒，名清信士，精进直入，见谛不回，便得须陀洹、斯陀含、阿那含、阿罗汉。'"（4，153a）

东汉失译《佛说伅真陀罗所问如来三昧经》卷上："诸法无所有，如幻野马如梦，如水中影山中之响，悉知一切之音声。通入诸法各各能答，已成持诸所欲，以智能晓了道事。"（15，349a）

道人：指僧人。

韩愈《杏花》诗："明年更发应更好，道人莫忘邻家翁。"

道人，最初指僧人，后来才指道士。此词东汉佛经中已出现：

东汉昙果共康孟详译《中本起经》卷上《转法轮品第一》：

"佛告拘怜：'尔时忍辱道人者，我身是也。'"（4，149a）

妒害：嫉妒。

徐夤《邑宰相访翼日有寄》诗："残阳妒害催归客，薄酒甘尝罚主人。"

此词东汉佛经已见。如：

> 东汉昙果共康孟详译《中本起经》卷上《转法轮品第一》："王觉求诸妓女，而见坐彼道人之前。王性妒害，恶心内发。"（4，148c）

后世沿用：

> 后魏菩提流支等译《十地经论》卷4："离于瞋心，于一切众生，常起慈心、安隐心、怜愍心、乐心、利润心、摄饶益一切众生心，所有瞋恨、妒害、妄想垢等，悉皆远离。"（26，147c）

> 唐义净译《根本说一切有部毗奈耶杂事》卷35《第八门第九子摄颂之余说》："三者我今应以意业行慈，谓于贤圣同梵行处，起慈善心不生妒害悭嫉之想。"（24，384a）

端正：指相貌端庄、美好。

韩愈《寒食日出游》诗："纷纷落尽泥与尘，不共新妆比端正。"

> 东汉支娄迦谶译《道行般若经》卷6《怛竭优婆夷品第十六》："譬如淫泆之人，有所重爱端正女人与共期会。"（8，456b）

> 东汉竺大力共康孟详译《修行本起经》卷上《菩萨降身品第二》："有小国王，名须波佛，有女名裘夷，端正皎洁，天下少双。"（3，465b）

> 东汉竺大力共康孟详译《修行本起经》卷上《试艺品第三》："其一夫人者，二万婇女。三夫人者，凡有六万婇女，端

正妙好，天女无异。"（3，466a）

　　东汉昙果共康孟详译《中本起经》卷1《现变品》："时有一女，端正非凡，于会中舞，众咸喜悦，意甚无量。"（04，149b）

　　又"端正"一词，不只指人而言，亦可指其他。李维琦《佛经续释词》论之甚详（李维琦，1999：23—25）。这里举一东汉佛经例：

　　　　东汉支娄迦谶译《道行般若经》卷10《昙无竭菩萨品第二十九》："譬如阿迦腻咤天上天人所止观殿，光耀悉照天上，端正姝好。"（8，476c）

分布：分头；分散开。

《神仙传》："诸客分布逐之，及慈，罗布叩头谢之。"

　　"分布"一词，《中古汉语语词例释》已收，释为"分头；分别"，首例引《六度集经》，稍晚。这一用法在东汉佛经中就已出现。

　　　　东汉支娄迦谶译《般舟三昧经》卷上《譬喻品第四》："菩萨当持是三昧分布语人，展转相传，当令是三昧久在。"（13，907b）

　　　　又卷2《授决品第十》："现世于此受我教，分布供养是舍利。"（13，911b）

　　　　旧题东汉支娄迦谶译《般舟三昧经》卷1《譬喻品第四》："菩萨闻是三昧信受持修行者，四面皆拥护无所畏持戒完具，是为高明。智能深入，当分布语人，展转相教，当令是三昧久在世间。"（13，900b）

告别：分别，离别。

杜甫《酬孟云卿》诗："相逢难衮衮，告别莫匆匆。"

此词东汉译经中已见：

  东汉昙果共康孟详译《中本起经》卷下《佛食马麦品第十三》："世尊在此，尔来三月，前受卿请，尊无二言，一时已竟，告别当去。"（4，163a）

各各：各自。

元稹《出门行》诗："凄凄分歧路，各各营年为。"

  东汉竺大力共康孟详译《修行本起经》卷上《现变品》："时诸同学，各各赠送人一银钱。"（3，462a）

  又卷下《出家品第五》："诸姊等各各还宫，勿复作是曹事。"（3，471a）

  东汉昙果共康孟详译《中本起经》卷下《佛食马麦品第十三》："佛告比丘僧：'此郡既饥，人不好道，各各自便随利分卫。'"（4，163a）

化佛：佛变幻出的形象。

《纪闻》："明日沐浴，衣新衣，端坐合掌，俄而异香满户，子云喜曰：'化佛来矣，且迎吾行。'"

此词东汉佛经中已见：

  东汉支娄迦谶译《道行般若经》卷9《萨陀波伦菩萨品第二十八》："萨陀波伦菩萨叉手仰向视化佛，身有金色，身放十亿光炎，身有三十二相，见已大欢欣。"（8，471b）

  又《萨陀波伦菩萨品第二十八》："我本索般若波罗蜜时，于空闲山中大啼哭，于上虚空中有化佛，身有三十二相，紫磨金色身有千亿光耀炎出。"（8，473b）

  东汉支娄迦谶译《佛说阿阇世王经》卷上："其化佛说是语竟，便不复现。"（15，392a）

将欲：将要，打算。

慧立、彦琮《大慈恩寺三藏法师传》卷二："将欲眠食，复无燥处可停，唯知悬釜而炊，席冰而寝。"

"将欲"一词，东汉佛经中已见：

> 东汉昙果共康孟详译《中本起经》卷上《化迦叶品》："吾朝入池，将欲出水，树神垂枝，令吾牵出。"（4，151b）

> 又卷下《本起该容品》："王怒隆盛，遣人拽出，缚置殿前，将欲射杀。"（4，157c）

今来：现在，而今。

张九龄《登荆州城楼》诗："古往山川在，今来郡邑殊。"

"今来"指"现在，而今"义，在东汉就有了：

> 东汉支娄迦谶译《道行般若经》卷5《不可计品》："前世学人，今来复得深般若波罗蜜，便信乐不远离也。"（8，451b）

尽：全，都。

《寒山诗》："推寻世间事，子细总皆知。凡事莫容易，尽爱讨便宜。"

"尽"的这一副词义在东汉佛经中多见。如：

> 东汉支娄迦谶译《佛说阿阇世王经》卷下："悉晓了有功德无功德者，尽知一切人之行住。"（15，397b）

> 东汉支娄迦谶译《佛说阿阇世王经》卷2："所以者何？皆因海故。其在是藏者，皆因是法不在外道。所以者何？尽受萨芸若法味故，故曰为菩萨藏。"（15，398a）

> 东汉支曜译《佛说成具光明定意经》："汝等恭肃，净施饭食，具设众味，当令绝美，眷属从使，各尽心极意。"（15，452a）

了知：知晓，确知。

李白《古风》诗："萧飒古仙人，了知是赤松。"

"了知"，同义复词，此词在东汉佛经中就已出现：

　　东汉竺大力共康孟详译《修行本起经》卷下《出家品》："佛悉了知世间杂种无量情态。"（3，472a）

　　东汉支娄迦谶译《道行般若经》卷7《远离品》："是菩萨所愿未得，反随其行，于法中未了知。"（8，461b）

　　东汉支娄迦谶译《般舟三昧经》卷上《问事品》："一切所计悉了知，世间之变悉晓知。"（13，904a）

邻里：邻居。

王梵志诗007首："伺命门前唤，不容别邻里。"

此词东汉佛经已见：

　　东汉安世高《道地经》："复譬如飞鸟聚行，一鸟为鹰鹞所得，余鸟惊，分散分走。如是昆弟、亲属、知识、邻里，见哀离别，视命欲断，地狱使者已到，将入狱，在斯便转死。"（15，233a）

闷绝：昏倒。

《变文集》卷二《庐山远公话》："千生万死，便即闷绝，莫知命若悬丝，不忘再活。"

闷绝，指昏厥，失去知觉。《中古汉语语词例释》已释，缺东汉例（王云路、方一新，1992：272）。其实此词东汉佛经中已出现。如：

　　东汉竺大力共康孟详译《修行本起经》卷上《试艺品第三》："王告难陀：'汝与调达二人相扑。难陀受教即扑，调达顿躃闷绝，以水灌之，有顷乃稣。'"（3，465c）

膖胀：肿胀。

《变文集》："忽见一人卧于荒郊，膖胀烂坏，四畔有人，高声哭叫。"

"膖胀"一词，《中古汉语语词例释》已释（王云路、方一新，1992：296），东汉佛经中多见，这里补一例安世高译经例：

> 东汉安世高译《七处三观经》卷1："何等为护舍？是间比丘，比丘已生所，非一善相，若红汁膖胀，若狐犬半食，若血流赤，若青黑腐，若骨白，若髑髅，熟谛视善护，令意莫失善相，是名为护舍。"（2，877c）

前头：朝前的一端。

寒山诗："前头失却桅，后头又无柁。"

此词东汉佛经已见：

> 东汉支娄迦谶译《道行般若经》卷7《守空品第十七》："不可数千弟子，不可数百千弟子，共会在中央坐说经，与比丘僧相随，最在前头。"（8，459b）

求哀：乞求，恳求。

段成式《酉阳杂俎》："三是饥困，不成，求哀于鬼，乃拔其鼻。"

"求哀"一词，东汉佛经已见。如：

> 东汉支娄迦谶译《佛说内藏百宝经》："释梵从佛求哀，为人故，使佛说经。随世间习俗而入，示现如是。"（17，751c）

> 东汉昙果共康孟详译《中本起经》卷下《本起该容品》："瞿昙弥则复，如是至三。佛不肯听，便前作礼，绕佛而去。"（4，158a）

> 又《瞿昙弥来作比丘尼品第九》："若使女人不于我道作沙门者，天下人民，皆当解发布地，求哀于诸沙门言：贤者有戒闻

慧行，愿行此发上，令我长得其福。"（4，159b）

却后：自今以后，此后。

《变文集》卷四《祇园因由记》："乃见却后七日，其根合熟。"

"却"有"后来"义，"却后"连言。此词蔡镜浩《魏晋南北朝词语例释》、吴金华《世说新语考释》均有释（蔡镜浩，1990：272；吴金华，1994：41），东汉佛经多见：

> 东汉支娄迦谶译《道行般若经》卷8《强弱品》："是菩萨却后当复于阿閦佛所。闻是般若波罗蜜。"（8，467c）

> 东汉支娄迦谶译《般舟三昧经》卷下《师子意佛品》："是比丘辈闻是三昧四事，助欢喜入高明之智，持是助欢喜功德，却后更见六万八千佛。"（13，918a）

> 东汉竺大力共康孟详译《修行本起经》卷上《现变品》："佛告童子：'汝却后百劫，当得作佛。'"（3，462b）

> 东汉昙果共康孟详译《中本起经》卷上《还至父国品》："忧陀受敕，退跪白佛：'不审何日当至?'佛告忧陀：'却后七日，必至舍夷。'"（4，154b）

逡巡：犹迅速。

杜甫《丽人行》诗："后来鞍马何逡巡，当轩下马入锦茵。"

"逡巡"有"迅速"义，东汉佛经中已出现：

> 东汉昙果共康孟详译《中本起经》卷上《还至父国品》："佛从本国，与比丘僧千二百五十人，俱游于王舍国竹园中，长者伯勤，承佛降尊，驰诣竹园，五心礼足，逡巡恭住，整心白佛。"（4，156a）

贪着：贪恋。

王梵志诗005首："不愁死路长，贪着苦烦恼。"

"贪着"一词，见于东汉佛经：

> 东汉支娄迦谶译《般舟三昧经》卷中《四辈品》："行求法欲得者，不贪着钵震越。"（13，910b）

下意：谦虚，小心谨慎。

《变文集》卷二《唐太宗入冥记》："逐低心下意，软语问催子［玉］。"

"下意"一词，东汉佛经中已见：

> 东汉支曜译《佛说成具光明定意经》："十一者下声下意，当自克责。"（15，457b）

想象：仿佛。

沈佺期《龙池篇》诗："想象寰中百川水，来朝此地莫东归。"

"想象"有"仿佛"义，此义东汉佛经中已见：

> 东汉支娄迦谶译《道行般若经》卷9《萨陀波伦菩萨品》："佛亦如是，想象本无所从来，去亦无所至。"（8，473c）

信受：听信。

《变文集》卷一《伍子胥变文》："陛下是万人之主，统领诸邦，何得信受魏陵之言！"

"信受"一词，东汉佛经中已见：

> 东汉支娄迦谶译《道行般若经》卷4《持品》："舍利弗白佛言：'菩萨摩诃萨信受深般若波罗蜜者，当视之如阿惟越致。'"（8，444c）

> 又《不可计品》："若复有菩萨，前世闻深般若波罗蜜，问中慧一日二日三日若至七日，持是功德，今复逮得深般若波罗蜜，常乐闻喜问信受。"（8，451b）

> 东汉昙果共康孟详译《中本起经》卷下《须达品》："梵志闻偈，迷解信受，旋还舍卫。"（4，157a）

又《尼揵问疑品》：“人闻吾法，信受奉行。如意所得，喻如沃田，所收无数。”（4，162b）

要当：应当，须。

《旧唐书》卷五九《屈突通传》：“每自摩其颈曰：‘要当为国家受一人刀耳。’”

“要当”一词，东汉佛经中常见，如：

> 东汉安世高译《长阿含十报法经》卷1：“宁肌筋骨血干，尽精进不得中止，要当得所行。”（01，234b）

> 东汉安世高译《佛说大安般守意经》卷上：“道人欲得道，要当知坐行二事：‘一者为坐，二者为行。’”（15，166a）

> 东汉竺大力共康孟详译《修行本起经》卷下《出家品》：“阐特言：‘今当随从供给所须，不可独还，放马令去。山中多有毒虫虎狼师子，谁当供养？饮食水浆床卧之具，当何从得？要当随从与并身命。’”（3，468a）

一时：同时，一齐。

《变文集》卷二《八相变》：“忽逢姊妹二人，一时迎前礼拜。”

“一时”有“同时，一齐”义，江蓝生《魏晋南北朝小说词语汇释》、李维琦《佛经释词》均有释（江蓝生，1988：248；李维琦，1993：191）。此词东汉佛经中多见：

> 东汉竺大力共康孟详译《修行本起经》卷上《菩萨降身品》：“王马足触地，五百伏藏，一时发出。”（3，463c）

> 又《现变品》：“于是佛笑，皆见光从口出，五色炜晔，明接十方，其在痛者，一时得安。”（3，462b）

> 又《菩萨降身品》：“三十渔猎怨恶，一时慈心。”（3，464a）

应时：当即，立刻。

张鷟《朝野佥载》卷六："安南有象口口，有理者即过，负心者以鼻卷之，掷空中数丈，以牙接之，应时碎矣。"

"应时"有"当时，立即"义，李维琦《佛经释词》已释。此词东汉佛经多见，如：

> 东汉支娄迦谶译《阿閦佛国经》卷上《发意受慧品》："尔时阿閦菩萨，应时承佛威神，自蒙高明力，乃令地六反震动。"（11，753a）

> 东汉支娄迦谶译《文殊师利问菩萨署经》："我所至城外，坐于树下，其心安定，譬若如禅，视四面如普大明，见无央数佛。悉言：'不当坐禅如是。'应时即问其佛，其佛言：'亦无所生无所灭，是为应禅。'"（14，439a）

> 东汉支娄迦谶译《佛说阿阇世王经》卷上："作是念时，应时如伸臂之顷，便从是不现。"（15，397a）

早期中土文献也常用，如：

> 《汉书·何武传》："武为刺史，二千石罪，应时举奏。"

> 《后汉书·边韶传》："弟子私嘲之曰：'边孝先，腹便便。懒读书，但欲眠。'韶潜闻之，应时对曰：'边为姓，孝为字。腹便便，《五经》笥。但欲眠，思经事。寐与周公通梦，静与孔子同意。师而可嘲，出何典记。'嘲者大惭。"

僧次：僧徒的座次。

王梵志诗 035 首："杓柄依僧次，巡到厥摩师。"

此词东汉已见：

> 东汉昙果共康孟详译《中本起经》卷上《舍利弗大目揵连来学品》："斯须乃进，具陈情言：'替等罪弊，随流入渊，始于

今日，反俗极源，愿蒙接纳，得充僧次。即便许可，头发自落，皆成沙门。'"（4，154a）

踊跃：喜悦。

《变文集》卷四《降魔变文》："王闻其语，欢喜踊跃，即便随仙，供给所须。"

"踊跃"，义即"喜悦"，《中古汉语语词例释》已释，首举西晋《佛说无量清净平等觉经》例（王云路、方一新，1992：392），此词时代可溯至东汉，东汉佛经中多见，如：

东汉支娄迦谶译《道行般若经》卷8《贡高品》："其人在泥犁禽兽薜荔中罪益增，用是故，弊魔大欢欣踊跃无有极。"（8，464b）

东汉支娄迦谶译《道行般若经》卷9《萨陀波伦菩萨品》："是时菩萨于梦中闻佛名即觉，觉已即大欢喜踊跃。"（8，471a）

又："是时萨陀波伦菩萨闻是教法，倍踊跃欢欣。"（8，471b）

东汉支娄迦谶译《文殊师利问菩萨署经》："复有婆罗门名曰分诃舟白佛：到市向归欲买杂香。买以还归，未到舍，见怛萨阿竭，其心即时踊跃。"（14，438c）

东汉支娄迦谶译《佛说阿阇世王经》卷下："说是时阿阇世王，得所喜信忍，则欢喜踊跃。"（15，401b）

东汉支曜译《佛说成具光明定意经》："善明见此大变，惊喜踊跃，来诣天尊。"（15，452b）

在处：处处，到处。

崔涂《蜀城春望》诗："在处有芳草，满城无故人。"

在处，义即处处。在东汉佛经中已出现。如：

东汉安世高《长阿含十报法经》卷 2："何谓为十力？一者佛为处处如有知，当尔不尔处不处如有知，从慧行得自知，是为一力；二者佛为过去未来现在行罪处，本种殃如有知，是为二力。三者佛为一切在处受行如有知，自更慧行得知是，是为三力。"（1，241b）

东汉安世高译《阴持入经》："彼止名为意止，在处能止已止正止摄止不失止，不志心寂然，一一向念，是名为止。"（15，176a）

助：祝贺，问候。

《变文集》："忽闻夫至，喜不自胜，……行至堂前，助婆欢喜。""助"的这一用法，蒋礼鸿《敦煌变文字义通释》已释（蒋礼鸿，1997：264）。朱庆之先生曾撰文谈及"助"的用法。"助"有"祝贺，问候"用法，在东汉佛经中已见：

东汉支娄迦谶译《般舟三昧经》卷中《四辈品第六》："时佛言：'善哉善哉！飚陀和，所说者无有异，我助其欢喜，过去当来今现在佛悉助欢喜。'"（13，910a）

又《十八不共十种力品第十二》："今现在十方无央数佛，本求菩萨道时，于是三昧中者助欢喜，学是三昧者，自致得阿耨多罗三耶三菩阿惟三佛，其智悉具足，其皆助欢喜福。令其与十方人民及蜎飞蠕动之类，共得阿耨多罗三耶三菩阿惟三佛。"（13，917b）

二、《敦煌文献语言词典》中可溯至东汉佛经中的词语

不计：不论。

《敦煌变文集·长兴四年中兴殿应圣节讲经文》："不计诸州兼县

镇，共惊牢狱一时空。"

这一用法东汉佛经中多见。如：

东汉支娄迦谶译《佛说阿阇世王经》卷下："摩诃迦叶则时答言：'其法者亦无前后，不计年岁而有尊幼。'"（15，399b）

东汉支曜译《佛说成具光明定意经》："不计少多，有所希望，可谓施矣。"（15，451c）

不用：不要。

《敦煌变文集·捉季布传文》："遂令武士齐擒捉，与腾煎熬不用存。"

此"不用"为"不要"义，东汉佛经中已见。

东汉安世高《佛说大安般守意经》卷上："譬如买金得石，便弃捐地不用。"（15，167a）

垂欲：将要。

唐杜甫有《送大理封主簿五郎亲事不合，却赴通州。主簿前阆州贤子，余与主簿平章郑氏女子，垂欲纳采。郑氏伯父京书至，女子已许他族，亲事遂停》诗。

"垂欲"一词，东汉佛经已见，如：

东汉竺大力共康孟详译《修行本起经》卷上《现变品第一》："菩萨勤苦，经历三阿僧祇劫。劫垂欲尽，愍伤一切。"（3，463a）

早期译经中也常用：

刘宋求那跋陀罗译《杂阿含经》卷25："时彼大臣罗陀崛多见王重病，命垂欲尽。"（2，180a）

元魏慧觉等译《贤愚经》卷6《月光王头施品第三十》："今我施心，垂欲成满，慎莫遮我无上道意。"（4，389c）

元魏吉迦夜共昙曜译《杂宝藏经》卷4《罽夷罗夫妇自卖设会现获报缘》："于是昼夜，勤办会具，到六日头，垂欲作会，值彼国主亦欲作会，来共诤日。"（4，468c）

当来：将来，佛教指来世。

《敦煌变文集·庐山远公话》："远公曰：'贱奴若有此意，机谋阿郎，愿当来当来世，死随地狱，无有出期。'"

"当来"义指"将来"，东汉佛经多见：

东汉支娄迦谶译《道行般若经》卷3《沤拘舍罗劝助品第四》："何所过去当来今现在佛功德，当云何劝助作福，成得阿耨多罗三耶三菩？"（8，439a）

又："佛语善男子善女人：'过去当来今现在佛，持戒身三昧身智能身已脱身脱慧所现身，及于声闻中所作功德。'"（8，439a）

又卷9《累教品第二十五》："过去当来今现在佛，皆从般若波罗蜜出生。菩萨欲得佛道者，当学六波罗蜜。"（8，469a）

东汉支娄迦谶译《般舟三昧经》卷中《四辈品第六》："时佛言：'善哉善哉颰陀和，所说者无有异。我助其欢喜，过去当来今现在佛悉助欢喜。'"（13，910a）

斗乱：挑拨是非。

《敦煌杂曲·普通联章·悉昙颂》："谗言谄为相斗乱，怀挟无明不肯断。"

此词早期译经多见，如：

东汉支娄迦谶译《道行般若经》卷6《阿惟越致品第十五》："不与海中若诸所欲从事，不与弊恶无反复好斗乱人者从事。"（8，455c）

《大宝积经》卷 13，西晋竺法护译《密迹金刚力士会》：
"何谓为十？一曰不害一切命类，二曰不窃取他财宝，三曰不犯
他人妻室，四曰不两舌斗乱于人，五曰不妄言欺诈于人，六曰不
恶口以辞伤人，七曰一切所说未曾绮饰，八曰不怀嫉妒生彼此
心，九曰在于善恶业不发瞋恚，十曰常修正见不随邪疑。是为
十。"（11，73a）

符秦昙摩难提译《增壹阿含经》卷 12《三供养品第二十
二》："亦复教人使不妄语，自不两舌，斗乱彼此。"（2，607a）

姚秦竺佛念译《出曜经》卷 25《恶行品第二十九》："或离
别眷属斗乱家室。"（4，745c）

画瓶：绘有图案以盛粪便的瓶状容器。佛教以喻虚幻易坏的
人身。

《敦煌变文集·维摩诘经讲经文》："如似画瓶，用盛烘秽。忽然
破裂，一段乖张。"

画瓶，《大词典》引南朝梁简文帝《六根忏文》，例晚。此词早
期译经常见。

东汉竺大力共康孟详译《修行本起经》卷下《出家品第
五》："形体虽好，而心不端。譬如画瓶中盛臭毒，将以自坏。"
（3，470c）

东汉支娄迦谶译《佛说遗日摩尼宝经》："心譬如怨家但伺
人便，心常欲闻香。譬如画瓶盛屎，有何他奇心喜味。"（12，
192a）

西晋法炬共法立译《法句譬喻经》卷 4："佛告吉星：'卿女
端正是卿家好，如我之好是诸佛好，我之所好其道不同，卿自誉
女端正姝好，譬如画瓶中盛屎尿，有何奇特。'"（4，603c）

西晋竺法护译《普曜经》卷 6《降魔品第十八》："汝宿有福受得天身，不念无常而作妖媚，形体虽好而心不端，譬如画瓶中盛臭毒，将以自坏。"（3，519b）

加护：保护，爱护。

《敦煌变文集·妙法莲华经讲经文》："天龙数数垂加护，贤圣频频又赞扬。"

"加护"一词，东汉佛经已见，如：

东汉支娄迦谶译《佛说阿阇世王经》卷上："今我身而怖懅，惟佛当加护，令危者而得安。"（15，395c）

又卷下："乃至怛萨阿竭前，所说事如佛则言，勿恐莫懅随我所言。其化人言：'如佛所教惟哀加护。'"（15，403a）

又："则自陈说：'今自归怛萨阿竭，惟哀加护令得安隐。'"（15，403c）

经行：行走。佛教语。

《敦煌变文集·长兴四年中兴殿应圣节讲经文》："山自高大，佛每经行。"

经行，《敦煌文献语言词典》本释为"在固定的路线上往来行走"。李维琦《佛经续释词》认为"经行"在此处为"行走"义，最早举吴《义足经》例（李维琦，1999：149）。此词在东汉佛经中已常见。如：

东汉支娄迦谶译《道行般若经》卷 2《功德品第三》："若时有县官起，若横为县官所侵，当诵念般若波罗蜜若坐若经行时，县官终不能危害。"（8，433c）

又卷 9《萨陀波伦菩萨品第二十八》："是时萨陀波伦菩萨及五百女人，亦复常经行七岁不坐不卧七岁。"（8，474b）

东汉支娄迦谶译《阿閦佛国经》卷上《法意受慧品》："何等三？一者经行，二者坐，三者住。"（11，752b）

东汉支娄迦谶译《般舟三昧经》卷上《行品第二》："何等为四？一者不得有世间思想，如指相弹顷三月；二者不得卧出三月，如指相弹顷；三者经行不得休息，不得坐三月，除其饭食左右；四者为人说经，不得望人衣服饮食。是为四。"（13，906a）

留难：阻隔。

《敦煌变文集·伍子胥变文》："上仓（苍）傥若逆人心，不免此处生留难。"

此词早期译经常见，如：

东汉支娄迦谶译《佛说阿阇世王经》卷下："阿难叹佛其智能甚尊，无所挂碍。悉知一切人心之所行随其所欲，教照令各得所，天上天下而独特尊，所因缘笑故唯愿欲闻。若十方一切人悉在前住，一一人问亿百千那术事，悉则发遣而无留难。"（15，404c）

刘宋求那跋陀罗译《过去现在因果经》卷2："太子坐已，白父王言：'恩爱集会，必有别离，唯愿听我出家学道。一切众生，爱别离苦，皆使解脱。愿必垂许，不见留难。'"（03，632a）

元魏慧觉等译《贤愚经》卷4《摩诃斯那优婆夷品第二十一》："若使有人为出家者，作诸留难，令不从志。"（4，376b）

《大宝积经》卷27，梁曼陀罗译《法界体性无分别会》第八之一："文殊师利言：'波旬，汝还所止。汝无力势能留难遮，毕竟向于菩提之道，成就方便具足般若波罗蜜行者。何以故？是诸菩萨离诸魔缚，成毕竟行善知方便，行般若波罗蜜。'"（11，149b）

《大方等大集经》卷18，北凉昙无谶译《虚空藏品》第八之

一《所问品第一》："帝释梵天王，皆当拥护诸说法师持此经者，说此世所难信甚深经典时，使无能作留难。"（13，126b）

饶益：施恩惠。

《敦煌变文集·太子成道经》："悍劳忍若，六时行道，饶益众生，乃获此身。"

此词东汉佛经已见：

东汉昙果共康孟详译《中本起经》卷下《尼揵问疑品第十四》："拔提弗言：'伏闻瞿昙，饶益一切，令得安隐。'"（4，162b）

后世沿用：

东晋佛驮跋陀罗译《大方广佛华严经》卷9《初发心菩萨功德品第十三》："远离瞋恚念，修习饶益心；慈光照十方，为众作归依。"（9，453a）

隋阇那崛多共笈多译《添品妙法莲华经》卷5《分别功德品第十六》："佛名闻十方，广饶益众生；一切具善根，以助无上心。"（9，179a）

隋阇那崛多译《发觉净心经》卷1："菩萨法施不求果报，不著利养及与名闻衣服饮食，饶益为先数行法施。"（12，45b）

热恼：烦恼。

《敦煌歌辞总编》卷四《重句联章·抛暗号》："心恛惶，生热恼，冤恨随时不预造。""热恼"一词，早期译经中常见。如：

东汉安世高译《四谛经》："从更复更，知受复受，令身意热恼。"（11，814c）

《大宝积经》卷82，曹魏康僧铠译《郁伽长者会》第十九："出家闲务，在家热恼。"（11，476c）

姚秦竺佛念译《出曜经》卷 20《如来品第二十二》："众患已尽，无复热恼。"（4，717c）

仁：仁者，对人的尊称。

敦煌研究院藏敦煌本《佛说大药善七方便经》："时婆罗门行啼泣泪，至大药所，共相门（问）谇，即以前事而告大药。彼便问曰：'仁岂向人说耶？'"

"仁"为对人的尊称，《佛经文献语言》已把这一用法提至东汉（俞理明，1993：106—107），这里只是补充说明这一用法早在东汉佛经中就已多见。如：

东汉支娄迦谶译《文殊师利问菩萨署经》："佛言：'善哉善哉。如仁之所说，无愿不可议，不可知，不可思想，不可住。'"（14，438a）

东汉支娄迦谶译《佛说阿阇世王经》卷下："摩诃迦叶言：'如仁作意如我者，我乃受之，王阿阇世便以衣着其上。'"（15，402a）

东汉支娄迦谶译《佛说阿阇世王经》卷下："其刹土名沙陀惟瞿咤，其佛号字惟首陀尸利，从彼间而来到是食于仁，所以者何？故来欲闻法，听仁之所狐疑。"（15，400a）

东汉失译《佛说伅真陀罗所问如来三昧经》卷上："伅真陀罗则言：'如仁欲知声者，皆因空自然有声，但闻音而不可见。'"（15，352b）

又卷 1："王阿阇贳语伅真陀罗：'善哉仁者，为佛所誉。阿阇贳复报语伅真陀罗仁所作功德，愿分我少所令我得其功德。'"（15，364b）

东汉竺大力共康孟详译《修行本起经》卷下《出家品第五》：

"三女复言：'仁德至重，诸天所敬，应有供养，故天献我。我等好洁，年在盛时，愿得晨起夜寐供侍左右。'"（3，470c）

四大：佛家指地、水、火、风。

《敦煌变文集·太子成道经》："地水火风，四大成身。"

四大，蒋礼鸿《敦煌变文字义通释》已释，引《晋书·苻坚载记》和梁慧皎《高僧传》例（蒋礼鸿，1997：67），在东汉佛经中多见。如：

> 东汉安世高《阴持入经》："色为四大，本谓地水火风，是上为名，是四为色，是二相连共为名字。"（15，174c）

> 东汉支娄迦谶译《佛说内藏百宝经》："五阴六衰四大合为一本无有，佛示现人欲界色界无思想界，随世间习俗而入，示现如是。"（17，752c）

> 又："泥洹及空无有形声，亦无有名。佛现四大及形声，随世间习俗而入，示现如是。"（17，753b）

宛转：翻滚。

《敦煌变文集·搜神记》"李纯"条："然纯犬见火来逼，与（以）口曳纯牵脱，不能得胜。遂于卧处直北相去六十馀步，有一水涧，其犬乃入水中，腕（宛）转欲湿其体，来向纯卧处四边草上，周遍卧合（令）草湿。"

"宛转"一词，《中古汉语语词例释》释为"（因痛苦、悲伤而）身体在地上滚动、翻转"，最早引三国《大明度经》例（王云路、方一新，1992：377），这种用法东汉佛经中已见。如：

> 东汉支娄迦谶译《道行般若经》卷9《萨陀波伦菩萨品第二十八》："是时萨陀波伦菩萨卖身不售，便自宛转卧地啼哭大呼，欲自卖身持用供养于师，了无有买者。"（8，472b）

庠序：稳重，端庄。

《敦煌变文集·太子成道经》："或见一人，削发染衣，威仪庠序，真似象王。"

"庠序"一词，《敦煌文献语言词典》释为"举动安详肃穆"，不当。李维琦《佛经续释词》释为"稳重，端庄"（李维琦，1999：36）。此词见于早期译经，如：

> 东汉支曜译《佛说成具光明定意经》："又观天尊三十二相，相相有好视之无厌：行则庠序不迟不疾，坐则中坐不前不却，语声八种不缓不急，言成法律明诫如日，令一切众，咸受恩福。本作何行生而有此?"（15，452c）。

> 旧题吴支谦译《撰集百缘经》卷3《授记辟支佛品第三》："作乐供养成辟支佛缘，见彼比丘威仪庠序，心生信敬。"（4，216b）

向者：刚才。

《敦煌变文集·搜神记》"管辂"条：其年少问老人曰："'何以嗟叹?'……（管辂）曰：'向者更无馀事，直以怜卿好年少，明日午时忽然卒死，是故嗟叹也。'"

"向者"有"刚才"义，东汉佛经中已见：

> 东汉竺大力共康孟详译《修行本起经》卷下《游观品第三》："至夜半后，明星出时，诸天侧塞虚空，劝太子去。时裴夷见五梦，即便惊觉。太子问之：'何故惊寤?'对曰：'向者梦中见须弥山崩，月明落地，珠光忽灭，头髻堕地，人夺我盖。是故惊觉。'"（3，467c）

消息：音讯。

《敦煌歌辞总编》卷二《支曲·浣溪沙》词："将向殿前报消息，

也为君王。"

"消息"作"音讯"讲，在东汉佛经中已见：

> 东汉昙果共康孟详译《中本起经》卷上《还至父国品第六》："忧陀自念：'今为弟子，无缘复还，王须消息，因谁报命？'"（4，154b）

形容：容貌。

《敦煌歌辞总编》卷二《支曲·再相逢》词："寒雁来过附书踪，谓君憔悴损形容，教儿泪落千重。"

按，"形容"一词，《淮南子·九方皋相马》有"良马可形容筋骨相也"，"形容"指形体外貌。东汉佛经中多见，如：

> 东汉支娄迦谶译《佛说遗日摩尼宝经》："何等为形容被服如沙门者？髡头剔须，着袈裟持钵，心不正不持戒，但欲作恶喜学外道，是为被服如沙门。"（12，192c）

> 东汉竺大力共康孟详译《修行本起经》卷下《游观品第三》："譬若男子欲见遮迦越罗者，未见遮迦越罗反见小王，想其形容被服，谛熟观之，便呼言是为遮迦越罗。"（3，467c）

长者：佛经称十德具备者为长者，但多指有财有势之人。

《敦煌变文集·目连变文》："昔佛在日，摩竭国中有大长者，名拘离。其家巨富，财宝无论。"

"长者"一词，东汉佛经中常见，如：

> 东汉昙果共康孟详译《中本起经》卷上《转法轮品第一》："于时波罗奈城中，有长者名阿具利。有一子，字曰蚳蚳（晋言宝称），时年二十四，称生奇妙。有琉璃屐，着足而生，父母贵异，字曰宝称。"（4，149a）

> 东汉昙果共康孟详译《中本起经》卷下《须达品第七》：

"时世有佛，号名迦叶，为众讲法。说吾当来，今诸梵志于彼佛前，愿乐欲见当来释迦文佛，是诸长者亦同斯愿。"（04，157b）

东汉竺大力共康孟详译《修行本起经》卷上："白净王、无怒王、无怨王、甘露净王及迦维罗卫九亿长者，名从官属，一时来会为佛作礼，却坐一面。"（3，461a）

又《现变品第一》："尔时其众，欣踊无量；主人长者，甚大欢喜。"（3，461c）

至心：虔诚，专心。

《敦煌变文集·频婆娑罗王后宫采女功德意供养塔生天因缘变》："佛法宽广，济度无涯，至心求道，无不获果。"

"至心"指"虔诚，专心"，东汉佛经常见。如：

东汉昙果共康孟详译《中本起经》卷上《还至父国品第六》："有神祠舍，名曰漂披。过往跪拜，礼毕旋顾，奄便更冥。善温惶恐，不知所趣。虽有此变，心犹存佛，承其至心恐畏消除。"（4，156a）

又卷下《须达品第七》："吾昔从佛神足弟子大目揵连，闻说经法，因此福报，得生第一天上。功德甚少，别使典此，见卿至心，来相佐助。"（4，156b）

东汉支曜译《佛说成具光明定意经》："九者若见老羸疾病瘦尫，伤念扶护至心不饰。"（15，457b）

致得：使得。

《敦煌变文集·破魔变文》："致得岁时丰稔，管境谧宁。"

此词早期译经常见，如：

东汉支娄迦谶译《道行般若经》卷9《萨陀波伦菩萨品第二十八》："是时诸佛悉赞叹我言：'善哉善哉。索般若波罗蜜当如

是，我曹本索佛时，索般若波罗蜜如是，得般若波罗蜜者，自致得成佛。'"（8，473c）

东汉失译《佛说伅真陀罗所问如来三昧经》卷中："今已住于布施，当以法而施与，本已行净戒，自致得安隐，伏意而忍辱得成。"（15，356a）

西晋聂承远译《佛说超日明三昧经》卷2："其然灯者，天眼明慧，不处窈冥。幢幡施者，所在富乐，财宝无限。上缯盖者，致得屋宅覆盖不露。"（15，545b）

周旋：应酬，交往。

《敦煌变文集·张淮深变文》："到后金銮朝奏日，冲融敷对为周旋。"

"周旋"有"应酬"义，早期译经已见：

东汉昙果共康孟详译《中本起经》卷上《还至父国品第六》："王问忧陀：'悉达在宫，与卿独亲，入出周旋，无所关白。今使来还，何得自外诣门求通耶？'"（4，154b）

吴支谦译《佛说菩萨本业经》卷1《十地品第三》："复有十事，学法王正行，学法王礼仪，学法王兴立，学法王出入，学法王周旋，学法王威严，学法王坐起，学法王教令，学法王拜人，学法王巡行刹土。"（10，450c）

转加：越发，更加。

《敦煌变文集·汉将王陵变》："霸王闻语，转加大怒。"

"转"有"更"义，"转加"即"更加"，此义早期佛经常见，如：

东汉支娄迦谶译《般舟三昧经》卷上《譬喻品第四》："何况有人自讲说，受持讽诵念须臾；转加增进奉行者，其功德福无

有量。"（13，908a）

姚秦鸠摩罗什译《十住经》卷2《明地第三》："菩萨如是念已，一切求法时，转加精进，日夜常乐听法，无有厌足，心无休息。"（10，507b）

姚秦鸠摩罗什译《佛说华手经》卷10《法门品第三十四》："菩萨尔时，深生恭敬，听受是法，随所信解，若深若浅，转加宗敬尊重如来。"（16，203c）

这些过去认为是唐五代时期的词语都可以在东汉佛经中找到源头，这就要求我们对近代汉语的词汇进行断代研究的同时，应注意词语的推源工作。而加强东汉佛经词汇研究，不仅可以补正以往研究的不足，还能据以沟通东汉和近代汉语的联系，进行这一工作是很有必要的。

江蓝生先生曾说："我们认为汉语史研究在选题的切入点和研究方法上，今后，都应该更加有意识地把对过去的研究与对现在的研究结合起来。要改变过去不同程度存在着的搞古代、近代的不管现代，搞现代的不闻不问古代、近代，甚而连古代与近代之间也老死不相往来。这种画地为牢的封闭状态必须打破。"（江蓝生，1998）这部分内容算是对这一呼吁的回应。

第三节　东汉佛经与现代汉语常用词语溯源

王宁先生力倡加强古今汉语之间的沟通，他指出："大量的文言词和词义，并不经过中古和近古阶段，可以直接被现代汉语书面语继承，并同时进入普通话口语。"（王宁，1997）同样，我们在强调先秦文献语言对现代汉语的影响的同时，也不能忽略中古和近代汉语的研究，不能把古今汉语割裂开来。忽略了中古和近代汉语的研究，同样也不能看清汉语发展的真正轨迹。

现代汉语的词汇由各个不同的时代积淀而成，东汉时期的汉语，上承先秦，下启唐宋。这一时期产生的大量词汇，不仅直接影响唐宋语言，而且其中许多还直接成为现代汉语的源头。然而，这一方面的工作并未引起研究者足够的重视，下文将就东汉佛经中已出现，且在现代汉语中仍通行的常用口语词进行考察。

白净

"白净"有"洁白，干净"义。《大词典》引《水浒传》第十四回例。其实此词在东汉佛经中就有了：

> 东汉竺大力共康孟详译《修行本起经》卷上《菩萨降身品第二》："面光如满月，色像花初开，是以眉间毫，白净如明珠。"（3，465a）

差别

"差别"的"差异；不同"义，在东汉佛经中就有了：

> 支曜译《佛说成具光明定意经》："十四者亲疏善恶，慈而等之，无此四念差别之相。"（15，457c）

《大词典》引《百喻经·人谓故屋中有恶鬼喻》。

称赞

"称赞"指"称誉赞美"。早期译经中用得很多了：

> 东汉昙果共康孟详译《中本起经》卷上《还至父国品第六》："人有百头，头有百舌，舌解百义，合此人数，称赞如来。"（4，155a）

> 吴支谦译《菩萨本缘经》卷1《一切施品第二》："以其先时，常自称赞，能行正法，訾毁吾等暴虐行恶，是故吾今欲得见

之，示其修善所得果报。"（3，55c）

西晋竺法护译《正法华经》卷2《应时品第三》："臭烟熢勃，称赞香美。"（9，77a）

《大词典》引《北史·张烈传》。

出现

"出现"一词，早期佛经中常见：

东汉支娄迦谶译《佛说内藏百宝经》："佛用哀十方故，出现世间，欲教度，复现人供养，得福无量。"（17，752b）

旧题吴支谦译《撰集百缘经》卷5《饿鬼品第五》："有辟支佛，出现于世，在空闲处，以草为藪。"（4，223c）

西晋法炬共法立译《法句譬喻经》卷1《无常品第一》："对一人言，吾入大海上不出现，下不至底正处其中，无常杀鬼安知我处。"（4，576c）

《大词典》引唐慧能《坛经·付嘱品》。

大便

"大便"指"屎"，《大词典》引《西游记》例，此词早在东汉佛经中就有了：

东汉竺大力共康孟详译《修行本起经》卷上《现变品第一》："一者寒，二者热，三者饥，四者渴，五者大便，六者小便，七者意所欲。"（3，463a）

毒蛇

毒蛇，在东汉佛经中就有了：

东汉竺大力共康孟详译《修行本起经》卷下《出家品第五》："已见猴猿师子面，虎儿毒蛇豕鬼形，皆持刀剑攍戈鉾，超跃哮吼满空中。"（3，471a）

此词《大词典》引《北史·陆俟传》例。

独自

"独自"一词,早期佛经常用:

> 支娄迦谶译《阿閦佛国经》卷下《诸菩萨学成品第四》:"其人行至他国县邑,中道无有杀者,亦无有能娆者,独自往还无他。"(11,760a)

早期译经常见,如:

> 吴康僧会译《六度集经》卷2《布施度无极章第一》:"时夫人言:'王为相弃独自得便不念度我。'"(3,7b)

> 西晋竺法护译《生经》卷3《佛说蛊狐乌经第二十五》:"时一比丘,疾病困笃,独自一身,无有等类,无有视者,亦无医药衣被饭食。"(3,89b)

《大词典》引五代齐己《怀洞庭》诗。

给与

此词早见于东汉佛经:

> 东汉支曜译《佛说成具光明定意经》:"十者,虽无钱财,以用布施,常身自扫洒塔地,以净水浆给与众僧,澡手洗浴,以力为施,勤而不厌。……"(15,457c)

《大词典》引《后汉书·章帝纪》。

来到

"来到"指"自他处到达,来临",现代汉语中习用,这一用法早在东汉佛经中就出现:

> 东汉支娄迦谶译《道行般若经》卷2《功德品第三》:"诸人诸非人,都卢赐来到是间,问讯法师,听受般若波罗蜜。"(8,435a)

《大词典》引《后汉书·荀彧传》例。

遇见

遇见，犹碰到，《大词典》引《北史·宇文深传》例。早期佛经中已见：

> 东汉支曜译《佛说成具光明定意经》："第五之愿者，所生国处常遇见佛，佛灭度后，弟子立庙图像佛形，并设讲堂论义经法。"（15，456b）

> 元魏慧觉等译《贤愚经》卷11《无恼指鬘品第四十五》："自从是来，世世端正猛力轻疾，悉如其愿，复遇见我，得度生死。"（4，427c）

大海

这是现代汉语中常用的词语。《大词典》收录此词，但是没有例证，容易误认为此词为现代汉语中的词汇，其实此词东汉佛经中就有了，如：

> 东汉昙果共康孟详译《中本起经》卷下《自爱品第十一》："大海深广，犹有枯竭。"（4，160c）

> 东汉支娄迦谶译《道行般若经》卷9《随品第二十七》："譬如大海水不可斗量，菩萨随般若波罗蜜教，当如是。"（8，470b）

现代汉语中"海水不可斗量"即从佛典中使用开的。

高楼

"高楼"一词，早期佛经中已见：

> 东汉支娄迦谶译《阿閦佛国经》卷2《诸菩萨学成品》："其佛刹诸菩萨摩诃萨，在家者止高楼上，出家为道者不在舍止。"（11，758c）

西晋竺法护译《德光太子经》卷 1："我宁可从高楼上东向自投，莫使我诸家眷属，于门中作星碍，使吾不得出也。"（3，417a）

《大词典》引元无名氏《九世同居》第一折。

飞行

飞行，初指迅速行进。汉刘向《列仙传·偓佺》："偓佺者，槐山采药父也。好食松实，形体生毛，长数寸，两目更方，能飞行走马。"又指人或禽类、飞行器在空中运动。现代汉语中用的是后一义。这一用法在东汉佛经中已经有了：

东汉竺大力共康孟详译《修行本起经》卷下《出家品第五》："身能飞行，能分一身，作百作千，至亿万无数，复合为一。"（3，471b）

东汉支娄迦谶译《道行般若经》卷 7《守空品第十七》："譬若飞鸟飞行空中，无所触碍。"（8，458c）

《大词典》引晋葛洪《抱朴子》。

怀胎

东汉竺大力共康孟详译《修行本起经》卷上《菩萨降身品第二》："今我所怀胎，必是摩诃萨。"（3，463c）

《大词典》引巴金《家》三六。

肉体

《大词典》例引《水浒传》第 44 回，此词早就出现了：

东汉支曜译《佛说成具光明定意经》："其有肉体未得四神足者，应皆就榻。"（15，451b）

苻秦昙摩难提译《增一阿含经》卷 1《序品第一》："释师出世寿极短，肉体虽逝法身在。"（2，549c）

昨夜

《大词典》引南朝宋鲍照《上浔阳还都道中》诗。此词东汉佛经中就有了：

> 东汉昙果共康孟详译《中本起经》卷上《化迦叶品第三》："昨夜四天王，来听说法，是其光耳。"（4，151a）

> 又："迦叶夜起，见佛前光，意而独念，佛故事火也，平旦问佛：得无事火，明倍昨夜也？"（4，151a）

> 又："第七梵天，昨夜听法，是其光耳。"（4，151a）

念书

念书，读书。《大词典》例引《河南程氏遗书》第一，东汉此用法即见：

> 东汉支娄迦谶译《道行般若经》卷10《昙无竭菩萨品第二十九》："是般若波罗蜜以相累，常持谛了了取字，谛了了念书，作字莫使缺减，谛视书莫左右望。"（8，477b）

> 西晋无罗叉译《放光般若经》卷11《大事兴品第五十一》："是善男子善女人见深般若波罗蜜，不念书持受学亲近故也。"（8，80a）

漱口

《大词典》引《红楼梦》例。此词早见于东汉：

> 东汉竺大力共康孟详译《修行本起经》卷下《出家品第五》："食毕洗手漱口，澡钵已还掷水中。"（3，470a）

> 东汉竺大力共康孟详译《修行本起经》卷下《出家品第五》："明日食时，佛持钵自到其家，取饭而还，食已欲澡漱口无水。"（3，470a）

> 东汉支曜译《佛说成具光明定意经》："先施清净水，盥手

漱口常令清净。"（15，458a）

史书中出现较晚：

> 《梁书·武帝下》："庶事繁拥，日傥移中，便嗽口以过。"

眼泪

此词东汉佛经中就出现，如：

> 东汉竺大力共康孟详译《修行本起经》卷上《试艺品第三》："眼泪鼻涕，涎出相属。"（3，466b）

在《太子瑞应本起经》中同本异译经作"鼻涕目泪"，这说明东汉佛经《中本起经》的口语性比较强，"眼泪"一词，早在东汉时期译经中出现，但三国和西晋的译经反而看不到。

后秦时的译经又出现了：

> 后秦弗若多罗共罗什译《十诵律》卷2《明四波罗夷法之一》："有比丘与有胎女人吐下药、灌鼻药、灌大小便处药，若针血脉，若出眼泪，若消血药。"（23，9c）

中土文献中出现比东汉佛经晚，如：

> 《汉书·西域传》："国出玉，多葭苇、柽柳、胡桐、白草。"颜师古注："胡桐亦似桐，不类桑也。虫食其树而沫出下流者，俗名为胡桐泪，言似眼泪也，可以汗金银，工匠皆用之。"

《大词典》引《水浒传》，太晚。

悬殊

"悬殊"一词，东汉佛经中就已出现：

> 东汉昙果共康孟详译《中本起经》卷下《尼揵问疑品第十四》："一田业高燥肥沃，二田业下湿瘠薄，于春和时，等力兴功，下种应节，耘除草秽，至秋获实，斗斛悬殊。"（4，162b）

《大词典》引《百喻经·估客驼死喻》。

枕头

"枕头"一词，出现甚早：

东汉支娄迦谶译《阿閦佛国经》卷上《阿閦佛刹善快品第二》："其地行足蹈其上即减，适举足便还复如故，譬如绵緻枕头，枕其上即为减，适举头便还复如故。"（11，755c）

《大词典》引南唐林楚翘《菩萨蛮》词。

苦恼

"苦恼"有"痛苦烦恼"义，此义早见于东汉：

东汉竺大力共康孟详译《修行本起经》卷下《出家品第五》："太子离恩爱，远诸苦恼根。"（3，468b）

《大词典》引南朝宋刘义庆《幽明录·陈良》。

赠送

此词《大词典》引《后汉书·周景传》例，事实上东汉就有此用例：

东汉竺大力共康孟详译《修行本起经》卷上《现变品第一》："时诸同学，各各赠送人一银钱。"（3，462a）

以上东汉佛经中新出现的常用词，从东汉延续到现代，其意义一直没有发生变化。同时我们也看到，多数常用词在使用过程中，其语义或多或少，或轻或重都发生了变化。如：

浴池

"浴池"，本指供洗澡用的池塘。《大词典》引北魏郦道元《水经注·泗水》例。此词早见于东汉佛经：

东汉竺大力共康孟详译《修行本起经》卷下《出家品第五》："复前到斯那川，其川平正，多众果树，处处皆有流泉浴池，其中清洁，无有蚊蜂蚊虻蝇蚤。"（3，469b）

现代汉语中,"浴池"指形状像池塘,供许多人同时洗澡的设备,其含义有所扩展。又借指澡堂,后常用来做澡堂的名称。

哀乐

哀乐,在现代汉语中指悲哀的音乐,专用于丧葬或追悼场合。

在东汉佛经中,"哀乐"指动听的音乐。如:

> 东汉竺大力共康孟详译《修行本起经》卷下《出家品第五》:"吉祥哀乐声,八部真音响。"(3,470b)

"哀"有"美好"义,钱锺书先生和王云路先生均有专论,可参(钱锺书,1986:134—138)。

东汉佛经中还出现了一些新的用法,如量词"头",用于"数+量+名"这种结构中:

> 东汉支娄迦谶译《般舟三昧经》卷1《譬喻品第四》:"其人殊不晓其价,反形是摩尼珠言:'其价能与一头牛等不? 宁可贸一头牛,想是不复过此,与我者善,不肯者已。'"(13,907b)

这种用法在东汉佛经中首次出现,与现代汉语的用法一样。

以上这些现代汉语通用的词和义都可以在东汉佛经中找到源头。以前的研究多集中于疑难词语的解释方面,对一些常用的、与现代汉语密切相关的词和用法没有给予足够的注意。在辞书中,有的词没有被收录,有的词虽然被收录但没有例证,多数情况是例证偏晚。而要建立科学的词汇史,就不能忽视这些词,不对这些词进行研究,就无法追溯这些现代汉语通用词语的源头。这里只是对其始见例的时代进行了考察,对于词汇的变化过程研究得还不够深入,离真正的词源研究还有很大的距离,但这是我们努力的一个方向。东汉佛经词汇研究对于追溯现代汉语的来龙去脉、探寻古今汉语的演变轨迹具有十分重要的意义,应当予以加强。

第四章　东汉佛经词语的形成

第一节　东汉佛经的造词法

什么是造词法？汉语对这个问题的研究已经有一段历史，学者通常注重其与"构词法"之间的关系，并对两者作出区分。蒋绍愚认为："造词法（word formation）和构词法（word structure）是两个不同的概念，构词法是从共时平面分析词的结构，造词法是从历时的角度考察词的形成。"（蒋绍愚，2015：66）也就是说，造词法是研究新词如何产生的方法。

蒋绍愚（2015）综合相关研究意见，从汉语历史词汇学的角度将汉语造词法分为如下五类，即：

（一）旧词→新词（一对一）

　　（1）音变：改变声韵调、合音、分音

　　（2）义变：引申

　　（3）改造：换素、倒序、缩略、其他

（二）词+词（凝固或在线生成）→复合词

　　（1）词+词（重叠）→叠音词

　　（2）短语→复合词

　　（3）语法结构→复合词

　　（4）跨层结构→复合词

（三）词+词缀→派生词

（四）译音词

    （1）完全音译

    （2）半音半义

（五）来源不明的词

东汉佛经的造词法，是指译师利用汉语词汇材料和规则创造新词的方式方法。由于新词的生成是一个动态过程，因此我们讨论的造词法不只是共时层面的现象，还需要涉及某些必要的历时因素。在佛经翻译过程中，译师充分利用汉语词汇材料创造新的词汇形式对译原典语言，带有很强的主观性，大部分新词是译师根据翻译需要的临时新创，使东汉佛经新词整体呈现出突生性和爆发式特点。作为翻译的文本，东汉佛经与同期的中土文献在语言的多个方面都表现出不同的特征。导致语言差异的原因，可以从主客观两方面进行分析。客观方面，主要是原典语言的影响，而早期译师重视原典语言风格的翻译倾向，这是产生巨大差异的重要原因；另外，佛教文化与中土文化的巨大差异（包括语言差异），使译师很难找到对等的汉语词翻译原典，这也是重要原因之一。主观方面，主要是译师的汉语水平（包括对中国传统文化的了解程度）和主观偏好（比如音译或意译的选择）。

汉语造词法研究的相关理论及其分类，是否符合译经新词如何"造成"的问题？现代造词法研究普遍将"义变构词"（陈宝勤，2002；蒋绍愚，2015）视为汉语造词法之一。"义变构词"从词义演变的视角分析汉语造词法，由于新义离原义较远（因辗转引申造成）而成为同形新词，如"火化（以火熟食→火葬）""经理（治理→管理企业的负责人）"（蒋绍愚，2015：71）等。"义变构词"能不能分析佛经翻译造成的旧词新义？一个突出的问题是，汉语中有很大一部分词在佛经翻译过程中发生了或多或少的变化，仅从汉语词义演变的文化基础和规律来看，很难证明新义与固有用法之间存在关联，通常情况下译师对汉语词进行了不同程度的改造。有的"改造"能够从汉语自身找到演变规律（这体现了不同语言词义发展的共性），但有的改造却是"面目全非"的，即使能够找到某种关联，也十分牵强。以下分别举两个例子。

（一）符合汉语词义演变规律

1. 尘垢

翻译佛经运用中土固有词汇，在描写一般事物（不具有外来文化的特征）时，通常沿用固有用法。例如"尘垢"，先秦时期已较常用，东汉以前主要有两层意思，一个比较具体，指"灰尘和污垢"，如《国语·晋语二》："亡人之所怀挟缨纕，以望君之尘垢者。"一个比较抽象，比喻世俗社会卑污的事物，这是常用义，如《楚辞·哀时命》："务光自投于深渊兮，不获世之尘垢。"《庄子·齐物论》："无谓有谓，有谓无谓，而游乎尘垢之外。"《淮南子·俶真训》："以利害为尘垢，以死生为昼夜。"前一种用法是它的本义，东汉佛经沿用，如东汉失译《佛说伅真陀罗所问如来三昧经》卷3："其地平等，悉白琉璃；其地之明，譬若如日；其地甚净，无有尘垢。在于虚空而有交露之帐，皆悉众宝诸菩萨悉坐其中。"（15，362b）支娄迦谶译《佛说内藏百宝经》卷1："佛足譬如莲花不受尘垢，佛洗足，随世间习俗而入，示现如是。"（17，751c）后一种用法，即"比喻世俗卑污的事物"，指称诸如权利、利益等对人修身养性有牵绊作用（如佛教之"烦恼"）的世俗生活（奢华的生活、名利），这与佛教文化宣扬的"去欲"思想有相似相通之处（译师在翻译过程中，应该考虑了这些因素）。先来看两个东汉佛经的例子：

安世高译《七处三观经》卷1："佛便告比丘：'若人意在五法中，设使闻佛法教，不应除尘垢，亦不得道眼。'"（02，878b）

昙果共康孟详译《中本起经》卷1《还至父国品》："惭愧为衣服，世衣增尘垢，法衣真人服，息心名如来。"（04，155b）

前例"不应除尘垢"（"不应"，不响应、不应和），其中"尘垢"应该理解为"世俗生活、事物及其引生的扰乱身心、障碍修行的杂念"。后例"世衣增尘垢"中"世衣"是比喻用法，指"世俗事物"，"尘垢"自然就跟上例用法相同了。

如前所述，这种用法与"比喻世俗卑污的事物"之间存在相通之处，从"世俗卑污的事物"发展到"世俗卑污事物引生的烦恼"，其间存在符合引申的各种条件和规律，差别体现在佛经用法是对中土用法的进一步抽象。从东汉时期佛教文化尚未深入中国文化这一事实来看，这种突生的用法缺乏引申发展的文化土壤，是译师根据翻译需要进行的主观性改造，从而导致词义演变。

2. 堕落

"堕落"这个词与佛教义理联系紧密，是一个佛教文化色彩浓厚的常用词，今天的常用义也跟佛教义相关，因此很容易被误认为是地道的佛教词语。但实际上，"堕落"在先秦时代已经出现。语义比较具体，通常指"脱落、掉落"。如《荀子·富国》："徙坏堕落，必反无功。故垂事养誉，不可；以遂功而忘民，亦不可，皆奸道也。"这种用法在东汉佛经中沿用，可以认为译师借用中土固有词汇翻译佛经原典语言，如：

东汉安世高译《佛说罪业应报教化地狱经》卷1："第二，复有众生，身体顽痹眉须堕落举身洪烂，鸟栖鹿宿人迹永绝，沾污亲族人不喜见，名之癞病。何罪所致？"（17，451a）

东汉竺大力共康孟详译《修行本起经》卷 1《现变品》："绀马宝者，马青绀色，髦璃贯珠，揾摩洗刷，珠则堕落，须臾之间，更生如故。"（03，463a）

综观佛教文献，这种用法并不是常见用法，即使是在最早的东汉佛经中也同样如此。例如：

东汉支娄迦谶译《道行般若经》卷 8《强弱品》："若干百千爱欲诸天，作是念：当为十方人发意为菩萨道者作礼。何以故？行般若波罗蜜不中般泥洹故。如是菩萨为勤苦行，不于是法中堕落取证。"（08，467a）

东汉支娄迦谶译《佛说阿阇世王经》卷 1："复有二百天子。皆前以发菩萨意。而未坚固皆欲堕落。各各有念佛法无有极难得至佛。我等不在菩萨学中。"（15，392c）

东汉支娄迦谶译《佛说阿阇世王经》卷 1："诸佛言。上方有刹名曰沙呵。佛号字释迦文。钵从彼来。所以者何。救护堕落菩萨意故。以变化感动。"（15，393a）

这些例句中的"堕落"，显然已不是意义具体实在的"下落、脱落"，整个语境蕴含的宗教神秘色使其意义更加抽象，指"失道心而陷于恶道恶事"，而今天的常用义"指思想行为趋于下流"则是佛教义进一步引申发展的结果。

（二）不符合汉语词义演变规律

1. 宫殿

"宫殿"这个词，通常指帝王住所，也泛指高大华丽的房屋。如《汉书·百官公卿表上》："郎中令，秦官，掌宫殿掖门户，有丞。"佛经中"宫殿"这个词有"天车"义的用法。例如：

元魏般若流支译《正法念处经》卷 29《观天品》："复往诣

于娑罗摩山，其山纵广有五由旬，高十由旬，或乘宫殿或乘飞鸟而升此山。"（17，168b）

元魏般若流支译《正法念处经》卷32《观天品》："作是念已，与诸天众诣善法殿，或游虚空或乘鹅鸟、或乘孔雀、或乘宫殿，如是种种，诣善法殿，见大帝释。"（17，188c）

后秦鸠摩罗什译《佛说千佛因缘经》卷1："时，千梵王各乘宫殿，与诸梵俱持七宝华，至故塔前供养佛像。"（14，66c）

失译《别译杂阿含经》卷14："时有六天女各乘宫殿，凌虚而行。"（02，472a）

朱冠明（2008）认为这个意义来源于梵文的语义移植，因为与"宫殿"对应的梵文词有"宫殿"和"天车"义，而"宫殿"在汉语中不能自然发展出"天车"义。

在翻译佛经以前，汉语词汇系统中表示"高贵、华美"之车，乃至神话传说中仙神所乘之车，均有不少词语。双音词如"彤车""珍车""鸾车""栾车""犀车""文车""轩车""辂车""象车""金车""道车""法车""龙车""云车"等，而像"道车""法车""龙车""云车"等从词形看就有某种神秘色彩，完全能够满足佛经翻译的需要，但这些词却极少在译经中出现。如果说译师不熟悉这些词，或因为某种原因（如避帝王讳）而放弃使用这些词，也完全可以以"车"为词素构造新词，适应汉语"见形知义"的特点，例如东汉佛经中出现的"天车"（后世译经5次）、"蛟龙车（译经仅1例）"等①，完全符合汉语表达习惯，但均未被后世译经广泛继承。

---

① 昙果共康孟详译《中本起经》卷2《大迦叶始来品》："世尊又曰：'过去久远，时有圣王，名文陀竭。高行晖世，功勋感动。忉利天帝，钦其异德，即遣车马，诣阙迎王。王乘天车，忽然升虚，天帝出迎，与王共坐，娱乐尽欢，送王还宫。'"（04，161b）竺大力共康孟详译《修行本起经》卷1《菩萨降身品》："夫人抱太子，乘交龙车，幢幡伎乐，导从还宫。"（03，463c）

在中国传统文化及汉语词汇系统中，"宫殿"很难发展出"天车"义，这不符合汉语表达习惯。"宫殿"作为汉语常用词，专指"帝王居所"的文化特殊性使其再难发展出新义，更何况"天车"与"宫殿"很难在语言层面产生引申关联。因此在译经中，"宫殿"指高大华丽的居所仍然是惯常用法，自东汉佛经以来一直如此，如：

支娄迦谶译《道行般若经》卷4《觉品》："佛言：'是菩萨摩诃萨当觉知魔为。譬若绝工之师能作殿舍，意欲揆作如日月宫殿令高无不见者，于须菩提意，乃能作不？'"（08，447a）

支娄迦谶译《阿閦佛国经》卷2《佛般泥洹品》："佛言：'譬如，舍利弗！日宫殿远住，遥炎照天下人；如是，阿閦佛远住，炎照他方世界诸住菩萨摩诃萨。'"（11，763a）

竺大力共康孟详译《修行本起经》卷2《出家品》："太子观视宫殿，悉作冢墓，鸱鸺狐狸，豺狼鸟兽，飞走其间。"（03，467c）

CBETA（2016光盘版）检索"宫殿"共9180例，但只有27例作"乘"的宾语，其余与汉语固有用法相同，说明语义移植造成的新义，由于其与汉语习惯的巨大差异而在汉语词汇系统中缺乏广阔的生存空间，只能在狭小的范围流传。

2. 月光

"月光"，本指"月亮的光线"（太阳光照射到月球上反射到地球的光线）。如《诗·陈风·月出》"月出皎兮"毛传："皎，月光也。"佛经中"月光"有指"苏摩酒"的用法。如：

北凉昙无谶译《佛所行赞》卷1《处宫品》："如令（本或作'今'）我子安，万民亦如是，事火奉诸神，叉手饮月光。"（04，4c）

　　邱冰认为"月光"指"苏摩酒"的意义是语义移植的结果，这个意义来源于印度祭祀文化，饮苏摩酒（梵语 Soma）是祭祀仪轨之一，由于在祭祀月亮或月神的过程中饮苏摩酒而使"苏摩酒"发展出月亮或月神之义（邱冰，2018）。而在汉语文化和词汇系统中，很难看出月亮和苏摩酒之间的词义引申关系。因此，这个意义没有在汉语词"月光"中保存下来，即使在汉译佛经中，也很难找到其他用例，但其音译形式"苏摩"在佛经中广为流传。

　　四个词的原义到佛经新义可以如下表示：

　　尘垢："灰尘和污垢"→"佛教谓烦恼"（《大词典》）

　　堕落："脱落；掉落"→"失道心而陷于恶道恶事"（《大词典》）

　　宫殿："帝王住所，亦泛指高大华丽的房屋"（《大词典》）→天车（朱冠明，2008）

　　月光："月亮的光线"（《大词典》）→苏摩酒（邱冰，2018）

　　"义变构词"关键在于词义之间存在显著差异，也就是省略中间环节以后，很难再看出它们之间存在引申关联。如上所示，四个词的两个义项之间，满足这个条件。另外，"义变构词"通常是词义辗转引申的结果。这四个例子，前两例（"尘垢""堕落"）译经用法能够在汉语词汇系统内部找到合理的解释，通过上述分析，佛经新义是词义从具体到抽象辗转引申的结果：

　　尘垢：灰尘和污垢→比喻世俗卑污的事物→烦恼（《大词典》）

　　堕落："脱落；掉落"→衰落；下降→"失道心而陷于恶道恶事"（《大词典》）

　　不难看出，两个词的引申路径显得很自然。这是汉语词从中土文化语境到佛教文化语境变迁导致的词义演变，佛经翻译是触发演变的直接动因。类似的演变是不是"义变构词"？换言之，佛经中经历过诸如"尘垢""堕落"这样演变路径的词，是不是新词？显然，很少有人会认为它们是新词。

如上述，后两例（"宫殿""月光"）译经用法很难与中土固有词义之间产生关联。那么，从造词法的角度看，译经用法是不是"义变构词"？不同语言词义演变存在很多共性，从译师的角度看，根据本语的思维习惯类推汉语词，从而在译经语境中产生新义，并且多数情况下这种类推同样符合汉语习惯，如上举"尘垢"和"堕落"。很不相同的是像"宫殿""天车"义和"月光"指"苏摩酒"的译经用法，明显不符合汉语习惯和词义发展规律。但正如邱冰（2018）分析的那样，"月光"指"苏摩酒"的用法与印度祭祀月亮或月神饮苏摩酒的习俗有关，在印度文化系统中，可以找到合理的引申理据。至于"宫殿""天车"义的用法，是否因为印度神话虚构的天神所乘坐的车辆与宫殿形似导致的词义引申，或者因为其他原因产生"天车"义，尚待进一步考察。也就是说，译经新义通常是译师根据原典语言的思维习惯类推汉语词的结果。不过因文化系统的差异导致词义演变结果不完全相同，从汉语的角度看，"宫殿""月光"的译经用法与原义之间缺乏理据性（如"宫殿"的"天车"义）。相关研究没有认为这些词是译经新词，而是从词义演变的角度分析译经用法产生的原因，朱冠明（2008）、邱冰（2018）称为语义移植，颜洽茂（1998），张诒三、张福通（2013）称之为"灌注得义"，而新义产生的方式，是译师根据原典语的思维习惯类推汉语的结果。从词义演变的角度分析中土固有词在译经中的新用法，也就是旧词在译经中产生了新义而不是产生了新词。另外，中土固有词在佛经翻译过程中意义大部分都有变化，又有很大一部分变化是显著的，如果视这种词义演变造成了新词，其惊人的数量显然难以令人信服。

东汉佛经作为第一次大规模文化接触的产物，新词的产生通常不是汉语自发演化的结果，而是佛经翻译过程中临时需要的主观产物，同时也是佛教文化和原典语言影响汉语的产物，因此其造词法有一定特殊性。汉语历史词汇学研究的造词法，有些要结合翻译佛经及其文化特色进行具体分析，才能得到比较完善地解决。

蒋绍愚（2015）对汉语造词法的分类，有些在东汉佛经中出现得比较少甚至没有，这是译经特殊性的表现之一。如"旧词→新词"中"改变声韵调、合音、分音"这一小类，在东汉佛经中就很难找到对应的新词。"语音构词"中"连绵"一类比较少见，东汉佛经只出现如下 8 个，除"惆怅、屏营"外，其余为东汉佛经新造词：

惆怅：支娄迦谶译《道行般若经》卷 9《萨陀波伦菩萨品》："觉起即行，求索了不（能）得，其意惆怅不乐。"（08，470c）

屏营：昙果共康孟详译《中本起经》卷 1《现变品》："女舞未竟，忽然不见，众失所欢，惆怅屏营。"（04，149b）

黤黮：支娄迦谶译《文殊师利问菩萨署经》卷 1："复有婆罗门，名阿惟示真，白佛：'……中有坏败者、有青色者、有赤色者、有黤黮者，便自念，欲于坐教计状念是，便见东方佛来，有三十二相，便遥向而为作礼。'"（14，439b）

忼忾：安世高译《道地经》卷 1："若忼忾声满口不止，出悲语见爱念，若干种胞颐涎涕出，呼当奈何！"（15，233a）

瘖瘂：支娄迦谶译《道行般若经》卷 8《学品》："如是学，不复盲聋瘖瘂；如是学，为不毁十戒（也）。"（08，465a）

瞪瞢：安世高译《佛说大安般守意经》卷 1："骨节尽痛，不能久坐，是为食多相；身重意瞪瞢，但欲睡眠，是为疲极相。"（15，

166b)

綩綖：东汉失译《佛说㣭真陀罗所问如来三昧经》卷3："其中悉有床，具足皆珍宝，皆布天缯以为綩綖。"（15，360c）

都卢：安世高译《佛说大安般守意经》卷2："一切天下事皆堕身痛痒、堕（意随）法，都卢不过是四事也。"（15，171a）

接下来，结合蒋绍愚（2015）汉语造词法研究的分类，讨论东汉佛经常见的造词法。

一、译音造词

东汉佛经的音译词自然最深刻地体现了原典语言对汉语的影响，作为最典型的外来词（借词），它第一次大规模地进入到汉语词汇系统，而在其生成过程中译师使用的翻译方法，成为汉语吸收外来词的模式和样板。音译词通常是多音词，这是原典语言多辅音特征在对译过程中的体现。张诒三、张福通指出："由于语音的差异，不少梵语原词的单或多音辅音用一个汉字去对译，更加助长了汉语佛源外来词的多音节现象的增加。"（张诒三、张福通，2013：66—67）例如"阿耨多罗三藐三菩提/阿耨多罗三耶三佛（anuttarā-samyak-saṃbodhi）、怛萨阿竭陀（tathāgata）、㣭真陀罗（druma-kiṃnara）"等。由于受原典语体特征（比如偈言）的影响，同时也受到目的语语言特征的限制，译师在处理译文时并不是完全按照原典语言的音节数量逐一对译原典语的，呈现出不少删减原典语音节数量的情况，而删减哪些成分、使用哪些汉字对译原典语言，往往带有很强的主观性（如个人偏好及对中土词汇、中土文化的理解和熟悉的程度）。

一般认为，原典语言的音节特征是导致译经复音化倾向的主要原因之一。这一点从音译词的各种翻译方式上得到了较好的验证。整体上看，东汉佛经音译词大部分都有省略的成分，省略的位置可以是前、中、后任何位置，有时候则是综合性的，即前中后有两种以上成分的省略。

1. 全译。如"迦留罗/迦楼罗/迦留勒（Garuḍa）、迦罗（Kalā）、迦罗越（kulavat）、迦耶（kāya）、阅叉（Yakṣa）、文殊尸（师）利（Mañjuśrī）、须菩提（subhūti）、婆罗门（brahmin）、摩诃沤愳拘舍罗（Mahākāuṣṭhila）、摩尼（Maṇi）、禅那（dhyāna）、魔罗（Māra）、难陀（Nanda）"等。

2. 取前舍后。如"梵（Brahmā，全译'梵摩或、婆罗贺摩'），佛（Buddha，全译'佛陀、浮陀、浮图'①）；阿难（Ānanda，全译'阿难陀'）；迦叶（Kāśyapa，全译'迦叶波、迦摄波'）；波罗蜜（pāramitā，全译'波罗蜜多'）；波罗奈（Vāraṇasi，全译'波罗奈斯、婆罗疤斯'）；般若波罗蜜（prajñā-pāramitā，全译'般若波罗蜜多'）、阿閦（Akṣobhya，全译'阿閦婆'）"等。

3. 间隔缩略。如"弥勒（maitreya，全译'梅怛丽药'）；菩萨（bodhisattva，全译'菩提萨埵、菩提索多、冒地萨怛缚'）；辟支佛（pratyekabuddha，全译'辟支迦佛陀'）；释提桓因（Śakrodevānām Indrah，全译'释迦提婆因陀罗'）"等。

4. 舍前取后。如"罗汉（arhat/arahant，全译'阿罗汉'）"等。

5. 取中间。如"琉璃（vaidūrya，全译'吠琉璃耶、吠努璃耶'）"。

---

① 关于"佛"和"浮图"的译名问题，详见季羡林（1990）。

二、改造

根据蒋绍愚（2015）的分类，"改造"是在原词的基础上更换语素或调整组合顺序创造新词。在佛经翻译过程中，译师通过对中土固有词的改造，创造了不少新词。

1."换素"（箭头前的词为中土固有，箭头后为翻译新造词，每一组只引东汉佛经一例，下同）

化为→化作：支娄迦谶译《道行般若经》卷9《累教品》："譬如幻师化作人，诸经法亦如是，无念亦无痛。"（08，469a）

女人→母人：昙果共康孟详译《中本起经》卷1《还至父国品》："佛知母人一切心念，赞言：'善哉！乃生好心，愿乐闻法，真得度苦。'"（04，155b）

贫人→苦人：东汉失译《佛说伅真陀罗所问如来三昧经》卷2："二十三者、悉欲具足佛事，是为净；二十四者、悉哀苦人，是为净。"（15，358a）

智人→慧人：安世高译《长阿含十报法经》卷1："第一四法，行者竟无为天人轮。好郡居，依慧人，自直愿，宿命有本。"（01，234a）

我曹→我辈：支娄迦谶译《道行般若经》卷2《功德品》："其有闻者，若讽诵读有行者，我辈恭敬视如怛萨阿竭，我辈恭敬视菩萨摩诃萨持般若波罗蜜者。"（08，431a）

猎者/猎人→猎家/猎师：安世高译《道地经》卷1："亦见堕网中，猎家牵去。"（15，232a）《修行本起经》卷2《出家品》："即便见猎师，驰（本或作'躯'）游被法衣。"（03，469a）

昨暮→昨夜：昙果共康孟详译《中本起经》卷1《化迦叶品》：

"佛告迦叶:'第七梵天昨夜听法,是其光耳。'"(04,151)

奈何→那何:支娄迦谶译《道行般若经》卷4《持品》:"是善男子、善女人为极尊贵,魔终无那何,不能动还令舍阿耨多罗三耶三菩。"(08,446b)

非常→非凡:昙果共康孟详译《中本起经》卷1《现变品》:"时有一女,端正非凡,于会中舞,众咸喜悦,意甚无量。"(04,149b)

容貌→相貌:支娄迦谶译《佛说成具光明定意经》卷1:"真知法义者言辞相貌,不晓义者贪于名字。"(15,456a)

2. 倒序

反往→往返:昙果共康孟详译《中本起经》卷1《转法轮品》:"至道无往返,玄微清妙真,不没不复生,是处为泥洹。"(04,148c)

改变→变改:支娄迦谶译《佛说成具光明定意经》卷1:"天尊实神妙,世所希见闻;变改卓荦异,睹者莫不欣。"(15,452b)

朝晨→晨朝:支娄迦谶译《佛说成具光明定意经》卷1:"一时,佛在迦维罗卫国精舍中止。晨朝整服,呼语阿难:'……今日当有上问异要。'"(15,451b)

切磋→磋切:安玄译《法镜经》卷1:"所以者何?我以由彼违失慈哀佛之教诫,使我甚益生彼爱。又自磋切其意,如爱在其子,以爱加众生。"(12,18b)

财富→富财:安玄译《法镜经》卷1:"何谓三?善友想、依度道想、勉生富财想,为生是三想。"(12,18a)

智慧→慧智:安世高译《道地经》卷1:"自从慧智力,慧者自得,如自得知,佛便教弟子所说应行。"(15,231c)

读诵→诵读:支娄迦谶译《道行般若经》卷3《沤拘舍罗劝助

品》："不知行德者，甚之为难，不晓将护，不晓诵读，不晓中事，不能解知，作是行德者，为如杂毒之食。"（08，439a）

3. 缩略。关于缩略一类，从原典语的角度说，东汉佛经大部分音译词都对原典词的音节数量有缩减，如"佛（佛陀）、禅（禅那）、魔（摩罗）"等，也就是音译缩略，考虑到翻译佛经的特殊性，我们认为这部分词仍属于译音造词。

音译缩略以外，佛经中有不少意译的缩略，如"妙门"为"众妙之门"（《道德经》）之缩略，"随他"为"随他意语"之缩略（《佛学大辞典》），"随自"为"随自意语"之缩略（《佛学大辞典》）等。东汉佛经中也有不少词是通过缩略造成的新词。以下举几例：

（1）羸瘦疲极→羸极。

体弱疲惫。

东汉支娄迦谶译《佛说内藏百宝经》："佛力不可当，持一指动十方佛刹，现人羸瘦疲极，随世间习俗而入，示现如是。"（17，752a）

后来"羸极"佛经常用。如：

东汉失译《佛说伅真陀罗所问如来三昧经》卷下："我今闻是愁忧，譬若如老，今以羸极，若欲躄地，惟恒萨阿竭加哀而哀。"（15，367a）

西晋竺法护译《生经》卷2《佛说舍利弗般泥洹经》："于时阿难与谆那俱，往诣佛所，稽首足下，退坐一面，叉手白佛。我身羸极，无复力势，柔弱疲劣，不能修法。"（3，80a）

又《佛说子命过经》："佛问其人：'汝何以故？本制其心，今者诸根，变没不常，憔悴羸极。'"（3，80c）

(2) 欢欣踊跃→欣踊。

欣喜。

东汉支娄迦谶译《道行般若经》卷8《贡高品》："用是故，弊魔大欢欣踊跃无有极。"（8，464b）

后又略为"欣踊"，如：

东汉支娄迦谶译《般舟三昧经》卷中《授决品》："令无数人得听闻，欣踊难量心无等。"（13，911c）

东汉竺大力共康孟详译《修行本起经》卷上《现变品》："时儒童菩萨，入彼众中，论道说义，七日七夜，尔时其众，欣踊无量。"（3，461c）

西晋竺法护译《生经》卷4《佛说水牛经》："于时兔王，往附近之，听其所诵经，意中欣踊，不以为厌。"（3，94b）

类似的还有"喜踊""喜跃"等。

(3) 尽形寿→尽形。

终生。

东汉支娄迦谶译《道行般若经》卷2《功德品》："如是千天下四面皆满其中七宝塔，若有善男子善女人，尽形寿自归作礼，承事供养天华、天捣香、天泽香、天杂香、天缯、天盖、天幡。"（8，432c）

后来缩略为"尽形"，如：

旧题吴支谦译《撰集百缘经》卷2《报应受供养品》："瞿昙沙门者，皆是我等天之大主，今共称名，或能来至，诣于会所，我等当共尽形奉事。"（4，210c）

唐义净译《金光明最胜王经》卷6《四天王护国品》："我今为彼贫穷困厄苦恼众生，说此神咒令获大利，皆得富乐，自在

无患，乃至尽形，我当拥护。"（16，431c）

《变文集》卷二《秋胡变文》："新妇父母匹配，本拟恭勤阿婆；婆儿游学不来，新妇只合尽形供养，何为重嫁之事，令新妇痛割于心。"

此外，如"奉敬"为"宗奉敬仰"之缩略（邹伟林，2006），"止足"为"知止知足"之缩略（张烨，2012），"不还"为"不还向"之缩略（《佛学大辞典》），"我所"为"我所有"之缩略等都是源于东汉佛经，通过缩略造成的新词。

三、词+词→复合词

（一）语音重叠

颜洽茂说："叠音词是一种原始形式（primary form），而不是一种由单向双的转化形式（deriviativas），在上古尤其是《诗经》中是一种非常能产的形式。"（颜洽茂，1997：129—130）先秦时期语音重叠构词主要是为了摹声状貌，因此以形容词为主。东汉佛经用这种方法创造了不少重叠词，但整体上以名词重叠居多，用以表示事物的周遍性，很少有形容词的重叠。同时还产生了量词、动词等的其他词类的重叠形式，扩展了汉语语音重叠构词的范围。例如：

本本：东汉失译《佛说伅真陀罗所问如来三昧经》卷1："其心入泥洹，从本本寂复寂，是则为宝。"（15，353c）

忽忽：竺大力共康孟详译《修行本起经》卷1《现变品》："见人欣然，忽忽平治道路，洒扫烧香，即问行人：'用何等故？'行人答曰：'锭光佛今日当来，施设供养。'"（03，462a）

段段：支娄迦谶译《阿閦佛国经》卷2《佛般泥洹品》："有树名坻弥罗，若发段段，断已不复见，自然生。"（11，761a）

尔尔：安世高译《长阿含十报法经》卷1："第六两法，难定两法不当尔尔。"（01，233c）

各各：支娄迦谶译《佛说成具光明定意经》卷1："当复以是法教化，所领国土各各有号，有名幢节布燿王、次名大光遍显、次名大势伏恶……次名化幻自在，名各各如此。"（15，455c）

苦苦：安世高译《阴持入经》卷2："何以故为识，苦苦相应？何以故为断，习习相应？"（15，179b）

习习：安世高译《阴持入经》卷2："何以故为识，苦苦相应？何以故为断，习习相应？"（15，179b）

面面：东汉失译《佛说㤭真陀罗所问如来三昧经》卷1："所以者何？是本之愿。面面各四万二千伎乐，㤭真陀罗在其中央，同时鼓琴，其声悉遍三千大千之刹土。"（15，351c）

念念：安世高译《四谛经》卷1："尽为念尽，道为念道，相念从念，念念不忘，少言、念不离，是名为正直念。"（01，816c）

色色：竺大力共康孟详译《修行本起经》卷1《菩萨降身品》："池中奇花，色色各异。"（03，465a）

痛痛：安世高译《阴持入经》卷1："自痛痛痛相观衔止，外痛痛痛相观衔止，内外痛痛痛相观衔止。"（15，174a）

身身：安世高译《阴持入经》卷1："或见比丘，自身身身相观行止，外身身身相观衔止。"（15，173c）

叶叶：支娄迦谶译《道行般若经》卷2《功德品》："拘翼！譬如阎浮利地上种种好树，若色种种各异，叶叶各异，华华各异，实实各异，种种枝柀其影无有异，其影如一影相类。"（08，436b）

实实：支娄迦谶译《道行般若经》卷2《功德品》："拘翼！譬如阎浮利地上种种好树，若色种种各异，叶叶各异，华华各异，实实

各异，种种枝杫其影无有异，其影如一影相类。"（08，436b）

亿亿：支娄迦谶译《道行般若经》卷2《功德品》："如我所说，异阎浮利地上宝轻耳，不如彼珠德尊十倍百倍千倍万倍亿亿万倍。"（08，436a）

了了：安世高译《普法义经》卷1："一为欲疮，二为瞋恚疮，三为愚疮，四为憍慢疮，五为爱疮，六为痴疮，七为利恭敬名闻疮，八为疑不了了疮。"（01，924c）

心心：支娄迦谶译《道行般若经》卷4《持品》："佛语舍利弗：'我劝助是善男子、善女人至德学菩萨道，有作是教者，心心展转相明。'"（08，446b）

国国：支娄迦谶译《般舟三昧经》卷2《授决品》："然后乱世时，国国相伐，于是时是三昧当复现阎浮利内。"（13，911a）

枝枝：竺大力共康孟详译《修行本起经》卷2《出家品》："中有一树，高雅奇特，枝枝相次，叶叶相加。"（03，470a）

空空①：支娄迦谶译《人本欲生经》卷1："有不色，为令从是，一切从色想度，多想灭，为无有量空空慧（受）意止。"（01，245a）

恶恶：安玄译《法镜经》卷1："知生死若干多恶恶，意如不勤，生死无数劫，意而不避（本或作'懈'）。"（12，15c）

羸羸：安世高译《地道经》卷1："已弃五行，并心中羸羸，裁有余微。"（15，233b）

形形：支娄迦谶译《道行般若经》卷1《道行品》："意无处处，意无形形，意本是形法。"（08，428a）

华华：支娄迦谶译《道行般若经》卷2《功德品》："拘翼！譬

---

① "空空"指"因缘和合而生的一切事物，究竟而无实体。"参看陈义孝（1998）。

如阎浮利地上种种好树，若色种种各异，叶叶各异，华华各异，实实各异，种种枝栀其影无有异，其影如一影相类。"（08，436b）

相相：支娄迦谶译《佛说成具光明定意经》卷1："又观天尊，三十二相，相相有好，视之无厌。"（15，452c）

句句：支娄迦谶译《佛说成具光明定意经》卷1："我化作道人，被服往到其所（本或作'前'），句句为解。"（15，456b）

彼彼：安世高译《一切流摄守因经》卷1："所觉所说、所作所更、所举所起，彼彼处处，所作所行善恶受罪，止不生亦生亦尔。"（01，813b）

处处：安世高译《一切流摄守因经》卷1："所觉所说、所作所更、所举所起，彼彼处处，所作所行善恶受罪，止不生亦生亦尔。"（01，813b）

在在：支曜译《佛说成具光明定意经》卷1："大人相满，宝慧具足；在在现法，将导不逮。"（15，452a）

己已：支娄迦谶译《般舟三昧经》卷2《四辈6》："舍小慈常（本或作'向'）大慈，敬善师无己已，当去离于众恶，求三昧当如是。"（13，910b）

世世：支娄迦谶译《阿閦佛国经》卷1《发意受慧品》："唯，天中天！我发是萨芸若意，审如是愿为无上正真道者，我世世于诸菩萨所意无有异，至无上正真最正觉也。"（11，52c）

（二）短语→复合词（凝固）

有些词，东汉以前汉语中经常以词组的形式出现，因佛经翻译成词，也就是经历了从"词+词→复合词"的凝固过程。如：

1. 未+来→未来

东汉以前是由否定副词"未"+"来"构成的动词性词组，"没有到来"之义，如《楚辞·九歌·湘君》："望夫君兮未来，吹参差兮谁思？"《战国策·燕三》："荆轲有所待，欲与俱，其人居远未来，而为留待。""未来"在佛教文化系统中是十分重要的时间概念，为展示人生迁流的"三世"之一，名词。朱庆之认为："'未来'是仿译梵语词的结果，而且按照通常的标准，它肯定是一个词而不是词组。"（朱庆之，2015：562）从结合的紧密程度上分析，东汉佛经中"未来"的凝固程度很高。如上举中土文献用例，"未"与"来"之间可以稍加停顿或"未"可以延长语音，但东汉佛经中的"未来"则不能如此处理。如：

安世高译《长阿含十报法经》卷2：二者，佛为过去、未来、现在行罪处本种殃如有知。是为二力。（01，241b）

支娄迦谶译《般舟三昧经》卷1《行品》：受身计如梦，以受信不复疑，意无有异，一切灭思想过去事，未来事，今现在事等意。（13，904c）

支曜译《佛说成具光明定意经》卷1：唯愿天尊，为今现在及未来者，演其深义，令获解脱。（15，453c）

也就是说，"未来"以词的身份出现，最早见于东汉佛经，是以汉语常用词组"未来"仿译梵语复合词"anāgata"造成的新词，从词组到词，还伴随着词性变化，即从动词性词组演化为名词，这种用法被汉语继承下来，至今常用。

2. 神+通→神通

东汉佛经以前，"神通"是动词性词组，指"通过神灵而感应沟通"，与汉语"未来"一样，结合不紧密。如《吕氏春秋·审分》："神通乎六合，德耀乎海外。"《汉书·郊祀志》："宝鼎出而与神通，封禅。封禅七十二王，唯黄帝得上泰山封。"

东汉佛经中"神通"是名词，指修行达到成佛境界以后获得的无所不能的神秘法力。《佛学大辞典》释为"神为不测之义，通为无碍之义。不可测又无碍之力用，谓为神通或通力"。如：

昙果共康孟详译《中本起经》卷 2《度波斯匿王品》："比丘破恶，精进入禅，道成神通，变现度人。"（04，59c）

竺大力共康孟详译《修行本起经》卷 1《现变品》："时有五百梵志，皆有五神通，飞过宫城，不能得度。"（03，463b）

又卷 2《出家品》："菩萨行净，三界无比，以得自然神通，众梵诸天亿百皆往礼侍，此非天人所当沮坏，无为兴恶自毁其福。"（03，470c）

又："端坐六年，形体羸瘦，……游志三四出十二门，无分散意，神通妙达，弃欲恶法，无复五盖，不受五欲，众恶自灭。"（03，469c）

从"通过神灵而感应沟通"到"无所不能的神秘法力"的变化，也经历了从动词性词组到名词的变化，同样是佛经翻译影响的结果。"神通"的名词用法在汉语中被继承下来，成为汉语常用词。

3. 正+法→正法

先秦时代，"正法"是词组，尚未凝固成词，其中"正"是使动用法，"正法"即"使法正"。如《商君书·更法》："虑世事之变，讨正法之本，求使民之道。"《管子·版法》："正法直度，罪杀不赦，杀僇必信，民畏而惧。"《易·蒙》："利用刑人，以正法也。"《文子·下德》："治国，太上养化，其次正法。"例中"正法"分别与"使民"相对、与"直度"并列，都是使动用法，其词组的性质不用多说。

"正法"以词的身份出现，最早见于东汉佛经，其语义结构完全与先秦时期出现的词组形式不同，其中"正"为形容词，修饰中心语"法"。如：

安世高译《四谛经》卷1："若所有比丘从后世来者，从如来无所着正觉，是为从是正法，真为贤者。"（01，814b）

竺大力共康孟详译《修行本起经》卷1《现变品》："能仁菩萨，承事锭光，至于泥曰。奉戒清净，守护正法，慈悲喜护，惠施仁爱，利人等利，救济不惓，寿终上生兜术天上。"（03，462c）

佛教以佛陀所说法为真正之道法，以别于世俗外道之法，故以"正法"指称佛陀所说之教法，为梵语 Dharma 或 sad-dharma 之意译，也就是以汉语经常出现的词组"正法"意译原典，从而使词组演变为词。中土以词组形式出现的"正法"，也经历了从动词性词组到名词的演变过程，其意义与中土"正法"也完全不同。

4. 虚+心→虚心

"虚心"本为"使心空"，为动宾词组。《管子·九守》："安徐而静，柔节先定，虚心平意以待须。"后凝固为动词，义为期待、期盼（方一新，1997：160）如：

昙果共康孟详译《中本起经》卷上《化迦叶品第三》："伏惟世尊，兴利康宁，愿垂覆育，照临鄙国。饥渴圣化，虚心踊逸，哀矜群庶，令得解脱佛救比丘。"（4，152a）

又《现变品第二》："见佛景则乘本愿行，心喜即解，头面作礼，前白世尊，饥渴道化，虚心日久，不以鄙陋。愿为弟子。"（4，149b）

又卷下《须达品第七》："吾故远至，以展不面，虚心在昔，驰散所怀，不谓今日见薄不偶。"（4，156 a）

又："同声叹曰：'久承令懿，注仰虚心，闻有道训，八关斋法，故远投托，幸蒙示导。'"（4，157a）

5. 不+谓→不谓

东汉时代，中土文献中"不谓"是词组，"谓"有"认为"义，短语"不谓"义为"不认为"，如《史记·廉颇蔺相如列传》："（赵括）尝与其父奢言兵事，奢不能难，然不谓善。"后东汉佛经中凝固为词，产生出"不想，不料"之义。如：

> 昙果共康孟详译《中本起经》卷上《度瓶沙王品第四》："明日尼捷，共诣长者，深责所以，何故改施，令吾等类，被乎委顿，不谓长者，见困如此。"（4，153b）

> 又《须达品第七》："吾故远至，以展不面，虚心在昔，驰散所怀，不谓今日见薄不偶。"（4，156 a）

（三）词+词→复合词（在线生成）

翻译佛经创造了大量新词，其中大部分是译师根据翻译需要，利用汉语词汇材料和词法规则创造的新词。也就是说，译经新词通常是运用汉语词汇材料和造词规则在线生成的词，这是翻译佛经的特殊性造成的必然结果。例如同义并列：

眼目：支娄迦谶译《佛说阿阇世王经》卷1："若盲者承佛所得眼目，若为水所溺者依佛而得脱。"（15，395c）

殿舍：支娄迦谶译《道行般若经》卷9《萨陀波伦菩萨品》："譬如忉利天上殿舍，有菩萨名昙无竭，于人中最尊，常反复教人。"（08，473b）

愁惭：安世高译《道地经》卷1："今世若有好行意便喜，若恶实时惭；得好处者意喜，堕恶处者意即愁惭。"（15，233b）

臭恶：安世高译《七处三观经》卷1："但为不净出，但为不净流，但为臭恶出流走。"（02，880b）

这里举一个比较特殊的例子"都卢"。

汉语中本有"都卢"这个词，东汉以前有两个意思，一是"古国名"，史料记载该国在南海一带。《文选·张衡〈西京赋〉》："非都卢之轻趫，孰能超而究升。"李善注："《汉书》曰：'自合浦南有都卢国。《太康地志》曰：都卢国，其人善缘高。'"二是"古代杂技名"，因都卢人善爬竿之技而得名。《汉书·西域传赞》："（武帝）作巴俞都卢、海中砀极、漫衍鱼龙、角抵之戏以观视之。"颜师古注："晋灼曰：'都卢，国名也。'李奇曰：'都卢，体轻善缘者也。'"

但译经中"都卢"是新造词，其用法与上述迥异，是一个表示总括的副词，"全部、统统"之义。例如：

支娄迦谶译《道行般若经》卷 1《难问品》："菩提谓释提桓因：'是事都卢不可计，正使计倍复倍，人无底，波罗蜜无底。'"（08，430c）

又卷 2《功德品》："复过一劫，皆持天华、天搗香、天泽香、天杂香、天缯、天盖、天幡，都卢天上天下诸伎乐持供养。"（08，433a）

又卷 10《嘱累品》："佛语阿难：'我般泥洹后，都卢三千大千国界其中人民，汝悉教入经法中，悉令成就得阿罗汉道，日日教乃尔所人，如是一劫若百劫，悉为说经令般泥洹。'"（08，478，a）

中土与译经用法之间没有词义上的关联，不具备词义引申的条件。它们是两个不同的词，即同形词。为什么说译经中"都卢"是新造词，为何能表示"全部、统统"之义？

汉语中"都"有"总、总共"义，可以表示总括。如《列子·周穆王》："莫知其所施为也，而积年之疾一朝都除。"《汉书·食货志下》："而桑弘羊为治粟都尉……置平准于京师，都受天下委输。"
汉王充《论衡·讲瑞》："然则凤凰、麒麟都与鸟兽同一类，体色诡耳，安得异种？"

　　另外，"胪"有"陈列、列举"义，跟"总括"相关，如今之"胪列"。汉扬雄《太玄·捈》："秉圭戴璧，胪凑群辟。"司马光集注："胪，陈序也。"古时"卢"与从"卢"得声之字多通用。如"卢"可通"颅"。《汉书·武五子传赞》："死人如乱麻，暴骨长城之下，头卢相属于道"，颜师古注："卢，额骨也。"可通"垆""炉"。《汉书·司马相如传上》："相如与俱之临邛，尽卖车骑，买酒舍，乃令文君当卢"颜师古注："卖酒之处累土为卢，以居酒瓮，四边隆起，其一面高，形如锻卢，故名卢耳。"王先谦补注："字当作'垆'，通作'炉'，'卢'则文省也。"《史记·司马相如列传》作"炉"。也可通"簹"。《国语·晋语四》："侏儒扶卢，蒙瞍修声，聋瞽司火"，韦昭注："卢，矛戟之柲。"还可通"轳"。《礼记·丧服大记》"凡封，用綍去碑负引"汉郑玄注："又树碑于圹之前后，以绋绕碑间之鹿卢，挽棺而下之。"还可通"庐"。《淮南子·说林训》："屠者羹藿，为车者步行，陶者用缺盆，匠人处狭卢。"

　　译经中"都卢"之"卢"，盖由译师类推"卢"之通假关系而来，即"卢"亦可通"胪"，表列举义，并将它与表示"总括"义之"都"类义连文，造成新词"都卢"。①

　　关于在线生成的复合词，最值得深入讨论的是仿译。"仿译（calque）是一种保留源头语内部形式不变，采用目的语的材料逐词或逐词素地意译源头语词语和句子的各单个组成部分的翻译方法，它

_____

　　① 也有学者认为"都卢"的语源尚不清楚，可能是叠韵联绵词，在敦煌变文里又作"都来"，如朱庆之（1992：105）。

的结果又叫'借译'（loan translation）。"（朱庆之，2015：543）仿译在很大程度上保留了原典语言的基本特征，它是译师运用目的语的语言材料和规则将源头语转写的过程。从现有文献资料反映的实际情况看，仿译造词最早出现于东汉佛经并被广泛运用，成为汉语吸收外来词的主要翻译方法。比如源于现代英语的很多复合词，都是仿译产生的外来新词，如蜜月（honey-moon）、黑板（black-board）、热狗（hot-dog）、快餐（fast-food）、超市（super-market）等。从广义上讲，东汉佛经复音词除有音译成分的以外，几乎都属于意译的范畴，"而意译时译者多用仿译，仿译词双音节占多数"（朱庆之，2015：544）。

东汉佛经意译词大部分都是仿译词，这是译经早期，译师忠实原典的体现。例如：

世界（loka-dhātu）、世财（loka-āmiṣa）、世事（loka-yātrā）、神变（ṛddhi-prātihārya）、神力（ṛddhi-prātihārya）、神足（ṛddhi-pāda）、色身/色像（rūpa-kāya）、色相（rūpa-lakṣaṇa）、色欲（rūpa-kāma/rūpa-chanda/rūpa-rāga）、色界（rūpa-dhātu）、色阴（rūpa-skandha）、色处（rūpa-āyatana）、色行（rūpa-avacara）、人法（puruṣa-dharma）、人身（manuṣya-bhūta）、人相（pudgala-saṃjñā）、人道（mānuṣya-gati）、人间（manuṣya-loka）、生死（jarā-marana）、法爱（dharma-tṛṣṇā/dharma-saṅga）、法眼（dharma-cakṣus/dharma-netri/dharma-netrī）、法藏（dharma-kośa/dharma-piṭaka/dharma- garbha/dharma-nidhāna/dharma-nidhi）、法教（dharma-deśanā）、法身（dharmakāya/dharmaśarīra/buddha-kāya）、法雨（dharma-varña）、法名（dharma-nāman）、法行（dharma-carana/dharmacārin）、法智（dharma-jñana/dharmăkhya/dharma-dhī）、法王（dharma-rāja/dharma-svāmin）、法门（dharma-mukha/dharma-paryāya）。

东汉佛经通常用"仿译"翻译原典语言，可以从以下几个方面得到系统验证。

其一，不少汉语单音词作为常规材料翻译原典语言，并形成可以类推的翻译模式。例如构成复合词的词素"大"，通常作为意译梵语"mahā"的词素，而由"大"参构的复合词，大部分是仿译原典语言的结果。例如，梵语"mahā-deva"，"mahā"（音译"摩诃"）为形容词，义为"大，宏大"，"deva"为名词，义为"天"。东汉佛经将"mahā-deva"仿译为"大天"。这种仿译模式（"大+X"），即由"大"构成的东汉佛经复音词，其生成方式可以类推。如：

大愿（mahā-praṇidhāna）、大慧（mahā-prajñā/mahā-prajñatva/mahā-mati）、大海（mahā-samudra/mahā-nagna/mahā-bhavârṇava/mahârṇava/mahôdadhi）、大悲（mahā-karuṇā/ mahā-kṛpā/mahā-kāruṇika/mahā-kṛpa）、大象（mahā-nāga）、大千（mahā-sāhasra）、大乘（mahā-yāna）、大慈（mahā-maitrī）、大风（mahā-māruta）、大智（mahā-jñāna/mahā-prajña）、大义（mahârtha，mahârthatva）、大众（mahā-sabhā）、大会（mahā-saṃgha/mahā-saṃnipāta/mahā-samāja）、大地（mahā-pṛthivé）等。

再如东汉佛经新词模式"不（莫、无、非、少、未）+X"，几乎都是通过仿译梵语"a-（an-）+X"模式复合词造成新词的结果。译师通常用来翻译梵语否定前缀（汉语没有否定前缀）"a-/an-"，由"a-/an-+X"模式构成的梵语复合词通常被翻译成"不+X"模式[1]。如：

---

① 有时也被翻译成"非/无/未+X"模式，如"无来/不来/非来""无身""非人""未来"等。

不动（akopya/āniñjya/acala/akampya/nirīha/akampanatā/akampiya/akampeyyā）、不善（akuśala/asat/aśubha/akalyāṇa）、不去（agati/agitika/anirgama）、不尽（akṣaya）、不染（akliṣta）、不作（akṛta/akaraṇatā）、不着（an-adhyavasita）、不敬（a-gauravatā）、不识（aparijñāna/avyakta/asaṃstuta）、不异（ananya/ananyatva/aviśiṣta）、不受（an-upātta/ananubhūta）、不觉（abudha/abodha/anavabodhaka/anirdhārya/amata/asaṃbodha）、不知（an-avabodha/an-avabodhanā）等。

　　从佛教原典语言对汉语影响的角度看，东汉佛经可以类推的仿译模式的出现，在很大程度上加速了否定副词"不"从句法层面到词法层面的演化，因为东汉以后，"不+X"的词法模式得到广泛传播，《大词典》所录此模式双音词有近千条。

　　其二，简称词。简称词是指如"四书""五经""五讲""四美"一类由数词加类名构成的意义确定的词语。简称词在上古文献已经出现，如"三才""四大""五山""六工""七友""八士""九文"等，不过东汉以前中土文献所见简称词的数量有限，而东汉佛经中简称词大量涌现。例如引东汉译经例，就能反映东汉佛经简称词的惊人数量：

　　安世高译《阴持入经》卷1："亦有三十七品经法：四意止、四意断、四神足、五根、五力、七觉意、贤者八种道衍，是为三十七品经法。"（15，173c）

　　支娄迦谶译《道行般若经》卷10《昙无竭菩萨品》："亦入于佛，亦入于泥洹、亦入于四意止、亦入于四意断、亦入于五根、亦入于五力、亦入于七觉意、亦入于八道，亦入于有智、亦入于无智、亦入于十种力、亦入于四无所畏。"（08，475b）

　　支曜译《佛说成具光明定意经》卷1："远身行、离口过、除意念、尽三秽、却六患、遏五蔽，十二因缘已捐尽，解结束，明六十二沈吟行。……立四信、住四止、就四断、插五根、习五力、晓七智、履八正、入八念。"（15，53c）

竺大力共康孟详译《修行本起经》卷2《出家品》："何谓三十七品？一为四意止，二为四意断，三为四神足，四为五根，五为五力，六为七觉意，七为八直行。"（03，470b）

仅把东汉佛经中的双音节简称词梳理出来，数量已不可思议，其中参构的数词从二到十都能列举十个以上的例子。比如"四+X"模式双音节简称词有"四辈、四变、四部、四禅、四成、四城、四处、四疮、四大、四倒、四道、四德、四等、四谛、四定、四窦、四断、四恶、四恩、四法、四饭、四方、四佛、四观、四过、四海、四行、四极、四角、四脚、四戒、四句、四口、四轮、四马、四面、四品、四色、四舍、四神、四失、四时、四事、四受、四天、四痛、四王、四维、四黠、四向、四信、四姓、四要、四意、四阴、四乐、四止、四种"等。"五+X"模式的双音节简称词有"五百、五蔽、五道、五德、五恶、五法、五福、五覆、五盖、五根、五谷、五还、五行、五湖、五结、五戒、五句、五力、五恼、五内、五逆、五品、五情、五色、五善、五使、五事、五通、五为、五味、五习、五相、五邪、五心、五信、五疑、五意、五阴、五欲、五愿、五乐、五种、五浊"等。

值得注意的是，东汉佛经中的简称词，几乎都是仿译原典复合词的结果。以"三+X"模式的双音节简称词为例，梵语"tri-ratna（或 ratna-traya，巴利语 ti-ratana 或 ratanattaya）"中，"tri"是数词（下同），三；"ratna"为中性名词，"宝，珠宝"义。译师按照"tri-ratna"的结构模式将其仿译为"三宝"，指称佛教徒尊敬供养之佛宝、法宝、僧宝。梵语piṭaka，箧藏之义，引申为仓库，佛经中专指"摄菩萨等一切所应知之法"，译师以"三藏（经、律、论）"译"Tripiṭaka"
同样采用了仿译的方式。其余如：

三部（tri-kula）：胎藏部、金刚部、杂部；

三界（tri-dhātuka/tri-bhuva）：欲界、色界、无色界；

三眼（tri-nayana）：肉眼、天眼、慧眼；

三结（tri-saṃyojana）：见结、戒取结、疑结；

三漏（trayaāsravāḥ）：欲漏、有漏、无明漏；

三有（tri-bhava）：欲有、色有、三无色有；

三事（tri-vastu）：祭仪、学习、布施。

这些简称词，不是汉语词汇系统内部自发衍生新词的结果，而是
译师仿译佛教原典语言产生的新词，深刻反映了佛教原典语言对汉语
词汇系统和造词法的影响，同时有理由相信，"汉语简称词的发展显
然受到了佛教原典语言的影响"（朱庆之，2015：570—571）。

其三，重叠词。东汉佛经新生的重叠词数量不多。相关研究表
明，汉译佛经的重叠式复音词大部分是仿译的结果（朱庆之，2015：
565），上述我们提到的"语音重叠"产生的译经新词，大部分也是
仿译原典语言的结果。如：

段段（kṣudrānukṣudra/khaṇḍakhaṇḍāni）、处处（tatra-tatra/deśe-
deśe）、念念（kṣaṇa-kṣaṇam）、家家（kulaṃ-kula）、苦苦（duḥkha-
duḥkhatā/duḥkha-duḥkha）、各各（prati-prati）、空空（śūnyatā-śūnyatā）、
彼彼（tat-tat/paras-para）、日日（ahany-ahani）等。

其四，某些音译加意译词也是仿译原典的结果，同样是可以类推
的词法模式，如"buddha/ bodhi+X"被仿译成"佛+X"模式：

佛地（buddha-bhūmi）、佛音（buddha-śabda）、佛国（buddhakṣ
etra）、佛经（buddha-vacana）、佛心（buddhāśaya）、佛事（buddha-

kārya/buddha-kṛtya）、佛性（buddha-dhātu/buddhatva/buddha-garbha/
buddha-vaṃśa）、佛法/佛教（buddha-dharma/buddha-śāsana）、佛语
（buddha-vāc/buddha-vacana）、佛力（buddha-bala/buddhi-bala）、佛眼
（buddha-cakṣus/ buddha-netrī/buddha-locanā）、佛身（buddha-kāya/
buddhaśaréra/buddhatva/buddha-rūpa/buddha-vigraha）、佛道（bodhi-
mārga/buddha-jñāna/buddha-netrī/buddha-bhāva）、佛界（buddha-
dhātu）、佛子（buddha-putra/buddha-suta/buddhātmaja）、佛慧/佛智
（buddha-jñāna）、佛德（buddha-guṇa）、佛土（buddhakṣetra/buddha-
kṣetra/buddha-viṣaya/buddha-kṣetra）等。

以上不难看出，东汉佛经新词通常是对原典词仿译的结果。

第二节　东汉佛经翻译对汉语造词法的影响

东汉佛经对汉语造词法是否有影响呢？答案是肯定的。正如前两
节所讨论的，东汉佛经的造词法整体上扩展了汉语的造词法，这是佛
教文化传播带来的结果。如邱冰（2018）讨论的"净"和"妙"两
个词成为修饰名词的活跃词素应该受到佛经翻译的影响，但这种现象
在汉语中本身是存在的，佛经翻译所起的作用就像催化剂一样，使汉
语不太常见的造词现象一下子成为常见现象。此外，佛经翻译作为一
种特殊的文化活动，其在翻译过程中所采用的造词法，显然也不同于
汉语自身的造词法，例如，"译音造词"和"仿译造词"便是汉语在
吸收外来词时采用的典型造词方式。东汉佛经作为汉语史上第一次大
规模文化交流的产物，不仅在宏观和微观层面上推动了汉语造词法的
发展，还为后世译经及汉语吸收外来词提供了宝贵的参考和借鉴的
方法。

一、某些词词缀化

有一种情况是，汉语中某些词已经出现词缀化倾向，或许在东汉时代的口语中已成为词缀。佛经翻译的作用在于加速这一过程或反映东汉时代口语中的词缀化现象。例如，朱庆之（1992）、陈秀兰（1997）等通过东汉佛经考察了"头"在东汉时代已经词缀化，这很可能是口语的真实反映。此外，"复""自""家""子""行""相"等词的词缀化或词缀化倾向也受到了佛经翻译的影响，并在东汉佛经中有所体现。

从词的层面看，仿译产生的外来新词可能对汉语造词法的影响更加深远，这种翻译方式借来的词，连同源头语的词语构造方式（词法结构）一并带入目的语。如果源头语是带有词缀的复合词，经常以某个汉语词翻译这个词缀的结果是，使汉语词或词素词汇义逐渐虚化或部分虚化，成为活跃的词缀或类词缀。以"随"为例，"随+X"模式的双音词，在东汉以前20个，其中"X"主要是名词（14个），其余为动词（6个）。即"随手、随仇、随化、随地、随行、随身、随坐、随序、随和、随命、随波、随俗、随风、随时、随流、随逮、随牒、随辈、随踵、随属"。根据《大词典》，"随"在先秦时期主要有六个意思："1. 跟从；追从。2. 指跟从的人，随侍的人。3. 追逐；追求。4. 沿着；顺着。5. 附和；依从。6. 听任；任凭。"上述双音词中的语素"随"，均可在上述六个义项中找到义位的根据。这与翻译佛经新词时的情况不太相同。朱庆之指出："在汉译佛典中，我们经常可以看到'随~'的说法，大多数都是带着前缀 anu- 的梵语词之仿译。anu- 放在动词名词前，可以表示'之后''旁边''沿着''附近''之下''伴随'等等意思。"又说"但是 anu- 在很多场合并没有具体意义，只起扩充音节的作用，在汉译时也译成了'随'"（朱庆之，2015：543—544）。对比梵语前缀"anu-"，不难发现其与汉语"随"的语义功能颇为相似，这可能是译师通常以"随"对译前缀"anu-"的原因。换句话说，译师在翻译过程中，很可能将汉语词"随"跟原典语前缀"anu-"视为具有同等语法功能的语素（即使不完全等同，也未能找到比"随"更合适的词），于是根据原典语类推至汉语，将某些不表义的"anu-"也翻译成了"随"，如"随法（anu-dharma，大法、佛法）、随眠（anu-śaya，坏习性）"等。这种主观的翻译方式，在译经层面使"随"也逐渐词缀化。例如，"随相（nimitta-mātrānusārin，小相）"，在东汉佛经中因此产生了43个"随+X"模式的新词："随便、随病、随车、随次、随从、随道、随定、随法、随后、随护、随惑、随教、随近、随净、随空、随利、随录、随律、随念、随器、随人、随色、随使、随侍、随受、随数、随投、随我、随相、随效、随心、随形、随意、随荫、随影、随应、随衍、随欲、随愿、随者、随止、随至、随志"。

二、某些词从句法层面降格到词法层面，语法功能得以扩展

汉语中有些词语法功能单一，不太容易发生变化，很难从句法层面演变为活跃的构词语素。但受佛经翻译，尤其是仿译原典语言的影响，某些句法层面的词演变成了活跃的构词语素。

1."不"

汉语中"不"通常是句法层面的否定副词，而不是词法层面活跃的构词语素，先秦时期尤其如此。"不"在30余万字的东汉佛经中被使用了7614次，使用频率超过任何中土文献。与中土文献不同，在译经中它的用法不只是句法层面的否定副词，还是翻译佛经重要的

构词语素。因为译经中"不+X"模式的双音词，通常是仿译原典复合词"a/an+X"模式的结果，因此从来源语的角度说它应该是词。《大词典》收录"不+X"模式双音词995条（含佛教新词），但有不少是词组而非词，先秦时期比较明显。如：

不树：《易·系辞下》："古之葬者，厚衣之以薪，葬之中野，不封不树。"

不封：不聚土筑坟。《易·系辞下》："古之葬者，厚衣之以薪，葬之中野，不封不树。"

不时：《左传·襄公十八年》："天道多在西北。南师不时，必无功。"

不乱：张衡《东京赋》："将使心不乱其所在，目不见其可欲。"

不净：王充《论衡·雷虚》："夫人食不净之物，以不知有其洿也。"

也就是说，"不"在东汉以前通常是句法层面的词，尚未成为词法层面的常用构词语素。而其从句法层面的词降格为词法层面的词素，显然受到了翻译佛经的影响。可以从两方面得到证实：

一是先秦时期有些"不+X"模式的词组形式在东汉以来的译经中仿译原典复合词而凝固为词。如"不净"在先秦时期是词组，意思是"不干净"（例见上），译经中为原典复合词"aśubha/aśuci/aśuddhi"的仿译，译经中之义为"污秽也，鄙陋也，丑恶也，过罪也"（《佛学大辞典》）。从来源看，与之对应的原典梵文为复合词，基本可以判断它也是词，又因其意义已不是字面义的叠加，并且带有鲜明的佛教文化色彩，因此可以认定它是词而不是词组。再如"不觉"，先秦时期是词组，指"沉睡不醒"。《战国策·魏策二》："齐桓公夜半不嗛，易牙乃煎熬燔炙，和调五味而进之，桓公食之而饱，至旦不觉。"译经中为原典复合词"abudha/abodha/anavabodhaka"等的仿译，指"不具了然万有真相之智明"（《佛光大辞典》）。这个解释也能说明译经中"不觉"带有鲜明的佛教文化色彩，也不是字面义的简单叠加，因此也是词而非词组。

二是，如上述，译经新词"不+X"模式通常是仿译原典（a/an+X）模式复合词的结果，原典中是词，因此以汉语仿译的结果也应该是词。这样的新词在东汉佛经中已大量产生。如：不碍、不报、不蔽、不病、不怖、不惭、不瞋、不诚、不痴、不持、不啻、不出、不处、不错、不逮、不殆、不但、不蹈、不倒、不等、不谛、不动、不端、不对、不堕、不厄、不废、不放、不分、不逢、不附、不复、不缚、不甘、不高、不观、不归、不还、不行、不合、不恨、不许、不坏、不荒、不毁、不悔、不会、不恚、不获、不吉、不即、不藉、不计、不加、不坚、不减、不近、不净、不惧、不倦、不绝、不空、不恐、不苦、不快、不类、不谅、不令、不乱、不落、不迷、不免、不灭、不慕、不那、不难、不能、不逆、不念、不宁、不怒、不偏、不平、不欺、不弃、不轻、不请、不求、不曲、不趣、不去、不倦、不缺、不却、不燃、不染、不入、不散、不审、不生、不胜、不食、不是、不饰、不视、不守、不售、不受、不竖、不说、不思、不死、不随、不索、不贪、不通、不同、不脱、不外、不亡、不妄、不望、不忘、不畏、不闻、不污、不无、不悟、不惜、不喜、不戏、不黠、不限、不现、不相、不想、不向、不像、不消、不晓、不邪、不谐、不虚、不须、不宣、不逊、不摇、不要、不移、不疑、不亦、不异、不饮、不忧、不由、不于、不愚、不与、不欲、不远、不愿、不悦、不乐、不杂、不在、不增、不彰、不争、不净、不知、不值、不住、不转、不走、不罪。

也就是说，仿译扩大了汉语词"不"的语法功能，使其成为词法层面活跃的构词语素。后世汉语创造了数量巨大的"不+X"模式双音词，这应该受到了佛经翻译的影响。作为词法层面的"未、无"等否定副词，同样受到了这种影响。

2. "我"

汉语中"我"历来是用法单一的第一人称代词，其语法功能体现在句法层面而很少降格到词法层面，现代汉语依然如此。佛经翻译对"我"的用法产生了很大影响，这种影响不只是在意义上，从造词法的角度看，它是译师、经师创造新词的活跃语素。例如，"我+X"模式的佛教双音词有"我人、我法、我有、我事、我见、我所、我空、我相、我倒、我法、我愚、我爱、我痴、我慢、我德、我论、我心、我名、我行、我者、我念、我义、我尘、我说、我障、我体、我礼、我师"等；"X+我"模式佛教双音词有"非我、人我、物我、真我、假我、俗我、大我、无我、神我、自我、法我、内我、外我"等。

从《大词典》的收录情况来看，东汉以前，"X+我"模式的词通常是跟名词或其他代词构成并列式复合词，但这些词不是严格意义上的词，有三个：

人我：他人与我。《庄子·天下》："愿天下之安宁以活民命，人我之养，毕足而止，以此白心。"

彼我：他和我；彼此。汉扬雄《解嘲》："世异事变，人道不殊，彼我易时，未知何如。"

物我：彼此，外物与己身。《列子·杨朱》："君臣皆安，物我兼利，古之道也。"

还有五个是动宾式复合词，如：

无我：不抱一己之见；无私心，忘我。《关尹子·三极》："圣人师万物，惟圣人同物，所以无我。"

忘我：谓自己被他人忘记。《庄子·天运》："忘亲易，使亲忘我难；使亲忘我易，兼忘天下难。"

知我：深切了解我。《诗·王风·黍离》："知我者，谓我心忧；不知我者，谓我何求。"

私我：偏爱我。《战国策·齐策一》："（邹忌）寝而思之曰：'我妻之美我者，私我也；妾之美我者，畏我也。'"

毋我：谓无私见，不自以为是。《论语·子罕》："子绝四：毋意，毋必，毋固，毋我。"

"我+X"模式双音词共有4个：

我生：我之行为。《易·观》："六三：观我生进退。"孔颖达疏："我生，我身所动。"

我私：我私人的土地。《诗·小雅·大田》："雨我公田，遂及我私。"

我躬：我本身，我自己。《诗·小雅·小弁》："我躬不阅，遑恤我后。"

我仪：我的匹配。《诗·墉风·柏舟》："髧彼两髦，实维我仪，之死矢靡它。"毛传："仪，匹也。"

东汉以前由"我"参与构成的双音词共有十三个，数量很少，其中有些还不是严格意义上的词，如"物我""我仪"等。也就是说，"我"在汉语中是语法功能单一的代词，通常是作为句法成分被使用而很少降格为词素参与构词。但佛经翻译改变了"我"的语法地位，它不仅是句法层面的词，还经常是词法层面的词素。仅在东汉佛经中就产生了 17 个由"我"参与构造的双音词（有些释义参考《佛学大辞典》，加""标识）：

我身：我；恒常不变的实体存在。竺大力共康孟详译《修行本起经》卷1《现变品》："女誓后世生，随君所施与，儿子及我身，今佛知我意。"（03，462a）安世高译《一切流摄守因经》卷1："是为疑生，生自计身身见。如是疑生，生自计是身、是我身。"（01，813b）

我法：即"法"，"对于同道者言之也"，有尊崇之意味。支娄迦谶译《道行般若经》卷6《阿惟越致品》："在家者与妇人相见，心不乐憙，常怀恐怖。与妇人交接，念之恶露臭处不净洁，非我法也，尽我寿命不复与相近，当脱是恶露中去。"（08，455b）

我爱："于己妄执之我，深为爱着也。俗所谓自爱心"。安世高译《普法义经》卷1："二十一为一切我爱，共会当别离、或亡或人取去或死、不得久住。"（01，924a）

我有："有一实我体之妄执也"。安玄译《法镜经》卷1："又复理家！居家修道者以布施为宝施，若已施为我有，若在家非我有。"（12，17c）

我想："思惟有实我之妄想"。安玄译《法镜经》卷1："求法之行者，为一切物不我想，一切诸法为他人有想。"（12，20a）

我形：身体。昙果共康孟详译《中本起经》卷1《转法轮品》："道人告王：'汝今以女色故，刀截我形，吾忍如地，必得平等正觉。'"（04，148c）

有我：存在恒常不变的实体。东汉失译《佛说他真陀罗所问如来三昧经》卷1："何谓四事？不自念有我、亦不念有人，亦不念有寿、亦不念有命，亦不着、亦不断。"（15，350b）

无我：世间不存在常一不变之实体（与中土"无我"不同）。东汉失译《佛说他真陀罗所问如来三昧经》卷1："无常、苦、无我、寂，亦复闻是音。"（15，354c）

我有：我所有。支曜译《佛说成具光明定意经》卷1："身不我

有，财物非我许，心无有形，了无常名。"（15，452c）

我等：我们。支曜译《佛说成具光明定意经》卷1："我等今日并于佛前，誓立五愿。"（15，455c）

色我：实体存在。支娄迦谶译《道行般若经》卷1《难问品》："痛痒思想生死识，若好若丑，不当于中住；色我所非我所，不当于中住。"（08，429b）

我辈：我们。支娄迦谶译《道行般若经》卷2《功德品》："其有闻者，若讽诵读有行者，我辈恭敬视如怛萨阿竭，我辈恭敬视菩萨摩诃萨持般若波罗蜜者。"（08，431a）

我者："自身也"。支娄迦谶译《道行般若经》卷3《清净品》："须菩提言：'我者清净，萨芸若亦清净，天中天！'"（08，442b）

我世：一生，一辈子。支娄迦谶译《道行般若经》卷5《照明品》："亦不无望，亦不有望，亦无我识，是亦为色。得我世与无世，是亦为色。我世不可极，是亦为色。我世有极无极，是亦为色。"（08，449c）

我曹：我们。支娄迦谶译《道行般若经》卷8《强弱品》："是时忉利天上数千万天，持化作文陀罗华散佛上，散已作是说诸天言：'我曹亦当随法教立。'"（08，468a）

我佛：即"佛"，对同道而言，有尊称意味。支娄迦谶译《佛说兜沙经》卷1："现我佛所根、现我佛飞、现我佛光明、现我佛智慧、现我佛四事无所畏。"（10，445b）。

吾我：即"我"。支娄迦谶译《般舟三昧经》卷2《授决品》："常行精进除睡卧，不计吾我诸人物，爱乐法者不惜命，然后学诵是三昧。"（13，912b）

如果依照汉语的习惯，上述十七条"词"大部分都不合格，如

"我想""我有""有我"等，但在佛教文化系统中，参照上述释义，我们很难否认它们具有词的资格。佛教文献中由"我"参与构造的词，如果系统收罗，其数量会大得惊人。

三、扩展词的结合能力

汉语有些词素，通常比较固定地与某种成分组合构造新词，但佛经翻译使这些词素的结合能力发生变化，扩大了它们与其他词素结合的能力。邱冰认为，从上古到中古时期，"净"在中土文献作形容词性语素，义为"清洁""干净"，通常单用或与其他表示洁净、干净等义的形容词连用，构成同义连文的并列复合词，一般不用于名词性语素前面充当修饰语构成偏正复合词。且认为，"净"修饰名词的用法，到近代汉语才在中土文献中出现（邱冰，2012）。事实上，中古时期的佛经文献保留了"净"的原义，同时它还可以修饰如"目、水、法"等名词，构成"净目""净水""净法"等偏正复合词。这种用法，在东汉佛经已出现，所举的"净水""净法"已见于东汉佛经：

净水：支娄迦谶译《般舟三昧经》卷1《行品》："譬如人年少端正着好衣服，欲自见其形，若以持镜，若麻油、若净水、水精，于中照，自见之。"（13，899b）

净法：安世高译《长阿含十报法经》卷2："五为受精进行，有胆有力，尽行不舍方便净法。"（01，240b）

除这两个词以外，东汉佛经中还有"净行、净戒、净力、净身、净心、净眼、净意、净音"等偏正复合词。如：

净行：安世高译《长阿含十报法经》卷2："第六十法。行令多十净行。何等为十？……十为离邪意从邪意止。"（01，241a）

净戒：安世高译《长阿含十报法经》卷2："二为净戒行，摄守律，能晓行处，随畏见罪见，如教诫（本或作'戒'）学。"（01，240b）

净力：支娄迦谶译《道行般若经》卷8《学品》："菩萨学如是，为得净力，为得无所畏力，为得佛法净力。"（08，465a）

净身：安世高译《人本欲生经》卷1："观三十六物（不）净身受观行止，是为第三解脱处。"（01，246a）

净心：支曜译《佛说成具光明定意经》卷1："今日来会，净心听受，稍稍解释开入正谛。"（15，455c）

净眼：安世高译《普法义经》卷1："已闻如是法，为净眼见四谛，为从是致无为。"（01，923a）

净意：安世高译《长阿含十报法经》卷1："如是道弟子，是身净意除意已有行，一切身无有不到已覆净意除意。道弟子，是五种定，是为第四行。"（01，234c）

净音：东汉失译《佛说㑉真陀罗所问如来三昧经》卷1："复有菩萨名曰不稽留欲、复有菩萨名曰意音、复有菩萨名曰净音。"（15，349b）

从东汉翻译佛经以来，"净"的组合能力得到进一步发展，能够作为定语修饰名词成分，这受到佛经翻译的影响。

邱冰（2018）还考察了"妙"的用法，其修饰名词的用法在东汉以前已经不少（如双音词"妙匹、妙方、妙句、妙旨、妙言、妙音、妙珍、妙道、妙态、妙彩、妙趣、妙质、妙选、妙乐、妙操、妙声、妙戏"等），这种用法在中古译经中得到进一步发展。比如，见于东汉佛经的偏正复合词有如下五个：

妙才：竺大力共康孟详译《修行本起经》卷1《试艺品》："至年十七，妙才益显，昼夜忧思，未曾欢乐，常念出家。"（03，465b）

妙德：昙果共康孟详译《中本起经》卷 2《佛食马麦品》："阿难意解曰：'如来妙德，不可思议。'"（04，163a）

妙法：支曜译《佛说成具光明定意经》卷 1："今日所闻，未曾有法，愿身受持，如天尊教，咸乐妙法。"（15，452a）

妙慧：支曜译《佛说成具光明定意经》卷 1："愿令法轮常转，使一切（人）疾速妙慧。"（15，630b）

妙衣：支娄迦谶译《般舟三昧经》卷 3《师子意佛品》："应时从闻是三昧，踊跃欢喜即受持，供以好物若千亿，珍宝、妙衣用道故。"（13，918b）

"妙"的组合能力在东汉以后的中古译经中得到进一步发展，衍生了不少新的偏正复合词，如"妙力、妙土、妙士、妙舌、妙色、妙身、妙英、妙昧、妙果、妙典、妙物、妙门、妙相、妙香、妙迹、妙姿、妙教、妙处、妙偈、妙术、妙像、妙义、妙境、妙语、妙论、妙器、妙谛、妙识、妙响"等。同期中土文献也产生了不少偏正复合词，但不如中古翻译佛经丰富，如"妙手、妙工、妙引、妙年、妙竹、妙妓、妙格、妙气、妙姬、妙理、妙略、妙密、妙节、妙舞、妙实、妙绪、妙趣、妙颜、妙龄"等。

也就是说，从东汉佛经翻译以来，"妙"作为定语修饰名词成为常态，凡是深奥的、妙不可言的、美的，只要具备"美"的语义要素，具体的也好，抽象的也罢，都能用"妙"加以修饰。

四、使某些词成为汉语活跃的构词语素

佛经翻译使个不少汉语词同时成为活跃的构词语素，如"佛、魔、塔、劫、道"等。有趣的是，这些词作为词素，并将带有佛教文化色彩的义素遗传给后来的新造词。例如"法"是汉语常用词，也是活

跃的构词语素,《大词典》收录"法+X"模式双音词 229 条,其中东汉及以前有 54 条,即"法天、法方、法古、法令、法式、法刑、法行、法羊、法守、法戒、法志、法坐、法言、法制、法物、法服、法治、法官、法门、法政、法相、法则、法律、法度、法室、法宫、法冠、法时、法座、法酒、法家、法书、法理、法教、法崖、法从、法象、法程、法效、法势、法禁、法罪、法诛、法义、法辟、法算、法语、法数、法仪、法驾、法钱、法膳、法赙、法籍"。

东汉佛经中"法+X"模式双音词有 77 条,即"法爱、法宝、法本、法财、法藏、法池、法道、法德、法地、法谛、法度、法恩、法法、法服、法鼓、法观、法行、法慧、法家、法教、法解、法戒、法诚、法经、法净、法铠、法轮、法律、法门、法名、法器、法忍、法舍、法身、法声、法施、法师、法时、法实、法识、法士、法事、法水、法说、法王、法味、法文、法黠、法想、法像、法心、法信、法形、法言、法眼、法药、法要、法衣、法仪、法义、法意、法议、法音、法印、法雨、法语、法御、法乐、法则、法斋、法正、法证、法治、法智、法罪、法尊",其中"法度、法服、法行、法家、法教、法戒、法律、法门、法时、法相、法仪、法义、法语、法则、法治、法罪"等 16 个为中土固有,其余为佛经翻译新造词。

汉语和译经中的用法不同,体现在佛教的"法"带有强烈的宗教色彩。汉语的"法",作为构词语素,其义素通常是"效法、法度或法律",但佛经翻译使"法"的意义发生变化,佛典中"法"为佛法。佛教认为佛所说法是普遍不变之真理,故以"佛法"泛指佛陀之说教及佛教行为规范。这个意义在佛教新词中不断得到强化,成为稳定的义素(佛法、佛教教义)得以流传。即使在借用中土固有词时,这个意义在佛教文化语境中也体现得很明显。例如:

法语： 本指"合乎礼法的言语"，佛经指"讲说佛法之言语"；

法教： 本指"法制教化"，佛经指"佛法教化"；

法门： 本指"指王宫的南门"，佛经指"修行佛道的门径"或"佛门"；

法戒： 本指"楷式和鉴戒"，佛经指"佛法戒律"。

有些现代汉语还常用的词，依然保留了"法"的佛教文化色彩，如"法力""法师""法衣""法音""法术"等。

第五章　东汉佛经的新词新义

　　本章从共时的角度对东汉佛经进行研究。共时研究，又称断代研究，是与历时研究相对的一种研究方法。词汇的断代研究是指对某一特定历史平面上的词汇进行静态描写和分析，是汉语词汇史研究的基础。东汉时期佛经与同时期的中土文献相比，口语性更强，更能反映当时的语言面貌。我们选择东汉时期的译经作为基础材料，对其进行穷尽性的考察，以发掘其中的新词新义，这部分内容有助于我们了解东汉词汇系统的整体面貌。

　　我们判断新词新义的标准主要是参照"古今兼收、源流并重"的《汉语大词典》，同时，为了研究的公允性，我们还调查了西汉以前的中土典籍。我们讨论的新词新义，以早于《大词典》中的始见例的时代为标准，原则上需在东汉时期首次出现。[①] 当然，我们所说的"新"，只是就现有的书面材料而言的。美国汉学家罗杰瑞教授曾经指出："汉语典籍浩富，常有这样的情况，某个白话成分出现的时代，由于发现更早的来历，因此得不断往前推。"（罗杰瑞，1995：100）新词新义情况正是如此，随着研究的深入和调查文献材料的广泛应用，有些新词新义的出现年代会不断被改变。

　　我们对语言材料年代的判定依据是以作者的写作时间。

　　需要指出的是，我们列出《大词典》中失收或晚收的例子，旨

---

　　① 东汉佛经中出现的大量音译词，是这一时期新出现的词，因这些音译词不属于本文研究对象，这里没有把它们归入新词范围。

在为《大词典》今后的修订工作提供一些参考资料。由于在编纂时受条件所限，加之卷帙浩繁且由多人共同完成，所以难免存在疏漏之处。并且，在词典的编纂方面，除了最早例证的问题外，例证的典型性也同样重要。然而，对于汉语词汇史的研究而言，首见例具有特别的重要意义。

第一节　东汉佛经中的新词

虽然东汉佛经中的一些新词在理解上并无太大难度，从训诂的角度看，它们的价值或许不大，但从词汇史的角度审视，这些词语及其新义均是我们研究的对象，而这类词相当常用，是词汇中的主体部分。我们只有了解了一个时代的词汇全貌，尽可能地确定每一个词语、新义产生的时间，在此基础上，才能建立起系统的科学的词汇史。因此，在这一意义上说，这项研究是具有重要意义的。

一、《大词典》未收的新词

安调：和顺。

东汉安世高译《长阿含十报法经》卷1："如应持腹行，身不大寒不大热，无有恚时，和令消饮食啖，令身安调。"（1，234b）

"安调"之"和顺"义，后世译经亦见：

西晋竺法护译《大哀经》卷2《庄严法本品第四》："其心修禁，功勋无极，志性仁和，斯意安调，则为己身，庄严相好。"（13，418b）

西晋聂承远译《佛说超日明三昧经》卷1："身常行慈，不

窃不淫，讲议经典，不为浮华，至诚和诤，言软不粗，未曾绮饰，舍贪念施，为人安调，离于邪见而乐正法。"（15，537a）

白问：问。

东汉安世高译《七处三观经》卷1："时贤者阿难行至佛，已到礼佛，便白问佛：世间世何等为世？"（2，881c）

西晋竺法护译《佛说无言童子经》卷2："尔时会中有一菩萨名莲华净，问无言菩萨：如族姓子属者兴意白问如来，宁见答解及微妙行，如受法染可悦心乎？"（13，529b）

唐义净译《根本说一切有部毗奈耶破僧事》卷17："时诸苾刍，咸皆有疑：世尊能断一切疑惑。便即白问：世尊，具寿苾刍种何等业？"（24，187b）

"白"有"陈述、告诉"义，如"禀白、启白"等，"白问"一词，由两个类义语素构成。

倍益：更加。

东汉支娄迦谶译《道行般若经》卷2《功德品第三》："善男子善女人，书般若波罗蜜者，持经卷与他人，使书，若为读之，其福倍益多。"（8，436c）

东汉支娄迦谶译《道行般若经》卷2《功德品》："般若波罗蜜当黠慧学，其福倍益多。"（8，437a）

"倍""益"均表程度加深的，"倍益"同义连言，后世佛经多见：

元魏慧觉等译《贤愚经》卷2《降六师品》："众会睹兹无上之化，信敬之心，倍益隆盛。"（4，363a）

又卷7《梨耆弥七子品》："我今脱死由是儿妇，敬遇之心，倍益隆厚。"（4，399c）

史书中用例较晚：

《晋书·张华传》："焕更以拭剑，倍益精明。"

搏撮：抓取；捕捉。《中古汉语语词例释》已释此词，其说甚详，首举三国《菩萨本缘经》（王云路、方一新，1992：48—49），今补东汉例：

东汉竺大力共康孟详译《修行本起经》卷下《游观品第三》："孔雀飞下啄吞其蛇，有鹰飞来搏取孔雀，雕鹫复来，搏撮食之。"（3，467b）

悴枯：干枯。

东汉竺大力共康孟详译《修行本起经》卷下《游观品第三》："太子叹曰：人生于世，有此老患，愚人贪爱，何可乐者，物生于春，秋冬悴枯。"（3，466b）

"悴枯"，义即"干枯"。此词《大词典》未收。又：

吴支谦译《太子瑞应本起经》卷1："日月流迈，时变岁移。物生于春，秋冬悴枯。"（3，474c）

又有"枯悴"一词，后世译经中常见：

吴支谦译《菩萨本缘经》卷1《一切施品第二》："是婆罗门年在衰弊，形容枯悴，颜貌丑恶，其力无几。"（3，57a）

符秦昙摩难提译《增壹阿含经》卷25《五王品第三十三》："形体枯悴，沸血从面孔出，便取命终。"（2，689b）

《大宝积经》卷76，北齐那连提耶舍译《菩萨见实会》第十六《四转轮王品第二十六之一》："一切所有树林花果枯悴之者，悉皆敷荣。"（11，428b）

等人：众人。

东汉支娄迦谶译《佛说阿阇世王经》卷下："明日旦阿阇世

王，遣使者到文殊师利所，唯哀用时与等人自屈。"（15，399a）
"等人"即"众人"，后世译经亦见：

元魏菩提流支译《金刚仙论》卷3："就初释偈中，复有二意，从持戒等至以有二语，释上半偈彼持戒等人至愿智力现见故释。前半偈中知见之义。"（25，817c）

元魏毗目智仙等译《三具足经忧波提舍》卷1《优波提舍翻译之记一卷》："承事太子下贱官人，恐哧他等，博戏等人，捔力相扑。"（26，362c）

等如：如同。

东汉支娄迦谶译《阿閦佛国经》卷上《阿閦佛刹善快品第二》："阿閦如来若入郡国县邑，所至到处，亦等如入殿舍时也，亦自然生千叶金色莲华。"（11，756c）

后世译经亦见：

唐般若译《大乘理趣六波罗蜜多经》卷9《般若波罗蜜多品第十之一》："一切诸佛及诸菩萨，天龙八部，咸皆赞叹。尊重恭敬，犹如父母，譬如慈母，唯有一子，鞠育诲示，渐渐成长，令得尊贵。菩萨亦尔，怜爱有情，等如一子。"（8，909a）

宋法护等译《大乘集菩萨学论》卷16《治心品第十二》："然此法尔无有主宰，无我无取，等如虚空。"（32，120b）

甫始：开始。

东汉支娄迦谶译《阿閦佛国经》卷下《诸菩萨学成品第四》："是陂陀劫中当有千佛，甫始四佛过，菩萨摩诃萨欲见是诸佛者，当愿生阿閦佛刹。"（11，758b）

西晋竺法护译《佛说无量清净平等觉经》卷3："甫始诸来欲求作佛者，如我名字释迦文佛者，复如恒水边流沙，一沙一

佛。”（12，291a）①

　　吴康僧会译《六度集经》卷6《精进度无极章》：“闻其教诏，便即经行，于祇树间，甫始经行复住睡眠。”（3，34b）甫始，同义复词，开始义。

过踰：超过。

　　东汉支娄迦谶译《阿閦佛国经》卷上《阿閦佛刹善快品》：“譬如舍利弗，玉女宝过踰，凡女人不及，其德如天女。”（11，755c）

　　《玉篇》：“踰，越也。”“过踰”同义复词，义为超过。后世译经亦见：

　　东晋佛陀跋陀罗译《佛说观佛三昧海经》卷3《观相品》：“华上复有一白化佛，其身极白过踰一切。”（15，658b）

　　元魏慧觉等译《贤愚经》卷6《富那奇缘品》：“家业于是，丰富具足，过踰于前。”（4，394b）

　　失译《菩萨本行经》卷1：“作是语已，身即平复，无复疮癥，端正姝好，过踰于前。”（3，113c）

好喜：喜爱。

　　东汉支娄迦谶译《般舟三昧经》卷下《请佛品第十》：“好喜布施不想报，所惠无着不追念。”（13，915b）

　　东汉安玄、严佛调译《法镜经》：“若族姓男女，发意求无上正真道，好喜大道，发行大道。”（12，15b）

　　东汉失译《佛说他真陀罗所问如来三昧经》卷中：“十三者

① 《佛说无量清净平等觉经》（4卷）旧题东汉支娄迦谶译，隋《法经录》及其后经录认为是三国魏白延（帛延）译，部分学者如藤田宏达、Paul Harrison等认为是三国吴支谦译，吕澂考订此经为西晋竺法护于308年所译，详见藤田宏达（1970：51—62）；Paul Harrison（1998：556—557）。关于此经的译者，详见张雨薇（2019）。

随人所好喜被服诸音伎乐，持施与之，人得莫不欢喜，因持经法
往教之。"（15，358c）

好喜，即"喜好"之逆序。"喜好"一词，见于《庄子·说
剑》篇。

间者：以前。

东汉昙果共康孟详译《中本起经》卷上《化迦叶品第三》：
"迦叶大喜，适念欲相供养，来何快耶。间者那行？今从何来？"
（4，151c）

后世译经亦见：

吴竺律炎译《佛说三摩竭经》卷1："王即遥问三摩竭：我
行八千里娶若，以贤善故，若间者既辱我师，今复面骂夫人及太
子，岂有不可乎？"（2，844a）

"间者"与"今"对举，义即"以前"。

解达：知晓。

东汉支曜译《佛说成具光明定意经》："不晓义者，贪于名
字，饰相貌状如解达。"（15，456a）

"达"有"知晓"义。《礼记·礼运》："故礼达而分定"，孔颖
达疏："达谓晓达。""解达"同义连言。如：

西晋竺法护译《普曜经》卷7《拘邻等品第二十四》："如
是法者，过去诸佛所可解达，为诸众生分别说之。晓了是法乃得
寂然。"（3，530b）

失译《别译杂阿含经》卷9："谁能解达如斯义，宜知是时
应答我。"（2，439c）

东晋佛陀跋陀罗译《大方广佛华严经》卷55《入法界品第
三十四之一》："菩萨尔时虽现出生，而悉解达一切诸法，如电

梦幻，不来不去、不生不灭。"（9，753b）

又有"解达知"三字连文：

西晋竺法护译《正法华经》卷1《善权品第二》："唯佛具足，解达知彼。"（9，68b）

尽索：皆，全。

东汉支娄迦谶译《佛说阿阇世王经》卷下："诸欲天子诸色天子，以百种伎乐而供养文殊师利，并雨天华而散其上，从文殊师利所止，乃到城门，尽索治严。以众华结为交路，夹道两边，以名殊华悉布其地。"（15，399b）

东汉支娄迦谶译《佛说阿阇世王经》卷下："便复以衣次第与诸比丘，一一不见，尽索五百人，悉亦不现，但闻其音。"（15，402a）

东汉支娄迦谶译《佛说阿阇世王经》卷下："譬若空现于五事，一者灰，二者尘，三者烟，四者雾，五者云。尽索可见不可言为坐作垢。"（15，401a）

《玉篇》："索，先各切，尽也。""尽索"同义连文，"尽索"在东汉只见于支谶译经。

及逮：赶上。

东汉支娄迦谶译《佛说阿阇世王经》卷下："若文殊师利及诸菩萨，深入僧那僧涅者而知是事，非罗汉辟支佛之所而堪知其中事，若一切人之所行，悉不而及逮。"（15，403c）

东汉失译《佛说伅真陀罗所问如来三昧经》卷中："其意甚尊无有极，所生甚豪，行步莫能与及逮之者。"（15，355c）

西晋竺法护译《普曜经》卷4《告车匿被马品第十三》："菩萨遂进深入名山，五人追之不能及逮。"（3，509b）

《尔雅·释言》："逮，及也。""及逮"同义连言。另有"逮及"一词，《大词典》已收。

及知：知道。

东汉支娄迦谶译《阿閦佛国经》卷上《发意受慧品第一》："舍利弗，无央数菩萨，不能及知阿閦菩萨所被僧那僧涅，甚坚积累德行乃如是。"（11，754b）

"及"有"知"义，"及知"同义连言，义即知道。又有"知及"一词，"神者，物受之而不能知及其去来。"（《史记·书第三》）

久如：多久。

东汉失译《佛说伅真陀罗所问如来三昧经》卷下："众会及诸菩萨，各各有念：伅真陀罗能至久如而成佛。"（15，362b）

久如，义即多久。朱庆之《佛典与中古汉语词汇研究》已指出，最早例为三国支谦译《维摩诘经》。今按东汉佛经已见。朱先生接着又释了"久近"一词，他说"久近，时间疑问词，义同'久如'"。据笔者调查，"久近"不止作时间疑问词。如：

东汉失译《大方便佛报恩经》卷6《优波离品第八》："欲受一日二日乃至十日一年二年恶律仪戒，随誓心久近，随意即得。"（3，161b）

刘宋求那跋陀罗译《杂阿含经》卷44："是则汝过去，所受持功德；我悉忆念知，久近如眠觉。"（2，324b）

刘宋佛陀什共竺道生等译《弥沙塞部和醯五分律》卷8《初分之五堕初》："佛种种呵责已，告诸比丘：今为诸比丘结戒，从今是戒，应如是说。若诸比丘，知彼比丘不如法悔，不舍恶邪见，共坐共语共宿共事波逸提，随久近共语，语语波逸提。"（22，57c）

以上三例"久近"都不是时间疑问词,"久近"义即时间长短。

苦人:受苦的人。

东汉竺大力共康孟详译《修行本起经》卷上《现变品第一》:"一心思微,学圣智能,仁活天下,悲穷伤厄,慰沃忧戚,育养众生,救济苦人。"(3,461b)

东汉失译《佛说伅真陀罗所问如来三昧经》卷中:"二十四者悉哀苦人,是为净。"(15,358a)

苦人,佛教认为凡人均在受苦,故称。

迫踧:逼迫,催促。

东汉昙果共康孟详译《中本起经》卷下《须达品第七》:"瞿昙乱法,奚足采纳?迫踧不已,便共俱饭。"(4,156c)

迫踧,逼迫,催促义。又作"踧迫":

西晋法炬共法立译《法句譬喻经》卷2《刀仗品第十八》:"瞿昙乱俗,奚足采纳?君毁遗则,祸从此兴。踧迫不已,便共俱食,时我尔夜年寿算尽终于夜半。"(4,592a)

"迫踧"一词,《大词典》失收。

娆乱:扰乱。

东汉支娄迦谶译《阿閦佛国经》卷下《诸菩萨学成品第四》:"求菩萨道人,当如大王城所有宝处,太子为无有恐难,观诃閦佛刹当如大王。憋魔见求菩萨道者,如是不复娆乱,譬如王边臣难当。"(11,759b)

唐玄奘译《大般若波罗蜜多经》卷568《第六会 第六分念住品第五》:"菩萨一坐妙菩提座,魔来娆乱亦不移动。"(7,934b)

娆侵:侵犯,娆乱。

东汉安世高译《长阿含十报法经》卷 1："亦如有学者在道散名闻慧者同学者，持恶口向喙勤意离娆侵。"（1，235a）

娆侵，即侵犯，娆乱。《大词典》未收。又有"侵娆"一词，佛经多见：

后秦佛陀耶舍共竺佛念译《长阿含经》卷 22《世记经》："此间鬼神放逸淫乱，不能护人，他方鬼神侵娆此世间人，挝打捶杖，接其精气，使人心乱。"（1，144c）

后秦鸠摩罗什译《思益梵天所问经》卷 3："塔寺僧坊经行之处，诸魔外道贪着之人不能侵娆。"（15，55a）

呻号：叫喊。

东汉安世高译《道地经》："或时举手足、或把空、或起、或坐、或呻号、或哭、或瞋，已散节，已断结，已筋缓，已骨髓伤，已精明等去。"（15，233b）

"呻号"一词，译经常见：

元魏瞿昙般若流支译《正法念处经》卷 6《地狱品》："彼人如是受大苦恼，唱声吼唤，呻号啼哭，唱唤口开。"（17，35a）

又卷 15《地狱品》："唱声啼哭，心生悔恼，呻号叫唤，一切身分，皆悉烧燃。"（17，88a）

视占：观看。

东汉失译《佛说伅真陀罗所问如来三昧经》卷上："以四谛过于四窦，以无眼者悉得视占。所说法无涯底，于三世行为一切作本，今自归其足而有轮。"（15，349b）

东汉支娄迦谶译《佛说阿阇世王经》卷下："时于菩萨中有一菩萨，名曰普视悉见，则文殊师利敕三摩陀阿楼者陀，令严治其处可容来者，其菩萨受教，应时四面而视占，则时悉以办。"

（15，400a）

"占"有"瞻视、看望"义（蒋礼鸿，1997：256；李维琦，1999：17），"视占"同义复词。

后世译经常见：

吴支谦译《赖吒和罗经》："赖吒和罗言：取宝物上覆，皆用作囊，悉取珍宝，盛着囊中，载着车上，持到恒水边，视占深处，以投其中。"（1，870b）

刘宋昙摩蜜多译《五门禅经要用法》卷1："师教行人行住坐立相，其人内境界多者，视占极高远知缘外多，若一心徐步，视占审谛者知缘内。"（15，326b）

东晋佛陀跋陀罗共法显译《摩诃僧祇律》卷33《明杂诵跋渠法之一》："佛住王舍城加兰陀竹园，时六群比丘先至作乐处，视占如坐禅比丘。"（22，494a）

他异：别的。

东汉支娄迦谶译《阿閦佛国经》卷下《诸菩萨学成品第四》："若有他异因缘，无能娆害者，如是火刀毒水是亦不行。"（11，763a）

"他异"一词，在佛经中常见：

西晋竺法护译《生经》卷3《佛说所欣释经第二十三》："往古久远不可计时于他异土，时有四人，以为亲厚，相敛聚会，共止一处。"（3，86c）

符秦昙摩难提译《增一阿含经》卷7《安般品第十七之一》："若有比丘乐于闲静无人之处，便正身正意，结跏趺坐，无他异念，系意鼻头。"（2，582a）

西晋竺法护译《普曜经》卷3《现书品第七》："问师选友，

今师何书而相教乎？其师答曰：以梵佉留而相教耳，无他异书。"（3，498 a）

特出：突出。

东汉竺大力共康孟详译《修行本起经》卷上《现变品第一》："吾独欲反其原故，自勉而特出。"（3，461b）

后世译经亦见：

元魏吉迦夜共昙曜译《杂宝藏经》卷9《难陀王与那伽斯那共论缘》："那伽斯那身体长大。将诸徒众。在中特出。"（4，493a）

姚秦竺佛念译《最胜问菩萨十住除垢断结经》卷1《空观品第三》："谁能建心勇猛特出，以身自投施彼饿兽。"（10，970c）

《玉篇》："特，徒得切，独也。""特出"，即"突出"。

填厕：挤在一起。

东汉竺大力共康孟详译《修行本起经》卷上《现变品第一》："金轮宝者，轮有千辐。雕文刻镂，众宝填厕。光明洞达，绝日月光。"（3，462c）

后世译经亦见：

北凉昙无谶译《悲华经》卷3《诸菩萨本授记品第四之一》："周匝世界有大宝墙，七宝填厕。"（3，187a）

陈真谛译《佛说立世阿毗昙论》卷2《天住处品第八》："地皆柔滑，众宝填厕。"（32，183b）

通入：通晓。

东汉失译《佛说㐌真陀罗所问如来三昧经》卷上："悉知一切之音声，通入诸法，各各能答，已成持诸所欲，以智能晓了道事。"（15，349a）

通入，义即通晓，后代多见：

西晋竺法护译《渐备一切智德经》卷4《渐备经不动住品第八》："诸佛之法，志性仁和，念其清净，功德圣慧，威势转上，兴大悲哀，愍众生界，不舍法乐，通入无量一切诸法，至无所生。……"（10，482b）

又《度世品经》卷6："逮得正决行，皆号为佛子，通入佛功勋，念国众生行。"（10，657a）

又《阿差末菩萨经》卷5："其灭尽者，自然之相晓入径路，分别诸法，句义所趣，通入诸根，畅达五力，建立寂然。"（13，602c）

又《佛说如幻三昧经》卷1："若有菩萨求此通入诸身三昧，被戒德铠以誓自誓，心不当远斯三昧定。"（12，137a）

黠人：聪明人。

黠人当识是当避是因缘，以避乃得两福。（东汉安世高译《七处三观经》卷1，2，880c）

东汉支娄迦谶译《道行般若经》卷5《譬喻品第十二》："譬若有黠人，拖张海边故坏船补治之，以推着水中，持财物置其中，便乘欲有所至，知是船不中道坏必到所至处。"（8，452a）

东汉支娄迦谶译《阿閦佛国经》卷下《诸菩萨学成品第四》："是阿閦佛德号法经，终不至痴人手中，当至黠人手中。"（11，763b）

"黠"，义即"聪明"，方一新师曾指出此义（方一新，1996）。"黠人"即"聪明人"。

悁恚：忿恨。

东汉支曜译《佛说成具光明定意经》:"若俗之人,开学小慧,缚在四倒,闻佛弟子说度世法生死之要,便往难却。不谅真正,谤讪啡呰,贪名求胜,或加悁恚,欲往坏败,陵訾毁蔑卑易弱之。"(15,456b)

《说文·言部》:"悁,忿也。"《说文·言部》:"恚,恨也。"慧琳《一切经音义》卷第三十一《诸法无行经》音义引《苍颉篇》云:"恚,怒也。""悁恚"同义连文。

造起:兴建、建造。

东汉昙果共康孟详译《中本起经》卷上《度瓶沙王品》:"佛告瓶沙:'王作宫舍,从来几岁?'王顾问傍臣,傍臣对曰:'造起宫舍,七八百年。'"(4,153a)

"起"有"兴建、建造"义。如:

《汉书·昭帝纪》:"赐长公主与宗室昆弟各有差。追赠赵倢伃为皇太后,起云陵。"

"造起"同义连文,例如:

西晋法立共法炬译《大楼炭经》卷1《转轮王品》:"诸天为转轮王,造起城壁七重,七重栏楯,七重交露,七重行树。"(1,281b)

西晋竺法护译《德光太子经》卷1:"吉义如来般泥曰已后,即为造起赤旃檀塔寺。"(3,418a)

《后汉书·吕强传》:"又今外戚四姓贵幸之家,及中官公族无功德者,造起馆舍,凡有万数。"

终不:从不。

东汉支娄迦谶译《道行般若经》卷6《阿惟越致品第十五》:"是菩萨和夷罗洹化诸鬼神随后,亦不敢近附菩萨,终不失志,心不妄起，身体完具无疮癞极雄猛，终不诱他人妇女，若有治道符祝行药，身不自为，亦不教他人为，见他人为者心不喜也。终不说男子若女人为事，亦不说非法之事，亦不生恶处。"（8，455c）

东汉支娄迦谶译《道行般若经》卷6《阿惟越致品第十五》："怛萨阿竭及诸弟子说经时心终不疑。亦不言非佛说。闻说深般若波罗蜜。终心不有疑。亦不言非。"（8，456a）

东汉支娄迦谶译《道行般若经》卷6《怛竭优婆夷品第十六》："用是故我无所畏，菩萨至大剧难虎狼中时，终不畏怖。"（8，457c）

除了东汉佛经，后世译经中亦有：

东晋瞿昙僧伽提婆译《中阿含经》卷41《梵志品第二，梵摩经第十》："沙门瞿昙入园时，终不低身，彼中食后，收举衣钵，澡洗手足，以尼师檀着于肩上，入房宴坐。"（1，687b）

后秦鸠摩罗什译《妙法莲华经》卷6《法师功德品第十九》："尔时世尊，欲重宣此义。而说偈言：是人舌根净，终不受恶味，其有所食啖，悉皆成甘露。"（9，49c）

终亡：死亡。

东汉支娄迦谶译《阿閦佛国经》卷下《诸菩萨学成品第四》："若有善男子善女人，于是世界若他方世界终亡，往生阿閦佛刹者，甫当生者，即当得住弟子缘一觉地。"（11，758b）

东汉支娄迦谶译《阿閦佛国经》卷下《诸菩萨学成品第四》："若一世菩萨于是世界他方世界终亡，生阿閦佛刹者，甫当生者，皆得阿惟越致。"（11，758c）

东汉昙果共康孟详译《中本起经》卷下《瞿昙弥来作比丘尼品第九》："我生七日，而母终亡，大爱道自育养我，至于长大。"（4，158c）

二、《大词典》释例晚收的新词

爱着：佛教谓迷恋于情欲，执着不解脱。

东汉安世高译《长阿含十报法经》卷1："亦有道弟子。是身不着爱着乐。相连至到相促相，可遍一切身到不喜乐。"（1，234c）

东汉安世高译《四谛经》："若人无有爱着，在儿在家在使在御，田地舍宅居肆卧具，卖买利息，无有爱着，不相近意生发求无有是，当知是爱尽为苦尽。"（1，816a）

东汉安世高译《七处三观经》卷1："念所我相依者，比丘僧便出不欲见，便爱着意不欲至比丘聚。"（2，879b）

《大词典》首例引南朝齐萧子良《净住子·诃诘四大门》。

安眠：安然熟睡。

东汉竺大力共康孟详译《修行本起经》卷上《菩萨降身品第二》："敕其内人：抱太子出。侍女白言：太子疲懈，始得安眠。"（3，464b）

《大词典》首例引《魏书·韩显宗传》。

拔脱：超度，解救。

东汉支娄迦谶译《文殊师利问菩萨署经》："不以心恶向一切，有精进祠；欲拔脱五道，有三昧祠。"（14，440a）

《大词典》首例引《敦煌歌辞总编·归去来·宝门开》。

卑鄙：低微鄙陋。

东汉竺大力共康孟详译《修行本起经》卷下《出家品第五》："有生豪贵富乐家者，有生卑鄙贫贱家者，知众生或五阴自弊。"（3，471c）

《大词典》首例引《三国志·蜀志·诸葛亮传》。

本愿：本来的愿望，固有的心愿。

东汉竺大力共康孟详译《修行本起经》卷下《出家品第五》："魔有本愿令我退，吾亦自誓不空还，今汝福地何如佛，于是可知谁得胜。"（3，471a）

《大词典》首例引《晋书·凉武昭王李玄盛传》。

弊恶：凶恶。

东汉支娄迦谶译《道行般若经》卷6《阿惟越致品第十五》："不与弊恶无反复好斗乱人者从事，但与深般若波罗蜜从事。"（8，455c）

东汉支娄迦谶译《般舟三昧经》卷中《拥护品第八》："弊恶鬼神将人魂，诸天人民怀害心，感其威神自然伏，学此三昧得如是。"（13，913b）

东汉失译《佛说伅真陀罗所问如来三昧经》卷上："何谓四事。所作不抵突，而不调戏，不为弊恶，自知而无异意。是为四事。"（15，350b）

东汉支曜译《佛说成具光明定意经》："后若所生弊恶之世，当勤修正行，奉宣尊法。"（15，455c）

"弊"有"恶"义（朱庆之，1992：101），"弊恶"为同义复词。《大词典》引《百喻经·雇请瓦师喻》。

边崖：边际；边缘。

东汉支娄迦谶译《道行般若经》卷6《怛竭优婆夷品第十

六》："阿僧祇者，其数不可尽极也。不可计者，为不可量计之，了不可得边崖，尔故为不可计阿僧祇。"（8，456c）

《大词典》首例引金元好问《乙酉六月十一日雨》诗。

薄少：稀少；微薄。

东汉支娄迦谶译《阿閦佛国经》卷下《诸菩萨学成品第四》："佛语舍利弗：'诸菩萨摩诃萨于阿閦佛所下须发，皆承佛威神悉受法语讽诵持之，如我于是所说法由为薄少耳。阿閦佛所说法无央数不可复计，比我所说法，百倍千倍万倍亿万倍不在计中。'"（11，758b）

东汉支娄迦谶译《道行般若经》卷8《贡高品第二十一》："是菩萨闻是语，便轻易余成就不贡高菩萨。是贡高菩萨功德薄少，无阿惟越致相也。是菩萨于阿惟越致中功德少。"（8，464b）

《大词典》首例引三国蜀诸葛亮《又与孙权书》，略晚。

补纳：缝补。

东汉支娄迦谶译《阿閦佛国经》卷上《发意受慧品第一》："不奉行如今所语，常不舍得律行迹，不发萨芸若意，而欲念成佛者，世世不常作沙门，世世不常着补纳之衣，世世作沙门以三法衣不具，乃至成最正觉。"（11，752b）

东汉支娄迦谶译《佛说内藏百宝经》："佛功德福不可尽，欲得天上天下名好衣悉可得，故着补纳之衣。"（17，752b）

《大词典》首例引柔石《为奴隶的母亲》。

补治：修补整治。

东汉支娄迦谶译《道行般若经》卷5《譬喻品第十二》："譬若大海中有故坏船，不补治之，便推着水中，取财物置其

中，欲乘有所至。"（8，451c）

《大词典》首例引北齐颜之推《颜氏家训·治家》。

采纳： 采用；接受。

东汉昙果共康孟详译《中本起经》卷下《须达品第七》："其妇流泪，怂然恚曰：君毁遗则，祸此兴矣。瞿昙乱法，奚足采纳？"（4，156c）

《大词典》首例引《三国志·吴志·周鲂传》。

慈愍： 仁慈怜悯。

东汉竺大力共康孟详译《修行本起经》卷上《现变品》："女誓后世生，随君所施与，儿子及我身，今佛知我意，仁者慈愍我，唯赐求所愿。"（3，462a）

又卷下《出家品》："渡水尼连禅，慈愍一切人，五道三毒垢，使除如水净。"（3，470a）

《大词典》首例引南朝宋何重天《重答颜光禄书》。

谄伪： 谄媚诈伪。

东汉支娄迦谶译《般舟三昧经》卷上《问事品》："其行方幅，无有谄伪。"（13，904a）

又卷中《四辈品》："奉敬诸经法，常当乐于道。心无有谄伪，弃舍悭妒意。"（13，910c）

《大词典》首例引《后汉书·李固传》。

超跃： 跳跃。

东汉竺大力共康孟详译《修行本起经》卷下《出家品》："已见猴猿师子面，虎兕毒蛇豕鬼形，皆持刀剑攫戈矛，超跃哮吼满空中。"（3，471a）

吴维祇难等译《法句经》卷2《象喻品》："心放在婬行，

欲爱增枝条，分布生炽盛，超跃贪果获。"（4，570c）

《大词典》首例引清王士禛《池北偶谈》。

瞋恨：愤怒怨恨。

　　东汉支娄迦谶译《道行般若经》卷8《贡高品第二十一》："若有菩萨，若骂詈瞋恨自念：咄我所作无拔，后终不敢复作是。"（8，464b）

《大词典》首例引唐李华《律师体公碑》。

陈说：陈述叙说。

　　东汉支娄迦谶译《佛说阿阇世王经》卷下："应时身诸毛孔一一孔，泥犁之火从其孔出，痛不可言，则自陈说：今自归怛萨阿竭，惟哀加护，令得安隐。"（15，403c）

《大词典》首例引三国魏刘邵《人物志·材理》，时代略晚。

陈诉：陈述诉说。

　　东汉支曜译《佛说成具光明定意经》："十四者其来归于己，有所陈诉，必而正平，应于法律，令无枉慍。"（15，457a）

《大词典》首例引《陈书·沉炯传》。

称赞：称誉赞美。

　　东汉昙果共康孟详译《中本起经》卷上《还至父国品第六》："人有百头，头有百舌，舌解百义，合此人数，称赞如来。"（4，155a）

《大词典》首例引《北史·张烈传》。

承用：因袭，沿用。

　　东汉支娄迦谶译《阿閦佛国经》卷下《诸菩萨学成品》："诸比丘稍乐寂往还是，稍寂共往还已，俱行不复大听闻法，不听闻已，亦不大承用，复不得大精进。"（11，761b）

东汉支娄迦谶译《般舟三昧经》卷中《四辈品》："却后乱世，佛经且欲断时，诸比丘不复承用佛教。"(13，911a)

《大词典》首例引齐治平《〈拾遗记〉前言》，为现代汉语例。

痴人：愚笨或平庸之人。

东汉支娄迦谶译《阿閦佛国经》卷上《阿閦佛刹善快品》："尔时有异比丘，闻说彼佛刹之功德，即于中起淫欲意，前白佛言：天中天，我愿欲往生彼佛刹。佛便告其比丘言：痴人，汝不得生彼佛刹。"(11，756a)

《大词典》首例引北齐颜之推《颜氏家训·归心》。

除愈：(疾病) 痊愈。

东汉支娄迦谶译《道行般若经》卷2《功德品》："若有人病，若目痛若目冥，持摩尼珠近眼，眼病即除愈。"(8，436a)

东汉安玄、严佛调译《法镜经》："若见除馑疾苦者，以血肉使其病者得除愈。"(12，19b)

东汉竺大力共康孟详译《修行本起经》卷上《菩萨降身品》："境内孕妇，生者悉男，聋盲瘖哑，癃残百疾，皆悉除愈。"(3，464a)

"除愈"为同义复词，《中古汉语语词例释》释义甚详，最早例为《大明度经》(王云路、方一新，1992：98)。此词东汉佛经中已出现，《大词典》首例引南朝陈徐陵《又与天台智者大师书》，晚。

匆匆：急急忙忙的样子。

东汉竺大力共康孟详译《修行本起经》卷上《现变品第一》："遂行入国，见人欣然，匆匆平治道路，洒扫烧香。"(3，462a)

《大词典》首例引《三国志·魏志·华佗传》。

错忤：抵触，不顺从。

　　东汉安玄、严佛调译《法镜经》："诸法无所着哉，诸乐亦无所着哉，诸想以不爱哉，色声香味细滑不与错忤哉。"（12，20c）

　　东汉安玄、严佛调译《法镜经》："以通一切法，不为余事意行。为有决意，为一端意，为不错忤意，为以不住意，为不驰意，为自身住止意，不与情欲从事意。"（12，22a）

《大词典》首例引《新唐书·李藩传》。

耆年：老年人。

　　东汉竺大力共康孟详译《修行本起经》卷下《出家品第五》："二女梦寤，怪未曾有。即启语父，其父不解。尽问耆年，皆不能说。"（3，469c）

《大词典》首例引南朝齐王融《三月三日曲水诗序》。

法服：僧人所穿的法衣。

　　东汉竺大力共康孟详译《修行本起经》卷下《出家品》："天复化作沙门。法服持钵。行步安详。目不离前。"（3，467a）

　　又："菩萨得法服欣喜，光照耀山林。"（3，469b）

《大词典》首例引《法华经·序品》。

凡夫：人世间的俗人。

　　东汉支娄迦谶译《阿閦佛国经》卷下《诸菩萨学成品》："尔时贤者舍利弗白佛言：如天中天所说，如我所知，当观其佛刹为阿罗汉刹，不为凡夫之刹也。"（11，762c）

"凡夫"一词，《大词典》首例引三国曹冏《六代论》，时代略晚。

费损：耗费，耗损。

　　东汉昙果共康孟详译《中本起经》卷下："吾闻沙门，咒愿一切，普得饱满，猥将大众，来适饥国，费损人食，此大无益。"
（4，162a）

《大词典》首例引《三国志·魏志·高堂隆传》。

逢见：遇见，碰到。

东汉竺大力共康孟详译《修行本起经》卷上《菩萨降身品第二》："王问其仆：太子出游，今者何如？其仆答言：逢见病人，于是不乐。"（3，465b）

东汉竺大力共康孟详译《修行本起经》卷下《游观品第三》："王问其仆：'太子出游，宁有乐乎？即答王言：逢见死人，遂致不乐。'"（3，467a）

《大词典》首例引宋苏辙《神水馆寄子赡兄》诗之三。

奉仰：仰慕。

东汉昙果共康孟详译《中本起经》卷上《化迦叶品第三》："有梵志姓迦叶氏，字郁俾罗，年百二十，名声高远。世人奉仰，修治火祠，昼夜不懈。"（4，149c）

《大词典》首例引宋范仲淹《与李泰伯书》。

敷演：陈述而加以发挥。

东汉安玄、严佛调译《法镜经》："众佑报甚理家言：如来常为理家有闲暇，敷演所问，理家汝便问，恣汝所求索于如来应仪正真道，吾当相为敷演所问，趣得汝意。"（12，15b）

东汉支曜译《佛说成具光明定意经》："侍者阿难，整服避坐，叉手启曰：佛未尝虚欣笑，笑必有故，唯愿敷演散告未闻。"（15，455b）

《大词典》首例引《三国志·魏志·高堂隆传》。

父王：王子、公主对国王的称呼。

东汉昙果共康孟详译《中本起经》卷下《佛食马麦品第十三》:"时父王饭佛及比丘僧,严饰幢幡,极世之珍。城内整顿,炜炜煌煌。"(4,163b)

东汉竺大力共康孟详译《修行本起经》卷上《试艺品第三》:"父王闻此,念太子幼,深为愁怖。"(3,466a)

又卷下《出家品第五》:"三女自占,一名恩爱,二名常乐,三名大乐。父王莫忧,吾等自往坏菩萨道意,不足劳父王,勿复忧念。"(3,470c)

《大词典》首例引晋孙绰《喻道论》。

孤穷:孤独穷困。

东汉支娄迦谶译《阿閦佛国经》卷上《发意受慧品第一》:"我常持法施与某,不持法施与某,世世见孤穷,用其人故不分身命,乃至成最正觉。"(11,752c)

《大词典》首例引宋范成大《除夕感怀》诗。

光颜:对面颜的敬称。

东汉竺大力共康孟详译《修行本起经》卷下《出家品第五》:"菩萨慈心,不惊不怖,一毛不动,光颜益好,鬼兵不能得近。"(3,471a)

《大词典》首例引《无量寿经》。①

豪贵:尊贵。

东汉竺大力共康孟详译《修行本起经》卷下《出家品第

---

① 《无量寿经》旧题曹魏康僧铠译,学者多有质疑,如释德安认为是西晋竺法护译[释德安(周睦修),2005],吕澂则记作"刘宋宝云译"(吕澂,1980)。辛岛静志认为《无量寿经》是五世纪前半的翻译,佛陀跋陀罗(359—429年)和宝云(376—449年)二位经师的活动时间与之相合,详见辛岛静志(1999:135;2016:73)。关于《无量寿经》的译者与译出年代,详见张雨薇(2019)。

五》："有生豪贵富乐家者，有生卑鄙贫贱家者。"（3，471c）

《大词典》首例引《百喻经·灌甘蔗喻》。

何缘：怎么。

东汉昙果共康孟详译《中本起经》卷上："生死往来，何缘得息？"（4，147c）

《大词典》首例引《晋书·桓冲传》。

哮吼：吼叫。

东汉竺大力共康孟详译《修行本起经》卷下《出家品第五》："已见猴猿师子面，虎儿毒蛇豕鬼形，皆持刀剑攫戈矛，超跃哮吼满空中。"（3，471a）

《大词典》首例引晋张华《博物志》。

会当：该当；当须。含有将然的语气。

东汉竺大力共康孟详译《修行本起经》卷下《出家品第五》："菩萨作三要，心坐及其树。若我不得道，终不离三誓。言我肌骨枯，不动会当成。过佛得道时，皆悉出一心。"（3，470b）

《大词典》例为《艺文类聚》卷五十四引三国魏丁仪《刑礼论》，略晚。

惛迷：昏迷。

东汉竺大力共康孟详译《修行本起经》卷下《出家品第五》："魔王败绩怅失利，惛迷却踞前画地。"（3，471b）

《大词典》首例引唐玄奘《大唐西域记》。

魂神：魂灵。

东汉竺大力共康孟详译《修行本起经》卷下《游观品第三》："精神去矣，四大欲散，魂神不安，风去息绝，火灭身冷，

风先火次。"(3，467a)

《大词典》首例引《后汉书·列女传》。

火刀：火镰，为一种兵器。

东汉支娄迦谶译《阿閦佛国经》卷下《诸菩萨学成品第四》："若有他异因缘，无能娆害者，如是火刀毒水是亦不行，若复有挝捶者是亦不向，亦不畏人非人，其人如是等见护，便生阿閦佛刹。"(11，763a)

《大词典》首例引《水浒传》。

获致：得到；取得。

东汉竺大力共康孟详译《修行本起经》卷下《出家品第五》："诸道士一名为阿兰，二名为迦兰，学来积年，四禅具足，获致五通。"(3，469b)

《大词典》首例引范文澜《中国通史》，为现代汉语例。

寂默：安静，清静。

东汉竺大力共康孟详译《修行本起经》卷下《出家品第五》："时国王瓶沙，即问臣吏：'国中何以寂默，了无音声?'"(3，468b)

《大词典》首例引唐元稹《解秋》诗。

校饰：装饰。

东汉竺大力共康孟详译《修行本起经》卷上《现变品第一》："平治道路，香汁洒地，金银珍琦，七宝栏楯，起诸幢幡，缯彩花盖。城门街巷，庄严校饰，弹琴鼓乐，如忉利天。"(3，461c)

《大词典》首例引《三国志·吴志·诸葛恪传》。

惊寤：惊醒。

东汉竺大力共康孟详译《修行本起经》卷下《出家品第五》："裘夷见五梦，即便惊觉。太子问之：'何故惊寤?'"（3，467c）

《大词典》首例引唐薛用弱《集异记》。

救济：用金钱或物资帮助困难的人。

东汉竺大力共康孟详译《修行本起经》卷上《现变品第一》："仁活天下，悲穷伤厄，慰沃忧戚，育养众生，救济苦人。"（3，461b）

东汉竺大力共康孟详译《修行本起经》卷下《游观品第三》："时首陀会天，名难提和罗，欲令太子速疾出家，救济十方三毒火然。愿雨法水，以灭毒火。"（3，466b）

《大词典》首例引《三国志·吴志·吴主传》。

绝：超过。

东汉竺大力共康孟详译《修行本起经》卷上《现变品第一》："金轮宝者，轮有千辐，雕文刻镂，众宝填厕，光明洞达，绝日月光，当在王上。"（3，462c）

《大词典》首例引南朝宋鲍照《代朗月行》。

愦闹：混乱喧闹。

东汉竺大力共康孟详译《修行本起经》卷上《菩萨降身品第二》："太子在宫，不乐愦闹，志思闲燕。"（3，465a）

《大词典》首例引《百喻经·小儿得欢喜丸喻》。

劳屈：劳苦委屈。

东汉竺大力共康孟详译《修行本起经》卷上《菩萨降身品第二》："王即出，礼拜迎澡洗沐浴，施新衣服，问讯：今日临顾，劳屈尊圣。"（3，464b）

《大词典》首例引《陈书·许亨传》。

力势：力量和势头。

东汉竺大力共康孟详译《修行本起经》卷上《试艺品第三》："诸名射者，其箭力势，不及一鼓。"（3，465c）

《大词典》首例引晋潘岳《沧海赋》。

了了：明白，清楚。

东汉支娄迦谶译《道行般若经》卷10《道行经嘱累品第三十》："汝极尊般若波罗蜜致重敬，慈于是句，心所念句，当令了了分明心所念，余悉弃之。"（8，478b）

又《昙无竭菩萨品第二十九》："常持谛了了取字，谛了了念书。"（8，477b）

又卷7《远离品第十八》："城傍行菩萨了了净洁，心无所念。"（8，461b）

《大词典》首例引晋张华《博物志》。

了无：全无；毫无。

东汉竺大力共康孟详译《修行本起经》卷下《出家品第五》："时国王瓶沙，即问臣吏：国中何以寂默，了无音声？"（3，468b）

《大词典》首例引晋葛洪《抱朴子》。①

疗治：医治，治疗。

东汉失译《佛说伅真陀罗所问如来三昧经》卷下："一心者疗治其病，是为法器。"（15，364b）

《大词典》首例引南朝宋鲍照《松柏篇》。

---

① "了了、了无"二词，江蓝生先生已释，引例均晚于东汉佛经，参江蓝生（1988：126—127）。

马兵：骑兵。

东汉竺大力共康孟详译《修行本起经》卷上《现变品第一》："典兵臣者，王意欲得四种兵，马兵、象兵、车兵、步兵。……是故名为典兵臣也。"（3，462c）

《大词典》首例引《明史·流贼传·李自成》。

弥满：布满。

东汉竺大力共康孟详译《修行本起经》卷上《菩萨降身品第二》："王见释梵四王诸天龙神，弥满空中，敬心肃然，不识下马礼太子。"（3，463c）

《大词典》首例引《后汉书·任光传》。

命过：犹命终。

东汉支娄迦谶译《阿閦佛国经》卷下《诸菩萨学成品第四》："其有菩萨摩诃萨，往生阿閦佛刹者，甫当生者，当见佛意无乱，命过时一切诸天人当供养其身。"（11，761a）

《大词典》例为《太平广记》卷三二二所引晋陶潜《续搜神记》，李维琦《佛经续释词》收了此词，最早例引西晋《大楼炭经》（李维琦，1999：63）。

命终：死亡。

东汉昙果共康孟详译《中本起经》卷上："天复白言：'此人者，昨暮命终。'"（4，147c）

《大词典》首例引《百喻经·尝庵婆罗果喻》。

讫已：完毕。

东汉支娄迦谶译《阿閦佛国经》卷下《诸菩萨学成品第四》："阿閦佛身中自出火，还烧身已便作金色，即碎若芥子，不复还复，讫已便自然生。"（11，761a）

《大词典》首例引《涅槃经》卷中。

悭贪： 吝啬而贪得。

东汉支娄迦谶译《道行般若经》卷 8《学品第二十二》："复次须菩提行般若波罗蜜，不持瞋恚意向人，不求他人短，心无悭贪，心不毁诫，心不怀恨，心不懈，心不迷乱，心不愚痴。"（8，465a）

又卷 10《昙无竭菩萨品第二十九》："如是诸天人民闻之，莫不欢欣，中有自贡高者，中有不知惭者，中有淫乱者，中有悭贪者，中有强梁者，中有自用者，中有喜斗者，中有不用谏者，中有为淫怒痴所覆者，中有行恶不可计者。"（8，477a）

东汉失译《佛说伅真陀罗所问如来三昧经》卷中："六者菩萨布施与人，心无悭贪。"（15，356b）

《大词典》首例引《百喻经·牧羊人喻》。

勤剧： 勤苦辛劳。

东汉支娄迦谶译《佛说阿阇世王经》卷上："若盲者承佛所得眼目，若为水所溺者依佛而得脱，其有苦痛者佛而令得安，其有恐懅者佛而为作护，其有贫穷者佛能为作珍宝，其有失道径者能示于道路，佛以加大哀不以为勤剧，等心于一切坚固而作厚，常忍于苦乐不舍于一切人。"（15，395c）

东汉失译《佛说伅真陀罗所问如来三昧经》卷下："其作菩萨行者，不起其意精进行，有所致行，于生死不以勤剧而行。"（15，365b）

《大词典》首例引《宋书·竟陵王刘诞传》。

轻蔑： 轻看，轻视。

东汉支娄迦谶译《般舟三昧经》卷上《四辈品第五》："居士欲学是三昧，当持五戒勿毁缺。常当思欲作沙门，不贪妻子及

财色。常八关斋于佛寺，不得贡高轻蔑人。"（13，901b）

《大词典》首例引宋苏辙《历代论一·三宗》。

求乞：乞求。

东汉支娄迦谶译《文殊师利问菩萨署经》："若求乞瓦钵震越床卧具病瘦医药，若欲求饮食，离于迦罗蜜，亲附于恶师，于本佛所无功德者，常有怖惧于本际。"（14，437a）

《大词典》首例引《后汉书·杜林传》。

躯命：生命。

东汉安世高译《佛说大安般守意经》卷上："弃捐所思喘息自知，不弃捐所思喘息自知，放弃躯命喘息自知，不放弃躯命喘息自知。"（15，165a）

东汉安世高译《佛说大安般守意经》卷上："得道，意便放弃躯命。未得道，意常爱身，故不放弃躯命也。"（15，165a）

《大词典》首例引晋陆机《吊魏武帝文》。

娆害：捣乱破坏。

东汉支娄迦谶译《阿閦佛国经》卷下《诸菩萨学成品第四》："若有他异因缘，无能娆害者，如是火刀毒水是亦不行。"（11，763a）

《大词典》首例引《景德传灯录·第四祖优波毱多》。

妊身：怀孕。

东汉支娄迦谶译《阿閦佛国经》卷上《发意受慧品第一》："复次舍利弗，其大目如来无所著等正觉，授阿閦菩萨摩诃萨无上正真道决时，遍三千大千世界，诸妊身女人皆安隐产，盲者得视，聋者得听。"（11，753c）

《大词典》首例引《后汉书·王昌传》。

上首：位次较尊的一边。

东汉安玄、严佛调译《法镜经》："慈氏、敬首、始弃、窥音，开士之上首者也。"（12，15b）

《大词典》首例引元杨梓《敬德不服老》。

身形：身体；形体。

东汉竺大力共康孟详译《修行本起经》卷下《出家品第五》："菩萨意念，欲先沐浴，然后受糜。行诣流水侧，洗浴身形。"（3，470）

《大词典》首例引三国魏曹植《驱车篇》，略晚。

师父：对出家人的尊称。

东汉支娄迦谶译《阿閦佛国经》卷上《发意受慧品第一》："成慧之行，而为师父，安定世间无上大人，为法之御，天上天下尊。"（11，753b）

《大词典》例引《古今小说·月明和尚度柳翠》。

似如：好像。

东汉安玄、严佛调译《法镜经》："虽善有权诈，犹见其性行，似如倡体哉。"（12，17c）

《大词典》首例引南朝宋鲍照《怀远》诗。

守护：护持。

东汉竺大力共康孟详译《修行本起经》卷上《现变品第一》："能仁菩萨，承事锭光，至于泥曰。奉戒清净，守护正法，慈悲喜护，惠施仁爱，利人等利，救济不惓。"（3，462c）

《大词典》首例引《晋书·孙绰传》。

姝好：美好。

东汉支娄迦谶译《阿閦佛国经》卷上《阿閦佛刹善快品第

二》："其刹中树木常有花实，人民皆从树取五色衣被，众共享着之，其衣被甚姝好，无败色者。"（11，755c）

《大词典》首例引《法华经·譬喻品》。

殊妙：犹绝妙。

东汉竺大力共康孟详译《修行本起经》卷下《出家品第五》："于是王与群臣，出诣道士，遥见太子光相殊妙。便问太子：是何神乎?"（3，468b）

《大词典》首例引晋陶潜《读〈山海经〉》诗。

睡眠：睡觉。

东汉支娄迦谶《阿閦佛国经》卷上《发意受慧品第一》："第一意若发弟子缘一觉意，第二唯意念淫欲，第三若发意念睡眠，念众想由誉，第四发意念狐疑，第五乃至成最正觉。"（11，752a）

《大词典》首例引《百喻经·小儿得欢喜丸喻》。

思望：思慕向往。

东汉竺大力共康孟详译《修行本起经》卷下《出家品第五》："身贪细滑，牵于爱欲，或于财色，思望安乐。"（3，471c）

《大词典》首例引《三国志·蜀志·谯周传》。

速疾：迅速。

东汉竺大力共康孟详译《修行本起经》卷下《游观品第三》："时首陀会天。名难提和罗。欲令太子速疾出家。救济十方三毒火然。愿雨法水。以灭毒火。"（3，466b）

《大词典》首例引《南史·齐纪上》。

跳踉：犹跳跃。

东汉竺大力共康孟详译《修行本起经》卷下《游观品第

三》："于是车匿，即行被马，马便跳踉，不可得近。"（3，467c）

《大词典》例引《淮南子·精神训》之高诱注。此词江蓝生先生亦释，但她说"'跳踉'一词魏晋六朝方见"（江蓝生，1988：196），不确。此词东汉佛经已见。

挺直：伸直。

东汉竺大力共康孟详译《修行本起经》卷下《游观品第三》："魂灵去矣，身体挺直，无所复知。"（3，467a）

《大词典》首例引《二刻拍案惊奇》。

同共：共同，一起。

东汉支娄迦谶译《阿閦佛国经》卷上《弟子学成品第三》："诸弟子不复行求衣钵也，亦不裁衣，亦不缝衣，亦不浣衣，亦不染衣，亦不作衣，亦不教人作，以佛威神所致，同共安乐自然生。"（11，757b）

《大词典》首例引宋欧阳修《论矾务利害状》。

投托：投靠托身。

东汉昙果共康孟详译《中本起经》卷下《须达品第七》："久承令懿，注仰虚心，闻有道训，八关斋法，故远投托，幸蒙示导。"（4，157a）

《大词典》首例引金董解元《西厢记诸宫调》。

我身：我自己；我这个人。

东汉竺大力共康孟详译《修行本起经》卷上《现变品第一》："女誓后世生，随君所施与，儿子及我身，今佛知我意，仁者慈愍我，唯赐求所愿。"（3，462a）

《大词典》首例引唐韩愈《赠张籍》诗。

诬妄：谓以不实之词冤枉别人。

东汉安世高译《道地经》："从有说行两贱贼人共语，亦谗失诚诬妄论议，一切食不避恶不净。"（15，233c）

按："诬妄"同义复词，《说文·言部》："诬，加也，人言巫声。"慧琳《一切经音义》卷第十八《大乘大集地藏十轮经音并序》第二卷引"杜注《左传》云：诬，欺也。郑注《礼记》诬，妄也"。

"诬妄"一词，《大词典》首引清钱泳《履园丛话》。

戏场：表演场地。

东汉竺大力共康孟详译《修行本起经》卷上《菩萨降身品第二》："王敕群臣：'当出戏场，观诸技术。'王语优陀：'汝告太子，为尔娶妻，当现奇艺。'优陀受教往告太子：'王为娶妻，令试礼乐，宜就戏场。'"（3，465c）

《大词典》首例引《隋书·音乐志下》。

嫌隙：因猜疑或不满而产生的恶感、仇怨。

东汉支娄迦谶译《般舟三昧经》卷中《拥护品第八》："蚖蛇含毒诚可畏，见彼行者毒疾除，不复瞋恚吐恶气，诵是三昧得如是，怨仇嫌隙莫能当，天龙鬼神真陀罗，睹其威光皆嘿然，学此三昧得如是。"（13，913b）

《大词典》首例引《三国志·魏志·胡质传》。

消除：除去。

东汉支娄迦谶译《阿閦佛国经》卷下《诸菩萨学成品第四》："阿閦佛昔求菩萨道时，行愿德本，如是乃得佛道，消除于憋魔，毒不复娆人。"（11，759a）

《大词典》首例引《魏书·世祖太武帝纪上》。

晓了：通晓、明了。

东汉支娄迦谶译《阿閦佛国经》卷下《诸菩萨学成品第

四》："若有善男子善女人，当念三事，当晓了念是三大事，若善男子善女人，以念是三大事合会德本，为一切众生作迹念持愿，作无上正真道。"（11，762a）

东汉竺大力共康孟详译《修行本起经》卷上："众智自在，晓了诸法。离于重担，逮得所愿。"（3，461a）

《大词典》首例引《弘明集·正诬论》。

羞惭：羞愧。

东汉安玄、严佛调译《法镜经》："何等为十？以为羞惭故，身服法衣。以避风暑故，身服法衣。以辟蚊虻蟆子故，身服法衣。欲以见息心形状故，身服法衣。"（12，19c）

东汉失译《佛说伅真陀罗所问如来三昧经》卷上："其欲无所罣碍，其心所念羞惭，所忍而行，从是而得成。"（15，348c）

《大词典》首例引北齐颜之推《颜氏家训·省事》。

妖媚：指妩媚而不正派。

东汉竺大力共康孟详译《修行本起经》卷下《出家品第五》："汝宿有福，受得天身。不惟无常，而作妖媚。形体虽好，而心不端。譬如画瓶中盛臭毒，将以自坏，有何等奇。"（3，470c）

《大词典》首例引《武王伐纣平话》。

医王：医术极精的人。多用以比喻诸佛或高僧等。

东汉失译《佛说伅真陀罗所问如来三昧经》卷上："知诸人相，所行随所乐喜，不失其意，而作医王之德，疗于老病死。"（15，348c）

《大词典》首例引唐陈子昂《谢药表》。

以后：比现在或某一时间晚的时期。

东汉安世高译《佛说大安般守意经》卷下："出息入息自觉，出息入息自知，当时为觉，以后为知。"（15，168b）

《大词典》首例引《后汉书·列女传序》。

璎珞：用珠玉穿成的装饰物。多用作颈饰。

东汉支娄迦谶译《阿閦佛国经》卷上《阿閦佛刹善快品第二》："阿閦如来佛刹女人，意欲得珠玑璎珞者，便于树上取着之，欲得衣被者，亦从树上取衣之。"（11，756b）

《大词典》首例引《南史·夷貊传上·林邑国》。

忧畏：忧虑畏怯。

东汉竺火力共康孟详译《修行本起经》卷下《出家品第五》："太子答言：'以吾所见，天地人物，出生有死，剧痛有三：老病死苦，不可得离，身为苦器，忧畏无量。'"（3，468b）

《大词典》首例引南梁萧统《〈陶渊明集〉序》。

忧悴：忧愁。

东汉竺大力共康孟详译《修行本起经》卷上《菩萨降身品第二》："王问其仆：'太子云何？其仆答言：太子日日忧悴，未尝欢乐。'"（3，465a）

《大词典》首例引《后汉书·顺帝纪》①。

于时：其时，当时。

东汉昙果共康孟详译《中本起经》卷上《转法轮品第一》："于时如来始起树下，相好严仪，明耀于世，威神震动，见者喜悦，径诣波罗奈国。"（4，148a）

《大词典》首例引《北史·后妃传下·齐后主皇后穆氏》。

---

① 本章所引《后汉书》例，均是出现在该书叙述语中的例子，下不一一说明。

瞻睹：看见。

东汉昙果共康孟详译《中本起经》卷上《转法轮品第一》："未至中间，道逢梵志，名曰优吁。瞻睹尊妙，惊喜交集。"（4，148a）

《大词典》首例引唐元稹《翰林承旨学士记》。

注仰：仰慕。

东汉昙果共康孟详译《中本起经》卷上《现变品第二》："迦叶自念：'吾名日高，国内注仰。术浅易穷，穷则名颓。当作良策，全国大望。'"（4，149c）

后世译经亦见：

西晋法炬共法立译《法句譬喻经》卷2《刀仗品第十八》："同声叹曰：'树神叹德，注仰虚心，具说所嗟，故来投托，冀示法斋住车。'"（4，592a）

刘宋佛陀什共竺道生等译《弥沙塞部和醯五分律》卷21《第三分之六皮革法》："于是诸居士作是念，弟子神力犹尚如是，况于如来应供等正觉，便回心注仰。"（22，145c）

《大词典》首引南朝梁萧统《解法身义》例。

罪咎：过失；罪愆。

东汉竺大力共康孟详译《修行本起经》卷下《出家品第五》："愍伤一切皆有饥渴、寒暑、得失、罪咎、艰难之患，欲令安隐，以一其意而起喜心。"（3，469b）

《大词典》首例引《孔子家语·哀公问政》①。

---

① 《孔子家语》系三国王肃伪造，时代略晚于东汉佛经。

第二节　东汉佛经中的新义

一、《大词典》未收的新义

譬喻：比如。

东汉竺大力共康孟详译《修行本起经》卷上《现变品第一》："初求佛道以来，精神受形，周遍五道，一身死坏，复受一身，生死无量。譬喻尽天下草木，斩以为筹，计吾故身，不能数矣。"（3，461b）

《大词典》收有二义：（1）比喻；（2）晓譬劝喻。与此义不同。

边臣：近臣。

东汉支娄迦谶译《阿閦佛国经》卷下《诸菩萨学成品第四》："求菩萨道人，当如大王城所有宝处，太子为无有恐难，观诃閦佛刹当如大王。憋魔见求菩萨道者，如是不复娆乱，譬如王边臣难当。"（11，759b）

边臣，《大词典》释为"驻守边疆的大臣、官员"。此例为"近臣"义，是别一义。

愁毒：即愁苦。

东汉支娄迦谶译《道行般若经》卷3《泥犁品第五》："傥闻说是事，其人沸血便从面孔出，或恐便死，因是被大痛，其人闻之，心便愁毒，如自消尽，譬如断华着日中，即为萎枯。"（8，441b）

又卷4《觉品第九》："弟子闻其所言，甚大愁毒。即自念言：'我悉见经已，不肯与我，当奈之何？'"（8，448b）

又卷8《释提桓因品第二十》："当是时三千大千国土中弊魔，一切心中皆愁毒，欲共坏乱是菩萨摩诃萨。"（8，463c）

又卷9《不可尽品第二十六》："当尔时魔大愁毒，譬如父母新死，啼哭愁毒忧思，菩萨行般若波罗蜜时，魔愁毒如是。"（8，469c）

东汉失译《佛说伅真陀罗所问如来三昧经》卷中："十二者若有侯王，若有傍臣，若有迦罗越，傥有无子愁毒者，便化入腹中作子，各为父母家室。说经令得度脱。"（15，359a）

愁毒，即愁苦，"毒"为译经中常用的构词语素（朱庆之，1992：146—148）。《大词典》引《后汉书·杨秉传》释为"愁苦怨恨"，与此义不同。

处：嫁。

东汉竺大力共康孟详译《修行本起经》卷上《试艺品第三》："善觉听之，表白净王：女即七日，自出求处国中勇武技术最胜者，尔乃为之。"（3，465c）

此义《大词典》失收。

忽易：轻视、看不起。

东汉安玄、严佛调译《法镜经》卷1《序》："又如来复曰：'未学者不当忽易，非此彼遇劳过也。'"（12，19a）

《大宝积经》卷14，西晋竺法护译《密迹金刚力士会》第三之一："七曰：'若有羸劣人所轻慢，敬念恋之，令无忽易者。'"（11，76a）

《大词典》举宋苏轼《谢除两职守礼部尚书表》，释为"忽略，忽视"。是别一义。

防护：爱护。

东汉支曜译《佛说成具光明定意经》:"是十二神又有愿于佛,当防护是持法者,行是成具光明定意法诫处,当令有五清净。"(15,458a)

《大词典》收有二义:(1)防备;(2)防止。皆与此例不合。

何如:什么。

东汉竺大力共康孟详译《修行本起经》卷下《游观品第三》:"何如为病?答言:人有四大,地水火风,……将节失所,卧起无常故致斯病。"(3,466c)

又:"何如为死?答言:死者尽也,精神去矣。"(3,467a)

《大词典》未收此义。

剧痛:苦痛。

东汉竺大力共康孟详译《修行本起经》卷下《出家品第五》:"太子答言:'以吾所见,天地人物,出生有死,剧痛有三:老病死苦,不可得离。'"(3,468b)

《大词典》释"剧痛"为"剧烈的疼痛",未收此义。

考责:责备。

东汉支娄迦谶译《道行般若经》卷8《贡高品第二十一》:"若有菩萨,若骂詈瞋恨自念:咄!我所作无拔,后终不敢复作是,复自考责,人道难得,用是故,悉当忍于人,何况乃当与人共诤言乎?"(8,464b)

"考责"为"责备"义。

符秦昙摩难提译《增一阿含经》卷36《八难品第四十二之一》:"是时尊者阿难悲泣涕零,不能自胜,义自考责,既未成道,为结所缚,然今世尊舍我灭度,当何恃怙?"(2,751a)

西晋竺法护译《佛说普门品经》卷1:"若有菩萨摩诃萨,

身体病痛，小病大病一等无异，当知犯三界众生，随其痛处呼三界众生名字，深自考责，投身散发堕泪，自忏悔三尊。"（11，774c）《大词典》释为"拷打勒索"，最早举《三国志·魏志·常林传》，别是一义。

甫当：正当；刚刚。

东汉支娄迦谶译《阿閦佛国经》卷下《诸菩萨学成品第四》："若有善男子善女人，于是世界若他方世界终亡，往生阿閦佛刹者，甫当生者，即当得住弟子缘一觉地。"（11，758b）

又："若一世菩萨于是世界他方世界终亡，生阿閦佛刹者，甫当生者，皆得阿惟越致。"（11，758c）

又："不当其有生阿閦佛刹者，甫当生者，皆一种类道行悉等。"（11，759b）

甫当，《大词典》释为"始终"，引《潜夫论·述赦》。此处别是一义。

空闲：空旷。

东汉支娄迦谶译《阿閦佛国经》卷下《诸菩萨学成品第四》："炎天言：'乃作是无所着，知止足空闲处作行，其刹诸魔，教人出家学道，不复娆人。'"（11，759a）

东汉支娄迦谶译《道行般若经》卷2《功德品第三》："善男子善女人，学般若波罗蜜者，持者诵者，若于空闲处，若于僻隈处，亦不恐亦不怖亦不畏。"（8，431a）

东汉支娄迦谶译《道行般若经》卷9《萨陀波伦菩萨品第二十八》："我本索般若波罗蜜时，于空闲山中大啼哭。"（8，473b）

东汉失译《佛说伅真陀罗所问如来三昧经》卷中："二十六

者菩萨习乐于空闲之处，乐于经法，是为持戒。"（15，357a）

此义《大词典》未收。

耆长：长者。

  东汉竺大力共康孟详译《修行本起经》卷下《出家品第五》："诸耆长曰：夫老病死，自世之常，何独预忧？乃弃美号，隐遁潜居，以劳其形，不亦难耶。"（3，468b）

《尔雅·释诂》："耆，长也"。郝懿行义疏："耆者，《说文》云'老也'。老即长。"耆长，即长者。《大词典》："耆长"亦称"耆户长"。古代差役名，职司逐捕盗贼。例引《资治通鉴》。未收此义。

盲冥：指愚蒙之人。

  东汉竺大力共康孟详译《修行本起经》卷上《现变品第一》："寿终上生兜术天上，欲救一切摄度盲冥，从上来下，为转轮王飞行皇帝，七宝导从。"（3，462c）

盲冥，《大词典》释为"眼睛失明"，例《大词典》首引唐玄奘《大唐西域记·香象池》，此指愚蒙之人。

求索：求娉、求取。

  东汉竺大力共康孟详译《修行本起经》卷上《现变品第一》："是时白净王，欢喜踊跃，贪得飞行皇帝来生其家，即便求索娉迎为妻。"（3，463b）

  东汉竺大力共康孟详译《修行本起经》卷上《试艺品第三》："父言：'坐汝令吾忧耳。'女言：'云何为我？'父言：'闻诸国王来求索汝，吾皆不许。'"（3，465b）

此义《大词典》失收。

体力：身体。

  东汉竺大力共康孟详译《修行本起经》卷上《试艺品第

三》："女即问王：'体力不安？何故不乐？'父言：'坐汝令吾忧耳。'"（3，465b）

体力，《大词典》释为"人体活动时所能付出的力量"，是别一义。

向：攻打。

东汉竺大力共康孟详译《修行本起经》卷上《现变品第一》："是时国中，百官群臣，谓佛大众来攻夺国，皆共议言：'今当兴师，逆往拒之，不宜与国。即时相率，欲以向佛。'"（3，461b）

东汉竺大力共康孟详译《修行本起经》卷上《现变品第一》："王见惶怖，疑解心伏。即出诣佛，叩头自悔：禀性空顽，恶意向佛，愚人所误，幸唯原之。"（3，461c）

"向"有"攻打"义，《东汉魏晋南北朝史书词语笺释》已释，最早引《三国志》（方一新，1997：151—152）。此义《大词典》失收。

形类：形体。

东汉支娄迦谶译《阿閦佛国经》卷下《诸菩萨学成品第四》："阿閦佛远住遥见他方世界诸住菩萨摩诃萨，见其颜色形类，譬如神通比丘远住知他人意所念。"（11，63a）

"形类"，《大词典》释为"形体类别"，引《孔丛子·记问》。此例"形类"为"形体"义，后世佛经中亦见。

西晋竺法护译《阿差末菩萨经》卷5："或因毛孔而演大光，或立威神，随其形类而开度之，应病与药，各令得所。"（13，601b）

后秦鸠摩罗什译《大智度论》卷17《禅波罗蜜第二十八》：

"麂鹿饮之，即时有娠，满月生子，形类如人，唯头有一角，其足似鹿。"（25，183a）

唐玄奘译《大般若波罗蜜多经》卷 600："如众鸟等依妙高山，形类虽殊而同一色。"（7，1108a）

瞻视：照看，看护。

东汉安玄、严佛调译《法镜经》："施而供养，父母知识，臣下昆弟，亲属为以敬之，奴客侍者，瞻视调均，亦以教化。"（12，16b）

此义《大词典》失收。《魏晋南北朝词语例释》已释，例不及东汉（蔡镜浩，1990：414）。

战慄：发抖。

东汉竺大力共康孟详译《修行本起经》卷下《游观品第三》："头手胱掉，躯体战慄，恶露自出，坐卧其上。"（3，466b）

《大词典》释为"恐惧"，引唐赵元一《奉天录》例。此处义为"发抖"，恐惧义当从"发抖"引申而来。

中间：……时。指时间上的某一个点。

东汉昙果共康孟详译《中本起经》卷上《转法轮品第一》："见者喜悦，径诣波罗奈国，未至中间，道逢梵志。"（4，148a）

东汉昙果共康孟详译《中本起经》卷下《须达品第七》："佛者至尊，举足中间，福佑难量，恨吾生存不获睹佛。"（4，156b）

"中间"表示一个时间点，与常义不同。"中"有"时"义，中土文献已见，如：

《三国志·蜀志·关羽传》裴注引《蜀记》："及在夏口，飘摇江渚。羽怒曰：'往日猎中，若从羽言，可无今日之困。'"

另有"中时"一词，与此义同：

　　东汉支娄迦谶译《道行般若经》卷6《怛竭优婆夷品第十六》："令我刹中人悉得萨芸若八味水，菩萨至谷贵中时心不恐怖，令我刹中人在所愿，所索饮食悉在前，如忉利天上食饮，菩萨在疾疫中时。"（8，457c）

我们对照下面一个句子，这一意义就更加清楚了。

　　东汉安世高译《七处三观经》卷1："何等为五福？一者远来布施，二者为欲去布施，三为病瘦布施，四为谷贵时布施，五为尝新未自食。"（2，878a）

上句"谷贵中时"下句为"谷贵时"，"中"与"时"同义。

专愚：指愚顽不通。

　　东汉竺大力共康孟详译《修行本起经》卷下《出家品第五》："于是菩萨，行起慈心，遍念众生老耄专愚，不免疾病死丧之痛。"（3，469b）

专愚，《大词典》释为"谓用心专一而至不通情事"，引《后汉书·朱穆传》。"专愚"亦有愚顽不通义，后世译经多见，如：

　　西晋竺法护译《佛说四辈经》："若出家若居家修道，皆狂醉众色，不复承用佛经法，专愚自用。"（17，705b）

　　后秦鸠摩罗什等译《禅秘要法经》卷2："有从学者，不肯教授，专愚贡高，不修正念。"（15，258c）

二、《大词典》释例晚收的新义

哀念：（2）犹怜悯。①

――――――――――

① （2）指《大词典》中义项的序号，下同。

东汉支娄迦谶译《阿閦佛国经》卷 1《发意受慧品第一》："于众人民，以仪故哀念安定，以大身于世间无盖，哀伤诸天及人。"（11，751c）

《大词典》首引《后汉书·赵孝传》。

背弃：（2）死亡的婉辞。

东汉昙果共康孟详译《中本起经》卷下《度波斯匿王品第十》："王即离席，挥泪对曰：'国大夫人，背弃天下，侍送灵枢，安措始还。'"（4，160b）

此义《大词典》首引晋陆云《岁暮赋》序。

聪明：（3）智力强，天资高。

东汉竺大力共康孟详译《修行本起经》卷上《现变品第一》："生一太子，字为灯光，聪明智远，世之少双。"（3，461b）

又："最聪明智能者，应受斯物。"（3，461c）

《大词典》首引《后汉书·应奉传》。

晨朝：清晨。

东汉支曜译《佛说成具光明定意经》："一时佛在迦维罗卫国精舍中止，晨朝整服呼语阿难，汝请诸明士、除恶众、及无着履迹等来，今日当有上问异要。"（15，451b）

东汉昙果共康孟详译《中本起经》卷上《化迦叶品第三》："迦叶见光，疑佛事火，晨朝问佛：大道人，必事火也。"（4，151a）

《大词典》首引唐玄奘《大唐西域记·摩揭陀国上》。

出：卖出。

东汉昙果共康孟详译《中本起经》卷下《须达品第七》：

"祇了无卖意。求之不止，恚而言曰：'若能以金钱，集布满园，尔乃出耳。'重问：'审实尔不？'祇谓：'价高子必不及戏言决耳，复何疑哉？'"（4，156c）

《大词典》首引宋曾巩《摧易》诗。

摧伤：（2）谓伤痛之极。

东汉竺大力共康孟详译《修行本起经》卷下《出家品第五》："王见裘夷泣，五内皆摧伤。自抑告言曰：'吾子学自然。国中臣民，见王及裘夷哽咽悲泣，莫不为摧伤。'"（3，468）

《大词典》首引晋潘岳《寡妇赋》。

道士：（4）佛教徒；和尚。

东汉竺大力共康孟详译《修行本起经》卷下《出家品第五》："朝有道士，经国过去，光相威仪，非世所有。国人大小，追出而观，于今未还。"（3，468b）

《大词典》首引南朝梁慧皎《高僧传》。此时太子已出家，当指佛教徒。

方术：（4）方法；策略。

东汉竺大力共康孟详译《修行本起经》卷下《游观品第三》："即召群臣，各使建议，设何方术，当令太子不出学道。"（3，467b）

《大词典》首引清康有为《大同书》。

罣碍：（2）羁绊。

东汉支娄迦谶译《阿閦佛国经》卷上《发意受慧品第一》："世世所说事，不有无所罣碍高明之行。"（11，752b）

又《阿閦佛刹善快品第二》："阿閦佛刹无有日月光明所照，亦无有窈冥之处，亦无有罣碍。"（11，756b）

《大词典》首引《百喻经·毗舍阇鬼喻》。

故：陈旧的。

东汉竺大力共康孟详译《修行本起经》卷下《游观品第三》："老则形变，喻如故车。"（3，466c）

《大词典》首引《齐民要术》例。

恍惚：（3）倏忽，瞬息之间。

东汉支娄迦谶译《文殊师利问菩萨署经》："闻是言已，恍惚不知其处。"（14，439c）

东汉支曜译《佛说成具光明定意经》："水盥已毕，如伸臂顷，佛与大众恍惚而还，在精舍坐。"（15，452b）

东汉支娄迦谶译《佛说阿阇世王经》卷下："诸菩萨从座起，为释迦文佛作礼，于是恍惚而不见，各各还其刹土。"（15，405c）

此义《大词典》首引南朝鲍照《代升天行》。

覆蔽：掩蔽；覆盖。

东汉失译《佛说伅真陀罗所问如来三昧经》卷上："譬若如随蓝风起时，以是故吾等而不能自制，今乃知上人之所作，其功德不可当。诸声闻之所有，今悉为是音而覆蔽。"（15，352a）

东汉失译《佛说伅真陀罗所问如来三昧经》卷上："诸声闻之所有威神之力，皆悉为琴声而所覆蔽。"（15，352a）

《大词典》首引《隋书·天文志》。

还复：恢复。

东汉支娄迦谶译《阿閦佛国经》卷下《阿閦佛刹善快品第二》："其地行足蹈其上即减。这举足便还复如故。"（11，755c）

又《诸菩萨学成品第四》："阿閦佛身中自出火，还烧身已

便作金色，即碎若芥子，不复还复，讫已便自然生。"（11，761a）

《大词典》首引《后汉书·献帝纪》。

减：（3）不足，不到。

东汉安世高译《佛说大安般守意经》卷上："何等为两恶？莫过十息，莫减十数。"（15，165a）

东汉安世高译《佛说大安般守意经》卷上："问何等为莫过十数？莫减十数？报息已尽未数是为过，息未尽便数是为减，失数亦恶不及亦恶，是为两恶。"（15，165a）

此义《大词典》首引北魏郦道元《水经注·河水一》。

绝：全然。

东汉支娄迦谶译《道行般若经》卷7《远离品第十八》："我乐使作是行，不使远行绝无人处于中也。"（8，461a）

东汉竺大力共康孟详译《修行本起经》卷上《试艺品第三》："善觉归国，愁忧不乐，绝不饮食。"（3，465b）

《大词典》首引《老学庵笔记》卷四。

开化：开导、感化。

东汉竺大力共康孟详译《修行本起经》卷上《现变品第一》："神德光明，无昼无夜，从比丘众六十二万，游行世界，开化群生。"（3，461b）

《大词典》首引唐玄奘《大唐西域记·婆罗痆斯国》。

蒙眬：（2）模糊，不分明。

东汉支娄迦谶译《般舟三昧经》卷下《请佛品第十》："一者乐于深经，无有尽时，不可得极。悉脱于众灾变去，以脱诸垢中，以去冥入明，诸蒙眬悉消尽。"（13，915a）

《大词典》首引明高明《琵琶记》。

前世：（2）前生，前一辈子。

东汉支娄迦谶译《道行般若经》卷7《远离品第十八》："若前世时行净洁故，功德所致，今若还是功德耳。"（8，460b）

东汉支娄迦谶译《阿閦佛国经》卷下《诸菩萨学成品第四》："舍利弗，是善男子善女人，前世为皆已闻见。"（11，762c）

《大词典》此义首引北齐颜之推《颜氏家训·归心》。

稍：（9）副词。立刻。

东汉支娄迦谶译《阿閦佛国经》卷下《诸菩萨学成品第四》："菩萨摩诃萨自以功德，稍于虚空疾行，都不复知其处。"（11，761b）

此义《大词典》首引南朝梁沈约《应诏乐游苑饯吕僧珍》诗。

蹴蹋：踩踏。

东汉安世高译《阿含口解十二因缘经》："身痛者，谓得刀杖瓦石蹴蹋，二者病瘦，三者死。"（25，54c）

此义《大词典》首引唐杜甫《韦讽录事宅观曹将军画马图》。

踟蹰：（3）逗留；歇息。

东汉昙果共康孟详译《中本起经》卷下《须达品第七》："伯勤亲供不容得出，须达踟蹰殊久，呼使而曰：'吾故远至，以展不面，虚心在昔，驰散所怀，不谓今日见薄不偶？'"（4，156a）

《大词典》首引《太平广记》卷490所记唐王洙《东阳夜怪录》例。

偶：碰上，遇见。

东汉昙果共康孟详译《中本起经》卷下《须达品第七》："伯勤亲供不容得出，须达踟蹰殊久，呼使而曰：'吾故远至，以展不面，虚心在昔，驰散所怀，不谓今日见薄不偶？'"（4，156a）

《大词典》元稹诗为例。王云路先生举《宋诗》卷五宋孝武帝刘骏《幸中兴堂饯江夏王》："送行怅川逝，以酌偶岁阴。"（王云路，1997：263）此义可溯至东汉。

严峻：（2）犹险峻。

东汉竺大力共康孟详译《修行本起经》卷上《现变品第一》："佛以六通，逆照其心，化作大城，广大严峻，与彼城对。"（03，461b）

《大词典》首引萧军《羊》。此指高大威严。

用：介词。犹于。表示时间。

东汉竺大力共康孟详译《修行本起经》卷上《菩萨降身品第二》："用四月八日，夫人沐浴，涂香着新衣毕，小如安身。"（3，463b）

《大词典》首引唐朝韩愈《平淮西碑》。

求通：（2）谓拜见主人时，请管门人通报姓名。

东汉竺大力共康孟详译《修行本起经》卷上《菩萨降身品第二》："门监白王：阿夷在门。王愕然曰：'阿夷常飞，今者何故在门求通？'"（3，464b）

《大词典》首引《后汉书·丁鸿传》。

转：更加。

东汉竺大力共康孟详译《修行本起经》卷上《试艺品第三》："仆答王言：'忧思不乐，身体羸瘦，转不如前。'"（3，

466a)

《大词典》首引《百喻经·就楼磨刀喻》。

皱：打皱，皮肤因松弛而起纹路。

　　东汉竺大力共康孟详译《修行本起经》卷下《游观品第
三》："头白齿落，皮缓面皱。"（3，466c）

《大词典》首引唐李贺《嘲少年》诗。

品类：（2）指万物。

　　东汉竺大力共康孟详译《修行本起经》卷下《游观品第
三》："菩萨见此众生品类，展转相吞，慈心愍伤，即于树下得
第一禅。"（3，467b）

《大词典》首引唐韩愈《皇帝即位降赦贺观察使状》。

惊觉：（2）受惊而觉醒；惊醒。

　　东汉竺大力共康孟详译《修行本起经》卷下《游观品第
三》："向者梦中见，须弥山崩，月明落地，珠光忽灭，头髻堕
地，人夺我盖，是故惊觉。"（3，467c）

《大词典》首引晋干宝《搜神记》。

来：（12）以来，表示时间从过去某时持续到现在。

　　东汉昙果共康孟详译《中本起经》卷上《转法轮品第一》：
"天承圣旨，空中白言：'彼二人者，亡来七日。'"（4，147c）

《大词典》首引唐白居易《闭关》诗。

明旦：（2）明晨。

　　东汉昙果共康孟详译《中本起经》卷上《化迦叶品第三》：
"于是如来，还诣摩竭提界，至优为罗县。暮止梵志斯奈园，明
旦持钵，诣斯奈门。"（4，150a）

　　东汉竺大力共康孟详译《修行本起经》卷下《游观品第

三》："梵志答言：'明旦日出，七宝当至。王大欢喜，必成圣王。'"（3，467c）

《大词典》首引唐张说《钦州守岁》诗。

腻：黏腻。

东汉安世高译《长阿含十报法经》卷1："弟子持器，若杅若釜，澡豆水渍，已渍，和使澡豆着腻，内外着腻不复散。"（1，234b）

《大词典》首引北魏贾思勰《齐民要术·种红蓝花法·栀子》。

通利：流利；熟练。

东汉支娄迦谶译《般舟三昧经》卷上《问事品第一》："见佛极大慈欢喜，所学诸佛经通利，于大众中无所畏，于大众中无有能过者，名声极远。"（13，904a）

东汉支娄迦谶译《般舟三昧经》卷中《四辈品第六》："常奉持五戒，一月八关斋，斋时于佛寺，学三昧通利，不得说人恶，无形轻慢行。"（13，910b）

《中古汉语语词例释》已释此词，首引《禅秘要法经》（王云路、方一新，1992：368）。此义东汉佛经中已出现。

至到：（3）到。

东汉支娄迦谶译《阿閦佛国经》卷上《阿閦佛刹善快品第二》："阿閦如来若入郡国县邑，所至到处，亦等如入殿舍时也，亦自然生千叶金色莲华。"（11，756c）

东汉支娄迦谶译《佛说阿阇世王经》卷下："诸菩萨皆白佛：'吾等悉当奉行，所至到诸佛刹，当以法而化人。'"（15，405c）

《大词典》首引刘勰《文心雕龙·哀吊》。

第三节　东汉佛经词语例释

逼迮：(1) 拥挤，狭窄。形容词。

东汉支曜译《佛说成具光明定意经》："于是复以一切十方诸佛之国，以内方圆一尺之器中而不逼迮，现变毕竟耀如常故。"(15，456c)

按：逼迮，希麟《续一切经音义》卷第四《大乘瑜伽千钵文殊大教王经卷》第九引"逼迮"条："上彼力反，《切韵》：逼，迫也。《考声》云：逼，近也。下侧伯反，《玉篇》：戹也，亦迫也，或作窄，亦同。""逼迮"，义即"拥挤、狭窄"。此词东汉佛经中首见，后世常用：

西晋竺法护译《修行道地经》卷1《五阴成败品》："其小儿在母腹中，处生藏之下熟藏之上。男儿背外而面向内在左胁也，女子背母而面向外处在右胁也。苦痛臭处污露不净，一切骨节缩不得伸，捐在革囊腹网缠裹，藏血涂染所处逼迮，依因屎尿瑕秽若斯。"(15，187c)

符秦僧伽跋澄译《鞞婆沙论》卷14《解十门大章》："或曰：'卵生湿生者逼迮，圣人者意广。'"(28，522b)

东晋僧伽提婆译《增一阿含经》卷37《八难品》："大海之中皆容极大之形，百由旬形，乃至七千由旬形，亦不逼迮。是谓第六未曾有之法。"(2，753a)

(2) 又有"逼紧，拥挤"一义，此为动词。

后秦佛陀耶舍共竺佛念等译《四分律》卷46《覆藏揵度第十三》："若欲洗浴入浴室，应白清净比丘。若作如是意，欲白清净比丘，恐烦乱共相逼迮者，直尔入浴室。在清净比丘后揩摩身，彼即入浴室，至清净比丘后住，应为余比丘揩摩身，不应受他揩摩身。为清净比丘洗浴已，然后自浴。"（22，905a）

姚秦罗什法师译《思惟略要法》："当知处胎不净苦厄，逼迮切身，犹如地狱。"（15，300b）

失译人名今附秦录别译《杂阿含经》卷10《二诵》："佛告犊子：'是佛法中，非一二三乃至五百，其数众多，如斯等人。乃与男女群居，逼迮共住。'"（2，446b）

元魏瞿昙般若流支译《正法念处经》卷3《生死品第二》："彼于乐受心不生喜，不生喜乐不赞彼受，亦不多作，不生味着。如是苦受不能逼迮，不恼不乱。"（17，14a）

元魏瞿昙般若流支译《正法念处经》卷17《饿鬼品第四之一》："堕毗利差饿鬼之中（毗利差魏言树），生在树中，以恶业故，寒则大寒，热则大热，逼迮压身，如贼木虫。受大苦恼，身体萎熟，为诸虫蚁，唼食其身。"（17，102b）

元魏毗目智仙译《转法轮经忧波提舍》卷1《忧波提舍翻译之记》："又复胜相何者？胜相苦逼迮，相集能生相灭寂静。"（26，358a）

匆务：匆忙。

东汉昙果共康孟详译《中本起经》卷下《佛食马麦品第十三》："持所得麦，造一老母：'佛者至尊，法御上圣，今欲饭佛，请母熟之，功德无量。'母答阿难：'吾今匆务，不能得为。'比居一母，闻叹佛尊，驰出求索。阿难授之，即时令熟。"（4，163a）

"匆务"一词，六朝译经中常见。①

后秦弗若多罗共罗什译《十诵律》卷3："尔时有鹿子长者儿，名曰迦罗，聪智利根，众人所问，常为断疑，他事匆务。"（23，18a）

东晋佛陀跋陀罗共法显译《摩诃僧祇律》卷23《明杂诵跋渠法之一》："舍卫城中有居士，名阿那邠坻，素与郁虔特相亲友，来到其家，见其匆务庄严洒扫，即问言：'居士，何故匆务？欲嫁女？娶妇？请婆罗门？请王大臣耶？'"（22，415b）

东晋佛陀跋陀罗共法显译《摩诃僧祇律》卷20《明单提九十二事法之一》："时优婆夷料理家业，众事匆务，无暇听法，便嫌比丘言：'置令凡夫人，若死堕恶道，阿阇梨但自忧己，莫忧他人。'"（22，389c）

北凉昙无谶《悲华经》卷6《诸菩萨本授记品第四之一》："各各相畏憧仆声，处胎臭秽不净声，寒热饥渴疲极声，耕犁种殖匆务声，种种工巧疲厌声，疾病患苦羸损声。"（3，207a）

陈真谛译《佛阿毗昙经出家相品》卷2："我今问汝，随所问汝，汝当答我，实当言实。不实当言不实。……汝非不能自安立不？汝非转根人不？汝无余匆务事不？汝非阍人不？……"（24，969c）

失译《萨婆多毗尼毗婆沙》卷3《十三事初》："诸女人何以来看？一以世间，多事多诸匆务，出家人所住处，寂静安乐故。……"（23，519c）

---

① 六朝译经中也常见"怱务"，《大词典》同样失收。辛岛静志将其解释为"匆忙的，忙碌"（详见辛岛静志，2005：18），张丽薇（2019）则认为"怱务"有三种义项：（1）匆忙，忙碌；（2）繁多，繁忙；（3）繁多的事。

失译《毗尼母经》卷3："又于一时，毗舍佉鹿母外大得果来，此果甜美，不敢自食，即请佛及僧设食，兼欲与果供养佛及僧。佛众僧食已起去，毗舍佉鹿母事多匆务，忘不行果，去后乃忆。"(24，817b)

"匆务"一词，《大词典》失收。

端严：端正、漂亮。

东汉支曜译《佛说成具光明定意经》："又见天尊，足不履地，相轮罥列，端严如画，身空体轻，在所变现。"(15，452c)

按：端严，《大词典》释为"端庄严谨；庄严"，引汉应劭《风俗通·十反·宗正南阳刘祖》例，与此例不合。"端严"有"端正、漂亮"义，如：

隋阇那崛多译《佛本行集经》卷2《发心供养品第一》："尔时有一城外村人，共城内人，欲结婚娶，来入城邑。彼人见城，端严殊妙，世所希有。"(3，661a)

又卷8《从园还城品第七上》："转轮圣王，寿命长远，终无横死，少病少恼，身体端严，世间无比。"(3，690c)

唐玄奘《阿毗达磨大毗婆沙论》卷82《结蕴第二中十门纳息第四之一》："彼于先时多修善业，故今感得尊贵家生，形貌端严，众所乐见。"(27，422b)

断当：判决。

东汉昙果共康孟详译《中本起经》卷下《须达品第七》："二人共诤，举国耆老，驰往谏止。耆老断当：'地价已决，不应得悔。'"(4，156c)

按："断当"一词，《大词典》释为"商订"，举唐陆希声《阳羡杂咏·弄云亭》例。不当。《玉篇·斤部》："断，了乱切，决也。"

"断当"同义复词,"断当"为"判决"义,请看如下诸例:

失译《佛说兴起行经》卷 2《佛说婆罗门女栴沙谤佛缘经第八》:"佛复语王:'是口行者,欲行口行时,先意思惟。若在大会讲论法时,若在都坐断当律时,设问我者,我当违反彼说,此间非是巳事。'"(4,171b)

后秦鸠摩罗什译《大智度论》卷 14《初序品中·羼提波罗蜜义第二十四》:"积瞋之人,恶心渐大,至不可至,杀父杀君,恶意向佛。如拘睒弥国比丘,以小因缘,瞋心转大,分为二部。若欲断当,终竟三月,犹不可了。"(25,167b)

东晋佛陀跋陀罗共法显译《摩诃僧祇律》卷 6《明僧残戒之一》:"离婚者有国土法,夫妇不相乐。乐便诣王所,输三钱半二张劫贝,而求断当,听使离婚。"(22,273b)

"断当"又作名词:

后秦佛陀耶舍共竺佛念译《长阿含经》卷 14《第三分梵动经第二》:"沙门瞿昙舍离饮酒,不着香华,不观歌舞,……不以斗秤欺诳于人,亦不贩卖券要断当,亦不取受抵债横生无端,亦不阴谋面背有异。"(1,89a)

另有"处当"一词,与"断当"同义,《大词典》已收,释为"判决,决断",首例举《风俗通义·十反·赵相汝南李统》,这里举一条东汉佛典例,比之略早:

东汉昙果共康孟详译《中本起经》卷下《须达品第七》:"长者须达,承佛圣旨,进前长跪,而白世尊:'余能堪任,兴立精舍,唯须比丘,监临处当。'"(4,156b)

"处当"后来使用范围扩大,泛指处理,办理。吴金华先生已揭此义(吴金华,2000:141)。

肪膏：脂肪。

东汉安世高译《道地经》："复一风起名成风，令病者青血肪膏大小便生熟热寒涩令干从处却。"（15，233b）

又："或复风起盛肌色，或白或黑或黄或赤好不好，是七日中脑血肪膏髓热寒涕大小便道开，三十八七日母腹中风起。"（15，234b）

按：《说文·月部》："肪，肥也。"玄应《一切经音义》卷第四十八《瑜伽师地论》第六十八卷："肪膏"条引"《通俗文》：'在腰曰肪'，肪，肥也。《三苍》：'有角曰脂，无角曰膏也。'""肪膏"即脂肪。此词后世佛经亦见：

西晋竺法护译《修行道地经》卷3《地狱品第十九》："次雨铁椎及复铁杵，黑象大山镇其身上，如搞甘蔗，若笮蒲萄，髓脑肪膏血肉不净皆自流出。"（15，202b）

肪膏，《大词典》失收，可补。

护视：照料，照看。

东汉支娄迦谶译《道行般若经》卷2《功德品第三》："般若波罗蜜所止处，一切诸天人民阿须伦鬼神龙，皆为作礼，恭敬护视。用是故，般若波罗蜜威神所护。"（8，432a）

东汉支娄迦谶译《道行般若经》卷2《功德品第三》："释提桓因白佛言：'我身自护视善男子、善女人、书般若波罗蜜者，持经卷自归作礼，承事供养，名华捣香泽香杂香缯彩华盖旗幡，我护是供养功德耳。'"（8，434c）

东汉支娄迦谶译《道行般若经》卷4《觉品第九》："譬若母人一一生子，从数至于十人，其子尚小，母而得病，不能制护，无有视者，若母安隐无他，便自养长其子，令得生活，寒温

燥湿将护视之。"（8，448c）

东汉支娄迦谶译《道行般若经》卷9《累教品第二十五》："作是学在诸学中最尊无有及者，百倍千倍万倍，是为安十方天下作是学者，困厄苦者悉护视，是为随佛法学。"（8，469b）

按："视"有"照顾"义，"护视"，同义连言，为"照料，照看"义。《大词典》释为"护卫观看"，引《东观汉记·马严传》。此义《大词典》未收。

贡上：供奉。

东汉失译《佛说伅真陀罗所问如来三昧经》卷中："伅真陀罗王得明慧三昧，闻佛所说欢喜踊跃，则以天缯贡上于佛，是间不能平其价数。则时伅真陀罗宫室八千人，以千叶华盖以贡上佛。"（15，359b）

按："贡上"，义即"供奉"，《大词典》失收。此词佛经多见：

西晋竺法护译《普曜经》卷5《六年勤苦行品第十五》："南西北方，四维上下，诸佛国土无央数众释梵四王，庄严供具，皆来贡上。"（3，513b）

西晋竺法护译《佛说大净法门经》卷1："尔时上金光首在于异日，与畏间长者子俱，市买好物而相贡上。"（17，817a）

西晋竺法护译《贤劫经》卷8《千佛发意品第二十二》："光明佛如来本宿命时，从无量威佛所初发道心，居在城市，直百千价坐具床褥，贡上其佛，缘斯积德，自致正觉，度脱一切。"（14，62b）

西晋法炬共法立译《法句譬喻经》卷2《华香品第十二》："安善往还到舍卫国，持此香璎上波斯匿王，具陈所由，念是香璎，非小人所服，谨以贡上，愿蒙纳受。"（4，585b）

东晋竺昙无兰译《采花违王上佛授决号妙花经》卷1："为王所使，行采诸华，中遥见佛，以华贡上，王大严急，既违失时，复无有华，必见危命。"（14，778c）

姚秦竺佛念译《出曜经》卷7《放逸品第五之初》："时二女人，以金盂盛糜贡上菩萨，菩萨纳受，食已澡漱，以金器投于水中。"（4，644c）

失译《菩萨本行经》卷3："于是龙王，即以栴檀摩尼明珠及诸妙宝，贡上菩萨，夫人媒女一切诸龙及诸夜叉，各各奉上异妙珍奇。"（3，123c）

垢重：烦恼。

东汉昙果共康孟详译《中本起经》卷下《度波斯匿王品第十》："正闻正言，垢重情蔽，遗疑未悟，前礼佛足，辞退还宫。"（4，159c）

按：垢重，烦恼义。黄征先生已释，举敦煌愿文例（黄征，1998：144）。其实此词在早期佛经中多见：

后秦鸠摩罗什译《大智度论》卷3《初序品中 四众义释论第七》："问曰：'何以诸比丘五千，余三众各五百？'答曰：'女人多短智能，烦恼垢重，但求喜乐，爱行多故，少能断结，使得解脱证。'"（25，84b）

后秦鸠摩罗什译《妙法莲华经》卷1《方便品第二》："如是舍利弗，劫浊乱时，众生垢重，悭贪嫉妒，成就诸不善根故，诸佛以方便力，于一佛乘分别说三。"（9，7b）

元魏瞿昙般若流支译《正法念处经》卷3《生死品第二》："又彼比丘，更以异法，微细观受，眼触生受，有粗有细，垢重不轻，与痴相随。"（17，17b）

唐代译经也见用例：

唐义净译《根本说一切有部毗奈耶杂事》卷9《第二门第四子摄颂胜鬘之余》："汝等苾刍，彼畜生趣所有众生，恶眼看时，尚能令彼不得四兵及诸财宝，何况恶生，愚痴垢重。"（24，241c）

僻隈： 偏远隐蔽。

东汉支娄迦谶译《道行般若经》卷2《功德品第三》："善男子善女人，学般若波罗蜜者，持者诵者，若于空闲处，若于僻隈处，亦不恐亦不怖亦不畏。"（8，431a）

按：慧琳《一切经音义》卷第九《道行般若经》第一卷音义引"僻隈"条"僻，邪僻也。亦避也，经中或作避，避去也。下乌块、乌回二反，谓隐蔽之处也"。《说文·阜部》："隈，水之曲也。"又《一切经音义》卷第三十八："隈，隐蔽之处也。"僻隈，义即偏远隐蔽。

又作"避隈"。

吴支谦译《大明度经》卷2《持品第三》："忉利诸天子求佛道者，未学诵获其奥者，是辈天子，皆往到是学持诵者所，若于空闲避隈处，亦不恐不怖也。"（8，483c）

后秦鸠摩罗什译《大智度论》卷13《初序品中·尸罗波罗蜜义第二十一》："亦如五逆罪人，心常自念，我为佛贼，藏覆避隈，如贼畏人。"（25，154c）

东晋佛陀跋陀罗共法显译《摩诃僧祇律》卷39《明一百四十一波夜提法之一》："设有人眠醉，狂痴心乱苦痛婴儿非人畜生，故名为一，空静者避隈无人处坐者，共坐波夜提。"（22，539c）

啤呰　啤呲　啤訾　諀訾：诋毁。

东汉支曜译《佛说成具光明定意经》："若俗之人，开学小慧，缚在四倒，闻佛弟子说度世法生死之要，便往难却。不谅真正，谤讪啤呰，贪名求胜，或加悁恚，欲往坏败，陵訾毁蔑卑易弱之。"（15，456b）

按："啤呰"一词，他经也有：

旧题东汉安世高译《佛说分别善恶所起经》："佛言人于世间，喜两舌谗人，喜恶口妄言绮语，自贡高诽谤圣道，嫉贤妒能，啤呰高才，从是得五恶。"（17，518b）

又作"啤呲"：

吴支谦译《佛说法律三昧经》卷1："有人虽学，无有至意，但欲容身，虚饰自可，得经好语，与非其人，令到见者，诣意啤呲。以为不然。"（15，458c）

或作"諀訾"。

旧题东汉安世高译《阿难问事佛吉凶经》："世浊多恶人，还自堕颠倒；谀谄諀訾圣，邪媚毁正真；不信世有佛，言佛非大道。"（14，756a）

或作"啤訾"：

符秦圣坚译《佛说阿难分别经》卷1："世浊多恶人，倒见堕颠倒；谀谄啤訾圣，邪媚相毁坏；不信世有佛，言佛非大道。"（14，759b）

按，"凡从卑之字皆取自卑加高之义"（见《说文·土部》："埤，增也。"段玉裁注)，而从"此"之字多有"小"义。如"佌佌，小也。《尔雅·释训》：柴，小木散材。赀，小罚以财自赎也。《说文》：疵，小病。……"不管是大言还是小言，都是不实之词。因此，在具体运用时，这一差别就没了。《广雅·释诂二》："諀，毁也。"《玉篇·言部》："諀，訾也。"慧琳《一切经音义》卷第三十四《成具光明定意经》"諀訛"条引"《通俗文》云：难可谓之諀訛。经文或作啤呲。"古从口部之字与从言之字常可互换。啤、諀，訾、告、訛皆为异体。啤告、啤呲、啤訛、諀訾为同义连文，义即诋毁。

勤苦：痛苦；辛苦。

东汉支娄迦谶译《道行般若经》卷 3《泥犁品第五》："佛语舍利弗：'是为示人之大明，已所因罪受其身，甚大丑恶，极勤苦，臭处诚不可说。其苦痛甚大如久剧。'"（8，441c）

又卷 4《觉品第九》："复次须菩提，若欲书般若波罗蜜，若欲说时，于众中傥有来者，反说诽谤，用是为学，多负勤苦，言泥犁禽兽薜荔，甚大勤苦。"（8，448a）

又卷 8《释提桓因品第二十》："或时世间所有勤苦之疾，是身了无有怨，是为菩萨摩诃萨般若波罗蜜。"（8，463c）

又卷 9《萨陀波伦菩萨品第二十八》："是时萨陀波伦菩萨卖身不售，便自宛转卧地，啼哭大呼：'欲自卖身，持用供养于师。了无有买者。'……是时释提桓因来下，化作婆罗门，问萨陀波伦言：'善男子，何其勤苦乃尔乎？用何等故宛转啼哭？'"（8，472b）

"勤苦"有"痛苦"义。汪维辉先生已释（汪维辉，1997），引例晚于东汉，这里补充东汉例。

"勤苦"又有"辛苦"义，东汉已见：

东汉支娄迦谶译《道行般若经》卷 4《觉品第九》："法师欲到极剧之处，语受经人言：'善男子能知不？其处无谷，有虎狼多贼五空泽，我乐往至彼间，谛自思议，能随我忍是勤苦

不?'"（8，448b）

　　东汉昙果共康孟详译《中本起经》卷上《度瓶沙王品第四》："我前事火，昼夜不懈，勤苦积年。"（4，152b）

《大词典》释"勤苦"为"勤劳刻苦"，未收此二义。

谦苦：劳苦、辛苦。

　　东汉支娄迦谶译《道行般若经》卷1《道行品第一》："设菩萨无所出生者，菩萨如用何等故，谦苦行菩萨道。设用十方天下人故，何能忍是谦苦。"（8，428b）

　　又卷3《清净品第六》："须菩提白佛言：'菩萨摩诃萨甚谦苦行般若波罗蜜，若有守般若波罗蜜者，其不懈不恐不怖不动不还。'"（8，443a）

　　又卷7《守空品第十七》："须菩提白佛言：'菩萨谦苦作是学，不中道取证。'"（8，458c）

"谦苦"在东汉只见于支谶译经，后世则多见。如：

　　旧题曹魏康僧铠译《佛说无量寿经》卷2："今我众等，所以蒙得度脱，皆佛前世求道之时谦苦所致。"（12，275b）

　　符秦昙摩难提译《增一阿含经》卷18《四意断品第二十六之一》："时释提桓因躬自除粪，不辞谦苦。"（2，640c）

　　西晋无罗叉译《放光般若经》卷14《问相行愿品第六十一》："须菩提白佛言：'世尊，菩萨学是，谦苦甚难。'"（8，95a）

　　东晋佛驮跋陀罗译《大方广佛华严经》卷58《入法界品第三十四之一》："舍天宫家属，父母诸亲戚；世间一切乐，谦苦求知识。"（9，774b）

谦苦，即劳苦、辛苦。《大词典》失收。

情用：心情。

东汉昙果共康孟详译《中本起经》卷下《度波斯匿王品第十》："王谓夫人：'吾之丰乐，因此二国，若有此问，情用忧愦。'"（4，160b）

"情用"一词，《大词典》举《荀子·礼论》，释为"实际耗用之财物"，与此义不同。此词佛经中多见：

后秦鸠摩罗什译《大庄严论经》卷15："夫闻是已，深生欢喜，作是念言：'王极有德，知恩报恩，过我本望。由我意短，初来之时，以无所得，情用恨然。'"（4，347a）

元魏慧觉等译《贤愚经》卷3《锯陀身施品第十五》："看识佛手，因而言曰：'悉达余术，世不承用，复学医道，善能使知。于时阿难，闻说此语，情用怅恨。'"（4，366b）

又《锯陀身施品第十五》："王见欢喜，奇之未有，善其细软，常用敷卧。心乃安隐，情用快乐。"（4，367a）

又卷6《尼提度缘品第三十》："尔时国人，闻尼提出家，咸怀怨心，而作是言：'云何世尊，听此贱人出家学道，我等如何，为其礼拜，设作供养，请佛及僧。斯人若来，污我床席。'展转相语，乃闻于王。王闻亦怨恨，情用反侧。"（4，397b）

以上诸例，情用，皆指心情。

求守：请求。

东汉支娄迦谶译《般舟三昧经》卷中《羼罗耶佛品第九》："时长者子须达，复于佛所受是三昧，求守八万四千岁佛告飓陀和。"（13，913c）

东汉安世高译《佛说大安般守意经》卷下："毕故不受新为四意止，故毕新止为四意断，故竟新断为四神足。知足不复求守

意，意为毕，生为新，老为故，死为身体坏败，为尽也。"（15，171c）

按："守"有请求义。《左传·昭公二十七年》："鲁公守齐，三年而无成。"《汉书·外戚·孝昭上官皇后》："数守大将军光，为丁外人求侯，及桀欲妄官禄外人，光执正，皆不听。"颜师古注："守，求请之。"《后汉书·窦融传》："融于是日往守萌，辞让巨鹿，图出河西。"李贤注："守犹求也。""求守"同义复词，义即请求。如：

隋阇那崛多译《佛本行集经》卷18《车匿等还品第二十三上》："时净饭王，以爱苦恼逼切身故，思惟欲见悉达太子，即入斋堂，洁戒净心，修持苦行，忧愁怅怏，内心日夜求守一切诸天诸神。复作种种方便因缘。欲求见子以慰心故。"（3，739a）

失译《阿毗昙甘露味论》卷2《四谛品第十五》："若好若不好，衣被饮食卧具，知足三圣种，求守失苦，是三苦失善道。"（28，978b）

诱恤：开导，诱导。

东汉支娄迦谶译《佛说遗日摩尼宝经》："四者人求有学经者，持财物诱恤，不肯教人。"（12，190a）

"诱恤"有"开导、诱导"义。希麟《续一切经音义》卷第九《根本说一切有部毗耶破僧事》："诱，引也。《玉篇》云：相劝动也，又教也。"慧琳《一切经音义》卷第四十六《大智度论》第六十三卷："恤，振恤也，谓以财与人也。孙炎曰：恤，救之忧也。"

后世佛经常见。如：

吴支谦译《菩萨本缘经》卷1《毗罗摩品第一》："死法亦复如是，大王如是死法，非以亲近财货求赎软言诱恤而可得脱，亦不可以四兵威力逼迫御之令其退散，如是死法决定而有，是众

生常法。"（3，53a）

西晋聂道真译《异出菩萨本起经》："太子曰：'回车而还，吾亦不久居世间。'便复大忧：'人皆当复老衰微，饮食消尽当终亡。我何为久于世间，不肯复饮食，愁忧低头。'大王复诱恤谏晓：'我独有汝一子耳，当持国付汝，奈何一出，还辄愁忧，不肯饮食。'"（3，618c）

西晋竺法护译《正法华经》卷4《往古品第七》："又当复化大江流河，苑园浴池，华实滋茂，台馆殿宇，墙垣绮饰，男女若干，巨亿百千，诱恤勉励，使不恐惧。"（9，94a）

西晋安法钦译《佛说道神足无极变化经》卷4："彼佛世尊，若至聚落郡国县邑，若散居恒游行无一处，所到其国，人民骂詈轻易，挽灭唾言持怒作等，其世尊悉忍，诱恤养护，欲使度脱，得至泥洹。"（17，814c）

从"诱导"义引申出"引诱"义：

东晋竺昙无兰译《国王不梨先泥十梦经》卷1："后世人无有礼义，母反为女作媒，诱恤他家男子与女交通，卖女求财物以自供给，不知惭愧。"（2，874a）

"诱恤"一词，《大词典》失收。

摄护：救济，养育；护持。

东汉支曜译《佛说成具光明定意经》："七者育养室内，以慈心相向；八者软教奴婢，不加楚痛；九者摄护孤独，衣食平等。"（15，457b）

按：摄护有"救济，养育"义，"摄护孤独"即"养育孤独"。《大词典》已收"摄护"条，释为"保护"，首引唐李华《杭州余杭县龙泉寺故大律师碑》，例晚且与此处文义不合。

　　吴支谦译《菩萨本缘经》卷 1《一切施品第二》："曾闻此国一切施王，好行惠施，摄护贫人，所行惠施，无有断绝。"（3，56a）

　　吴康僧会译《六度集经》卷 7《禅度无极章第五》："惧其处福，为之憍荡，恣纵恶心，还处三涂，亦荣禄之祸，非常苦空之变以诫之也。劝取无为，如彼慈母摄护之意也。"（3，40c）

　　西晋竺法护译《光赞经》卷 5《大乘品第十三》："复次舍利弗，菩萨摩诃萨行尸波罗蜜，其心遵崇在萨芸若，而以布施，遵崇萨芸若心，摄护众生，则以劝助阿耨多罗三耶三菩心，是为菩萨摩诃萨行尸波罗蜜为檀波罗蜜。"（8，183b）

摄护又有"护持"义，《说文·言部》："摄，持也。"此义译经中多见，如：

　　西晋聂承远译《佛说超日明三昧经》卷 2："佛时颂曰：'恭己自摄护，而不杀盗淫；不两舌恶口，妄言及绮语；心不怀嫉妒，无瞋恚诸毒。'"（15，544a）

　　北凉昙无谶译《悲华经》卷 5《诸菩萨本授记品第四之一》："摄护身心，善入禅定，以微妙音，善能教诫。"（3，200a）

　　隋瞿昙法智译《佛为首迦长者说业报差别经》："得邪智报复有十业，能令众生得正智报。一者善能咨问智能沙门婆罗门，二者显说善法，三者闻持正法，四者见说定法，叹言善哉，五者乐说正法，六者亲近正智人，七者摄护正法。"（1，893a）

娆触：戏弄，触犯。

　　东汉支娄迦谶译《阿閦佛国经》卷 2《诸菩萨学成品第四》："譬如人咒力语咒毒咒蛇，除其毒便放舍，其力不可胜，救无央数人恐畏，其蛇也不恐人也不娆触人。"（11，758c）

按：《说文·女部》："娆，苛也。一曰戏弄也。"《玉篇·女部》："娆，扰也。""娆触"即"扰弄，触犯"。

西晋竺法护译《大哀经》卷6《十八不共法品第二十一之一》："惟本末不能究尽，各各异所不念所，不知过去念，无所娆触，不自现功，如是审实而无有异。"（13，436a）

刘宋求那跋陀罗译《佛说罪福报应经》："诸天未降，众魔故前，试共娆触，作诸变怪。"（17，563a）

东晋佛陀跋陀罗共法显译《摩诃僧祇律》卷19《明单提九十二事法之一》："明日至佛所，佛遥见已，知而故问：'谁娆触汝？'"（22，382a）

后秦佛陀耶舍共竺佛念等译《四分律》卷19《四提舍尼》："尔时佛在释翅搜国迦维罗卫尼拘类园中，舍夷城中诸妇女，俱梨诸女人，持饮食诣僧伽蓝中供养，时诸盗贼闻之，于道路娆触。"（22，697c）

后秦佛陀耶舍共竺佛念等译《四分律》卷31《受戒捷度之一》："时文麟龙王前白佛言：'我所以身绕如来，头荫如来者，不欲娆触如来，但恐如来身为寒热风飘日曝蚊虻所娆。'"（22，786b）

唐玄奘译《阿毗达磨大毗婆沙论》卷171《定蕴第七中摄纳息第三之一》："谓初有情，入母胎时，母腹安静，离诸娆触。"（27，863c）

北凉浮陀跋摩共道泰等译《阿毗昙毗婆沙论》卷45《使揵度十门品第四之一》："正者无始以来，烦恼恶行，邪见颠倒，令心心数法娆触，所以令其正直者。"（28，346c）

《大宝积经》卷91，唐菩提流志译《发胜志乐会》第二十五之一："弥勒，我不说言，无势力者忍辱成就，无娆触者被忍辱甲，少烦恼者名律仪清净，邪方便者为如说修行。"（11，521c）

佛经中也常见"触娆"一词，李维琦、方一新师已释此词，义同（李维琦，1999；方一新，1998：317）。

娆固：阻扰。

> 东汉安玄、严佛调译《法镜经》："而以法求财，不以非法，以正不以邪，亦而为正命，不以娆固人，以法致之。"（12，16b）

> 又："又复理家，开士居家修道者，当以自奉持戒事，谓是奉持五戒事也。是以为不好杀生，不加刀杖蠕动之类，不以娆固人。"（12，16c）

按："娆固"一词，《大词典》释为"扰乱蛊惑"，首引晋法显《佛国记》。此词东汉佛经中就已出现，义为"阻扰"，与《大词典》释义有所不同。

此词东汉以来译经中多见：

> 西晋竺法护译《佛说文殊师利现宝藏经》卷1："魔即化令舍卫城中长者众人无迎递文殊师利者，亦不与分卫。于是文殊师利所之家居，皆见门闭无出迎者，时文殊师利，即知魔娆固。"（14，458a）

> 又："于是天魔波旬，念欲娆固文殊师利所馔供膳。化作四万比丘，着弊坏裂衣，垢秽臭处持破钵住。胸背悉露面貌丑恶跛蹇秃偻，心怀邅懁而坐众中，亦复持钵受种种供。"（14，459a）

> 又《慧上菩萨问大善权经》卷2："弊魔化诸梵志长者家，使不供佛，不施众僧，未曾有此。其魔波旬，未敢作威，娆固如来，沮废福意。"（12，164b）

"固"也有"阻挠"义：

东汉昙果共康孟详译《中本起经》卷下《度奈女品第十三》："中有年少，耻甚出后，当共固之。便敕市监：罢不作市。阿凡和利遣婢市买，了无所得。"（4，162a）

綩綖：一种豪华的丝绵。

东汉支娄迦谶译《佛说阿阇世王经》卷下："其佛般泥洹以后，我愿承其后作佛，所散宝物悉化作七宝交露，纵广正等，中有床坐具足若干之宝，其綩綖幰亦复如是。"（15，404c）

"綩綖"一词，李维琦《佛经续释词》释为一种豪华的丝绵坐垫或卧褥（李维琦，1999：145）。不确。我们先看以下例子：

东汉昙果共康孟详译《中本起经》卷上《还至父国品》："王问忧陀：'吾子在宫，茵耨綩綖，锦绣细软。今所坐具，皆有何等？'"（4，154b）

此为坐具。

东汉支娄迦谶译《阿閦佛国经》卷上《阿閦佛刹善快品》："人民以七宝为床，上布好綩綖，悉福德致自然为生。"（11，756）

这是用来作床褥。

除了"坐垫或卧褥"，还可用作枕头。如：

东汉支娄迦谶译《阿閦佛国经》卷上《阿閦佛刹善快品》："其地行足蹈其上即减，这举足便还复如故，譬如綩綖枕头，枕其上即为减，这举头便还复如故。"（11，755c）

有的不知具体所指为何物：

西晋法立共法炬译《大楼炭经》卷6《天地成品第十三》："地佳好水亦饶多，譬如苏麻油涂地，不起扬尘，生青草众多，周匝正圆，其色譬如孔雀尾，其香如香香也，柔濡如綩綖。"（1，308c）

我们看其用途，可用来作地毯、坐垫、床褥等。据释中算撰
《妙法莲华经释文》卷中《譬喻品》音义载："吉藏云：绌綖者，外
国精绢也。名盘缩绣，富贵者重为敷之。"因此，绌綖是一种豪华的
丝绵。

此词《大词典》失收。

慰沃：安慰。

> 东汉竺大力共康孟详译《修行本起经》卷上《现变品第
> 一》："仁活天下，悲穷伤厄，慰沃忧戚，育养众生，救济苦人，
> 承事诸佛。"（3，461b）

按：此词李维琦先生已释，唯说"此词见于早期"（李维琦，
1999：9），似可商榷。后期译经中亦有，如：

> 宋宝云译《佛本行经》卷7《叹无为品第三十》："力士每
> 所至，力伏令人啼。人来归伏者，能慰沃使悦。"（4，112a）

众闹：人多繁杂。

> 东汉支娄迦谶译《般舟三昧经》卷中《授决品第十》："欲
> 获安隐布经戒，比丘受学在闲居，常行分卫知止足，逮是三昧终
> 不难，舍离众闹不受请，口莫贪味弃爱欲。"（13，912a）

> 东汉失译《佛说伅真陀罗所问如来三昧经》卷上："其心自
> 护，不与众闹从事，是则为宝，其心不厌足。"（15，353c）

按：闹，人多繁扰。玄应撰《一切经音义》卷第九《放光般若
经》第二十七卷音义："（闹），《集训》云：多人扰扰也。《韵英》
云：扰杂也。"众闹，义为"人多繁杂"。

> 东汉失译《分别功德论》卷3："我为比丘尼，不宜在此众
> 闹之中，当作方仪，令得在先。"（25，38a）

> 西晋竺法护译《佛说幻士仁贤经》卷1："复有四威仪行：

'一曰乐于闲居远离众闹，二曰往于彼行慈念众生，三曰无谀谄邪行无所至到，四曰求于道行。'"（12，34c）

西晋竺法护译《贤劫经》卷6《八等品第十九》："观于少事，处山寂静，不贪身命，不为众闹，是曰布施。"（14，43a）

西晋竺法护译《贤劫经》卷5《十八不共品第十七》："游于扰愦众闹之中而不迷误，是曰忍辱。"（14，41a）

西晋竺法护译《佛说海龙王经》卷1《行品第一》："复有十事闻能奉行，何等十？利知厌足在于闲居，身口心寂进止安详，所闻观净，独处少事，不乐众闹，初夜后夜常观精进……"（15，133b）

西晋竺法护译《度世品经》卷5："习在闲居，修鲜洁行，不计吾我，亦无所慕。除诸睡眠，而去众闹，乐于寂静。"（10，645b）

符秦圣坚译《佛说演道俗业经》卷1："禅思有四事：一曰乐习精修，闲居独处；二曰静身口心，令不愦乱；三曰虽在众闹，常能定己；四曰其心旷然，而无所着。佛于是颂曰：'恒好于精修，志闲居独处；静其身口意，未曾念愦闹；数处众乱中，心定无忽变；一心见十方，道慧起神足。'"（17，836a）与"众闹"相应，在偈颂中作"众乱"。

刘宋求那跋陀罗译《佛说十二头陀经》卷1："是故受阿兰若法，令身远离愦闹，住于空闲，远离者，离众闹声若放牧处，最近三里，能远益善。"（17，720c）

刘宋昙摩蜜多译《五门禅经要用法》卷1："出烦恼苦亦复如是，当忍五事，苦患饥渴寒热瞋恨等。当避愦闹，乐在静处，所以者何。众闹乱定，如入刺林。"（15，332a）

高齐那连提耶舍译《月灯三昧经》卷6："爱乐空闲有十种利，何等为十？一者省世事务。二者远离众闹。三者无有违诤。……"（15，586c）

《大宝积经》卷113，北凉释道龚译《宝梁聚会第四十四·沙门品第一》："亲近在家人是沙门垢，亲近出家人是沙门垢，乐于众闹是沙门垢，未得利养作方便求是沙门垢。"（11，639b）

隋阇那崛多译《佛本行集经》卷38："是时长老那罗陀比丘，既出家已，具戒成就。未经几时，独行独坐，舍于众闹，谨慎身口，不曾放逸。"（3，830a）

此词《大词典》失收。

在所：任意，随意。

东汉支娄迦谶译《道行般若经》卷4《觉品第九》："复次须菩提，受经之人无所爱惜，在所索者，不逆其意。"（8，448a）

东汉支曜译《佛说成具光明定意经》："又见天尊足不履地，相轮属列，端严如画，身空体轻，在所变现。"（15，452c）

东汉支曜译《佛说成具光明定意经》："我本先行六德之行，世世不废，是以至于得佛，恣意变化，在所作为，为一切智，无物不达也。"（15，452c）

东汉失译《佛说伅真陀罗所问如来三昧经》卷上："若持弓弭箭在所射，其箭无所不入。"（15，354a）

东汉失译《佛说伅真陀罗所问如来三昧经》卷上："赞叹佛已，傥肯说者而欲问之，佛言：'在所问。'"（15，349c）

"在所"一词，李维琦《佛经续释词》认为"似乎有任意的意思"，首举西晋《大宝积经·密迹金刚力士会》例（李维琦，1999：

44）。此词有"任意，随意"义，东汉已见。《大词典》释为"所在地"，此别是一义。

"在所"又有"处处"义。此义蔡镜浩《魏晋南北朝词语例释》、李维琦《佛经续释词》均有释，最早为西晋例，这里举一例东汉佛经的例子：

> 东汉支娄迦谶译《般舟三昧经》卷上《问事品第一》："如月盛满时，悉遍照，无有不感明者；如日初出时，如炬火在所照，无所挂碍。"（13，903b）

信实：确实。副词。

> 东汉支曜译《佛说成具光明定意经》："四辈弟子或有知法者，言信实有佛，但灭度耳。"（15，456a）

信实，有确实义，为副词。此义《六朝诗歌语词研究》已释，只有《晋诗》卷九《清商曲辞·孟珠》："人言孟珠富，信实金满堂。龙头衔九花，玉钗明月珰"（王云路，1999：324）一例。其实此用法在佛经中多见：

> 萧齐昙摩伽陀耶舍译《无量义经》卷1《说法品第二》："善哉善哉大善男子，能问如来如是甚深无上大乘微妙之义，当知汝能多所利益，安乐人天，拔苦众生，真大慈悲，信实不虚。以是因缘必得疾成无上菩提，亦令一切今世来世诸有众生得成无上菩提。"（9，386a）

> 唐玄奘译《阿毗达磨顺正理论》卷45《辩随眠品第五之一》："若信实有去来二世，虽不别立，不相应行，名为随眠。"（29，599c）

> 又卷51《辩随眠品第五之一》："若信实有过去未来二决定义，方可成立。"（29，629a）

营助：佐助。

东汉支曜译《佛说成具光明定意经》："于时十二天神王，及四天王大势龙王，承佛告教，皆从力办，众有明士，往而佐之，到则劳徕，语善明曰：'贤者勤心，佛使我等来相营助。'"（15，452b）

营助，在佛经中多见。如：

刘宋求那跋陀罗译《杂阿含经》卷38："尔时世尊问彼比丘：汝实不欲营助诸比丘作衣耶？彼比丘白佛言：'世尊，随我所能，当力营助。'"（2，277c）

唐般若译《大方广佛华严经》卷26《入不思议解脱境界普贤行愿品》："若诸菩萨恒以身力，供事众生，如理作役，皆往营助。"（10，782b）

唐玄奘译《瑜伽师地论》卷36《菩萨地》："于诸众生，以身供事，随其所作，如法事业，皆往营助。"（30，484c）

北凉昙无谶译《菩萨地持经》卷6《菩萨地持方便处忍品第十一》："若众生所作，悉皆营助。"（30，920a）

史书中出现较晚：

《魏书·冯亮传》："山中道俗营助者百余人，莫不异焉。"

"营助"一词，《大词典》失收。

以上共讨论了205个词语。其中新词141条，新义64条，这只是东汉佛经中新词新义的一小部分。

第四节　东汉佛经新义产生的机制与方式

古汉语词义的发展演变是一个比较复杂的问题。随着对词汇系统性认识的加强，学界开始关注词与词在词义引申过程中的相互影响与制约关系，并从不同的角度分析词义的发展，先后提出了诸如"相因生义""同步引申""词义沾染"等理论。从已有语言事实中总结出规律，这是对汉语词汇史研究工作者的一个基本要求。以下，我们仅就东汉佛经中出现的词义发展现象进行举例性论述。

一、东汉佛经新义产生的机制

译经新义产生的方式主要有两种。

一是类推，即译师基于原典语思维类推汉语词义，从而使汉语词产生新义。例如，"禁戒"这个词，东汉以前一直常用，指在举行各种礼事活动时要遵守的规矩、规则。《周礼·地官·司徒》："凡其党之祭祀、丧纪、昏冠、饮酒，教其礼事，掌其禁戒。"译师用它对译原典词"saṃvara"，指佛为防止教徒犯身、口、意之过而制定的戒律。两义之间存在明显的相似性，都是规范参与某种行为活动对象的类似法律条文的规定，不同表现在规范的对象上：中土是参与"礼事"活动者，佛教是参与修行活动的教徒，而这是文化差异造成的结果。显然译师十分熟悉汉语"禁戒"一词的用法，以此翻译原典词"saṃvara"是最恰当的选择，当受众在佛教文化语境中遇到这个词，会自然联想到它是佛教徒行为活动方面的规定。这是译师选择"禁戒"翻译的主要原因，两者之间的相似性是进行类推的基础。

有些类推带有主观性，译师根据原典词的词义类推对应的汉语词，使汉语词产生新义，但新义在汉语词汇系统中缺乏理据性，因此很难在汉语词汇系统中保存下来。例如，"发遣"这个词，最早见《楚辞·天问》："争遣伐器，何以行之"。王逸章句："伐器，攻伐之器也。言武王伐纣，发遣干戈攻伐之器，争先在前，独何以行之乎!"其中"发遣"为"分发、发放"义。三国以前,中土文献用例极少。东汉以来,"发遣"在佛教文献中常见(佛教文献共见900余例),多表"回答"义。"发遣"为何有"回答"义?陈文杰(2005)认为"发"有"表达""说出"义;"遣"有"抒发"义,"发遣"近义连文,其"回答"义由此引申而来。但据其所引"发"之"表达、说出"义及"遣"之"抒发"义例证,均晚于东汉,而"发遣"表"回答"义,东汉支娄迦谶译经共5例:

> 东汉失译《佛说伅真陀罗所问如来三昧经》卷1:"提无离菩萨问佛:'伅真陀罗王已逮得是三昧不?'佛言:'自从伅真陀罗而问,为而(本或作'而为')发遣。'"(15,354b)

> 又卷2:"用佛威神故,诸伎乐声但闻说经,皆作难经之音——如人所疑——诸莲华上坐菩萨皆发遣难经之问,决诸狐疑。"(15,359b)又卷3:"是者谁之所致,令诸伎乐音乃作是难问,诸坐化菩萨而皆发遣,悉为解之?"(15,360c)

> 东汉支娄迦谶译《佛说阿阇世王经》卷2:"若十方一切人悉在前住,一一人问亿百千那术事,悉则发遣而无留难。"(15,404c)

> 又:"见其光明者,人则无所复着。所以者何?佛以无瑕秽故。属之所笑,惟(本或作'唯')愿发遣。"(15,404c)

据此,朱冠明(2008)认为,"纯正的中土文献未见""发遣"表"回答"义的用例,这个意义是翻译过程中"语义移植"的结果,因为对应的梵文有两个意思,一个与汉语相同,另一个汉语所无。他所说的语义移植,实际上也是一种类推,即译师在共同义的基础上,认为汉语词"发遣"也有回答义。

二是重新分析,即对中土词的构词要素进行重新解释,使其产生新义。例如，"精进"这个词，原谓"精明能干而有上进心"。《汉书·叙传上》："乃召属县长吏，选精进掾史，分部收捕。"颜师古注："精明而进趋也。"汉代，"精进"这个词中土文献不常见，但东汉佛经常见，共出现267次。比如，《佛说伅真陀罗所问如来三昧经》卷2在阐释"精进波罗蜜"时共使用了34次"精进"：

> 菩萨清净行精进波罗蜜凡有三十二事。何谓三十二事？一者、不断佛道，是为精进；二者、不断经法，是为精进；三者、不断比丘僧，是为精进；四者、度不可计人，是为精进；五者、受不可复计死生，心不殆（本或作"怠"），是为精进；六者、当供养无央数佛，无厌极，是为精进；七者、当作不可复计功德，是为精进；八者、当学不可复计经卷，是为精进；九者、悉当教十方天下人，是为精进；十者、成就十方天下人皆使得佛道，是为精进；十一者、当为十方天下人，给所当得悉当从与之，是为精进；十二者、自身所有好物持施与人，是为精进；十三者、诸禁戒悉当护持，是为精进；十四者、忍辱之力悉当柔弱（本或作"软弱"），是为精进；十五者、诸禅三昧悉当具足，是为精进；十六者、诸智慧悉令具足，是为精进；十七者、诸佛境界所行功德自庄严作佛时境界，是为精进；十八者、欲求极大力，是为精进；十九者、悉降诸魔及官属，是为精进；二十者、持佛经法，悉降伏余外道，是为精进；二十一者、十种力、四无所畏、诸佛经法悉欲得具足，是为精进；二十二者、庄严身、口、心，是为精进；二十三者、未尝懈怠休倦，是为精进；二十四者、所作为事悉当究竟，是为精进；二十五者、心常当猛健，是为精进；二十六者、悉弃捐诸爱欲，是为精进；二十七者、诸未度者悉当度之，诸未闻经者悉当使闻之，诸未般泥洹者皆令当

（本或作"当令"）得般泥洹，是为精进；二十八者、一一相者
辄有百福功德，悉当具足，是为精进；二十九者、诸佛经法悉当
护之，是为精进；三十者、不可复计诸佛境界我悉当知，是为精
进；三十一者、世世常当见无央数佛，是为精进；三十二者、远
离从精进出生、远离身心无形，亦无所住、亦无所出、亦无所
入、亦无所生，是为无所生，乐住。是为菩萨清净行精进波罗蜜
如是。（15，357b）

"精进"是梵语"vīrya"之意译。颜洽茂（1998）认为翻译为
"精进"灌注了新义，张诒三、张福通的意见与之相似（张诒三、张
福通，2013：108—109）。根据他们的解释，译师借用了中土固有词
"精进"翻译原典。译经中的"精进"跟中土固有之"精进"有没有
关系，可以讨论。从用法和词义看，在东汉佛经中，"精进"常常与
"懈""懈怠""休懈""中止"等意思相反的词同现，这使其"不松
懈"的心理意志得以凸显，与中土用法有很大区别。从构成要素上
看，中土用法中"精进"之"精"强调的是人"精明"，有能力；而
译经中"精进"之"精"强调的是心理意志的精诚专一、毫不松懈。
不少佛教撰述对"精进"的解释，如隋慧远撰《大乘义章》卷4：
"精进根者，练心于法，名之为精；精心上达，目之为进。"（44，
555b）隋吉藏撰《胜鬘宝窟》卷2："第一精进者，正明精进体，第
一精进，是心精进。"（37，35b）唐湛然述《止观辅行传弘决》卷2：
"为此法故而行精进，名大精进。于法无染曰精，念念趣求为进。"
（46，186b）唐窥基撰《观弥勒上生兜率天经赞》卷2："身心精进，
不求断结。精谓精纯，无恶杂故；进谓升进，不懈退故。"（38，
291b）等，反映了译经中"精进"与中土用法的差异。如：

> 东汉安世高译《长阿含十报法经》卷1："宁肌筋骨血干，

尽精进不得中止，要当得所行。"（01，234b）

东汉安世高译《七处三观经》卷1："若比丘立戒根，亦摄食，亦知节度，亦不离觉，如是行精进，上夜后夜不中止。要不自侵减，要近无为。"（02，877c）

东汉安世高译《一切流摄守因经》卷1："发精进行令断恶法，受清净法行，增发胆（本或作'瞻'）力，坚精进方便，不舍清净法。方便听令是身肌肉骨消干（本或作'销干'）坏并髓肪皮，但令所应发精进所得，令得胆（本或作'瞻'）者、坚者、精进方便者，所求未得精进，不可中止。"（01，814a）

东汉失译《佛说㤉真陀罗所问如来三昧经》卷1："其心坚固精进而不懈怠，是则为宝。"（15，353a）

东汉支娄迦谶译《道行般若经》卷4《持品》："舍利弗白佛言：'难及也，天中天！以过去、当来、今现在法无所不了，悉知当来菩萨摩诃萨行，令是辈不懈精进学入六波罗蜜中。'"（08，446c）

东汉支娄迦谶译《佛说阿阇世王经》卷1："其瞋怒者为作忍辱首，其懈怠者为作精进首，其乱意者为作一心首。"（15，389c）

东汉支娄迦谶译《般舟三昧经》卷2《四辈品》："有诵行是三昧，常（本或作'当'）精进莫懈怠，不得惜于经法，不求供乃与经。"（13，910a）

又卷3《无想品》："当行精进不懈怠，如是行者得三昧。"（13，916c）

东汉安玄译《法镜经》卷1："懈怠者以精进教化之；失志者以思惟教化之。"（12，17a）

东汉昙果共康孟详译《中本起经》卷 2《尼揵问疑品》："人闻道教，精进修勤，奉戒不违，严勒身口，喻如完器，所受无限。"（04，162c）

从意义上看，佛经中的用法能否在汉语自身找到根据？

汉语"精"有精诚、专一义。《管子·心术下》："形不正者德不来，中不精者心不治。"尹知章注："精，诚至之谓也。"《淮南子·修务训》："官御不厉，心意不精。"高诱注："精，专也。"这与中土"精进"用法中之"精"（精明）有区别，而译经中"精进"之"精"当如此理解，上引佛教撰述所指亦如是。因此译经中所谓"精进"，实为"精诚专一而无邪念，趋善法而不懈怠"之义。也就是说，译师借用中土固有词"精进"，不过对其构成要素进行了重新分析，从而产生了新义。

重新分析产生新义的例子在翻译佛经中有很多，与汉语"简称词"（如"四大""五恶"等）同形的译经词，大部分都是译师根据佛教文化对汉语词构成要素重新分析，从而产生佛教新义的结果。

二、东汉佛经新义产生的方式

（一）词义引申

语义变化发展的最基本方式就是引申，新义产生主要是通过引申来实现的。

快：好。

快，本指高兴；愉快。《易·旅》："得其资斧，心未快也。"

由最初的"心情好"，后词义扩大，泛指"好"。

东汉支娄迦谶译《阿閦佛国经》卷上《发意受慧品第一》："如是舍利弗，昔授菩萨决时，其此国中人民，一心布施为福德

快饮食。若有求索者，已所喜而施与。"（11，754a）

"快好"常连用：

东汉支娄迦谶译《佛说兜沙经》："如是等菩萨，其所止佛刹，刹极快好，其刹皆各各自有名。"（10，446b）

隋阇那崛多译《佛本行集经》卷24《精进苦行品第二十九上》："尔时菩萨见此地已，如是思惟：此中地势，快好方平，暂睹即便，为人所乐，乃至堪可修道行禅。"（3，765c）

隋阇那崛多译《佛本行集经》卷33《转妙法轮品第三十七上》："彼见佛已，即白佛言：仁者瞿昙，身体皮肤，快好清净，无有垢腻。"（3，808a）

又："尔时五仙见佛坐已，而白佛言：'长老瞿昙，身色皮肤，快好清净，面目圆满，又足光明，诸根寂定。'"（3，809b）

"快好"一词，《大词典》失收。

新义的发展总是从具体到抽象，从个别到一般发展，此例即是如此。在词义引申方面，大家谈得比较多了，这里不再赘述。词义的引申不能概括词义发展的全部，接下来谈谈其他方面的一些现象。

（二）实词的虚化

实词的虚化，要以意义为依据，以句法地位为途径。一个词由实词转化为虚词，一般是由于它经常出现在一些适于表现某种语法关系的位置上，从而引起词义的逐渐虚化，并进而实现句法地位的固定，转化为虚词（洪波，1999）。

倍：更加。

"倍"有"照原数等加"的意思，为动词，如：

《墨子·非攻下》："此皆十倍其国之众，而未能食其地也。"

东汉佛经中常用作副词，义为"更加，格外"①，如：

> 东汉支娄迦谶译《道行般若经》卷9《萨陀波伦菩萨品》："是时萨陀波伦菩萨闻是教法，倍踊跃欢欣。"（8，471b）

> 东汉支娄迦谶译《般舟三昧经》卷上《譬喻品》："复有异人，持是三昧者，是佛所称誉，闻信者其福倍多。"（13，907b）

> 东汉支娄迦谶译《佛说阿阇世王经》卷上："其索手脚者欢喜与之，其欲取头者其心倍悦。"（15，390b）

> 东汉失译《佛说伅真陀罗所问如来三昧经》卷上："以法功德而自长养，虽身而死后还倍好。"（15，351b）

以上诸例中的"倍"皆为"更加，格外"义，这是因为作动词的"倍"有增加义，因常位于形容词前，其所处的句中有另外的主要动词，"倍"的动词性慢慢失去，成为修饰形容词的副词了。

又"倍更"同义连言的：

> 东汉竺大力共康孟详译《修行本起经》卷下《游观品第三》："王问其仆：'太子又出，意岂乐乎？'仆言：'行见沙门，倍更忧思，不向饮食。'"（3，467b）

又有"转倍"同义连言：

> 东汉支娄迦谶译《道行般若经》卷2《功德品第三》："释提桓因白佛言：'如是天中天，极安隐菩萨摩诃萨疾近佛般若波罗蜜。若教人若授与人，其福转倍多。'"（8，438a）

> 东汉支娄迦谶译《般舟三昧经》卷上《譬喻品第四》："若有菩萨闻是三昧信乐者，其福转倍多。"（13，907b）

---

① "倍"之"更加"义，《大词典》举王维诗，刘百顺《魏晋南北朝史书语词札记》举《宋书·庐江王祎传》，把此义提前至梁代。此义可溯至东汉。

（三）词义沾染

"所谓词义沾染是指不同的词由于处在同一组合关系或聚合关系而发生的词义上的相互渗透。"（朱庆之，1992：197）

顾：命令，吩咐。

"顾"本指"回头"，引申出"顾惜；眷念"义。《管子·明法》："明主者，使下尽力而守法分，故群臣务尊主而不管顾其家。"

"顾"常与"命""敕"连用，泛指（上对下的）命令、吩咐（方一新，2000），如：

"顾"常与"命"连用：

东汉昙果共康孟详译《中本起经》卷下《须达品第七》："前逢梵志，请令持之。共诣精舍，手自斟酌，顾命梵志，汝便斟酌。"（4，156c）

又《本起该容品第八》："会有敌国兴兵入界，彼众强盛，王自出征，顾命梵志，名曰吉星，权领国政。"（4，157c）

东汉昙果共康孟详译《中本起经》卷下《自爱品第十一》："世尊遥见叹言：'善来迦叶。'豫分半床，命令就坐。迦叶进前，头面作礼，退跪自陈曰：'余是如来末行弟子，顾命分坐，不敢承旨。'大众佥念：'此老道士，有何异德，乃令世尊分坐命之。'"（4，161a）

"顾"与"敕"连用，如：

东汉昙果共康孟详译《中本起经》卷下《须达品第七》："长者须达承佛圣旨，进前长跪而白世尊：'余能堪任兴立精舍，唯须比丘监临处当。顾敕舍利弗，并行营佐。即受教命，作礼而退还彼舍卫。'"（4，156b）

因"顾"与"命""敕"连用，"顾"也有了"命令，吩咐"

义，这一用法在后世有所反映。如：

> 《宋书·刘之传》："进射堂下，璃忽顾左右索单衣帻，迈问其所以。"

> 《晋书·陶潜传》："潜无履，弘顾左右为之造履。"

> 《夷坚志·陈愈治巫》："顾仆缚之，巫犹哓哓辩析。"

（四）相因生义

相因生义指的是甲词有 a、b 两个义位，乙词原来只有一个乙 a 义位，但因乙 a 和甲 a 同义，逐渐地乙词也产生一个和甲 b 同义乙 b 义位（蒋绍愚，1989：82—86）。

1. 两个词本为同义词，后产生出一个相同的新义，其词义的发展途径相同。

旋、转

"旋"与"转"为同义词，旋有"回转"义，《楚辞·招魂》："旋入雷渊，爢散而不可止些。"王逸注："旋，转也。"

"旋"有"随即"义。如：《史记·扁鹊仓公列传》："臣意诊脉，曰：'内寒，月事不下也。'即窜以药，旋下，病已。"

"转"也有"随即"义。

> 东汉安世高译《道地经》："复譬如飞鸟聚行，一鸟为鹰鹞所得，余鸟惊分散分走。如是昆弟亲属知识邻里，见哀离别，视命欲断，地狱使者已到，将入狱，在斯便转死。"（15，233a）

> 东汉支娄迦谶译《道行般若经》卷 7《守空品第十七》："譬若人能勇悍却敌，为人极端正猛健，无所不能。能晓兵法，六十四变皆知习之，为众人所敬。若有所至处，无不得其力者，有所得者，转分布与人，其心欢欣。"（8，458c）

> 东汉支娄迦谶译《阿閦佛国经》："有八味水满其中，意念

欲令水转流行，便转流行。意欲令灭不现，即灭不现。"（11，756a）

东汉失译《佛说㕮真陀罗所问如来三昧经》卷中："二十九者现身作可怜沙门教人，转复作白衣行教人。"（15，359a）

图示如下：

存、在

《尔雅·释训》："存，在也。"《说文》："在，存也。"存、在是一对同义词。

"存"有"思，想"义：

《诗·郑风·出其东门》："出其东门，有女如云。虽则如云，匪我思存。"

又有"存想"连用，其义更明。如：

《论衡·订鬼》："夫觉见卧闻，俱用精神；畏惧存想，同一实也。"

"在"也有"思，想"义，东汉佛经中已见：

东汉安世高译《佛说大安般守意经》卷上："犹若于市，驰心放听，广采众音，退宴在思，不识一夫之言，心逸意散，浊翳其聪也。"（15，163b）

这是"在思"连言。又如：

《敦煌变文集·韩朋赋》："久不相见，心中在思。百年相守，竟好一时。"

"在"作"思，想"义，后世亦见。如：

《敦煌变文集·叶净能诗》："当时倾心在道，更无退心。"

又："若在道精熟，符箓最绝，宇宙之内，无过叶净能者矣。"

图示如下：

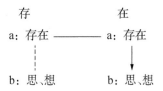

2. A、B 两词本来不是同义词，后经过引申，同时具有了某一词义，后 A 又新产生出一个与 B 相同的新义。

奇—雅

奇

"奇"有"奇特""奇异"义，为形容词，后引申出"极""特别""非常"义，作程度副词。董志翘先生认为这是"从形态上的不同一般，引申为程度上的不同一般。"（董志翘，1994：411）董先生最早举晋陶渊明《读山海经》十三首之五。今按，"奇"的程度副词义，东汉时就已产生：

东汉支曜译《佛说成具光明定意经》："十方诸来明士及诸天神身轻，或已得神足者，皆踊在空中，坐自然座，各各有化花盖，行列奇好，皆佛威变之所兴化也。"（15，451b）

"奇好"即非常好。

有"甚奇"连用的：

吴支谦译《佛说维摩诘经》卷 2《如来种品第八》："总持为苑囿，觉华甚奇快。"（14，530a）

西晋无罗叉译《放光般若经》卷 20《萨陀波伦品第八十

八》："如汝所言，是人甚奇精进。"（8，144a）

雅：美好义。

又，"雅"有"非常，甚"义。

刘淇《助字辨略》卷二："雅，犹云极也。"

江蓝生先生曾举二例：

《后汉书·窦后纪》："及见，雅以为美。"

《搜神记》卷18："华见其总角风流，洁白如玉，举动容止，顾盼生姿，雅重之。"（江蓝生，2000：316）

"雅"有"非常，甚"义，早在东汉佛经中已出现：

东汉竺大力共康孟详译《修行本起经》卷上《菩萨降身品第二》："当此之时，十六大国，莫不雅奇，叹未曾有。"（3，464a）

"雅奇"即非常惊奇，如：

吴康僧会译《六度集经》卷3《布施度无极章第一》："行者住足，靡不雅奇。"（3，14b）

又卷4《戒度无极章第二》："国人巨细，莫不雅奇。"（3，18c）

吴支谦译《佛说维摩诘经》卷1《菩萨品第四》："当其世尊说是法时，梵志众中二百婆罗门发无上正真道意，我时甚自雅奇。"（14，525b）

"雅""奇"都有"非常"义。

我们知道，"雅"有"美好"义。有意思的是"奇"也产生了"美好"义。"奇"有"美好"义，张永言先生早就指出："'奇'在汉末魏晋有'美好'义，并举陶潜《感士不遇赋》：'伊古人之慷慨，病奇名之不立。'"（张永言，1985：6）

又有"奇雅"连用，义为"美好"。

东汉支曜译《佛说成具光明定意经》："天尊实神妙，世所希见闻；变改卓荦异，睹者莫不欣；谛观甚奇雅，现变难等双。"（15，452b）

吴康僧会译《六度集经》卷3《布施度无极章第一》："昔者菩萨身为鹿王，厥体高大，身毛五色，蹄角奇雅，众鹿伏从，数千为群。"（3，12c）

其关系如图：

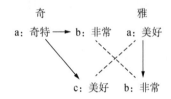

（五）时间概念用空间词语来表达

时间和空间范围之间有着系统的对应，有一个重要的语言事实，即大量表时间的词语都来自空间概念。Gluckberg，Keysar ＆ Mcglone（1992）研究认为：人类思维的一个普遍特性，是系统地使用空间的概念和词汇来喻指时间概念（周榕，2001）。汉语的情况也是如此。如在表达"立即"这一概念时，汉语中有许多词语，大都用空间概念的词来表达。在汉语中，有即、寻、随、应等。这些动词在动作上都含有相应而及的意思，就空间来说，是位置跟随、随着，在时间上是紧随着，在认知上，是一个短暂的间隔时间。

即时

东汉支娄迦谶译《道行般若经》卷10《昙无竭菩萨品第二十九》："譬如然火，火即时灭之，本无所从来去亦无所至。"（8，475a）

东汉竺大力共康孟详译《修行本起经》卷上《菩萨降身品第二》："六十四种，己所未闻，唯持二书，以教人民，即时归命，愿赦不及。"（3，465b）

应

《三国志·魏志·华佗传》："若当灸，不过一两处，每处不过七八壮，病亦应除。"

东汉佛经中有"应时"：

东汉支娄迦谶译《佛说阿阇世王经》卷下："于众会中复有菩萨，名曰法来，则得敕令而具床座，应时受教，禅指顷有二万三千床座。"（15，400a）

东汉竺大力共康孟详译《修行本起经》卷下《出家品第五》："菩萨即以智能力，申手按地是知我，应时普地輭大动，魔与官属颠倒堕。"（3，471b）

寻

东汉竺大力共康孟详译《修行本起经》卷上《试艺品第三》："难陀寻至，牵着道侧。"（3，465c）

东汉昙果共康孟详译《中本起经》卷上《转法轮品第一》："道人告王，吾真忍辱者，血当为乳，所截平复，寻如所言，乳出形复。"（4，149a）

《大词典》引《三国志·魏志·夏侯玄传》。

寻后

《三国志·吴志·吕蒙传》："玄之先出报蒙，普寻后当至。"

寻便

东汉竺大力共康孟详译《修行本起经》卷上《试艺品第三》："寻便掷珠，即着裘夷，一切众女，皆称妙哉，甚为奇特，

世之希有。"（3，466a）

随

《史记·留侯世家》："良业为取履，因长跪履之。父以足受，笑而去。良殊大惊，随目之。"

东汉昙果共康孟详译《中本起经》卷上《化迦叶品第三》："明旦作饭，自行请佛，佛言：便去，今随后到。"（4，150c）

又："明日食时复行请佛，佛言：'可去，今随后到。'"（4，150c）

人们认识事物总是从自身及自身行为出发，引申到外界事物，再引申到空间、时间、性质等。汉语中常用"上、中、下、前、后"这些纵向的空间概念来喻指时间，我们来看东汉佛经中的这类情况。

如"上"就自身来说是指位于上面的，指时间较早，"中"本指位置居中，后喻指时间中间，如：

东汉安世高译《七处三观经》卷1："是间比丘一人但说经，上亦说善，中亦说善，要亦说善。"（2，877b）

东汉安世高译《佛说普法义经》："上头所说，贤者听说法，上亦善，中亦善，要亦善。"（1，924c）

"上、中"分别指"开始、中间"。

东汉安世高译《佛说大安般守意经》卷上："视上头无所从来者，谓人无所从来，意起为人。"（15，167b）

东汉竺大力共康孟详译《修行本起经》卷下《出家品第五》："从上头始，诸所更身，生长老终，形色好丑，贤愚苦乐，一切三界，皆分别知。"（3，471c）

东汉安世高译《佛说普法义经》："是时贤者舍利弗请比丘听说法，上头亦善，中央亦善，要亦善。"（1，922b）

"上头、中央"由空间上的上、中来指时间上的前面和中间。

又有"上夜"：

东汉安世高译《佛说普法义经》："十二为上夜后坐不堕行。"（1，923a）

又："十二为上夜后夜行不睡暝。"（1，923b）

东汉安世高译《七处三观经》卷1："是间比丘，比丘持戒行戒中，律根亦闭至自守意，饭食节度，不多食不喜多食，上夜后夜常守行。"（2，877c）

东汉安世高译《七处三观经》卷1："如是行精进，上夜后夜不中止。"（2，877c）

这几例中的"上夜"与"后夜"相对举，空间上的上、后指时间的前后。

上夜，指上半夜；后夜，指后半夜。"后夜"一词，《大词典》引唐刘长卿《喜鲍禅师自龙山至》，例晚。

"表空间关系的词演变为表时间关系的词，从认知上说，是从空间域转变为时间域。一个词由表空间到表时间，也是词义抽象化了。"（沈家煊，1994）

（六）关系转化

不听：不听从——不允许

"不听"，最初指不听从别人的意见。

《韩非子·外储说左下》："齐侯不听左右，魏主不听誉者，而明察群臣。"

后泛指"不听从"：

《史记·苏秦列传》："夫燕、秦俱事齐，则大王号令天下，莫敢不听。"

　　"不听"又有"不允许"义,《大词典》举《北史例》。方一新师举《论衡》与《桓子新论·离事》例,把这一义产生的时代提至东汉(方一新,1996)。其后,叶爱国(1997)、谢质彬(2000)、萧红(2001)诸先生就"不听"之"不允许"义的始见年代和判断标准展开了讨论。叶爱国先生《〈史记〉已有"不听"》一文,认为《史记·楚世家》已有表示"不允许"义的"不听",而谢质彬先生《"不听"作"不允许"解的始见年代及书证》则指出此义应当在《三国志·吴志·孙权传》中才出现。针对上述不同意见,方一新师再次考察了先秦至南北朝包括"不允许"在内的"不听"各个义位的产生演变过程,论证了"不听"之"不允许"义在东汉方才产生(方一新,2003)。

　　今按,此用法在早期汉译佛经中就已产生,先看东汉佛经:

　　　　东汉昙果共康孟详译《中本起经》卷下:"须达辞还,载辇送钱,园监不听。走白大家,须达送钱,不审内不?报敕园监,吾自言:'遣钱勿受。二人共诤,举国耆老,驰往谏止。耆老断当,地价已决,不应得悔。国政清平,祇不违法,即听布钱。'"(4,156c)

此例"不听"当作"不允许"解。

又如:

　　　　吴支谦译《佛说赖咤和罗经》:"佛言:'诸佛法,父母不听者不得作沙门,亦不得与戒。'赖咤和罗言:'诺。请归报父母,父母听我作沙门者,我当来还。……'赖咤和罗语父母言:'如今不听我到佛所作沙门者,从今以去,不复饮,不复食,不复沐浴。今听我作沙门者善,不者当就死耳。'"(1,869b)

　　　　旧题吴支谦译《撰集百缘经》卷二:"敕诸臣民,施设大

会，聚集百千诸婆罗门共立峻制。不听往至诣瞿昙所谘禀所受。诸婆罗门闻是语已，皆不复往。"（4，210c）

又："时长者子，甚好色欲，见一淫女，甚适其恶。以金百两，方听一宿。渐经多年，财物荡尽，更无所与，遮不听宿。"（4，213c）

又："尔时提婆达多极大愚痴，憍慢嫉妒，教阿阇世王立非法制。击鼓唱令，不听民众赍持供养诣瞿昙所。"（4，210a）

又卷四："尔时世尊，将诸比丘入城乞食，至一巷中，逢一婆罗门。以指画地，遮不听去。而作是言：'汝今要当与我五百金钱，尔乃听过，若不与者，不听佛过。'"（4，220b）

《三国志》，西晋陈寿撰，陈寿（233—297 年）是西晋人。以上诸例，均早于《三国志》。

"不听"的"不允许"义是如何产生的呢？

谢文认为："'不听'作'不允许'解，不是对别人所提意见或要求的回应，而是指不允许别人做什么事，因此后面必须带兼语（可省），也就是说，'不听'所在的句子必定是兼语句。"

这一说法值得商榷。

笔者发现，有"不听"作"不允许"解，其所在的句子并不是兼语句的，请看下面各例。

《三国志·吴志·孙登传》："尝乘马出，有弹丸过，左右求之。有一人操弹佩丸，咸以为是，辞对不服，从者欲捶之，登不听，使求过丸，比之非类，乃见释。"

《三国志·蜀志·诸葛亮传》裴注引《襄阳记》："亮初亡，所在各求为立庙，朝议以礼秩不听，百姓遂因时节私祭之于道陌上。言事者或以为可听立庙于成都者，后主不从。"

除了中土文献，在汉译佛经中，也有不少例证：

后秦鸠摩罗什译《大智度论》卷三十五："尔时无畏之子坐其膝上，佛问无畏：'汝子或时吞诸瓦石草木，汝听咽不？'答言：'不听。'"（25，321b）

鸠摩罗什译《大庄严论经》卷十："彼人悲哀白世尊言：'我求出家，诸比丘等尽皆不听，由是涕泣。'世尊问言：'诸比丘不听，谁遮于汝，不听出家。'"（4，311c）

再有，谢先生认为"'不听'作'不允许'解，不是对别人所提意见或要求的回应"，可是我们看谢文中所举的"不听"作"不允许"义的最早引例，《三国志·吴志·孙权传》："魏使以马求易珠玑、翡翠、玳瑁，权曰：'此皆孤所不用，而可得马，何苦而不听其交易？'"此例"不听"前有"求"与之相应，恰好是孙权对魏使的回应。

看来，"不听"是否作"不允许"解，是否为兼语句并不是问题的根本，是不是"对别人所提意见或要求的回应"也不是一个可靠的判定标准。

我们认为："不听"是作"不听从"还是"不允许"，只是由于关系上的一种转化，这种关系表现为上下关系、施受关系、主从关系、规定者与被规定者关系。所处的境地不同造成的造成"不听"的含义不同。如果是下对上，或施受方中的受方对施方，从方对受方，被规定方对规定方，则"不听"为"不听从"义，而一种上对下、施受双方中的施方对受方、主方对受方、规定方对被规定方，则为"不允许"。如：

上对下：

旧题吴支谦译《撰集百缘经》卷六："时王太子阿阇世共提

婆达多，共为阴谋，杀害父王，自立为主，寻敕宫内，不听礼拜供养彼塔，有犯之者，罪在不请。"（4，230a）

主对从：

《太平广记》卷四百十五"董奇"条（出《幽明录》，3381）："奇后适下墅，其仆客三人送护，言：'树材可用，欲货之，郎常不听，今试共斩斫之。'奇遂许之。神亦自尔绝矣。"

施对受：

失译附东晋录《佛说目连问戒律中五百轻重经》卷上："问：'长受百日请，中间得受他一食二食不？'答：'施主听，得。不听，不得。'"（24，989a）

规定方对被规定方：

旧题吴支谦译《撰集百缘经》卷二："敕诸臣民，施设大会，聚集百千诸婆罗门共立峻制。不听往至诣瞿昙所咨禀所受。诸婆罗门闻是语已，皆不复往。"（4，210c）

以上诸种情形中的"不听"都是"不允许"的意思。

新词新义的产生，往往受词语本身意义、在句子中搭配的情形，以及句中的位置等语言本身方面的因素制约，事实上，其原因相当复杂，有认知心理方面的，有社会方面的，等等，对于这些方面，都需要进行研究。

总的说来，东汉佛经中的新词新义有如下特点：

一、新词新义的数量相当大。

东汉佛经中产生如此多的新词新义，不仅说明东汉时期语言发生了重大变化，同时也反映出东汉佛经口语性强的特征，使其在词汇研究方面具有较高的语料价值。

二、复音词大量增多，词汇复音化进程加快，是东汉佛经词汇的一大显著特点。具体表现在以下几个方面：

（一）新生词以双音节词为主

新生的单音节词共 65 个，双音节新词 6414 个，单、双音节新词的比例，与魏晋南北朝时期著作相比，更为接近（骆晓平，1990），这与先秦典籍中单音节词词量占优势的情况大不一样。所以在对汉语史进行分期时，把东汉这个阶段从上古汉语分出来，定为中古的早期，符合语言发展的实际。

在新生词中，一个值得注意的现象是量词的大量产生。东汉佛经中新生量词共 12 个，其中，名量词 10 个，即：辈、滴、段、叶、贯、茎、句、口、瓶、味；动量词 2 个，即：反、拳。

（二）先秦汉语用单音节词，在佛经中往往新产生一个双音节词与之相应。如：报—报告，白—白问，补—补纳，池—水池，顶—山顶，奉、上—奉上、奉贡、上贡、贡上，极、大、甚—极大、甚大、大甚，蜂—蜜蜂、泪—眼泪，命—身命，发—头发，涕—鼻涕，异—不同，照—炎照，至—至凑等等。我们注意到，一些先秦汉语中的单音词在东汉佛经中向词素转化。它们早期用作单音节词，但在东汉佛经中被一些同义的双音节词替代，使这些单音词成为常用的构词语素。

（三）形成了一批组合能力相当强的构词语素。如表身份职业类的构词语素，多数是先秦产生，但相对而言，在东汉佛经中更常用。如用"人"作构词语素组成的新词，东汉佛经中有"边人、痴人、对人、化人、画人、健人、苦人、渴人、赢人、母人、巧人、黠人、住人、醉人"等；用"客"作构词语素的新词，东汉佛经中有"儿客、贾客、人客"；用"家"作构词语素的新词，东汉佛经中有"对家、理家、猎家、陶家、田家、屠家、怨家"等；用"师"作构词语素的新词，东汉佛经中有"船师、导师、工师、幻师、经师、猎师、马师、黠师"等；用"士"作构词语素的新词，东汉佛经中有"居士、开士、明士、文士、贤士、正士"等。一些先秦常用的表人的构词语素，东汉佛经新词中不再使用了，如者、夫、民、子等。另外，有些构词语素如"行""毒""复""自"等，构词能力极强，构成了大量的新词，关于这一点，朱庆之先生曾作了专门论述（朱庆之，1992：139）。

还有一批语素相当活跃。如"边"组成"边底、边崖、边际、边幅、岸边、底边、一边"；"解"组成"解除、解放、解了、解说、解脱、解要、解知、解止、开解、信解"；"了"组成"分了、见了、开了、了见、了朗、了索、了知、晓了"等新词。

（四）双音节同义词大量出现。

东汉佛经有一个突出的特点就是新兴双音节同义词大量出现。如表示"共同"义的"同共、俱共、共合、都共、悉共"等；表"死亡"义的"命过、命终、终亡、寿尽"等；表"全部"义的新出现了"都皆、俱皆、俱悉、皆悉、尽索、尽悉、悉皆"等；表"庄饰、打扮"义的新出现了"庄严、严庄、校饰、严办、庄饰"等；表"知晓"义的有"开解、开了、解达、了知、晓了、晓习、晓知、知习"等；表"停住"义的有"住立、住止、住顿"等；表"惧怕"义的有"畏怖、怖畏、怖悸、怖懅"等。东汉佛经的同义词相当丰富，这也反映出东汉佛经用语的灵活。我们看到，这些同义词当中，有一部分为同素异序词。同素异序现象是汉语词汇中一个普遍现象，从古至今都存在。东汉佛经中这些同素异序词，有些是同一时期出现的，如：边底—底边，欺调—调欺、娆侵—侵娆、畏怖—怖畏等；有的形成的时代不同，如：及逮—逮及、及知—知及、悴枯—枯悴、喜好—好喜、则时—时则等。同义词显著增加，充分说明东汉佛经用语灵活，表达能力强。

（五）三音节结构大量出现。

不只是双音节的同义近义新词大量出现，而且涌现出一批同义的三音节结构。如：

动词相结合的有"讽诵读、见闻知、见知谛、将护视、念思惟、譬若如、伤愍哀、思惟念、希望欲、晓了知、愿乐欲、庄严饰、嘱累告"等；形容词相结合的有"恐畏怖、困苦厄、惊怖畏、贫困厄、忧悲恼、忧苦恼、卓荦异、折辱渐"等；名词相结合的有"声音响"；副词相结合的有"不啻但、遍皆悉、都卢皆、都卢悉、都卢赐、悉都卢、一切皆、一时俱"等。

我们看到，这些三音节结构中，多为三个单音节词同义并列，也有"不啻但、都卢赐、悉都卢、一切皆"等一个双音节词加一个同义的单音节词的结构；有实词相结合，也有虚词相结合。有些三音节结构形式并不稳定，如"念思惟、思惟念"，"都卢悉、悉都卢"，有点类似于双音节词中的同素异序现象。三音节结构的产生，是汉语词汇发展过程中的一种普遍现象，中土文献中也有不少，[①] 只是不如中古佛经那么集中，这应与这一时期复音化趋势加强以及佛经的节律影响有关。

三、双音节词多义化。

相对于大量的新词，新义的增加似乎并不明显，这可能是在表达某一事物或概念时，如果在原有词的基础上增加新义位，即形成一个多义词，而一个词的义项过多在交际中会出现含义不确定现象，因此人们更倾向于用一个新造的词来表达，而新造词最简单的方式就是在

---

① 中土文献方面的相关论述，见于以下诸人的论述：俞樾：《古书疑义举例·卷二》之"语缓例"。吴金华（1982；1995）。董志翘（1988：84）。黄征（1992）。

原来的基础上，利用已有的语素和构词模式，类推生成新词。正是因为双音节新词大量的产生才抑制了旧词的多义化，也即是降低了新义产生的可能性。即便如此，我们还是发现，东汉佛经有相当一部分双音节词呈现多义化趋势。这可以通过前面新义部分内容体现出来。这些都反映出东汉佛经词汇和先秦汉语有着很大的差别。

四、有关佛教的新词新义大量产生。

东汉佛经作为外来异质文化的载体，与纯粹的中土文献有所不同。在佛经的翻译过程中，为了准确表达特定概念，译师常常创造新词，如：

塔

东汉竺大力共康孟详译《修行本起经》卷下《出家品第五》："逆流未至七里，天化作金翅鸟，飞来捧钵去，并发一处，供养起塔。"（3，470a）

东汉昙果共康孟详译《中本起经》卷下《本起该容品第八》："诸女起塔，供养舍利。"（4，158a）

按："塔"，王力先生认为：初译"浮屠""浮图"。但梵语为"窣堵坡"（或译"率都婆"），故简称为"塔"。此词出现较晚，初见于葛洪《字范》（王力，1993：141）。姚永铭根据《一切经音义》记载，把时代提至西晋时代，举竺法护译《菩萨行五十缘身经》（313—316年）例（姚永铭，2001）。其实"塔"字在东汉佛经中就已出现。"塔"出现的时间要早于"浮屠""浮图""窣堵坡""率都婆"，王力先生说这是梵语"窣堵坡"或"率都婆"的简称是有问题的。①

---

① 关于"塔"的译名，详见顾满林（2018）。

　　通过对东汉佛经中的词汇作一个系统的研究，对于探究东汉佛经的原典用语也是有意义的。① 这样专为表达某一概念而新造的词有魔、僧、袈裟等。

　　有时为了表达某一新概念，利用现有某个意义上有联系的词来表达。如"出家"：

　　"出家"本指"离开家庭"，如：

　　　　汉王符《潜夫论·赞学》："是故无董景之才、倪宽之志，而强欲捐身出家旷日师门者，必无几矣。"

　　佛教僧人修行时，必须离开家，这样就用汉语的"出家"一词来代指这一修行行动，后来"出家"有了"出离家庭生活，专心修沙门之净行"这一意义，如：

　　　　东汉支娄迦谶译《阿閦佛国经》卷上："复次天中天，我当修行乃至成无上正真道最正觉，令我佛刹中诸菩萨出家为道者，于梦中不失精。"（11，753a）

　　这是受佛教传入的影响而产生的。又如：

　　"寺"，本为官方行政机构，如汉代"鸿胪寺"是负责管理对外事务的机构，而当时不少人在此从事佛教传播工作，由于这一原因，作为行政机构"寺"生出了"寺院"义，再后来"寺"专指"寺院"了。东汉佛经中，"寺"就指寺院，如：

　　　　东汉安世高译《四谛经》："佛已说如是，从坐起入寺室。"

---

　　① 早期译经所据的原典的语言问题，情况相当复杂，目前没有定论。目前虽然不能断定它是何种语言，但有不少证据可以说明其原典用语不是正规的梵语。如辛岛静志通过语音对照发现：同为支谶译经中的译语，"弥勒"这一菩萨译名，不与梵语对应，而与中亚古语之一的吐火罗语一致。经中的"恒萨阿竭"一词，反映了印度西北方言犍陀罗语一个显著特征，安世高译经中的"沙门"也与犍陀罗语一致。（参辛岛静志，1997：38）如果我们对东汉翻译佛经中的外来词作一个系统研究，并与梵语和当时中亚一带的语言作对比，可以为早期佛经的原典用语问题提供一些证据，这一领域值得尝试。

（1，814c）

"寺"这一意义，到今天仍在使用，这也是受佛教的影响而形成的。

需要注意的是，东汉翻译佛经是汉语译经事业的初始阶段，东汉佛经中出现的佛教词其实都是新词，而如今的辞书，不管是专门的外来词词典，还是通释类的大型汉语辞典，都没有注意到东汉佛经中的材料。如《大词典》，有关佛教方面的词汇就没有取可靠的东汉佛经作例证。比如："大雄"引《法华经·从地踊出品》，"罗汉"引唐玄奘《大唐西域记》，"沙门"引晋袁宏《东汉纪·明帝纪下》，"世界"引《楞严经》，"恶口"引《四十二章经·善恶并用》（此经时代不明），"法师"引《正法华经·法师品》，"分卫"引梁释慧皎《高僧传·译经下·释智严》，"愚痴"引《瑜伽师地论》，"震越"引《生经·佛说和难经》，"应器"引晋道恒《释驳论》，"优婆塞、优婆夷"引《魏书·释老志》，"正士、度脱"引《无量寿经》，"达嚫"引唐白居易《苏州南禅院千佛堂转轮经藏石记》。上引诸词，在东汉佛经中都已出现，今后在编纂相关的辞书时都应加以采用。

五、相对于同期的中土文献，新词新义总是先出现在东汉佛经中，除了一些专门的外来词，以及少数"赢人、母人、理家、炎照、黠师"等只见于佛经或与佛教有关的文献中的词语，东汉佛经中新出现的词和义多数都能在中土文学作品中使用开来。

六、相对于同时期的中土文献，新词新义总是在佛经中先出现，这些新出现的词和义大多数在后世的中土正统文学作品中通行开。

七、新出现的词和义有不少是口语词，有的一直沿用至今，这一方面后有专节讨论。

第六章　佛经翻译与汉语词义演变

从词汇层面说，两种异质语言很难找到完全对等的词，因此在翻译过程中，以目的语的词翻译源头语，还要将源头语的文化内涵体现出来，自然会对目的语的词进行重新分析。例如汉语词"我"，在译经中除了第一人称代词的用法以外，通常是作为名词术语使用的，指主宰实体恒定存在的内部精神力量（《佛学大辞典》："己身有一主宰而常住者"）。显然，中土文化的自身特点使汉语词汇系统中原本没有体现这一概念的词语，文化的巨大差异造成了词汇空缺，要解决这一问题，译师只能根据自己对汉语的理解，选择"最恰当"的汉语词翻译原典语言。现在，我们已经很难弄清楚这种带有主观性的选择形成的具体原因，但通常情况下，译师的选择会注意汉语词与原典之间的某种关联。仍以"我"为例，佛经中的名词术语"我"是梵语Ātman 之意译，梵文原义为"呼吸"，"在佛教经籍中转义为生命、自己、身体，相当于自我、物体自性，指支配人和事物的内部主宰"（颜洽茂，1998）。比较而言，原典词 Ātman 的内涵要比汉语词"我"丰富得多，但 Ātman 在梵文中也有第一人称代词的用法（荻原云来，1979：188），此外，其"本性、特色"等义都或多或少地能在汉语词"我"中找到隐含的关联，比如现在我们常说"我就是我""自我"等，强调的是"我"区别于他者的"特色""特征"，这是译师选择"我"翻译 Ātman 的原因，而结果是使汉语的"我"产生了带有鲜明佛教文化色彩的新用法。

翻译影响词义只是其中一个方面。有时候，佛经沿用中土词语不一定导致词义演变。前面我们说东汉佛经中有 2063 个双音词是中土固有词，其中大部分的词义都或多或少地产生了变化，但并不是所有的词义都发生了变化。词义在译经中是否发生变化，需要具体问题具体分析。通常情况下，佛教文化色彩不强的词，体现的是佛教文化与中土文化共同的东西，其词义发生变化的可能性较小。

第一节　翻译影响词义变化的内容

一、词性发生变化

古汉语中常见名词与相关动词相互转化的情况，如"雨"发展出"下雨"义、"衣"发展出"穿衣"义、"田"发展出"狩猎"义、"法"发展出"效法"义等，是名词转类为动词；"禽（后来写作'擒'）""兽（后来写作'狩'）"均为动词，"狩猎"义，后来指称擒获的对象，是动词转类为名词。上面我们说"我"的语义演变，事实上伴随着词性变化，从第一人称代词变为了名词；后面谈到的"解脱"，也伴随着词性变化，即从动词发展出名词用法。词义变化有时伴随词性变化，这在译经中是常见现象。

佛经翻译使有些词发生词性变化，词性变化词义必然随之变化，两者同时发生。译经中比较普遍的是动词转变为名词，结果是使该词兼有动词和名词的用法。例如"幻化"，在古汉语中是个动词，意义相当于今天的"变化"。如《列子·周穆王》："造物者其巧妙，其功深，固难穷难终；因形者其巧显，其功浅，故随起随灭。知幻化之不异生死也，始可与学幻矣。"但东汉以来，译经中"幻化"基本作名词用，相当于"幻象"，即幻想、幻觉或梦境中产生的虚假境相。如：

安世高译《五阴譬喻经》卷1："譬如，比丘！幻师与幻弟子于四衢道大人众中，现若干幻化，作群象群马车乘步从。"（02，501b）

支娄迦谶译《道行般若经》卷9《随品》："幻化及野马但有名无形，菩萨随般若波罗蜜教，当如是。"（08，470b）

支娄迦谶译《般舟三昧经》卷2《拥护品》："妖蛊幻化及符书，秽浊邪道不正行，终无有能中其身，用爱乐法达本故。"（13，913b）

在汉语词汇系统中，动词兼类名词是常见现象，但"幻化"极强的动词性很难再发展出类似译经的名词用法，因此"幻化"的名词用法是佛经翻译影响的结果，后世中土文献少见其名词用法的例子。

再如"定"，在古汉语中主要作动词用，如"统一""决定""止息""完成""预定""修改"等义都是动词用法。颜洽茂（1998）、张诒三、张福通（2013：119）从语义演变的角度，认为佛经翻译为"定"灌注了新义，即"心专注于一境而不散乱"，如安世高译经中的用法：

安世高译《阴持入经》卷2："但有增（本或作'憎'）如，慧者可，无有能夺，为得从是致定，是为三缚结。"（15，179a）

安世高译《长阿含十报法经》卷2："何等九？意止初禅，为一定；……从无有思想次竟度灭，为九定。"（01，240a）

安世高译《一切流摄守因经》卷1："分别觉亦如是，精进

觉亦如是,喜觉亦如是,猗觉亦如是,定觉亦如是,观却觉行亦如是……"(01,814a)

安世高译《佛说大安般守意经》卷2:"恶意欲起当实时灭,从谛是意无有能坏意,是名念力;内外观从谛以定,恶意不能坏善意,是名定力。"(15,170c)

这些用法实际上是中土"定"表心理动词用法的扩展,中土文献中有不少表心理行为的用法,与上述译经用法相通甚至相同,例如《管子》中就有如下几例:

《管子·兵法》:"一气专定则旁通而不疑",房玄龄注:"精一其气,专而且定,故不疑。"

《管子·心术》:"是故意气定然后反正",房玄龄注:"无欲则意气定,故能反正也。"

《管子·内业》:"能正能静然后能定",房玄龄注:"必正静然后能定也。"

《管子·内业》:"定心在中,耳目聪明,四枝坚固,可以为精舍,精也者,气之精者也。"

译经对"定"的影响,最突出地表现在词性上,"定"为"戒定慧"三学之一,是最为重要的佛教名词术语之一,具有名词的所有句法特征,可以作主语、宾语、定语,而它作主语宾语的用法,是汉语原来没有的。例如:

安世高译《佛说大安般守意经》卷1:"出息、入息尽定便观者,尽谓罪尽,定谓息止意。定观者,谓观止还净也。"(15,168a)(主语)

支曜译《佛说成具光明定意经》卷1:"释梵殿所照,是定明过上。"(15,454c)(主语)

支曜译《佛说成具光明定意经》卷1:"佛言:'当净行百三十五事,乃得入此定耳。'"(15,453c)(宾语)

竺大力共康孟详译《修行本起经》卷1《菩萨降身品》:"语声哀鸾音,诵经过梵天,是故说法时,身安意得定。"(03,465a)(宾语)

安世高译《阴持入经》卷1:"彼所直方便、直念、直定,是名为定种。"(15,174b)(定语)

安世高译《长阿含十报法经》卷1:"五根:一为信根、二为精进根、三为意根、四为定根、五为慧根。"(01,235a)(定语)

"定"的名词用法,在构词法中也有体现,如"欲定、入定、空定、慧定、直定"等。汉语的特点是,单音动词很难发展出名词的用法,译经中"定"的很多用法在纯正的中土文献中很难找到用例。换句话说,佛经翻译使"定"的语法功能得以扩展,从动词发展出名词的用法,这是佛经翻译的结果。

二、概念范围不同

一个词在不同文化范畴表现出相异的语义特征,这种词义上的差异,有时候是不同文化系统从各自角度观照客观世界并概念化的结果。佛经翻译过程中,译师以汉语词翻译原典,使这个词产生了不同于固有用法的新义。这包括两种情况:一是佛经新义与中土固有用法存在关联,只是概念所指的具体范围有差异;二是佛经新义与中土固有用法没有关联,概念所指范围毫不相干。例如"俗人",东汉以前这个词已经常见,如:

《老子》:"俗人昭昭,我独昏昏;俗人察察,我独闷闷。"

《荀子·儒效》："故有俗人者，有俗儒者，有雅儒者，有大儒者……"又："故人主用俗人则万乘之国亡。"

《吕氏春秋·观世》："俗人有功则德，德则骄。"

从这几个例子可以看出，汉语中"俗人"是相对于国君或统治阶级而言的，指"一般人；百姓、民众"。

译经中，"俗人"是 gāhin 之意译，其义为"在家者"，与"出家者（yati）"相对，指除佛教僧人以外的所有人，如：

支娄迦谶译《佛说阿阇世王经》卷1："大光明菩萨言：'当持心，其智慧、其光明如佛，非俗人之所作。'"（15，390b）

东汉失译《佛说伅真陀罗所问如来三昧经》卷1："不念有是无是，不随俗人有所作为。"（15，351a）

支曜译《佛说成具光明定意经》卷1："当此之时我便化作佛身相，示诸种好，现于神足，经行空中，身出火水，令诸俗人外智之士肃然而惊，乃知威神之化。"（15，456a）

译经中的用法与中土固有用法有区别：两种用法概念所指具体范围不同，佛教是把"统治阶级"纳入"世俗大众"范围内的。这种差异产生的原因，在于两种文化系统根据各自特点将"人"分成对立的两个部分：中国传统文化是"统治阶级"与"俗人"的对立，佛教文化是"出家人（僧人）"与"俗人"的对立。不同文化系统的分类对"俗人"的词义产生了影响，从而产生新义。这属于第一种情况。

比较常见的是第二种情况，即概念所指具体对象之间没有关系，在数名结构的简称词中体现得最明显。例如"四大"。中国传统文化基于人与自然之间的关系，以"道、天、地、人"为四大，强调人要根据自然规律（道）改造客观世界，并以效法自然的"道"为根本，人不能违背自然之道。《老子》："道大，天大，地大，人大。域中有四大，而王居其一焉。人法地，地法天，天法道，道法自然。"

佛教所谓"四大"，指合成物质世界（包括人自身）的四种基本元素"地、水、火、风"。主要用于阐释佛教"空"观，即在否定"四大"的同时进一步否定"我""自性"实体的存在。如：

> 安世高译《七处三观经》卷 1："何等为色如谛如所，色为四大，亦为在四大魁所，色本如是如本知。"（02，875b）

> 东汉失译《佛说伅真陀罗所问如来三昧经》卷 3："视其心意，若幻无有异，于诸法无有著，以四大地、水、火、风而知一切。"（15，361c）

> 支曜译《佛说成具光明定意经》卷 1："佛言：'为道者，先当知身非常真物，四大所成，骨肉不净，皆当弃捐，还归其本，不得常住。'"（15，452c）

> 竺大力共康孟详译《修行本起经》卷 2《游观品》："太子问曰：'此为何等？'仆言：'死人。''何如为死？'答言：'死者尽也，精神去矣。四大欲散，魂神不安，风去息绝，火灭身冷，风先火次，魂灵去矣。'"（03，467a）

译经中"四大"与中土所指范围不同，反映了不同文化系统认识客观世界并对客观世界进行概念化时存在的差异。

再如"五恶"，本指"五种坏处"。《左传·襄公二十八年》："小适大有五恶：说其罪戾，请其不足，行其政事，共其职贡，从其时命。"

佛经中，"五恶"的具体内容各有所指，比较复杂。例如：

> 安世高译《七处三观经》卷 1："佛告阿难：'为五恶。何等为五？一为自欺身，二者为亦欺他人，三为语时上下不可贤者

意，四为十方不名闻，五为已死堕地狱。'"（02，879a）

西晋白法祖译《佛般泥洹经》卷1："告逝心理家：'人在世间，其有贪欲，自放恣者，即有五恶。何等为五？一者财产日耗减。二者不知道意。三者众人所不敬，死时有悔。四者丑名恶声，远闻天下。五者死入地狱三恶道中。'"（01，162b）

失译附东晋录《那先比丘经》卷1："得信是以，后心便清净，即去离五恶。何等五恶？一者贪淫。二者瞋恚。三者睡眠，四者戏乐，五者所疑。"（32，707b）

有时同一佛经中"五恶"所指也不尽相同。如《佛说分别善恶所起经》卷一：

从是得五恶。何等五？一者，寿命短；二者，多惊怖；三者，多仇怨；四者，万分已后，魂魄入太山地狱中——太山地狱中，毒痛考治，烧炙烝（本或作"脯"）煮，斫刺屠剥，押（本或作"抽"）肠破骨，欲生不得——犯杀罪大，久久乃出；五者，从狱中来出生为人，常当短命，或胎伤而死，或堕地而死，或数十百日而死，年数十岁而死者。（17，518a）

从是得五恶。何等五？一者，多怨憎；二者，自欺身，亦从是人皆不信；三者，数逢非祸；四者，入太山地狱中——太山地狱中，有鬼从人项拔其舌，若以烧铁钩其舌断，若以烧铁狼穉刺其咽，欲死不得，欲生不得，不能语言——如是数千万岁；五者，从地狱中来出，为人恶口，齿或免（本或作"免"）缺，弥筋寒（本或作"謇"）吃重言，或喑痖不能言语。（17，518b）

从是得五恶。何等五？一者，家室不和，夫妇数斗，数亡钱财；二者，畏县官，常与捶杖从事，王法所疾，身当备辜，多死少生；三者，自欺身，常恐畏人；四者，入太山地狱中——太山地狱中，铁柱正赤身常抱之，坐犯他人妇女故得是殃——如是数千万岁，形（本或作"刑"）乃竟；五者，从狱中来，出生为鸡、兔、鸟、鸭、人，魂魄无形（本或作"刑"），所著为名。(17，518a)

从是得五恶。何等五？一者，不慧；二者，少知；三者，不为人所敬；四者，入太山地狱——入太山地狱中，考治数千万岁；五者，从狱中来出，生为人愚痴无所识知，与畜生同例（本或作"住"）。(17，519b)

后来，佛经中比较通行的"五恶"指"反于五戒"之"杀生，偷盗，邪淫，妄语，饮酒"五种有违佛教戒律和修行的恶事。可以看出，佛教所谓"五恶"与中土固有的"五恶"概念所指完全不同。

三、扩展中土用法

有些词表面上看是佛教产生的新用法，但仔细考察，却能在汉语词汇系统自身找到依据，但佛经翻译扩展了原来的用法。朱冠明（2008）认为，汉语"踊跃"与梵语"udagra"在词源义和引申义之间存在相似的演变路径（"向上的身体动作→情绪激荡"），但在佛经汉译以前，"踊跃"还没有发展出"快乐、高兴"义，汉语"踊跃"的"喜悦"义是移植梵语词"udagra""喜悦"义的结果。但王云路（2008）运用中土文献材料，证明"'踊跃'本身是喜悦时的一个常见动作，具备了产生喜悦义的内在条件"（"踊""跃"与"踊跃"经常和表示喜悦义的词同现），她所举的一个东汉时代的例子，似乎可以解释为"喜悦"：

东汉张俊《假名上邓太后书谢减死》："臣俊徒也，不得上书；不胜去死就生，惊喜踊跃，触冒拜章。"

的确，汉译佛经中"踊跃"表"喜悦"义的用法较普遍，仅东汉佛经"踊跃"就多达 44 例，常与表示"喜悦"义的词（主要是"欢喜""欣喜"）并列使用（中土文献同样如此），如"踊跃欣喜、惊喜踊跃、欣悦踊跃、踊跃欢欣"等，几乎都表"喜悦"义，也有不少单用表示"喜悦"的例子，如：

支娄迦谶译《佛说阿阇世王经》卷 1："阿阇世王复白文殊师利：'闻如是法倍复踊跃，以是故欲请之，令我缘是而得安隐。'"（15，396a）

东汉失译《佛说伅真陀罗所问如来三昧经》卷 1："比丘、比丘尼、优婆塞、优婆夷，诸一一尊比丘及新发意菩萨，其在会者诸天、龙、鬼、神，一切自于坐皆踊跃，岖峨其身而欲起舞。"（15，351c）

从情绪的伴随动作发展出情绪义，所有的语言都存在类似现象，在汉语中"踊跃"的"喜悦"义完全可以自发生成，但由于它极强的动词性特征，要演化出形容词的用法，通常会受到语用的限制，这是中土少见此义用法的原因。因此翻译佛经中此义的广泛使用在很大程度上扩展了"踊跃"表"喜悦"义的用法。

有些词（单音词）作为词素隐含特殊意义，佛经翻译以之构造新词，使隐含义显化。王云路（2006）讨论了"形骂""形名""形调""形笑""形呰""形毁"等由"形"参构的译经新词表"嘲弄、耻笑"义，来源于"五形"（头颅和四肢）的引申义"有时专指身体的隐私部位，常指阴部"，从而使"'形'有贬义，表示侮辱"。而译师在翻译过程中将"五形"简称"形"，再与其他词素组合，产生了上述带有"嘲弄、耻笑"义的新词，使"形"的贬义用法得到凸显。

译经中类似的情形很多，比如"大+X"模式新词，通常含有"美好、崇高、尊敬"义。译经中这种模式的词，基本是利用固有词汇或者新创词形仿译梵语"mahā+X"模式的结果。梵语词素"mahā"为"伟大"义，与汉语"大"表"赞美、颂扬、尊敬"等义及表敬用法相通。如"大安、大悲、大藏、大乘、大城、大慈、大德、大地、大度、大恩、大富、大宫、大光、大行、大豪、大护、大慧、大戒、大力、大妙、大明、大善、大胜、大天、大威、大畏、大姓、大雄、大要、大愿、大志、大爱道、大丛树、大夫人、大伏爱、大花净、大慈大悲、大力普平、大目揵连、大目如来、大势伏恶、大势龙王、大泽树神"等。"大+X"模式的词先秦时期已有不少，如"大道、大人、大德、大士、大师、大王、大化、大国、大玉、大器、大乐、大尊、大福、大冥、大义、大智、大法、大家、大宾"等，它们已出现在东汉佛经中，但中土文献的用法表"赞美、颂扬、尊敬"义还比较隐晦，而在翻译佛经中得到凸显。比如"大法"本指符合自然、天道的法则（蕴含"崇高"的语义特征）。如《荀子·儒效》："其言行已有大法矣。"东汉佛经中"大法"是梵语"mahā-dharma"的仿译，尊称佛所说法。如：

支娄迦谶译《道行般若经》卷5《照明品》："般若波罗蜜亦如是，天中天！多有起因缘者，及新学发意者所知甚少，其心不入大法，亦不讽诵般若波罗蜜，是人以为魔所得。"（08，448c）

支曜译《佛说成具光明定意经》卷1："快哉！世人乃获上闻之要，其在愚曚埃浊者，今日霍然除尽。如净水洗浴垢，今闻大法心垢为消。"（15，454b）

按照佛教的文化体系，佛所说法就是根本法，具有至高无上的特性。

再如"大师"，本指学识渊博之士。古代学识渊博之士通常兼有教育者的身份。《史记·儒林列传》："学者由是颇能言《尚书》，诸山东大师无不涉《尚书》以教矣。"在佛教文化中，"佛"是无所不知、无所不能的神与智慧的化身，并以教化他人、度化众生为务，其特征与汉文化的"大师"有诸多相似之处。玄奘译《瑜伽师地论》卷82："解释次第者，谓能善教诫声闻弟子一切应作不应作事，故名大师。"（30，759b）于是译师以"大师"仿译"mahācārya"，为佛陀尊号之一，如：

> 支娄迦谶译《道行般若经》卷10《昙无竭菩萨品》："愿持身自上，及五百女人、五百乘车珍宝以上大师，哀我曹辈，愿当受之，当使我曹得功德。"（08，476a）

> 昙果共康孟详译《中本起经》卷2《须达品》："吾有大师，号曰如来、众佑，度人近在祇洹，可共俱进，造觐世尊。"（04，157a）

佛经翻译使"大师"增加了带有佛教文化色彩的新义，后泛化为僧人尊称并沿用至今。其他"大+X"模式的词（包括译经新词）在佛经中"崇高、尊敬"的语义特征同样比中土用法明显。

第二节 翻译影响词义的过程和规律

通常情况下，译经新用法符合汉语词义演变的一般规律（如从具体到抽象的演变），大部分译经新义都能找到合理解释。佛经翻译在词义演变过程中是一种动力因素，加速了汉语词义演变的过程。邱冰（2018）通过梵汉对勘，认为"软"的"下劣""下等"义是语义移植的结果，同时指出汉语"软"在发展过程中也产生了"下等""次等"的意思，不过要比译经晚很多。这表明，不同语言之间，词义发展的规律存在一定共性，译经中反映"共性"的词义演变，符合汉语词义演变的一般规律，更容易被汉语吸收进来。

当然，新义是否能够被汉语词汇吸收，还受到相关词汇场的影响。例如"学"的思考义。方一新（1992）认为"学"有"思考"义，曾昭聪（2005）、汪维辉（2005）等均有相关研究。汪文推测"学"的"思考"从"知觉、觉悟"义引申而来。但董志翘、赵家栋（2011）认为从"觉悟"义引申为"思考"义不太可信，他们认为"学"为"斆"之借字（"斆"有引申义指"思虑、考虑"）。朱冠明（2015）不赞同这个意见，认为"此说（董志翘、赵家栋）似过于婉转曲折，未达一间"，并认为"学"之"思考"义是受"原典语的类推影响"，译师将原典词"学"的一个义项（即"思考"）移植给汉语词"学"的结果。

汉语"学"这个词能不能发展出"思考"义？从词义演变规律来说，存在演变的可能。朱冠明（2015）认为："古代中国人的观念中'学习'和'思考'之间是有距离的，故有'学而不思则罔，思而不学则殆'的说法。""学习"和"思考"之间的确有距离，但从另一个角度看，"学而不思则罔，思而不学则殆"也表明"学习"与"思考"之间天然存在联系：学习离不开思考，思考也离不开学习。这是人类普遍的经验（如英语"study"同样有"思考"义），因此原典语表"学习"义的词能发展出"思考"义，汉语的"学"同样能发展出"思考"义。但为什么汉语没有发生这样的演变？因为汉语词汇系统中表示思考义的词很多（如"思、想、度、惟"等），没有必要以"学"来记录这个意义，增加"学"的负担。但佛经翻译作为直接动因使这种潜在的演变趋势成为现实，译师基于原典的类推思维可能起了很大作用。

以下举两个例子来谈这个问题。

一、"念"从心理动词发展为言说动词

"念"在东汉以前已是多义词，如"思念，怀念"义、"思考，考虑"义、"爱怜"义等。汉译佛经中"念"产生了不少新义，最常见的是表"极短之时间"的用法。此外，"念"发展出言说动词的用法，也跟佛经翻译有关。

"念"本来是一个心理行为动词（这从字形构造可以看出来），后来演变为表言语行为的动词（口念）。蒋绍愚认为，"念"从"思念（'思考、考虑'）"义发展出"朗读"义，有一个中间环节，就是"念"的"背诵"义，"既然'念'是背诵，那就需要在心里'念（想）'熟，然后在口中'念（读）'出来"（蒋绍愚，2015：232）。结合语料仔细分析其中的演变过程，一个关键的环节是"念"经常与言说动词连用。这种用法，最早出现的是"念、曰"连言，东汉以前已在中土文献出现，但仅两次：

《尚书·大诰》："予永念曰：'天惟丧殷，若穑夫，予曷敢不终朕亩？'"宋陈经《尚书详解·大诰》："予永念曰，言我亦尝深思远虑……"

《毛诗·绵》"予曰有疏附，予曰有先后。予曰有奔奏，予曰有御侮！"郑玄笺："我念曰：'此亦由有疏附先后奔奏御侮之臣力也。'"

汉译佛经中用得比较多，仅东汉佛经就有9例，如：

支娄迦谶译《般舟三昧经》卷1《劝助品》："有大国名飓

陀和,有转轮王惟斯芩,往到佛所,礼毕却坐一面。佛知其意,便为说是三昧。其王闻之助欢喜,即持珍宝散佛上,自念曰:'持是功德,令十方人民皆安隐。'"(13,902a)

昙果共康孟详译《中本起经》卷1《转法轮品》:"世尊念曰:'吾本发心,誓为群生梵释请法,甘露当开,谁应先闻?'"(04,147c)

值得注意的是,东汉佛经产生了更常见的"念、言"连文的用法,共64例,但东汉以前中土未见,如:

支娄迦谶译《道行般若经》卷1《道行品》:"舍利弗心念言:'今使须菩提为诸菩萨说般若波罗蜜,自用力说耶?持佛威神说乎?'"(08,425c)

竺大力共康孟详译《修行本起经》卷1《菩萨降身品》:"阿夷念言:'世间有佛,应现此瑞。今世五浊盛恶,何故有此吉祥瑞应?'"(03,464b)

昙果共康孟详译《中本起经》卷1《度瓶沙王品》:"有豪长者,名迦兰陀。心中念言:'可惜我园,施与尼揵。佛当先至奉佛及僧,悔恨前施,永为弃捐。'"(04,153b)

"念曰""念言"与"念"之"思考、考虑"的关系是:以"念曰""念言"将思考的内容("心里话")引述出来,因此,"念曰""念言"后往往紧跟心里思考的内容("心里话")。从形式上看,这种用法已经很接近言说动词(如"言、曰、讲")。

还可以跟其他言说动词连言,如"诵念"和"念诵",即"心念口诵"①、默念和口念。如:

---

① 宋普观《盂兰盆经疏会古通今记》卷1:"在心曰念,发言曰诵。言由于心,故云念诵。"(21,490b)

支娄迦谶译《道行般若经》卷2《功德品》："是时，拘翼！当诵念般若波罗蜜，阿须伦兵众即还去。"（08，433b）

后秦鸠摩罗什译《摩诃般若波罗蜜经》卷9《劝持品》："若诸阿修罗生心欲与三十三天共斗。憍尸迦！汝尔时当诵念般若波罗蜜，诸阿修罗恶心即灭更不复生。"（08，286b）

吴支谦译《大明度经》卷2《持品》："佛言：'当学、当持、当诵。释！若质谅神兴兵，欲与忉利天战，其念诵是经，质谅神众即去。'"（08，484b）

东晋佛陀跋陀罗译《佛说观佛三昧海经》卷10《观佛密行品》："仙人知王心已软善，应念诵咒，神通力故天降甘露（本或作'雨'），地出涌泉润泽一切。"（15，696a）

此外，东汉以来的译经中，产生了许多由"念"构成的四字格，如"心念口演""诵经念空""讲经念道""心念口讽""心念口言"等。这些四字格有的很常用（如"心念口言"在佛教文献中271例）。由于"念"经常与表示言语行为的动词形成对照，其"诵读"义得以凸显。蒋绍愚将"心念口演"看作"心念"与"口演"的中间环节，有一定道理（蒋绍愚，2015：232）。如：

支娄迦谶译《般舟三昧经》卷1《四事品》："时佛说偈而叹曰：'常当乐信于佛法，诵经念空莫中止，精进除睡卧，三月莫得懈。'"（13，906a）

吴康僧会译《六度集经》卷8："当于山泽若于宗庙，讲经念道，无得懈惰，快心（一作'诀'）之士后无不悔矣。"（03，50b）

吴陈慧撰《阴持入经注》卷1："心明往古来今。已及众生心念口言。身诸所更。无微不察。佛缘一觉应仪四神已足。不师受故曰神足矣。"（33，12b）

西晋竺法护译《佛说幻士仁贤经》卷1："佛告阿难：'我以是经嘱累汝，心念口讽，执持经卷，若闻奉行，众恶反趣，当知其人曾见五百佛然后得佛道。'"（12，37a）

后秦鸠摩罗什译《妙法莲华经》卷4《提婆达多品》："慈念众生、犹如赤子，功德具足，心念口演，微妙广大，慈悲仁让，志意和雅，能至菩提。"（09，35b）

有些东汉佛经中"念"的用法，似乎已可作"口念"理解，即有声音之"念（读、讲）"。如：

支娄迦谶译《佛说阿阇世王经》卷2："其化人杀父母者便自陈说：'我所作为，非法所载，怨杀父母。'其一人则念：'我独杀母耳。是人杀父母，其罪甚重。如子所受，我尚轻微。'化人则语一人：'我不如往到佛所。佛者无所归者而受其归，而无护者而为作护。如佛所语，我当承教不敢违失。'"（15，403a）。

支娄迦谶译《佛说阿阇世王经》卷2："时提怨竭佛谓诸比丘僧：'是所受决处，不当以足蹈其地。所以者何？是则极尊神处，诸天人民一切当共事是处。谁有于是而起塔者？'应时八十亿天皆念言：'我而起之。'"（15，405a）

支娄迦谶译《道行般若经》卷10《嘱累品》："取字谛了了，念书作字莫使缺减，谛视书莫左右望，一切恐是有难，谛是经中莫令字少。"（08，477b）

第一例"陈说""念""语"是"化人"与"一人"言对之辞，且"念"前有转折连词"则"提示其与"化人"所言形成对比，可见"念"与"陈说"相同，均为口述；第二例"念言"相当于"应答"或"说"，已明显不是"默念"；最后一例"念书"与"作字"并举，说明"念书"即为"读书（佛经）"。当然，这样分析不一定准确，比如第一、二例也可理解为"心念"，第三例可理解为"背诵""默读"等，具体如何，可能需要梵汉对勘加以证明。但这种"两可"的用法，是从"心念"到"口念"过渡的中间阶段。在西晋竺法护译经中，有一例从语境判断，肯定可作"口念"理解：

> 西晋竺法护译《生经》卷4："有一仙人，……建四梵行慈悲喜护，诵经念道，音声通利，其音和雅，闻莫不欣。"（03，94b）

"音声通利，其音和雅"形容"诵经念道"之"声音"，"闻莫不欣"即听了"诵经念道"之"声音"后喜悦的情状。因此这里的"念"已为有声之"念"。但这样的例子还很少，直到唐代，这种用法才逐渐多起来，产生了类似"口念""讲念"等新用法。例如：

> 唐义净译《根本说一切有部毗奈耶破僧事》卷12："时独角仙口念：'善来！唤令入室。'"（24，161c）

> 唐窥基撰《阿弥陀经通赞疏》卷2："足行宝地，口念金经，故云经行也。"（37，340a）

> 唐法海集《南宗顿教最上大乘摩诃般若波罗蜜经六祖惠能大师于韶州大梵寺施法坛经》卷1："迷人口念，智者心行。"（48，340a）

> 唐圆照撰《贞元新定释教目录》卷10："经住两载，仍为彼僧讲念破论有二千偈。"（55，850b）

因此，"念"从心理动词发展为言说动词，佛经翻译是推动这一过程的动力和催化剂，在演变过程中起推动作用，演变的整个过程都是在佛教文化范围内完成的。

二、"持"由手部动词发展出"记住"义

人类思维习惯的普遍特征是由近及远，从具体到抽象。相应地，

词义演变普遍遵循从具体到抽象的规律。汉语的心理动词大多是从具体动作动词演化形成的，其中有很大一部分源于手部动词。李小军认为"（而）心理动作、状态是抽象的，一般难以描述、感知，需要借助具体的动作来让它显性化"，"从手部动作范畴到心理范畴的演变是人类认知思维的典型体现，……有时人们以显著的外部动作来转指心理状态、性格等，这样部分手部动词就获得了心理义"（李小军，2014）。汉语很多手部动词在先秦两汉以前已出现心理词的用法，如"执""拂""抒""护""抚""扰""择"等。进入汉代，"持"也发展出了心理动词的用法，如：

> 《史记·儒林列传》："宽为人温良，有廉智，自持，而善著书。"

> 《史记·陈丞相世家》："汉王，长者也，无以老妾故，持二心。"

"自持"即"自我控制，自我约束"；"持二心"即"怀有二心"，与本义"握持"有明显联系却又有差异："持"用于心理范畴，是将心理情绪、意愿等抽象的事物当作可掌控之物，故可以手部动词"持"去掌控它们（李小军，2014）。

在东汉佛经中，"持"字的各种用法均有体现，包括其作为具体动词的用法（"握持"）：

> 安世高译《七处三观经》卷1："三者持钵袈裟至他国，四者弃戒受白衣，五者自坐愁失名。"（02，879b）

> 东汉失译《佛说伅真陀罗所问如来三昧经》卷3："王阿阇世及诸群臣、比丘、比丘尼、优婆塞、优婆夷见光明，知佛当来，悉持缯、盖幡、花香出罗阅城，皆出而行迎。"（15，364a）

> 昙果共康孟详译《中本起经》卷2《佛食马麦品》："今得

此麦，甚为粗恶。何忍持此供养佛乎？"（04，163a）

表心理动词的用法：

支娄迦谶译《佛说内藏百宝经》卷1："佛持威神吹海水悉令枯竭，见天雨持伞盖，随世间习俗而入，示现如是。"（17，752b）

支娄迦谶译《佛说遗日摩尼宝经》卷1："何等为形容被服如沙门者？髡头剔须，着袈裟持钵，心不正不持戒，但欲作恶喜学外道，是为被服如沙门。"（12，192c）

上述两个例子中，每个都包含了两个"持"，但它们的用法各不相同。前例第一个"持"其宾语为抽象名词（佛威神），第二个为具体名词（伞盖）；后例"持钵"中"钵"为具体名词，"持戒"中"戒"为抽象名词。汉语中当动词所带宾语为抽象名词时，其动词性逐渐弱化向抽象动词发展，从而产生抽象的意义。甚至"心"可以是"持"的对象或施动者，如：

支娄迦谶译《文殊师利问菩萨署经》卷1："复有四事……三、持心如空，不想一切人；四者、若有供养不供养者，其心无异。"（14，441b）

昙果共康孟详译《中本起经》卷2《瞿昙弥来作比丘尼品》："持心当如防水，善治堤塘勿漏而已。"（04，159a）

支娄迦谶译《佛说遗日摩尼宝经》卷1："譬如持灰作城，持无常作有常。譬如持钩行钓鱼得，心持非我所是我所。"（12，192a）

比较特殊的是汉语"持"在东汉以来的译经中产生了"记住"义的用法，这是"持"心理动词义的进一步发展。如：

支娄迦谶译《般舟三昧经》卷1《譬喻品》："佛告颰陀和：

'其有闻是三昧，不轻笑、不诽谤、不疑、不乍信乍不信，欢喜乐、书、学、诵、持者，我悉豫知见之。'"（13，900b）

又："佛言：'持是三昧者，书、学、诵、持、为他人说，其福乃尔，何况守是三昧悉具足者？'"（13，908a）

又卷2《功德品》："若有，拘翼！善男子、善女人，书般若波罗蜜，学、持、诵、行，自归作礼承事供养——好华、捣香、泽香、杂香、缯彩、华盖、旗幡——萨芸若则为供养。"（08，432a）

又卷4《持品》："舍利弗白佛言：'菩萨摩诃萨若有念、诵者，若持、学、书者，以（或作'已'）为诸佛威神之所拥护。'"（08，446a）

又卷5《照明品》："如是，须菩提！怛萨阿竭、阿罗呵、三耶三佛念般若波罗蜜，其所持者，若有讽、诵、书者，复十方现在诸佛常念般若波罗蜜，是者即怛萨阿竭、阿罗呵、三耶三佛于萨芸若而示现。"（08，448c）

译经中"书、学、念、读、诵、持"诸词通常连言，但当断开来读，表义也不相同。"书"为"书写"，"学"为"学习"，"念"为"思考"，"读"为"阅读"，"诵"为"朗读"，如上述，"持"为"记住"义。

东汉以前，"持"在中土文献尚无"记住"义的用法，显然这是佛经翻译影响产生的新义。"持"为何有此义？朱冠明（2008）认为是佛经翻译过程中的语义移植，因为梵汉对勘显示与"持"对应的梵语"dhara"为动词"dhṛ"的名词形式，而"dhṛ"的本义为"握持"，又有引申义"记忆、记住"，因此译师在翻译过程中把"dhṛ"的引申义强加给了"持"。

相对而言，以"持"表"记忆、记住"义，显然不如"记"或以之构造新词符合汉语习惯，也不如"记"容易理解接受。那么译师为何弃"记"而用"持"呢？从词义演变的角度看，"持"的"握持"义与"记住"义之间可以找到关联：当"持"的对象为具体事物时，"持"也为具体的动作（用手拿住）；当"持"的对象为抽象事物（如知识、佛法）时，"持"也相应成为抽象的动作（记住）。也就是说，"持"的意义发生了从具体到抽象的演变。

事实上，译经中"持"表"记住"义单用的情况不是很明显，而以之构成的双音词却不然，这其中最常见的是"受持"这个译经新词[①]。如东汉佛经例：

支娄迦谶译《道行般若经》卷9《累教品》："何以故？今佛现在，有慈心佛恩德，欲报佛恩具足供养者，汝设有慈心于佛者，当受持般若波罗蜜，当恭敬作礼供养。"（08，468c）

支娄迦谶译《般舟三昧经》卷3《请佛品》："佛告跋陀和菩萨：'往昔无数劫提和竭罗佛时，我于提和竭罗佛所闻是三昧，即受持是三昧，见十方无央数佛，悉从闻经、悉受持。'"（13，915c）

支娄迦谶译《佛说成具光明定意经》卷1："我本无黠，连缚十二，心起就冥，堕俗三流，今日所闻，未曾有法，愿身受持，如天尊教，咸乐妙法。"（15，451c）

昙果共康孟详译《中本起经》卷1《度瓶沙王品》："生、死因缘，本从痴起，一切无常。大王受持！"（04，153a）

《大词典》释"受持"为"领受在心，持久不忘"，源于隋吉藏

---

① 俞理明、顾满林释为"接受；奉行""容纳"等。参看俞理明、顾满林（2013：241）

撰《胜鬘宝窟》称"始则领受在心曰受，终则忆而不忘曰持。"（37，11c）这个解释值得重视，它能说明译师以"持"表"记住"义的某些原因。丁福保《佛学大词典》："以信力故受，以念力故持。"也就是说，光记住还不行，还要有持之以恒的毅力和虔诚，强调记住还要保持永不忘记的稳定状态。而"记"很难传达这层意思，但这对佛教来说是非常重要的。一个典型的案例是，译经中"坚持"的用法，其语义相当于"牢记""记牢"：

> 支娄迦谶译《道行般若经》卷10《昙无竭菩萨品》："有持戒不犯十事，常随善师，常等心念十方人，无有能坏者，世世见佛，闻菩萨行事，坚持不忘，世世不谇（本或作'谕'）谄常行至诚，贤者欲知成佛身如是。"（08，476c）

> 支娄迦谶译《般舟三昧经》卷1《四事品》："极慈于善师，视当如佛，瞋、恚、嫉、贪不得有，于经中施不得贪。如是教当坚持，诸经法悉当随是入，是为诸佛之道径。"（13，906b）

> 支娄迦谶译《般舟三昧经》卷3《至诚佛品》："佛言：'置是所供养者，此不足言耳，常当自割其肌供养于善师，常不爱惜身，何况其余？当承事善师如奴事大夫，求是三昧者当知（本或作'如'）是。得是三昧已当坚持，常当念师恩。'"（13，919a）

"持"之"记住"义，后世译经有继承，有些以之构成的双音词可以看作同义或近义连言，进一步强化、巩固了"持"的"记住、记牢"义，如"忆持"，丁福保《佛学大辞典》："记忆受持而不忘失也。"

> 吴支谦译《菩萨本缘经》卷3《龙品》："龙王答言：'我先与汝俱受佛语，我常忆持抱在心怀，而汝忘失了不忆念。'"

（03，69a）

东晋法显译《大般涅槃经》卷2：“比丘当知，今此阿难，智慧深妙、聪明利根，我从昔来，所说法藏，阿难皆悉忆持不忘。”（01，200b）

后秦鸠摩罗什译《大庄严论经》卷12：“汝意迷着此，殊非智慧理，应舍下劣志，如来所说偈，汝今宜忆持。”（04，324c）

又“念持”，丁福保《佛学大辞典》：“忆念受持也。”《佛光大辞典》：“指忆念受持，毫不间断。”

支娄迦谶译《道行般若经》卷6《恒竭优婆夷品》：“是但名为般若波罗蜜，求之若守者，发心念持是功德福与，作阿耨多罗三耶三菩。”（08，457a）

吴支谦译《大明度经》卷6《普慈阇士品》：“佛言：‘受我教法，悉念持之。’”（08，504b）

西晋竺法护译《诸佛要集经》卷1：“分别其慧，其不解慧。假使，文殊！念持二慧志在进退，上至计佛则造二业。”（17，762b）

又“持念”，《佛学大辞典》：“受持忆念正法而不忘失也。”

西晋无罗叉译《放光般若经》卷16《沤惒品》：“须菩提白佛言：‘世尊！持念已不念，得萨云然？’”（08，112b）

北凉昙无谶译《悲华经》卷5《诸菩萨本授记品》：“当于佛所，发妙胜愿，所愿胜妙，善持念之。”（03，202a）

又“谛持”，用心记住，不使忘记。

支娄迦谶译《道行般若经》卷10《嘱累品》：“佛以手抚阿难肩三反，佛语阿难：‘我嘱累汝是般若波罗蜜，谛持谛念（谛受）’。”（08，477b）

吴支谦译《大明度经》卷 5《远离品》："所当护法，常（本或作'当'）自坚持，当净其心，立心所伊（本或作'狎'）习，当谛持，常当正心，畏怖勤苦处。"（08，499b）

西晋聂道真译《三曼陀跋陀罗菩萨经》卷 1《悔过品》："若已受而复忘失，不能坚持法、不能谛持法，而怯劣无胆（本或作'瞻'）。"（14，667a）

再有"记持"，《大词典》："犹言记存在心。"

隋慧远撰《大乘义章》卷 1："若无言教，记持彼法，法则隐灭。良以言教，记持在世，人虽造过，法常不灭。"（44，467c）

唐玄奘译《佛地经论》卷 1："闻所成慧名为大念，闻已记持，无倒义故。"（26，295b）

唐义净译《根本说一切有部苾刍尼毗奈耶》卷 1："至童子位将付明师，习学技艺及诸典籍，一经耳目，记持不忘。"（23，909a）

第三节　翻译影响词义的系统性

佛经翻译会对汉语词汇形成系统性影响。比如"四谛"之"苦、集、灭、道"，"三学"之"戒、定、慧"，"三宝"之"佛、法、僧"，以及由这些佛学名词参与构成的词，往往带有佛教文化色彩。佛经翻译对汉语词义影响的系统性，表现在两个方面，一是使某个词词义发生变化，同时成为活跃的词素，并将带有宗教色彩的义位遗传给新造词。二是使由这个词构成的不少中土固有词词义发生变化。以下以"道"为例展开讨论。

自老子《道德经》提出"道可道，非常道"及"有物混成，先天地生……吾不知其名，字之曰道"等命题以来，"道"逐渐演进为中国哲学的重要概念。而随着古代方术与宗教思想的不断融合，"道"作为哲学范畴的抽象特征，在语用中逐渐衍生出宗教神秘色彩，例如它可以指"仙术或方术"。《汉书·张良传》："乃学道，欲轻举"，颜师古注："道，谓仙道。"可以用"道士""道人"称"炼丹服药、修道求仙之士"，《汉书·王莽传下》："卫将军王涉素养道士西门君惠，君惠好天文谶记。"《汉书·京房传》："法曰：'道人始去，寒，涌水为灾。'"

佛教文化是外来的宗教文化，因此汉语词汇系统中不存在佛教文化的因子，也找不到与佛教文化完全对等的词，而要以汉语的习惯方式将佛教文化的东西显示出来，最方便、最恰当的方法就是用与佛教思想文化关联度高的、当时大众熟悉的词，通过具体语境将它揭示出来。"道"的上述特征和用法，使其必然成为佛经翻译的常用词或造词语素。因为它的宗教特征在很大程度上与佛教文化存在相似相通之处。"道"作为抽象的终极哲学概念，它能涵盖的范畴非常广泛，但无论在任何范畴，都是作为最高原则存在的。佛教思想文化显然是抽象的存在，其要传播的"佛法"与"道"天然存在共通性，在佛教看来，"佛法"是使众生脱离生死苦海的最高法则、唯一真理。

而佛经翻译对"道"的使用，进一步强化了"道"的宗教神秘色彩，很多以之构成的词，包括借用中土固有和翻译新造词，在佛教文化语境中均产生了属于佛教范畴的新义。也就是说，佛经翻译在产生了一批新词的同时，也对中土固有词的词义演变产生了影响，而这种影响往往是系统性而不是个别的。表现在以下两个方面：

其一是翻译构造新词，扩大新义使用范围。

佛经翻译以"道"为词素，创造了大量新词，这些新词保留了佛经"道"的基本用法，使"道"的佛经新义得以遗传下来。以下是东汉佛经中以"道"为词素构造的佛教新词，数量不少。

道宝：即佛法，以"宝"为喻，因其难值难遇，故珍贵无比。东汉失译《佛说伅真陀罗所问如来三昧经》卷1："道宝者，以法度俗（本或作'欲'）。何所法而度俗者？则道法。何以故？欲之所作皆因慧，慧者则象道之法。"（15，354a）

道定：即禅定，心专注一境而不散动。竺大力共康孟详译《修行本起经》卷2《出家品》："菩萨累劫清净之行，至儒大慈，道定自然，忍力降魔，鬼兵退散，定意如故，不以智虑，无忧喜想。"（03，471b）

道福：修行佛道所得之福报。安世高译《阴持入经》卷2："彼若如有知智，是为见地；为得道迹，是为得道福。"（15，178a）

道慧：佛教的真义。安世高译《长阿含十报法经》卷1："亦无有匿无有态，真直如有身行，意着道慧同行。"（01，234b）

道迹：佛法、佛教教义。安世高译《佛说大安般守意经》卷1："言后视无有处所，未得道迹不得中命尽，谓已得十五，意不得中死。"（15，167b）

道戒：防非止恶之佛法戒律。安世高译《阴持入经》卷2："戒如得道戒，随衔不为破、不为穿、不为失、不为悔。"（15，179a）

道力：佛法所具有的神通力。昙果共康孟详译《中本起经》卷1《还至父国品》："佛敕目连：'现汝道力。'目连受教，飞升虚空，出没七反，身出水火，从上来下，前礼佛足，却侍于左。"（04，155c）

道脉：佛法真谛。安世高译《阴持入经》卷2："已得道脉，至道迹跱，为复止观，令是欲恚使缚为复除。"

道律：佛法之戒律。支娄迦谶译《佛说成具光明定意经》卷1："不念苦不念乐、于毁誉无欢怒、心调净所在入、开大藏入大法、以道律护满（本或作'漏'）法、苦习审勤承行。"（15，454a）

道念：心专注于佛法，不散乱，不忘失。安世高译《四谛经》卷1："道德弟子，苦为苦念，习为习念，尽为尽念，道为道念，若行随投念复念，是名为直治。"（01，816a）

道品：修行佛法，趋向涅槃的各种途径。安玄译《法镜经》卷1："或有开士去家为道，以致道品之法，或有居家者。"（12，15c）

道食：品味佛法，以之为食。昙果共康孟详译《中本起经》卷1《还至父国品》："今者行乞食，粗恶安可咽？法味为道食，饥渴今已除，哀世故行乞，持钵福众生。"（04，155b）

道事：佛教日常事务。支娄迦谶译《文殊师利问菩萨署经》卷1："不念以过去世俗法以应道法，不说俗事之恶、不言道事可好，如是学者，为学怛萨阿竭署。"（14，435c）

道俗：出家之人曰道，在家之人曰俗。指佛教徒与世俗之人。昙果共康孟详译《中本起经》卷1《还至父国品》："忧陀答王：'佛教比丘，莫亲白衣、恋于家居，道俗异故。'"（04，154b）

道位：修行佛法之位次。如菩萨之十地，声闻之七方便位等。昙果共康孟详译《中本起经》卷1《度瓶沙王品》："精进直入（本或作'修真'），见谛不回，便得须陀洹、斯陀含、阿那含、阿罗汉——各因本心，道位次叙。"（04，153a）

道息：禅定的境界。安世高译《佛说大安般守意经》卷1："数至十息不乱，是为净息；已得道，是为道息也。"（15，166a）

道黠：佛法智慧。安世高译《长阿含十报法经》卷1："第八四法，今有四黠。苦黠、习黠、尽黠、道黠。"（01，234b）

道训：佛法及其最高准则。昙果共康孟详译《中本起经》卷2《须达品》："驰趣相见，同声叹曰：'久承令懿（本或作'德'），注仰虚心，闻有道训八关斋法，故远投托，幸蒙示导。'"（04，157a）

道眼：《佛学大辞典》："修道而得之眼也。又观道之眼也。"安世高译《七处三观经》卷1："譬喻犊母，已有佛在世间，念天上天下得道眼度世，便见是法除一切苦。"（02，876c）

道业：《佛学大辞典》："可感人天之果之善业为福业。可成佛果之善业为道业。以菩提心而修之诸业也。"竺大力共康孟详译《修行本起经》卷1《试艺品》："太子志意，不以为欢，常欲弃舍，静修道业，济度众生。"（03，466a）

道证：佛智无漏，与缘起之真理相契合。支娄迦谶译《佛说阿阇世王经》卷2："文殊师利言：'今所食处，其人亦不离生死，亦不入泥洹，亦不过欲事，亦不以道证。所食处，其食亦无所增无所减，亦于诸法无所持亦无所舍。'"（15，399a）

道智：《佛学大辞典》："十智之一。证道谛之理之智也。"支娄迦谶译《佛说阿阇世王经》卷1："文殊师利言：'所谓道智来时，譬若日出不可知众冥所在，如是时亦不知未脱所在。'"（15，396b）

道种：谓能产生佛果的种子。安世高译《阴持入经》卷2："亦有三清净道种：一、无恚不犯法本为正语，二为正业，三为正致利。是为三清净道种，是故名为无恚不犯法本。"（15，176c）

八道：即"八正道"。支娄迦谶译《佛说遗日摩尼宝经》卷1："五根五力不信懈怠念功德为药；七觉意入法黠是为药；外道及不信以八道为药；是为各各分别药。"（12，192a）

成道：彻悟佛道而得正果。支娄迦谶译《文殊师利问菩萨署经》

卷1：“坐于树下者，由不空起，起者当成道故，不离力、无所畏，是为三署。”（14，435b）

谛道：真实无谬之佛法真理。安世高译《佛说八正道经》卷1："比丘！所有道弟子，当受是八种行谛道，如说行可得道八行觉。”（02，505a）

法道：指佛法之道。安世高译《佛说大安般守意经》卷2："定觉受身，如是法道，说谓法定。”（15，169a）

佛道：佛法之道，佛法、佛智圆通无碍，导引众生修成正果。支娄迦谶译《阿閦佛国经》卷1《发意受慧品》："复次，天中天！我当修行乃至成无上正真道最正觉，令我佛刹诸弟子一切皆无有罪恶者，我当修佛道至令佛刹严净。”（11，753a）

福道：修行佛法能得福报，故称"佛法"为"福道"。安世高译《佛说八正道经》卷1："第八谛止者不忘（本或作'妄'）因缘，止者常还意护，已止者一切无所犯，聚止者得福道。”（02，505b）

经道：佛陀、佛教经典所说之道。支娄迦谶译《道行般若经》卷10《昙无竭菩萨品》："是时昙无竭菩萨适教殿中诸女，说经道已，沐浴澡洗已，更着新衣，上般若波罗蜜之台坐思惟，种种三昧悉入，如是七岁不动不摇。”（08，474b）

敬道：崇敬佛法。昙果共康孟详译《中本起经》卷1《还至父国品》："于是父王，遥见佛来，爱敬交至——一者敬道，二者爱子。”（04，155a）

念道：心专注于佛法。安世高译《佛说大安般守意经》卷1："安为念道，般为解结，守意为不堕罪也。”（15，163c）

入道：《佛学大辞典》："舍世法入佛道也。"东汉失译《佛说仳真陀罗所问如来三昧经》卷2："二十七者、菩萨不贪饮食、衣被，

欲入道故，是为持戒。"（15，357a）

他道：佛教以外的思想或学说。支娄迦谶译《道行般若经》卷6《阿惟越致品》："正在智中深入，若余所欲有问深经者，持是深般若波罗蜜为说之；其有他道所不能正者，持是深般若波罗蜜为正之。"（08，454c）

佛道：梵语菩提，新译曰觉，旧翻曰道。道者通之义，佛智圆通无壅，故名之为道。支娄迦谶译《阿閦佛国经》卷1《发意受慧品》："复次，天中天！我当修行乃至成无上正真道最正觉，令我佛刹诸弟子一切皆无有罪恶者，我当修佛道至令佛刹严净。"（11，753a）

其二是对汉语词产生影响，衍生佛教新义。

比如"道德"，先秦以来是人类社会意识形态之一，指称合乎社会生活的行为准则和规范，是"人类社会生活规范中必要的个人规制"。《韩非子·五蠹》："上古竞于道德，中世逐于智谋，当今争于气力。"东汉佛经中的用法与此不完全相同，例如：

安世高译《一切流摄守因经》卷1："闻者，比丘！道德弟子，以见慧者，以从慧者受教诫，亦从慧者分别解，便是如有知。"（01，813a）

安世高译《长阿含十报法经》卷1："第八五法，令（本或作'今'）生起道，五慧定，道德者无所著无所供从，是一慧内自生。"（01，235a）

支娄迦谶译《道行般若经》卷3《沤拘舍罗劝助品》："佛语须菩提：'菩萨道德之人，当知过去、当来、今现在，法无所取，亦无所舍，亦无所知，亦无所得。'"（08，440a）

竺大力共康孟详译《修行本起经》卷1《现变品》："能仁菩萨，于九十一劫，修道德、学佛意，……神智无量。"（03，

463a）

佛经中的"道德"，则如三国吴维祇难等译《法句经》卷2《述佛品》所谓"诸恶莫作，诸善奉行"（04，567b），如此方能成为"道德"者，反映的是佛教文化范畴中的人伦关系，即以"正法（佛法）"为行为准则，并丰持而行之，所谓"正法名为道，得道而不失，谓为德"。现在我们所谓"积德"，实质就是"积善"。《书·盘庚上》："汝克黜乃心，施实德于民，至于婚友，丕乃敢大言，汝有积德。"又"善""德"可以连言。《尚书》引《吕刑》"一人有庆，兆民赖之"汉孔安国传："言天子有善德，兆民赖其福也。""善行"所集则为"德"，"德"是个人善行持续的稳定状态，是个人持之以恒的操守。这样看来，佛经所谓"道德"，实为符合佛法、佛教戒律的善行。

因为"道"在翻译佛经中的用法与中土不同，译经中出现的由"道"构成的中土固有词语义也往往随之发生变化，以下是这些词从中土用法到佛教义演变过程的流程：

道本：立身行道、经世致用的根本→儒家思想与主张的根本→佛教思想与教义的根本

道藏：书籍贮藏之所→佛法深广微妙，犹如宝藏

道真：谓道德、学问的真谛→佛法之真谛

从道：依从正道→依从佛道、佛法

大道：正道；常理→佛道、佛法

非道：不合道义；不正当的手段→不恰当；不适宜→不符合佛道、佛法

行道：实践主张或所学→修行佛道（即实践佛教主张或学说）

圣道：圣人所行之道→尊称佛陀所行之道，即脱离生死烦恼之道

失道：失去准则；违背道义→有违佛道、佛法

守道：坚守道德规范→坚信佛道，不动摇

为道：犹言修道→修行佛道

邪道：不正当的言行；不正的路→有违佛法的行为或修行方式

至道：指最好的学说、道德、政治制度或原则、准则→精深微妙的佛法

学道：学习道艺，即学习儒家学说，如仁义礼乐之类→修行佛法、佛道

异道：不同的方法、别的方法；指志趣或本性不同→指修行方式有别于佛道、佛法者

正道：正确的道理、准则→正路；正确的途径→佛道，三乘所行之道

履道：躬行正道→躬行佛道

外道：外层的道路、轨道（相当于"内道""主道"而言）→佛教以外的宗教教义及思想

恶道：不正之道→行为不合佛法正道，造作恶业而去往苦恶之处所

得道：指顺应自然、与天合一的境界→修行佛道而获断惑证理之智，达到成佛境界

第四节　东汉佛经新义的生命力

佛经翻译产生的新义，有不少被汉语词汇系统继承下来，成为汉语词的常用义，但不是所有的都能被汉语词汇系统吸收。有些新义只能在佛教文化狭小的范围内流传，甚至只有个别零星用例。从新义在

汉语词汇系统中的接受程度看，有些新义生命力极强，有些新义的生命力则很弱，可分为三个方面。

一、被汉语继承，具有很强的生命力

例如"解脱"，在汉代中土文献中是一个意义比较具体的动词，可解释为"解开（捆绑物体的绳索等）"或"释放（犯人）"，如西汉焦延寿《易林·革之》："天门开辟，牢户寥廓，桎梏解脱，拘囚纵释。"《史记·酷吏列传》："是时九卿罪死即死，少被刑，而成极刑，自以为不复收，于是解脱，诈刻传出关归家。"《汉书·赵广汉传》："释质，束手，得善相遇，幸逢赦令，或时解脱。""解脱"东汉佛经习见，但用法不同，如：

安世高译《人本欲生经》卷1："如是如有从谛慧见，从是意已解已得解脱，是名为阿难，为行道无所著，从慧得解脱。"（01，246a）

支娄迦谶译《阿閦佛国经》卷2《佛般泥洹品》："我所教授诸弟子，及余弟子皆共合会，当令在阿閦佛刹诸弟子众边，百倍千倍万倍亿百千倍，巨亿万倍不与等，但说解脱者无有异。"（11，762b）

支曜译《佛说成具光明定意经》卷1："唯愿天尊，为今现在及未来者，演其深义，令获解脱。佛言：'善哉善哉！所欲问者，今为分别具数大要，整意善听，则曰受教。'"（15，453c）

竺大力共康孟详译《修行本起经》卷1《现变品》："佛哀国人，欲令解脱，即化二城，变为琉璃，其城洞达，内外相照。"（03，461b）

上举四例，"解脱"的意义与原义用法不全同，但其间关联紧密，都是去除某种负担，差别在于原义具体（解开罪犯身上的枷锁），新义抽象（获得精神的自由），指从烦恼的束缚中获得解放而超脱迷苦之境界，两义之间符合词义从具体到抽象的演变规律。如《唯识述记》所言："言解脱者，体即圆寂。由烦恼障缚诸有情恒处生死，证圆寂已能离彼缚，立解脱名。"此外两义相比，新义带有鲜明的佛教文化色彩，这是"解脱"被"佛化"的体现，现代汉语中"解脱"的常用义，"泛指摆脱苦恼、困境等"，则是佛教义泛化、佛教文化色彩逐渐弱化，又进一步被汉化。

二、新义被汉语继承，但未能成为常用义

文化系统的差异会对词的理性义产生影响，从而使词义产生变化，这是佛经翻译影响汉语词义的一个方面。从广义上说，翻译影响词义可以理解为语境变迁对汉语词义产生的影响，也就是将汉语词汇运用于新的语境，而佛经翻译形成与汉语完全不同的新的语境，很容易导致词语新用法的产生。例如"饱满"这个词，本为"充足"。《史记·乐书》："天子躬于明堂临观，而万民咸荡涤邪秽，斟酌饱满，以饰厥性。"但在东汉佛经中，"饱满"通常指吃饱，如：

支娄迦谶译《道行般若经》卷3《沤拘舍罗劝助品》："若设美饭以毒著中，色大甚好而香，无不喜者。不知饭中有毒，愚暗之人食之，欢喜饱满，食欲消时，久久大不便身。"（08，439a）

东汉失译《佛说伅真陀罗所问如来三昧经》卷2："二十三者于贾人中最尊贵，中道资粮乏绝，便现威神，给与伴人浆水饮食，令饱满，以为说经道。"（15，359a）

支娄迦谶译《佛说阿阇世王经》卷1："其佛受食钵则为满，

其儿所持钵食续如故。复以是食遍八万四千比丘，及菩萨万二千人，各各悉饱满。"（15，394a）

竺大力共康孟详译《修行本起经》卷1《菩萨降身品》："自夫人怀妊，天献众味，补益精气，自然饱满，不复缘王厨。"（03，463c）

"饱满"表"吃饱"义，历代佛教文献常见，如：

东晋瞿昙僧伽提婆译《中阿含经》卷14《王相应品》："我宁可请一切来集坐此大殿，施设上味极美肴馔，种种丰饶食啖含消，手自斟酌，皆令饱满，食竟收器，行澡水讫，发遣令还。"（01，516c）

隋阇那崛多译《佛本行集经》卷55《罗睺罗因缘品》："至于后日，摩诃波阇波提大夫人，请佛及僧，供给饮食，悉令饱满。"（03，906b）

"饱满"从"充足"义发展出"吃饱"义，汉语有足够充分的条件，比如上举《史记》例"斟酌饱满"表明"饱满"与饮食之间的关系，而饮食充足是吃饱的前提，"饱满"有发展出"吃饱"义的潜在可能，而佛经翻译激活了这种可能性，最终实现词义演变，并在佛教文化系统中广泛流传。但中土文献表"吃饱"义的用法出现较晚且极少。如：

宋苏辙《梦中反古菖蒲》诗："仙人劝我食，再三不忍折，一人得饱满，余人皆不悦。"

三、新义只在佛教范围流传

有些译经新义，即使在佛教文献中也只有极少用例。邱冰（2018）认为"月光"指"苏摩酒"的意义是语义移植的结果，这个意义来源于印度祭祀文化，饮苏摩酒（梵语 Soma）是祭祀仪轨之一，由于在祭祀月亮或月神的过程中饮苏摩酒而使"苏摩酒"发展出月亮或月神之义。而在汉语文化和词汇系统中，很难看出月亮和苏摩酒之间的词义引申关系。因此，这个意义没有在汉语词"月光"中保存下来，即使在汉译佛经中，除她所举的例子，即北凉昙无谶译《佛所行赞》卷1《处宫品》："如令（本或作'今'）我子安，万民亦如是，事火奉诸神，叉手饮月光。"（04，4c）外，再难找到其他用例，而它的音译形式"苏摩"则在佛教文献中广为流传。

　　翻译佛经是佛教文化在中土传播的产物。为了传播佛教思想文化，译师必须充分考虑受众的理解和接受度，尽最大努力按照受众的语言习惯和熟悉的词汇形式来呈现佛教思想文化。由于中土文化与佛教文化存在本质区别，加之两种语言之间的巨大差距，运用中土词汇翻译原典必然使词义产生变化，新义常常带有佛教文化色彩的新质成分。比如"尘垢"从原义"灰尘和污垢"（具体）到"比喻世俗社会卑污的事物"（泛指，较抽象），再到佛教义"世俗生活、事物及其引生的扰乱身心、障碍修行的杂念"（佛教文化色彩，抽象）的演变，其演变路径伴随着佛教文化色彩的增加和弱化；"堕落"从"下落、脱落"发展出"失道心而陷于恶道恶事"的佛教义，而今天的常用义"指思想行为趋于下流"又是佛教义逐渐弱化、脱落的结果。

　　从新义影响汉语词义发展的角度看，通常只有符合汉语词义演变规律的新义才能被汉语词汇系统吸收利用。随着佛教中土化程度的不断加深，佛教思想逐渐融入大众的世俗生活，诸如"解脱""俗人""大师""神通"等衍生的佛教新义，以及"瘦"的"病"义（朱庆之，2000）、"弱"的"下劣、下等"义（邱冰，2018）等，因其符合汉语词义发展的一般规律，直到今天还被广泛运用。而那些不符合汉语自身演化规律的译经新义，比如"恶"的"怒"义（朱庆之，1990）、"宫殿"的"天车"义（朱冠明，2008）、"发遣"的"回答"义（陈文杰，2005；朱冠明，2008）、"诀"的"预言"义（朱冠明，2015）、"将无/得无"的"以免"义（朱冠明，2015）、"天""对听话人的表敬面称"用法（朱冠明，2015）、"长寿"作为称呼语的用法（朱冠明，2008）、"月光"的"苏摩酒"义（邱冰，2018）等，其传播范围和影响仅限于佛教文化内部并极少流传到后世，最终会用其他词代为记录。

另外，汉译佛经新义能否广泛流传，还受到文化系统之间的相互影响，例如有一部分汉译佛经新义仅在佛教短暂流行，后成为道教的专门术语，相关佛教义则由其他词语记录。比如"道+X"模式的词"道法、道士、道人、道教"等在译经中突生与佛教相关的新义，后来又进一步演化成为道教术语：

道法：合乎自然、天道的法则→佛法→道教的教义、道教的法术

道士：道德品质高尚的人→佛道修行者→道教徒

道人：有极高智慧和道德的人→佛教徒→道教徒

道教：道德教化→佛之教化、佛所说法教→中国土生土长的宗教名称

道术：道路→指学术，学说→出家修道的方法、学问→道教的法术

道藏：书籍贮藏之所→佛法的汇集→道教书籍的总汇

道本：立身行道、经世致用的根本→儒家思想与主张的根本→佛教思想与教义的根本→道家思想与主张的根本

道行：道路→实践自己的主张或所学→修行佛道

得道：指顺应自然、与天合一的境界→修行佛道而获断惑证理之

智,达到成佛境界→"道教谓存神炼气有五时七候,第一候,宿疾并销,六情沉寂,名为得道,由此可成仙或长生"

上述讨论表明,佛经翻译使汉语词义发生了变化,但这种变化通常仍遵循汉语词义演变的基本规律。译师的翻译行为是导致汉语词义演变的直接动因,促使词义朝着符合汉语词义演变规律的方向发展。

第七章　东汉佛经与汉语常用词演变研究

常用词研究对于汉语词汇史的建立具有极其重要的意义，这是一项极其浩大的工作，需要众多的学者共同努力。东汉时期，常用词的更替非常活跃，但这一时期的中土文献往往不能及时反映这种更替的实际面貌。如果对东汉佛经进行考察，我们就会发现东汉语言变化的剧烈程度。本章对其间两组常用词的演变情况做出一个详细的描述，以期揭示东汉佛经在汉语词汇史研究方面的重要价值。

第一节　"矢、箭"的历时替换考

"矢"和"箭"是一对存在历时更替关系的同义词。刘熙《释名·释兵》："矢又谓之箭。"《广雅·释器》："矢，箭也。"然而，在早期，它们并不是同义词。

《说文·矢部》："矢，弓弩矢也。"《说文·竹部》："箭，矢竹也。"最初，二者的意义并不相同。"箭"最初指一种竹子，因常被用来制作"矢"，后来用这种材料来代指整个"矢"，于是"箭"与"矢"成为同义词。在汉语新义的产生过程中，这种用部分代替全体的现象很常见。

"箭"字在文献中最早见于《周礼》：

《周礼·夏官司马·职方氏》："东南曰扬州，其山镇曰会稽，其泽薮曰具区，其川三江，其浸五湖，其利金锡竹箭，其民二男五女，其畜宜鸟兽，其谷宜稻。"

这里的"箭"指竹子的一种。

又因为常用"箭"这种竹子来作为"箭矢"的杆，故有把"矢杆"称作"箭"的：

《仪礼·乡射礼》："箭筹八十，长尺有握。"

"箭"在《十三经》中共有 12 例，没有一例可释为"箭矢"。先秦诸子与《十三经》的情况类似。

本指竹子的"箭"是什么时候有了"矢"的意思的呢？在《墨子》有一例"箭"比较可疑：

《墨子·非攻中》："今尝计军上，竹箭羽旄幄幕，甲盾拨劫。"

此"竹箭"与"羽旄、幄幕、甲盾"等行军打仗之物并用，似乎是用材料来代指作战工具了。

除此例外，在先秦时期的文献中，表达弓箭之"箭"这一意义时，一律用"矢"。例如：

《周易·旅》："六五，射雉一矢亡，终以誉命。"

《尚书·周书·费誓》："备乃弓矢，锻乃戈矛，砺乃锋刃，无敢不善。"

《诗经·国风·猗嗟》："猗嗟娈兮，清扬婉兮，舞则选兮，射则贯兮，四矢反兮，以御乱兮。"

《周礼·冬官考工记·弓人》："其人危，其弓危，其矢危，则莫能以愿中。"

秦汉时期，"箭"作"箭矢"义的用例零星出现了。如：

《新书·容经》"趋容"卷六："趋以容磬之容，飘然翼然，肩状如流，足如射箭。"

《史记·平津侯主父列传》："今天下锻甲砥剑，桥箭累弦，转输运粮，未见休时，此天下之所共忧也。"

《史记·司马相如列传》引《子虚赋》："左乌嗥之雕弓，右夏服之劲箭。"①

由此可见，西汉时期，"箭"与"矢"已经是一对同义词了。那么，"箭"与"矢"有没有区别呢？

《急就篇》卷三："弓弩箭矢铠兜鍪。"颜师古注："以竹为箭，以木为矢。"这种看法认为"箭""矢"的区别在于所用材料不同。关于这个问题，黄金贵先生曾做过辨析，认为"并非竹木之异"，②此说为是。但是，"矢"和"箭"最初在使用上可能有地域差别。扬雄《方言》卷九："箭，自关而东谓之矢；江淮之间谓之鍭；关西谓之箭。"

就汉代的中土文献来看，"矢"的使用占绝对优势，"箭"的用例则相对罕见。我们调查了两汉的几部作品，具体情况如下表：

表3　"矢""箭"用例数量对比表

作品	矢	箭
《盐铁论》	6	0
《新序》	9	0
《法言》	4	0
《新书》	4	1
《说苑》	25	0
《韩诗外传》	6	0
《论衡》	24	2

---

① 黄金贵先生认为此例中的"箭"实指"箭杆"，"但浑释可以箭杆而代称整支箭。"见黄金贵（1995：152）。

② 见黄金贵（1995：151）。

东汉《论衡》"矢"有 24 处，而用"箭"只有二处。这二例为：

《论衡·效力》："筱簬之箭，机不动发，鲁缟不能穿。"

《论衡·儒增》："使当今射工，射禽兽于野，其欲得之，不余精力，及其中兽，不过数寸。跌误中石，不能内锋，箭饮羽者，摧折矣。如是，儒书之言楚熊渠子、养由基、李广射寝石，矢没饮羽者，皆增之也。"

第二例中"矢"与"箭"混用，看来"箭"和"矢"的使用，只是一种文白不同，已经没有了方言差别。

遍观东汉以前的中土文献，"箭"作"箭矢"讲的用例实在太少。而在东汉时期的佛经中，情况就大不一样了。

在东汉佛经中，"箭"有 14 次，都是作"箭矢"讲：

安世高译《道地经》："复譬如飞鸟聚行，一鸟为鹰鹞所得，余鸟惊，分散分走，如是昆弟亲属知识邻里，见哀离别，视命欲断，地狱使者已到，将入狱，在斯便转死，箭已射巳，生死索行罪便牵往过世。"（15，233a）

东汉失译《佛说伅真陀罗所问如来三昧经》卷 1："若持弓弸箭在所射，其箭无所不入。"（15，354a）

支娄迦谶译《道行般若经》卷 7《守空品第十七》："譬若工射人射空中，其箭住于空中，后箭中前箭，各各复射，后箭各各中前箭，其人射欲令前箭堕，尔乃堕。"（8，458c）

昙果共康孟详译《中本起经》卷上《试艺品第三》："诸名射者，其箭力势，不及一鼓。调达放发，彻一中二，难陀彻二，箭贯三鼓。……太子揽牵弹弓之声，闻四十里，弯弓放箭，彻过七鼓，再发穿鼓入地，泉水涌出。"（3，465c）

又卷下《本起该容品第八》："王怒隆盛，遣人拽出，缚置

殿前，将欲射杀，该容不怖，一心归佛。王自射之，箭还向己，后射辄还。"(4，157c)

又《度奈女品第十三》："鹦鹉受敕，飞出其家，诸长者子辈举弓射之，奉使请佛，威神所接，箭化作华。"(4，162a)

东汉佛经中，只有一例"矢"，且见于偈言之中：

竺大力共康孟详译《修行本起经》卷下《出家品第五》："设复亿姟神武备，为魔如汝来会此；矢刃火攻如风雨，不先得佛终不起。"(3，471a)

再看三国时期的译经。

三国译经中，"箭"用了 34 次，"矢"用了 7 次。三国支谦、康僧铠、竺律炎等人的译经中，只用"箭"。例如：

吴支谦译《菩萨本缘经》卷 2《善吉王品第四》："菩萨见已即生怜愍，举身战动犹被毒箭。"(3，61c)

又："我射华箭乃至一发，令持戒者悉皆破坏。"(3，62a)

又："外道诸仙无有智能慈悲之心，不求利他正为自乐，是故被箭，寻即退散。"(3，62a)

吴支谦译《太子瑞应本起经》卷 1："左执弓，右持箭，腰带利剑。"(3，475c)

又："太子到问：'何道所从?'贲识惶懅，投弓、释箭、解剑。遂巡示以天道曰：'是道可从。'"(3，475c)

吴支谦译《佛说义足经》卷 2《维楼勒王经第十六》："诸释便引弓，以利刃箭射断车。"(4，188c)

旧题吴支谦译《撰集百缘经》卷 4《出生菩萨品第四·法护王子为母所杀缘》："时彼城中，有一劫贼，名曰楼陀。腰带利剑，手把弓箭，在于道次，劫夺民物。用自存活。"(4，222a)

吴竺将炎共支谦译《法句经》卷1《多闻品第三十有九章》："斫创无过忧，射箭无过愚。"（4，560b）①

又卷2《道行品第二十有八章》："远道喑昧，如夜发箭。"（4，569c）

《大宝积经》卷82，曹魏康僧铠译《郁伽长者会》第十九："在家箭俱，出家除箭。"（11，476b）

"矢"只在康僧会译《六度集经》出现，其他人的译经中用"箭"。这更进一步证明了此经用语比较典雅（俞理明，1993：18—19；汪维辉，2000；2017）。我们来看"矢"的例子：

吴康僧会译《六度集经》卷5《忍辱度无极章第三》："迦夷国王入山田猎，弯弓发矢，射山麋鹿，误中睒胸，矢毒流行，其痛难言，左右顾眄涕泣大言：'谁以一矢杀三道士者乎？'"（3，24b）

又："乃执弓持矢，经历诸山，寻求元妃。"（3，27a）

又："明日猴与舅战，王乃弯弓搤矢，股肱势张。"（3，27a）

又《释家毕罪经》："军又出，未至释氏城有数里，城中弓弩矢声犹风雨，幢幡伞盖断竿截斗，裂铠斩控，士马震奔，靡不失魄。"（3，31a）

此经另外还有一例是"矢"与"箭"混用：

吴康僧会译《六度集经》卷5《忍辱度无极章第三》："小猴曰：'人王妙射，夫电耀者即龙矣。发矢除凶，为民招福，众圣无怨矣。霆耀电光，王乃放箭，正破龙胸，龙被射死，猴众称善。'"（3，27a）

---

① 《法句经》，《大正藏》题为吴维祇难等译，吕澂认为是吴竺将炎共支谦于224年译，这里采用吕澂的说法。

看来"箭"和"矢"的使用，只是一种文白不同。

除了此例混用外，"箭"在《六度集经》还用了3次：

> 吴康僧会译《六度集经》卷5《忍辱度无极章第三》："父以首著膝上，母抱其足，鸣口吮足，各以一手扪其箭疮。椎胸搏颊仰首呼曰：天神地神，树神水神，吾子眽者，奉佛信法，尊贤孝亲，怀无外之弘仁，润逮草木。又曰：若子审奉佛至孝之诚，上闻天者，箭当拔出，重毒消灭，子获生存，卒其至孝之行。"（3，24c）

> 又："吾以国为怨窟，以色声香味华服邪念，为六剑截吾身，六箭射吾体。"（3，28a）

从东汉三国的译经来看，这一时期，"箭"在口语中已经完全替代了"矢"。①

汉魏时期的中土文献的面貌又如何呢？

《全东汉文》中，"矢"用了57次，"箭"只有4次。《全三国文》中"矢"用了36次，"箭"只有5例。这与同一时期的佛经中的情况有着很大差别。这里举三例用"箭"的例子：

> 傅毅《洛都赋》（《全东汉文》卷四十三）："弦不虚空，目不徒睇。解腋分心，应箭殪夷。"

> 《文选》卷四引张衡《南都赋》："总括趋钦，箭弛风疾。"

> 《三国志·魏志·高贵乡公髦纪》："大将军以其尚幼，谓当改心为善，殷勤执据。而此儿忿戾，所行益甚，举弩遥射吾宫，祝当令中吾项，箭亲堕吾前。"

---

① 黄金贵先生认为："先秦用矢，汉时用箭，则可认为此箭亦箭矢之称。但两汉间，即便上述"箭"浑作"矢"解，文例也较为少见。故可以说，魏晋以前，尤其是在上古，"箭"大体是箭杆之称，与矢乃有区别。"见黄金贵（1995：152—153）。我们根据佛经语料，得出的结论有所不同。

六朝史书中，《宋书》中矢 60 次、箭 24 次，《魏书》中矢 64 次、箭 33 次。矢的用例远远高于箭，不过"箭"的使用也渐渐多起来了。在《南齐书》中，矢、箭用例相当，都是 12 次。略举数例，如：

> 《宋书·裴松之传》："毅尝出行，而鄱陵县史陈满射鸟，箭误中直帅，虽不伤人，处法弃市。"

> 《南齐书·张敬儿传》："敬儿单马在后，冲突贼军，数十合，杀数十人，箭中左腋，贼不能抗。"

> 《魏书·尒朱荣传》："曾围山而猎，部民射兽，误中其髀，代勤仍令拔箭。"

再看其他口语性稍强的几部著作：《抱朴子》中矢 11 次、箭 6 次；《搜神记》中矢 7 次、箭 5 次；《世说新语》中矢 4 次、箭 0 次；《颜氏家训》中矢 4 次、箭 3 次。这些著作中，仍是矢占优势，下面各举数例：

> 《搜神记》卷三："辂曰：'君北堂西头有两死男子，一男持矛，一男持弓箭。头在壁内，脚在壁外。持矛者主刺头，故头重痛不得举也；持弓箭者主射胸腹，故心中悬痛不得饮食也。昼则浮游，夜来病人，故使惊恐也。'于是掘其室中，入地八尺，果得二棺：一棺中有矛；一棺中有角弓及箭，箭久远，木皆消烂，但有铁及角完耳。乃徙骸骨去城二十里埋之，无复疾病。"

> 又卷十六："出门，见一犊车，驾青衣，又见本所著衣及弓箭。"

> 《抱朴子内篇·仙药》卷十一："带之辟兵，以带鸡而杂以他鸡十二头其笼之，去之十二步，射十二箭，他鸡皆伤，带威喜

芝者终不伤也。"

《颜氏家训·杂艺》第十九："别有博射，弱弓长箭，施于准的，揖让升降，以行礼焉。"

这一时期，总的说来，"矢"虽然占优势，但在《颜氏家训》中，"箭"和"矢"的使用已经非常接近了。这几部著作中"矢"和"箭"的使用频率之所以有差别，是由于它们的口语化程度不同。

到了唐诗中，情形就不一样了。

杜甫诗中：矢 5 次、箭 20 次；白居易诗中：矢 3 次，都见于《和答诗十首·答箭镞》诗，箭 19 次。下面略举几例用"箭"的例子：

杜甫《兵车行》："车辚辚，马萧萧，行人弓箭各在腰。"

杜甫《悲陈陶》："群胡归来血洗箭，仍唱胡歌饮都市。"

杜甫《前出塞》："挽弓当挽强，用箭当用长。"

白居易《夜送孟司功》："湖波翻似箭，霜草杀如刀。"

白居易《答崔十八见寄》："倚疮老马收蹄立，避箭高鸿尽翅飞。"

白居易《哭刘尚书梦得二首》："不知箭折弓何用，兼恐唇亡齿亦枯。"

在唐诗中，"箭"已占绝对优势了。

我们可以推断，即使是在中土文献中，到了唐代，"箭"占有了绝对优势，人们以使用"箭"为常了。

通过以上分析，我们看到：作为一种武器的名称，在口语中"箭"取代"矢"在东汉中期以后就完成了，汉魏时期的佛经语料可以说明这一点。而在正统的文学语言中，这一过程则缓慢得多，两者并不同步。直到唐代，在口语性强的中土文献中，"箭"对"矢"的替代才大致完成。①

第二节 "焚、燔、烧"的历时替换考

"焚、燔、烧"是一组同义词,都见于先秦文献。

先秦一般用"焚、燔",总体上看来,以"焚"字最为常见,在数量上占绝对优势,使用范围也最广,其对象可以是山林、门、丘、巢、玉石、人、器、地、书、屋舍等。如:

《周易·旅》:"上九,鸟焚其巢,旅人先笑后号咷。"

《尚书·夏书·胤征》:"尔众士同力王室,尚弼予,钦承天子威命。火炎昆冈,玉石俱焚。天吏逸德,烈于猛火。"

《周礼·秋官司寇·掌戮》:"掌戮掌斩杀贼谍而搏之,凡杀其亲者焚之,杀王之亲者辜之。"

《礼记·檀弓下》:"有焚其先人之室,则三日哭,故曰:新宫火,亦三日哭。"

《礼记·月令》:"是月也,毋竭川泽,毋漉陂池,毋焚山林。"

《左传·隐公四年》:"夫兵,犹火也。弗戢,将自焚也。"

《春秋·桓公七年》:"经七年,春,二月,己亥,焚咸丘。"

《左传·僖公十五年》:"车说其輹,火焚其旗,不利行师,败于宗丘。"

《左传·文公三年》:"秦伯伐晋,济河焚舟,取王官及郊。

---

① 徐时仪先生认为:"汉以后,'箭'渐由一种植物的名称演变为一种武器的通称。至唐代,'箭'遂代替了'矢'成为汉语中的基本词。'箭'从一种植物的名称到一种武器的名称,从一个特称到一个通称,大约经历了十个世纪。"(徐时仪,2000:315—316)如果从早期佛经的情况来看,并没有经历如此之久。

晋人不出，遂自茅津济，封殽尸而还。"

《孟子·滕文公上》："舜使益掌火，益烈山泽而焚之，禽兽逃匿。"

《国语·周语下·太子晋谏灵王壅谷水》："是以人夷其宗庙，而火焚其彝器，子孙为隶，下夷于民，而亦未观夫前哲令德之则。"

《战国策·燕策一·齐伐宋宋急》："今王若欲转祸而为福，因败而为功乎？则莫如遥伯齐而厚尊之，使使盟于周室，尽焚天下之秦符，约曰：'夫上计破秦，其次长宾之秦。'秦挟宾客以待破，秦王必患之。"

秦汉时期，继续使用。如：

《史记·秦始皇本纪》："于是废先王之道，焚百家之言，以愚黔首。堕名城，杀豪俊，收天下之兵聚之咸阳，销锋铸镰，以为金人十二，以弱黔首之民。"

《史记·儒林列传》："秦时焚书，伏生壁藏之。"

"燔"有"烧"义，与"焚、烧"为同义词。在先秦，其对象有柴、林木、人、台等。如：

《礼记·礼器》："孔子曰：'臧文仲安知礼，夏父弗綦，逆祀而弗止也。燔柴于奥，夫奥者，老妇之祭也。盛于盆，尊于瓶。'"（燔柴是一种祭天仪式，将玉帛、牺牲等积于柴上焚烧）

《庄子·盗跖》："介子推至忠也，自割其股以食文公，文公后背之，子推怒而去，抱木而燔死。"（释文：燔，烧也）

《墨子·守第》："材木不能尽入者，燔之，无令寇得用之。"

《左传·哀公十五年》："且曰：'大子无勇，若燔台半，必舍孔叔。'"

到了西汉时期，"燔"的范围扩大，可以是器物、书券之类。如《史记》中：

《史记·周本纪》："武王驰之，纣兵皆崩畔纣。纣走，反入登于鹿台之上，蒙衣其殊玉，自燔于火而死。"

《史记·越王句践世家》："种顿首言曰：'愿大王赦句践之罪，尽入其宝器，不幸不赦，句践将尽杀其妻子，燔其宝器，悉五千人触战，必有当也。'"

《史记·循吏列传》："食茹而美，拔其园葵而弃之，见其家织布好，而疾出其家妇，燔其机，云：'欲令农士工女安所仇其货乎？'"

下面谈"烧"字。烧字先秦已见：

《战国策·秦策三》："楚地持戟百万，白起率数万之师，以与楚战，一战举鄢、郢，再战烧夷陵。"

《战国策·齐策四·齐人有冯谖者》："驱而之薛，使吏召诸民当偿者，悉来合券，券徧合，起，矫命以责赐诸民，因烧其券。民称万岁。"

《墨子·备城门》："前面之长短，豫蚤接之，令能任涂，足以为堞，如城法，善涂亓外，令母可烧拔也。"

大约从汉代开始，"烧"字行用渐广。如：

《史记·项羽本纪》："项羽乃悉引兵渡河，皆沉船，破釜甑，烧庐舍，持三日粮，以示士卒必死，无一还心。"

《史记·项羽本纪》："使刘贾将兵佐彭越，烧楚积聚。"

《史记·田单列传》："燕军尽掘垄墓，烧死人。墨人从城上望见，皆涕泣，俱欲出战，怒自十倍。"

《史记·酷吏列传》:"温舒死,家直累千金。后数岁,尹齐亦以淮阳都尉病死,家直不满五十金,所诛灭淮阳甚多,及死,仇家欲烧其尸,尸亡去归葬。"

在《史记》中焚、燔、烧出现的次数分别是 11、10、11,三者大体持平。

纵观整个汉代,三者的竞争异常激烈。"焚、燔、烧"常常在同一位置交替出现,呈现出混用的局面。如:

《史记·孟尝君列传》:"齐为会,日杀牛置酒,酒酣,乃持券如前合之,能与息者,与为期;贫不能与息者,取其券而烧之。曰:'孟尝君所以贷钱者,为民之无者以为本业也;所以求息者,为无以奉客也,今富给者以要期,贫穷者燔券书以捐之,诸君强饮食,有君如此,岂可负哉!'坐者皆起,再拜。"

此句"烧""燔"对换,表明在西汉时"烧""燔"即混用。

《史记·孟尝君列传》:"孟尝君闻冯驩烧券书,怒而使使召驩,驩至,孟尝君曰:'文食客三千人,故贷钱于薛,文奉邑少,而民尚多不以时与其息,客食恐不足,故请先生收责之,闻先生得钱,以多具牛酒而烧券书,何?'冯驩曰:'……焚无用虚债之券,捐不可得之虚计,令薛民亲君而彰君之善声也,君有何疑焉!'孟尝君乃拊手而谢之。"

这是同一段中"焚""烧"混用。

《汉书·五行志》:"天犹恶之,生则不缮其祀,死则灾燔其庙,董仲舒指略同。"

《汉书·王莽传》:"兵发掘莽妻子父祖冢,烧其棺椁及九庙、明堂、辟雍,火照城中。"

这是同一部书中"燔""烧"混用。

《史记·越王句践世家》："种顿首言曰：'愿大王赦句践之罪，尽入其宝器，不幸不赦，句践将尽杀其妻子，燔其宝器，悉五千人触战，必有当也。'"

《汉书·王莽传》："后至者，欲拔其门，仆其墙，夷其屋，焚其器，应声涤地，则时成创。"

这是不同篇同一位置中"焚""燔"混用。

东汉以前各书中三者的使用频率如下表：

表4 "焚""燔""烧"使用频率统计表

中土典籍	焚	燔	烧
周礼	5		
尚书	2		
诗经	1		
仪礼		1	
周礼	6	4	
礼记	5		2
左传	42		
公羊传	2		
穀梁传	2		
论语	1		
尔雅	1	1	
孟子	2		
墨子	6	6	11
庄子	4	1	1
晏子春秋	5		1
国语	8		

续　表

中土典籍	焚	燔	烧
战国策	8	3	6
史记	11	10	11

东汉时期，"烧"的用例迅速增多，并逐渐占据优势。仅汉初《论衡》中就出现了22次。

《论衡·雷虚》："以人中雷而死，即询其身，中头则须发烧焦，中身则皮肤灼。临其尸上闻火气，一验也。"

《论衡·论死》："水火烧溺，凡能害人者，皆五行之物。金伤人，木殴人，土压人，水溺人，火烧人，使人死，精神为五行之物乎，害人；不为乎，不能害人，不为物，则为气矣。"

《吴越春秋·夫差内传》："越王闻吴王伐齐，使范蠡、泄庸率师屯海通江，以绝吴路，败太子友于始熊夷，通江淮转袭吴，遂入吴国，烧姑胥台，徙其大舟。"

《东观汉记校注·世祖光武皇帝》："诏书告汉直拥兵到成都，据其心腹，后城营自解散，汉意难前，独言朝廷以为我缚贼手足矣。遣轻骑至成都，烧市桥，武阳以东小城营皆奔走降，竟如诏书。"

《东观汉记校注·恭宗孝安皇帝》："四年，武库火，烧兵物百二十五种，直千万以上。"

《太平经合校》卷一百十八，"烧下田草诀"第二百一十："请问下田草宁可烧不？"

要说明的是，汉初《论衡》中就"燔"有34次，"烧"为22次，但有25例是"燔诗书"，这是习用古语，与单用有别，所以在数量上虽然"燔"仍略占上风，如果把这些归入一类，那么"燔"

"烧"相比，根本没有优势可言了。

　　《论衡·语增》："燔诗书，起淳于越之谏；坑儒士，起自诸生为妖言，见坑者四百六十七人，传增言坑杀儒士，欲绝诗书，又言尽坑之，此非其实，而又增之。"

　　《论衡·幸偶》："火燔野草，车辙所致，火所不燔，俗或喜之，名曰幸草。"

　　《论衡·吉验》："舜未逢尧，鲧在侧陋，瞽瞍与象谋欲杀之，使之完廪，火燔其下；令之浚井，土掩其上。舜得下廪，不被火灾；穿井旁出，不触土害。"

　　到了汉末，在《东观汉记》中有燔5次、烧14次，《吴越春秋》不见用燔，即使在纯粹的数量上，也是烧大占上风。常用词演变中，新词代替旧词是一个渐变的过程，这个过程可以表现为用量上的增减。我们通过数量统计，可以看出其间的消长。

　　见下表。

表5　"焚""燔""烧"用量统计表

著作	焚	燔	烧
论衡	4	34	22
东观汉记	5	5	14
吴越春秋	6	0	3
汉书	13	7	34
太平经	0	0	11

　　《太平经》中只用"烧"，不用"焚、燔"。

　　我们再看这一例：

　　《文选》三十九卷引邹阳《狱中上书自明》："然则荆轲湛七

族，要离燔妻子，岂足为大王道哉！"（应劭曰：荆轲为燕刺秦王，不成而死，其七族坐之。湛，没也。张晏曰：七族，上至高祖，下至曾孙。善曰：吕氏春秋曰：吴王阖闾欲杀王子庆忌。要离曰：王诚助，臣请必能。吴王曰：诺。明旦加罪焉，执其妻子，燔而扬其灰。高诱曰：吴王伪加要离罪，烧妻子，扬其灰。）

从《吕氏春秋》原文用"燔"，而东汉末高诱注用"烧"，可以看出汉末实际上已经用"烧"了，这一例子有力地说明了这一点。到了汉末，"烧"已占绝对优势，在口语中取代了"焚、燔"。

汉语词汇双音化是一大趋势，在汉语双音化的发展进程中，往往存在同素异序现象。

焚、燔、烧在这一时期也是如此，其连用的形式有"焚烧""烧焚""燔烧""烧燔"。

"焚烧"同义连用，这一形式出现最早：

《墨子·天志下》："焚烧其祖庙，攘杀其牺牲。民之格者，则拔之。"

又有"烧焚"连用的：

《文选》第二十卷引祖饯《曹子建送应氏诗》二首："步登北芒，遥望洛阳山，洛阳何寂寞，宫室尽烧焚。"

也有"燔烧"连用：

《论衡·语增》："言燔烧诗书，坑杀儒士，实也。"

后来也出现了"烧燔"一语，这一形式最晚：

《抱朴子内篇·仙药》："闻关东贼至，秦王出降，宫室烧燔，惊走入山，饥无所食，垂饿死。"

这些连用形式，随着时间的推移，最后以"焚烧"的顺序慢慢固定成词，一直沿用下来。而"烧燔、燔烧"则未能成词，逐渐在口语中消失。

以上是东汉以前中土文献中的大致情形。

佛经中的情形又是如何呢？

在东汉佛经中，"焚""燔"均不见使用，一律用"烧"，共有54次。下面略举几例：

> 安世高译《佛说八正道经》："谛见者信布施后世得具福，信礼者见沙门道人作礼福，信祠者悬缯烧香散花然灯，信所行十善是为自然得福。"（02，504b）

> 又《七处三观经》卷1："风暴燥已便火烧，已火烧便作灰。"（2，882c）

> 支娄迦谶译《道行般若经》卷3："忉利天上诸天人，持天华名香捣香泽香杂香烧香天缯华盖幢幡伎乐，持用供养娱乐佛。"（8，439b）

> 支娄迦谶译《道行般若经》卷7："知是阿惟越致相假令火不灭不消不去，知是菩萨摩诃萨未受决，设火神烧一舍置一舍，复越烧一里置一里。"（8，459c）

> 支娄迦谶译《佛说遗日摩尼宝经》："譬如木中火出还自烧木，从观得黠自烧身。"（12，191a）

> 支曜译《佛说成具光明定意经》卷1："心远爱筋入火，以净火烧众垢，已尽垢寂然净。"（15，454a）

> 竺大力共康孟详译《修行本起经》卷上《现变品第一》："弹琴鼓乐，散花烧香，来在我上。"（3，463b）

> 昙果共康孟详译《中本起经》卷下《本起该容品第八》："王去之后，女与父谋，烧杀该容及其侍女。"（4，157c）

三国时期的译经中，"烧"共用了111次，"焚烧"连用7次，

"焚"单用4次。这里略举几例：

吴支谦译《释摩男本四子经》卷1："或恐火起烧其钱财。"（1，848c）

吴支谦译《佛说阿弥陀三耶三佛萨楼佛檀过度人道经》卷2："比若剧火起烧人身，人能自于其中，一心制意，端身正行。"（12，313c）

吴支谦译《菩萨本缘经》卷1《一切施品第二》："譬如灰下火，犹能烧万物。"（3，57b）

吴支谦译《私呵昧经》："如金刚无瑕秽，火不能烧，刀不能断。"（14，811a）

吴康僧会译《六度集经》卷4《戒度无极章第二》："荣色邪乐者，烧身之炉矣。"（3，21a）

吴康僧会译《六度集经》卷3《布施度无极章第一》："犹若两木相钻生火，火还烧木，火木俱尽，二事皆空。"（3，16a）

曹魏昙谛译《羯磨》《受戒法第二》："若自破教人破，若自烧教人烧。"（22，1054a）

吴竺律炎译《佛说三摩竭经》："三摩竭即自上高台上，政服持头面著地作礼。"（2，844b）

曹魏白延译《佛说须赖经》："火烧草木不知足，众流归海无满息。"（12，54a）

东汉三国的译经进一步说明：至迟在汉末三国时期，在口语中，"烧"对"焚、燔"的替代已完成。

魏晋以后的中土文献情况与佛经不同。魏晋以后的中土文献中，"焚"和"烧"经历了一个长期共存的阶段。在诸如《抱朴子》《搜神记》《世说新语》等作品中，以"烧"的使用为主，"焚"已逐渐退出了与"烧"的竞争。这是因为不同的文体在口语化程度上存在差异，故情况也就不尽相同。

我们注意到，一个在口语中已不用的词在某类书面语里还有一定的用量。例如在史书《三国志》《后汉书》《宋书》《魏书》以及唐代的《晋书》和《梁书》中，不只是"焚"，连"燔"也有不少，"焚烧"一词用得频繁。形成"焚""焚烧""烧"并用的格局。

如"焚烧"一词，《三国志》中有9例，《后汉书》4例，《宋书》8例，《晋书》9例。如：

《三国志·魏志·武帝操》："今焚烧宫室，劫迁天子，海内震动，不知所归，此天亡之时也。"

《后汉书·袁绍传》："臣不敢畏惮强御，避祸求福，与进合图，事无违异。忠策未尽而元帅受败，太后被质，宫室焚烧。"

《宋书·天文志》："五月，汲桑攻邺，魏郡太守冯嵩出战大败，桑遂害东燕王腾，杀万余人，焚烧魏时宫室皆尽。"

《晋书·赵王伦传》："许超、士猗、孙会等军既并还，乃与秀谋，或欲收余卒出战，或欲焚烧宫室，诛杀不附己者。"

中古史书中"焚"的用例也有不少。如：

《三国志·魏志·公孙度》："度大怒，掘其父冢，剖棺焚尸，诛其宗族。"

《后汉书·董卓传》："初，长安遭赤眉之乱，宫室营寺焚灭无余，是时唯有高庙、京兆府舍，遂便时幸焉。"

《宋书·二凶传》："当时不见传国玺，问劭，云：'在严道育处'就取得之。道育、鹦鹉并都街鞭杀，于石头四望山下焚其尸，扬灰于江。'"

《梁书·侯景王伟传》："又筑土山以逼城，城内作地道以引其土山，贼又不能立，焚其攻具，还入于栅。"

《晋书·食货志》："正始四年，宣帝又督诸军伐吴将诸葛恪，焚其积聚，恪弃城遁走。"

我们认为，这只是一个旧的成分在文言中有着不同程度的袭用所致，并不是口语中的实际情形，这充分说明了文言的保守性。"焚"作为一个典型的文言词，在使用过程中形成了自己的表达方式，难以改变，从而对新兴的成分反应迟缓，多用"自焚""焚身""焚香"等有限的几个词。《搜神记》有2例"自焚"，《高僧传》有5例"焚身"。是不是这些固定用法就能始终保留下来了呢？不然。我们在《五灯会元》中发现一个非常有趣的现象，即"焚香"和"烧香"这两个词被同时运用，其数量比为12：19，"烧香"在数量上略占优势。然而，在19例"烧香"一词的应用中，有13例是出现在对话中，而"焚香"在对话中却一例也没有出现，这说明"焚香"一词在口语中已被"烧香"所取代。这一现象说明，即便是固定用法中，"烧"也始终没有停止对"焚"的替代。又"自焚"一词最初在《左传》中出现，出现之初，也曾出现过"自燔"这一用法，但最终以"自焚"这一形式一直沿用下来。当然，这一固定用法只是书面语的继承和残留。在口语中"焚"已不用，全部用"烧"了，"烧"已完全替换了"焚"。

表6 中古中土文献中"焚""燔""烧"使用频率表

史书	其他	焚	燔	烧
三国志		30	4	62
	抱朴子	3	3	19
	搜神记	8	1	25

续　表

史书	其他	焚	燔	烧
	世说新语	5		4
后汉书		30	22	70
宋书		34	10	30
	高僧传	15	2	34
魏书		42	3	24
	齐民要术	1		49
	洛阳伽蓝记	3		7
	颜氏家训	2		2
晋书①		60—9	7	56—9
梁书②		20—2	2	12—2
	白居易诗③	9	3	55

---

① 《晋书》中有9例"焚烧"。
② 《梁书》中2例"焚烧"。
③ 白居易诗中有"焚烧"2例,"焚香"2例,"焚身"1例,"燔烧""燔柴"各1例。

第八章　东汉佛经与汉语成语研究

成语是人们长期习用、结构定型、意义完整的固定词组。成语的使用，可使语言更加精练、形象，更具表现力。在具有悠久历史的汉语词汇中，拥有相当丰富的成语，其中有不少源自佛教，是随着佛教的传播与佛经的翻译逐渐形成的。

语言和文化的关系十分密切，二者相互渗透、相互影响。佛教传入中国，对汉文化有着很大的影响，表现在语言上也相当明显。不仅出现了大量的借词和新词新义，而且出现了不少与佛教有关的成语。我们现代汉语中使用的成语，有相当一部分就源于佛教。而现今的各种工具书以及专门的俗语佛源之类的著作，往往也没有弄清其真正的源头，其所引例多为流而非其源。

下面就源自东汉时期译经中的成语加以讨论。

第一节　东汉佛经与新成语的形成

东汉佛经产生了大量新词，为满足汉语表达和交际需求提供了更多选择，也为汉语词汇的形成与发展提供了丰富的构词材料。随着佛教文化的广泛传播和逐渐世俗化，一些佛教常用词还作为构词材料不断参与构造新词新语，增强了汉语的表现力，使汉语更加生动活泼。例如由"劫"参与构造的成语有"千生万劫""兆载永劫""劫后余生""永劫沉沦""生关死劫""万劫不复""遭劫在数"等，而由

"佛"参与构成的成语则有"佛口蛇心、佛眼佛心、佛眼相看、佛头
着粪、借花献佛、呵佛骂祖、成佛作祖、泥多佛大、拣佛烧香、立地
成佛、青灯古佛、诃佛诋巫、一佛出世、烧香拜佛、长斋绣佛、吃斋
念佛"十六条之多。这些佛教词汇大量涌入汉语，为汉语词汇系统
的深入发展注入了新鲜血液。

一、东汉佛经对汉语四字格的继承与发展

典型的汉语成语以四字格为主。研究表明，汉语四字格在语用过
程中能够作为各种句子成分参与造句和独立使用，具有很强的衍生能
力和优越性。刘叔新先生曾指出："对于固定语来说，四字格的长度
很适中，既不至于形成长串的音节而使人发音不便畅，同时又是可表
示丰满、复杂的意思和明晰的结构关系。"（刘叔新，1990：171）东
汉佛经中出现了大量四字格，表明早期翻译佛经对汉语四字格的承继
与偏爱，表现在三个方面：

一是沿用中土固有的成语或四字格类成语，如"从今已（以）
往、东西南北、各得其所、不可胜数、男尊女卑"等。另外，汉语有
不少以"无所不X"为模式构造的成语，如"无所不及、无所不包、
无所不在、无所不有、无所不至、无所不为、无所不知、无所不容、
无所不通、无所不能、无所不备"，其中像"无所不包（苞）、无所
不至、无所不知、无所不能"等直接被东汉佛经翻译家借用，从而
扩大了汉语成语的使用范围，激活了汉语成语的生命力。

二是新创四字格。东汉佛经翻译形成了不少四字格，从结构形式
上看，这些新创四字格以并合同义双音词形成的组合最为常见，如
"朝去暮还、朝往暮返、晨起夜寐、登山越岭、地夷木茂、端心正志、
断爱远俗、法深义妙、分邪别正、伏心就净、俯没仰出、腹大身重、

改闻易行、垢除缚解、弊衣徒跣、垂发弊衣、却恶除罪、功成志就、皮缓肌缩、善言和语、心清口净、修德履道"等。其他结构形式相对较少，如"从今已后、从今已去、从生至终、从始至终、功德无量、顾视之间、过中不餐、过中不饭、卧不安席"等。这些新创四字格，有些是汉语成语的远源所在，如"登山越岭（翻山越岭）""不语不言（不言不语）、生死老病（生老病死）"，有的因后世经常使用而成了汉语常用成语，如"不可思议""功德无量""大慈大悲""顾视之间"等。

三是对常见的汉语四字格模式的大胆利用。东汉佛经翻译家对汉语中比较能产的模式大胆加以利用，从而创造了不少四字格成语或类成语。如以"若 X 若 Y"为模式创造的新形式有十一个：

若道若俗　若寒若热　若滑若粗　若饥若渴　若疾若亡　若见若闻　若苦若乐　若千若万　若轻若重　若罪若病　若色若像

以"无所不 X"为模式创造的新形式有十八个：

无所不行　无所不覆　无所不见　无所不照　无所不入　无所不晓　无所不遍　无所不解　无所不安　无所不明　无所不忍　无所不作　无所不度　无所不办　无所不受　无所不总　无所不过　无所不了

以"不 X 不 Y"为模式创造的新形式则多达四十五个：

不白不黑　不长不短　不瞋不怨　不迟不疾　不肥不瘦　不动不摇　不缓不急　不毁不灭　不惊不摇　不悔不厌　不解不信　不倦不懈　不惊不怖　不可称载　不恐不怖　不起不灭　不可斗量　不恐不惧　不恐不怯　不恐不畏　不劳不疲　不欺不调　不牵不受　不退不懈　不守不持　不喜不欲　不懈不却　不心不意　不言不信　不老不死　不前不却　不舍不观　不受不信　不喜不

忧　不晓不信　不信不解　不休不息　不语不言　不乐不信　不增不减　不诤不讼　不知不解　不知不了　不多不少　不善不恶

不管是借用中土固有成语翻译佛教典籍还是按照汉语习惯新创四字格，都表明异域文化的传播要尽量在语言上靠近目的语一方。东汉翻译佛经的语言状况证明了这一点，才能取得良好的传播效果。

二、东汉佛经新成语的构成

（一）运用中土固有词汇或语素创造新形式

其一，运用汉语构词材料和语法规则创造新组合。如"了不可见"。了，完全。"了不可见"，形容完全见不到。

> 东汉支娄迦谶译《道行般若经》卷 1《道行品》："一切菩萨了无有处（本或作'处处'），了不可见，何所为菩萨般若波罗蜜？"（08，428a）

> 又《难问品》："须菩提言：'拘翼！摩诃波罗蜜，无有边波罗蜜，无有底波罗蜜，摩诃波罗蜜了不可得，无有边波罗蜜了不可见。'"（08，430b）

又如"过中不餐"（后世以"过中不食"或"过午不食"为常）。佛教认为，出家人必须在规定时间内进食，这段时间为早晨到中午，凡超过中午时限而进食者，称为"非时食"，后来"过中不餐"发展成佛教一种戒律，"非时食"为戒律所不许。

> 东汉昙果共康孟详译《中本起经》卷 2《本起该容品》："夫人对曰：'唯事如来，归命三尊，朝奉佛斋，过中不餐，加行八事，饰不近身。'"（04，157c）

再如"生老病死"，指众生一期之四种相。又称四相、四苦。众生出生之相称为生相，老衰之相称为老相，病患之相称为病相，死亡之相称为死相。佛教认为这是人生所必经之四种痛苦。东汉佛经翻译家连言"生""老""病""死"而为"生老病死"以概指人生"四苦"。如：

东汉支娄迦谶译《道行般若经》卷 5《譬喻品第十二》："何等为世间自归？生老病死悉度之，是为世间自归。"（8，452b）

东汉竺大力共康孟详译《修行本起经》卷下《游观品第三》："痛哉有此苦，生老病死患，精神还入罪，经历诸勤苦。今当灭诸苦，生老病死除；不复与爱会，永令得灭度。"（3，467b）

东汉安世高译《阿含口解十二因缘经》："生老病死，生者谓初堕母腹中时为生，已生便老。"（25，54a）

其余像"不可思议""顾视之间""如梦如幻""唯我独尊""三三两两""惊喜交集"等，都是东汉佛经翻译家运用汉语构词材料和规则新创的四字成语。

其二，并合汉语固有双音词形成四字成语。如"功德无量"。"功德"，本指功业与德行。《礼记·王制》："有功德于民者，加地进律。"东汉佛经借用此语并灌注新义，谓有益于得成正果的各种善举或这些善举所获之果报，如念佛、诵经、布施等。如：东汉支娄迦谶译《阿閦佛国经》卷 2《诸菩萨学成品》："如是，其人但以前世禅三昧行故，自以功德得灭于蛇毒。"（11，759a）东汉昙果共康孟详译《中本起经》卷 2《须达品》："长者须达，闻说是时，因本功德，便发净意，逮得法眼，归命三尊。"（04，156b）"无量"，极言数量之多，难以计算或没有限度。《左传·昭公十九年》："今宫室无量，民人日骇，劳罢死转，忘寝与食，非抚之也。"东汉佛经翻译家将

"功德""无量"连用而成"功德无量",指做了很多有益于修行的事（如宣扬佛法、行善、奉佛、念佛、诵经等），如：

安世高译《佛说罪业应报教化地狱经》卷1："佛告信相菩萨善男子：'此经名为《罪业应报教化地狱经》，当奉持之，广令流布，功德无量！'"（17，452b）

昙果共康孟详译《中本起经》卷2《佛食马麦品》："持所得麦，告一老母：'佛者至尊，法御上圣，今欲饭佛，请母熟之，功德无量。'"（04，163a）

也用来形容修行达到了极高境界，具有普度众生的能力。

昙果共康孟详译《中本起经》卷1《化迦叶品》："迦叶念曰：'大道人神妙，功德无量！'"（04，151a）

西晋竺法护译《佛说幻士仁贤经》卷1："其人民闻佛如来此变化者，欢喜踊跃逮得善利，便发无上正真道意，一时欣然，功德无量。"（12，31c）

元魏慧觉等译《贤愚经》卷1《恒伽达品》："时此辅相，往诣祠所，而祷之言：'我无子息，承闻天神，功德无量，救护群生，能与其愿，今故自归。'"（04，355a）

再如"清净无为"。"清净"，本指"心境洁净，不受外扰"。《战国策·齐策四》："蠋愿得归，晚食以当肉，安步以当车，无罪以当贵，清净贞正以虞。""无为"，道家词汇，道家主张清净虚无，将顺应自然称为"无为"。《老子》："道常无为而无不为，侯王若能守之，万物将自化。"《淮南子·原道训》："无为为为，而合于道，无为言言，而通乎德。"东汉佛经两词连用，以形容领悟或彻悟以后所达到的心境净洁，烦恼尽除而无有滞碍的境界。东汉安世高译《漏分布经》卷1："佛说如是。比丘受著意，佛所说乐行，从行致清净

无为。"（01，853c）

（二）并合佛教新造词与中土固有词

构成要素有一部分是东汉佛经的新生词，一部分是中土固有词汇或构词语素。如"十八地狱"。"地狱"，梵语 naraka 或 niraya，巴利语 niraya，音译作捺落迦、那落迦、奈落、泥梨耶、泥梨等。又意译作不乐、可厌、苦具、苦器、无有等，是典型的佛教词汇。佛经中关于地狱的传说很多，有关十八地狱的名目也各有不同，各种佛学辞典多有记载，现在为人所熟知的十八地狱，被认为是所有地狱中最劣最苦之处。如：

> 东汉竺大力共康孟详译《修行本起经》卷上《现变品》：
> "佛乃蹈之，即住而笑，口中五色光出，离口七尺，分为两分，一光绕佛三匝，光照三千大千刹土，莫不得所。还从顶入，一光下入十八地狱，苦痛一时得安。"（3，462b）

中土文献中，唐人修的史书中就有了。

> 《梁书·扶南国》："其后西河离石县有胡人刘萨何遇疾暴亡，而心下犹暖，其家未敢便殡，经十日更苏，说云："有两吏见录，向西北行，不测远近，至十八地狱，随报重轻，受诸楚毒。见观世音语云：'汝缘未尽，若得活，可作沙门。洛下、齐城、丹阳、会稽并有阿育王塔，可往礼拜。若寿终，则不堕地狱。'语竟，如堕高岩，忽然醒寤。"

后喻指极苦极糟的境地，由于佛教的普及，这一成语融进了人们的日常生活，成了人们的口头常用语。

又如"怨家债主"。"怨家"即"冤家、仇人"。中土固有词汇。《史记·张耳陈馀列传》："贯高怨家知其谋，乃上变告之。""债主"为东汉佛经新造词，最初并与"怨家"连言而为"怨家债主"，指前世或今生结怨欠债者。如：

> 东汉昙果共康孟详译《中本起经》卷2："一者为官所没，二者盗贼劫夺，三者火起不觉，四者水所没溺，五者怨家债主横见夺取，六者田农不修，七者贾作不知便利，八者恶子博掩用度无道。如是八事，至危难保，八祸当至，非力所制。"（04，162b）

后世历代常见：

> 吴支谦译《菩萨本缘经》卷2："大王！臣今所施，火不能烧，水不能漂，王家盗贼，怨家债主，不能侵夺所施之物。"（03，59a）

> 西晋竺法护译《佛说四自侵经》卷1："四大之身，不免此难。水火盗贼，怨家债主，县官万端，同复畏之，不觉是苦本由此生。"（17，539a）

> 姚秦鸠摩罗什译《思惟略要法》卷1："至心念佛，佛亦念之。如人为王所念，怨家债主不敢侵近。"（15，299a）

其余如"五体投地""念念不忘"等均是由佛教词汇与中土词汇混成的典型四字成语，这是"梵语唐言"打成一片的典型体现。

第二节 东汉佛经与汉语成语的发展

东汉佛经直接运用汉语词汇材料和语法规则创造了不少新成语，从而丰富了汉语词汇系统的数量和增强了其表达手段。有些汉语成语，我们今天已经看不出其佛教文化色彩，但通过细致考察就会发现，有些成语的远源早在东汉佛经，不少是东汉佛经比喻说理固化和佛经故事凝练发展的结果。

一、东汉佛经比喻与汉语成语的发展

这些成语中，有的是由一个佛教比喻演化而来，有的则是由两个比喻演化组合凝固而形成的。

（一）由一个佛教比喻演化而成的成语

东汉佛经中出现的一些比喻，随着使用范围的不断扩大，世俗化程度的不断提高而逐渐词汇化，从而演变为汉语词汇系统中的一员，其中有些甚至成了汉语常用成语。如"韩卢逐块"。

1. "韩獹逐块"的比喻表达式

"韩獹逐块"的比喻用法最早见于东汉支娄迦谶所译《佛说遗日摩尼宝经》卷1："佛语迦叶言：'比丘如狗逐块，人骂亦复骂之，人挝亦复挝之。'"（12，192b）后又衍生出多种形式：

如犬逐（土）块

　　后魏菩提流支译《大宝积经论》卷4："迦叶，有当来比丘如犬逐块者，是中向外道如犬者。色等五种境界如块，掷者如畏色声香味触示现畏诸境界，彼畏境界。不证知畏因故，示现有四种相故，唯逐境界。"（26，224b）

　　后魏菩提流支译《大宝积经论》卷4："或余处念见贪等，随逐如犬逐土块，以块打故唯逐块。"（26，225a）

如痴狗/犬逐块

　　隋灌顶《观心论疏》卷2："亦如治塘不塞其穴，漏终不断，亦如痴狗逐块，不知逐人块终不息。"（46，597a）

　　宋延寿集《宗镜录》卷9："言语从觉观生，心虑不息，语何由绝？如痴犬逐块，徒自疲劳，块终不绝。"（48，462a）

狂狗逐块

宋普济集《五灯会元》卷 12："师曰：'一坏一不坏，笑杀观自在。师子蓦咬人，狂狗尽逐块。'"（80，259b）

宋正受编《嘉泰普灯录》卷 27："狂狗逐块，瞎驴趁队，只许我知，不许你会。"（79，465b）

其他

东汉支娄迦谶译《佛说遗日摩尼宝经》卷 1："佛语迦叶言：'自求身事莫忧外事，后当来世比丘辈，譬如持块掷狗，狗但逐块不逐人。当来比丘亦尔，欲于山中空闲之处，常欲得安隐快乐，不肯内自观身也。'"（12，192b）

刘宋沮渠京声译《治禅病秘要法》卷 1："复次舍利弗，若比丘比丘尼、式叉摩尼、沙弥沙弥尼、优婆塞优婆夷，受佛禁戒，身心狂乱，犹如猕猴，……四众亦尔，蹈破净戒青莲花池，破戒猛盛，犹如狂狗，见人见木，乃至鸟兽，随逐啮之。"（15，336c）

宋集成等编《宏智禅师广录》卷 4："只知憨狗怒逐块，谁见死蛇惊出草。着眼家林里许看，不萌枝上春阳早。"（48，35c）

早期佛教文献中这些比喻表达式多种多样，但大致到隋唐时期，上述比喻表达式逐渐趋于统一，差不多被"如狗逐块"和"如犬逐块"所取代。如：

隋智顗说《四念处》卷 2："毕竟清净，行者虽作此观，其心浮逸如犬逐块。若欲摄散睡眠昏熟如鼍得暖，当知不修停心，心不得住。"（46，564a）

唐道世《法苑珠林》卷 79："迷圣道者，不知理道从自心

生，唯常苦身以求解脱，如犬逐块不知寻本。"（53，871b）

　　唐宗密述《圆觉经大疏》卷3："唯观于果，不观于因。如狗逐块，不逐于人。"（09，403b）

　　唐栖复《法华经玄赞要集》卷5："虚设功劳，无利勤苦，如狗逐块，块打转多随，邪造恶。"（34，285b）

"如狗逐块""如犬逐块"对其他比喻表达式的取代，为成语"韩卢逐块"的最终形成奠定了基础。

2."韩獹"与"如狗""如犬"等的替换——"韩獹逐块"的形成

（1）"韩獹"的来源

"卢"本有黑色之义。《尚书·文侯之命》："卢弓一，卢矢百。"伪孔传："卢，黑也。"汉扬雄《太玄·守》："上九。与荼有守，辞于卢首不殆。"范望注："荼，白也；卢，黑也。"故从"卢"得声之字多有"黑"义。例如，黑眼珠叫"瓐"，黑色的鱼鹰称为"鸬"（鸬鹚）。

从文字学角度看，谓黑为卢当为"本无其字"的假借。[①] 上诸从"卢"得声之字当为后起分化字。清张文虎《舒艺斋随笔》卷三："齐谓黑为矑。案，泸，黑水；栌，黑橘；獹，黑犬。或止作卢。又黑弓、黑矢为卢弓、卢矢。疑古本谓黑为卢，矑乃后起字。"张氏谓"矑"为"卢"之后起字，甚确，其实其他诸字亦然。上古犬黑本亦称"卢"。《诗经·齐风·卢令》："卢令令，其人美且仁。"毛传："卢，田犬；令令，缨环声。"韩国的黑色狼犬故名"韩卢"，或称"韩子卢"。"獹"亦"卢"之增旁分化字，故"韩卢"亦作"韩

　　① 参蒋绍愚（2005：163）。另，《说文·皿部》："饭器也。"疑误。殷寄明（2007：568）："声符'卢'本为火炉字初文。"似较确。

獹"。

　　《战国策·秦策三》："以秦卒之勇，车骑之多，以当诸侯，譬若驰韩卢而逐蹇兔也。"鲍彪注："韩卢，俊犬名。《博物志》：'韩有黑犬，名卢。'"

　　《战国策·齐策三》："韩子卢者，天下之壮犬也。"《广雅·释兽》："韩獹。"王念孙疏证："《初学记》引《字林》云："獹，韩良犬也……獹，通作卢。"

后世"韩獹"引申而通称猎犬或良犬。如：

　　宋辛弃疾《满江红·和廓之雪》词："记少年，骏马走韩卢，掀东郭。"

　　明梁辰鱼《浣纱记·问疾》："怜你依林越鸟，走险韩卢，喘月吴牛。"

后世各种文献中，"韩卢逐块"的用例始终多于"韩獹逐块"，[①] 说明"韩獹"不如"韩卢"通行。

　　(2)"韩獹"与"如狗""如犬""狂狗"等的替换："韩卢逐块"的形成

"韩獹"与"如狗""如犬"等的替换现象发生在宋代，之后经常与"狮子咬人"形成对文。宋以前只存在少数零散用例。如：

　　隋智𫖮说《妙法莲华经玄义》卷2："如痴犬逐块，徒自疲劳块终不绝。若能妙悟寰中息觉观风，心水澄清言思皆绝，如黠师子放块逐人，块本既除块则绝矣。"（33，697a）

　　唐飞锡《念佛三昧宝王论》卷1："吾谓，犬唯逐块，不知

---

　　① 中土文献"韩卢逐块"凡三见：明王元翰《王谏议全集·谒普贤大士》、清陈世英《丹霞山志·乘拂》、清王缙《汪子文录·与彭允初五》，且均与佛教文化有关。佛教文献"韩卢逐块"凡112见，"韩獹逐块"凡88见，可见该成语之佛教渊源。

逐人，块终不息；唯念过、现不念未来，慢终不息。若如师子而逐于人，其块自息。"（47，137b）

宋善卿编正《祖庭事苑》卷8："《大般若论》云：'有掷块于犬，犬逐块也，块终不止。有掷于师子，师子逐人，其块自止。'"（64，429a）

又有"狂狗趂块"与"狮子咬人"相对为文。如：

唐慧海《诸方门人参问语录》卷1："又问曰：'夫经律论是佛语，读诵依教奉行，何故不见性？'师曰：'如狂狗趂块，师子咬人。经律论是自性用，读诵者是性法。'"（63，25a）

宋悟明集《联灯会要》卷29："众中必有饱参禅客在，行间立地，鼻孔里冷笑，肚皮里自语云：'这话堕阿师，大好不说。噫！师子咬人，狂狗趂块。却被山僧拄杖子。'"（79，254b）

受其对文"狮子咬人"的影响，"如犬""如狗""痴犬""狂狗"等需要从结构上进行调整，以便与"狮子"形成严密的对仗。"狮子"是一个词汇化程度很高的双音节词，"如犬""如狗"则是一个双音节短语，故需调整为一个两字名词与"狮子"相对。"韩獹"（韩卢）是我国古已有之的传统词汇（中土文献用例极多），历史悠久，与"猎狗""猎犬""狂狗""痴狗"等相比，具有含蓄典雅的性质，更符合汉语行文特点。其他词则显得过于直白，流于表面。此外，上引文说明佛经中产生过"狂狗趂块"与"狮子咬人"相对，但远不如"韩卢逐块"广泛，说明典雅含蓄的"韩獹"（韩卢）优于其他词或短语。

因此，宋以后"韩卢逐块"便盛行开来，常与"狮子咬人"形成对文：

宋妙源编《虚堂和尚语录》卷3："侍云：'狮子咬人，韩獹

逐块。'"（47，1007b）

明通容集《五灯严统（10—25）》卷22："山即颂曰：'云门捏怪不堪自败，狮子咬人，韩卢逐块。'"（81，278a）

（二）由两个佛教比喻演化形成的成语

一些由两个同义成分组合形成的佛教成语，源于两个佛教比喻的约减与凝固。佛教常用比喻凝固为双音词，当两个双音词在同一语境中不断出现时，就为组合形成四字成语提供了可能。这类成语的形成过程相对较为复杂，我们以"心猿意马"为例来讨论这类成语的形成过程。

"心猿意马"源于佛教比喻，用来形容人精神不集中，心思漂浮不定。从成语本身来看，我们已很难看出其与佛教之间的直接联系了。

1. "心猿""意马"两词的形成过程

（1）"心猿"一词的凝固过程

"心猿"当为比喻表达式"心如猿猴"等的约简与凝固。"心""意""识"是诸多佛教法相名词中的核心，是学习佛教法相的关口，佛教说理总离不开这三个名词，尤其以"心"为"君主"，即各种思想、精神、意念的主宰和根源（李海波，2007）。相对于具体事物而言，人的意念（心）是抽象的，要用语言表达出来，一般比较困难。因此，佛教在说理时常以"猿猴（猕猴、猿、猴）的行为"喻"妄心"（佛教"六十种心相"的最后一种①），谓此心如猕猴，躁动散乱而不能专注一事。"佛教把这种心境视作人们入门修道入定的障碍。早期译经中已经有以心或意比'猿猴'或'马'的例子"（陈文

---

① 中国佛教文化研究所（2008：59）。

杰，2000：107）。例如：

东汉支娄迦谶译《佛说遗日摩尼宝经》卷1："心譬如天，暴雨卒来无期。爱欲亦如是，卒来无期。心譬如飞鸟猕猴，不适止一处也，心所因不适止一处也。"（12，192a）

旧题东汉失译《受十善戒经》卷1："三者，贪淫之人，恒系属他，六贼驱策，无常大象蹑其背上，心如猨猴，不知众难，欲火焚烧，不识父母、兄弟、姊妹，犹如猪狗，更相荷担，无复惭愧。"（24，1027a）

1）"心猿"一词的比喻表达式

译经之初，由于翻译家的主观认识不同，他们往往采用不同的表达方式描述同一概念，这使得佛经中描述同一概念的翻译方式多种多样，"心猿"一词的比喻表达式就是这样形成的。众所周知，猿猴的习性喜攀援跳跃，没有明确的目标，汉语中有"猴子搬苞谷"的故事，喻人心思不专一，见异思迁。佛经中"心猿"一词正是以此来比喻佛门弟子修行时心神不定，难以专注一境，犹如猿猴般癫狂跳跃，捉摸不定。大致说来，"心猿"一词的比喻表达式主要有以下几类：

心譬如……猕猴/心如猕猴

东汉支娄迦谶译《佛说遗日摩尼宝经》卷1："心譬如天，暴雨卒来无期。爱欲亦如是，卒来无期。心譬如飞鸟猕猴，不适止一处也。心所因不适止一处也。"（12，192a）

东晋瞿昙僧伽提婆译《中阿含经》卷6："瞿尼师比丘亦游王舍城，在无事室调笑、憍慠、躁扰、喜忘，心如猕猴。瞿尼师比丘为少缘故，至王舍城。"（01，454c）

晋代译失三藏名《佛说摩诃衍宝严经》卷1："是心如雾外

事秽故，心如猕猴贪一切境界故。"（12，197c）

梁曼陀罗仙共僧伽婆罗等译《大乘宝云经》卷7："是心如电刹那不停，心如虚空客尘烦恼之所障蔽，心如猕猴取一舍一遍诸境界。"（16，280a）

譬如猿猴

姚秦鸠摩罗什译《成实论》卷5："又猕喻经说：'譬如猕猴舍一枝攀一枝。心亦如是，异生异灭。又若心是一，说六识众，此言则坏。'"（32，278c）

刘宋求那跋陀罗译《央掘魔罗经》卷2："已不信乐，今不信乐，当不信乐。譬如猕猴形极丑陋，常多惊怖其心躁动，如水涌波，以宿习故今犹不息。彼诸众生亦复如是，去来现在心常轻躁，闻如来藏不生信乐。"（02，525c）

萧齐释昙景译《佛说未曾有因缘经》卷1："世人心粗，譬如猕猴，为诸烦恼风所动转。"（17，581a）

犹如猿猴

姚秦竺佛念译《出曜经》卷5："犹如猕猴求诸果蓏，从树至树，从林至林。是故说曰：'如猕游求果。'"（04，633b）

"是心猿猴"与"此心猿猴"

元魏瞿昙般若流支译《正法念处经》卷5："身则如窟行不障碍，是心猿猴，此心猿猴。"（17，24a）

彼心猿猴

元魏瞿昙般若流支译《正法念处经》卷4《生死品》："彼心猿猴，初始破坏，无记为记。彼观乐想，不生贪乐，无漏乐中生于乐想，乐中苦想。如是知乐。"（17，19b）

心……犹若猿猴

萧齐释昙景译《佛说未曾有因缘经》卷1:"帝白曰:'诸天昔来,习乐心粗,犹若猨猴。'"(17,579c)

心如猿猴

姚秦竺佛念译《出曜经》卷6:"是故说曰非事莫豫也。邪径增垢者,意习邪业,心如猨猴舍一捉一。心如流河,意不真实不住于善法。"(04,642c)

姚秦鸠摩罗什译《维摩诘所说经》卷3:"以难化之人,心如猨猴,故以若干种法,制御其心,乃可调伏。"(14,553a)

以上各种比喻表达式的意义因上下文语境提示而得以表现出来。例如,"譬如猨猴",其后分别有:"常多惊怖,其心躁动如水涌波""为诸烦恼风所动转""譬如猨猴,舍一枝攀一枝。心亦如是,异生异灭"等作为语义提示,即表示"心思不专注,易被外物所牵累、感染"。

这表明,"心猿"一词的各种比喻表达式在汉魏六朝时期的汉译佛经中表现出复杂多样性,尚未形成统一。

2)"心猿"亦作"情猿""情猴""心猴"①

随着佛教文化的广泛传播,佛经中反复出现的词汇和各种比喻表达式将成为佛教的共同认知,加之汉语词汇双音化趋势及魏晋南北朝骈偶文风的影响,"心猿"的各种比喻表达式为适应表达的需要以及受语言经济原则等因素的制约,在不影响意义表达的情况下,也会缩减其中某些次要成分,表现出向双音词方向发展的趋势,因此出现了"情猿""情猴""心猴"等双音词。在佛经中"情猿""情猴"两词单用的用例基本没有,它们多与"意马""心马""识马""爱马"

---

① 佛教亦有"意猿"一词,但明清以后才出现,极少见。

"识象""意象""性象""法象""狂象"①（义均同"意马"）等形成对文，这种用法在唐代相当普遍。例如：

唐慧立、彦悰笺《大唐大慈恩寺三藏法师传》卷9："制情猨之逸躁，縶意象之奔驰。"（50，274a）

唐玄奘《寺沙门玄奘上表记》卷1："今愿托虑禅门，澄心定水。制情猨之逸躁，縶意象之奔驰。"（52，825c）

唐李俨《法苑珠林》卷51："心马易驰，情猴难禁。"（53，670b）

唐释道世集《诸经要集》卷10："岂可放纵心马，不加辔勒；驰骋情猴，都无制锁！"（54，93c）

唐怀信述《释门自镜录》卷1《序》："纵意马之害群，任情猿之矫树也。"（51，802b）

唐道宣《法苑珠林》卷64："三修祛爱马，六念静心猿。"（53，779b）

唐菩提流志译《大宝积经》卷120："御醉法象，调习意马。"（11，680b）

唐法琳《破邪论》卷2："乃复随逐邪师，亲近恶友，咆嗃狂象，放恣心猨。"（52，489a）

唐道宣《续高僧传》卷7："识马易奔，心猨难制；神既劳役，形必损毙。"（50，482a）

"心猴"只见两例，均单用。

姚秦鸠摩罗什译《佛遗教经论疏节要》卷1："猨猴者，喻根起五欲也。有说，譬如一猨现于五窗，心猴亦尔。遍彼五根，

---

① 佛经中，"象""马"并提始于东汉译经，表义上差别不明显，多指宝贵难得之物，有时还常偏指"马"。

腾跃释上狂象，踔踯释上獶猴，踔獶跳也。"（40，849a）

南朝陈真谛译《四谛论》卷2："于诸尘中爱着种种诸业。复次心猴行境不定，恒乐取尘，随逐渴爱种种诸有及有资粮。"（32，388a）

3）"心猿"与"情猿""情猴"等的竞争

"心猿"一词的产生，与其他词相比，相对较晚，至隋唐时期才出现，如：

隋灌顶撰，唐天台沙门湛然再治《大般涅槃经疏》卷1《序品》："戒禁七支，禅锁心獶，怖无常狼，伏烦恼脂，是名破恶。修此三法，天魔烦毒，虑其出境。复恐度人，是故愁怖。"（38，45a）

唐慧立本、释彦悰笺《大唐大慈恩寺三藏法师传》卷9："伏乞亮此愚诚……庇影一树之阴，守察心獶，观法实相……以此送终，天之恩也。"（50，274a）

唐道镜、善道共集《念佛镜》卷2："劝君一，长时念佛须真实，归依佛语莫生疑，制护心猿无放逸。"（47，132c）

唐义净译《止观门论颂》卷1："况复纵心獶，驰求趣诸境。"（32，493a）

但"心猿"一词一出现，几乎就取代了"情猿""情猴"等词。据《大正新修大藏经》记载，"情猿"一词从产生开始，只在佛经中出现7次[1]，"情猴"产生较晚，只有2次用例。而"心猿"的出现频率很高，粗略统计，《大正新修大藏经》用例达90次以上。可见，自唐代始，"心猿"一词在佛经中逐渐被接受并广泛使用，其他词则逐渐被淡忘而退出历史舞台。

---

[1]　该统计不含成语及其变体中的"情猿"，下同。

"心猿"一词的各种比喻表达式都有一个共同点,即喻体"猿(猴、猕猴)"等是必须出现的。而作为本体的"心",有时并未出现,有的则在上下文里出现。但由于各种比喻表达式中比况动词的连接及上下文语境的提示,"心"的意义仍然是明显的。由于比喻的本体均为"心",不管本体出不出现,它都是客观存在的。然而在凝固的过程中,由于缺少上下文等语境,本体将必不可少,如果只用"猿(猴、猕猴)"一词,似乎难以与"心(意、情)"发生关联。因此"心(情)"与"猿(猴、猕猴)"在凝固的过程中都是必不可少的。

之所以会选择"猿",一个重要的原因在于"猿"较"猴"典雅,"猴"比较口语化。此外,在中土文献中,"猿"的使用频率要远高于"猴"(多与"猿"组成双音词"猿猴"),异域僧人在翻译佛经的过程中可能受此影响。

(2)"意马"一词的形成过程

佛教以"猿"喻心,亦以"马""象"等为之。与"心猿"一样,"意马"一词亦有多种不同的比喻表达方式,且这些比喻表达式亦产生于东汉时期,如东汉支谶所译《佛说遗日摩尼宝经》卷1:"不制心者亦如是,譬如调马师,马有蹢踟('蹢踟'本或作'踢跷'、'摤突')者,当数数教之,久后调好。比丘时时法观制心调,亦不见其恶如是。"(12,192b)这也是"心马"一词的记录早于"意马"的原因。所以,"意马"一词的比喻表达式最早亦始于东汉时期,但其多样化则发生在三国以后。

1)"意马"一词的比喻表达式

意(心)……(譬)如马

　　吴支谦译《佛说维摩诘经》卷2《香积佛品》:"至于不善

恶行滋多，故为之说若干法要，以化其粗犷之意。譬如象马懭悷
不调，着之羁绊，加诸杖痛，然后调良。"（14，532c）

吴支谦译《佛说孛经抄》卷 1："摄意从正，如马调御。无
憍慢习，天人所敬。"（17，732b）

吴竺律炎共维祇难译《法句经》卷 1："虚心无患，已到脱
处，譬如飞鸟，暂下辄逝。制根从止，如马调御，舍憍慢习，为
天所敬。"（04，564b）

心如野马

西晋竺法护译《阿差末菩萨经》卷 6："是五神通是为化变，
心如野马木末灭尽，是为心法。设以顺从一切忍力，安和正觉庄
严其心而化变矣。"（13，607a）

元魏菩提流支第译《佛说佛名经》卷 7："或受女身心如野
马，恒日放荡无一时定。"（14，215c）

五欲犹奔马

北凉昙无谶译《佛本行经》卷 1："五欲犹奔马，普世随之
迷。"（04，54c）

意如野马

吴竺律炎共维祇难译《法句经》卷 1："万物如泡，意如野
马，居世若幻，奈何乐此？"（04，566a）

思想犹野马

伏秦圣坚译《佛说演道俗业经》卷 1："思想犹野马，生死
若芭蕉。"（17，836a）

上述比喻表达式中，以"如马""意如野马"产生的时代为早。
受汉语词汇双音化趋势的影响，"意如野马"等约减凝固为"意马"
等，但"意马"一词直到唐代才在佛教文献中出现。而较早双音化

的是"心如野马"这一比喻表达式,它发展为"心马",该词至迟在东晋十六国时期已经出现,较"意马"一词早。如:

　　姚秦鸠摩罗什译《众经撰杂譬喻》卷1:"不可不先调直心马,若不先调直心马者,死贼卒至,心马盘回终不如意,犹如王马不能破贼保全其国。是以行人善心,不可不常在于胸心。"(04,532b)

　　刘宋佛陀什等译《弥沙塞五分戒本》卷1:"有罪一心悔,后更莫复犯。心马驰恶道,放逸难禁制。"(22,194c)

"心猿"一词产生以后,由于"心"常与"猿"组合使用,"心马"一词就较少出现在佛经中,取而代之的是隋唐时代产生的"意马"一词:

　　唐菩提流志译《大宝积经》卷120:"如是识王住于身城,见于六处无常侵害。穿信濠堑,被正念甲,御醉法象,调习意马。告六处云:'今有无常威力军来,宜应速疾被于施甲,持于智刃。'"(11,680b)

　　宋日称等译《诸法集要经》卷8:"善坚固诸定,则能调意马,永离诸忧染,得最上安住。"(17,503b)

2)"意马"亦作"心马""识马""性象""法象"

"意马"的异形同义词多与"心猿"的异形同义词形成对文,单独的用例极少。据《大正新修大藏经》记载,"意马"出现频率高于其他相关词汇(粗略统计,"意马"65例,"心马"约40例,"识马"约10例,其余少见)"。

上文已说明"心马"一词用例减少的原因,而"意马"与其他词相比,优势尤为明显,取而代之亦势之必然。

2. "心猿意马"的形成

汉语行文有一个特点,即为了形成典雅的风格或获得俪偶的修辞效果，经常把同义词放在结构相同的同一位置，这种用法为两词结合在一起创造了条件。"心猿"和"意马"的对举使用，是二者凝固定型的重要条件。这种情况大概在汉魏六朝的汉译佛经中就已经出现了，但普遍使用当在隋唐以后。

"心猿"和"意马"分别有不同的同义异形词，这些同义异形词通常以对文的方式出现，并且它们的出现远早于"心猿"和"意马"所形成的对文。在佛教文献中，"猿""马"的比喻表达式同现大概始于东晋，均用来喻心：

东晋佛陀跋陀罗译《达摩多罗禅经》卷1："修行思惟起，悉依所依现；心犹不调马，如幻如猿猴；无量因缘相，一切现所依。"（15，313c）

姚秦鸠摩罗什译《维摩诘所说经》卷3："是世间是涅槃，以难化之人心如猿猴故，以若干种法，制御其心，乃可调伏，譬如象马㤹悷不调，加诸楚毒，乃至彻骨，然后调伏。"（14，553a）

与同义异形词形成对文的时代相当，"心猿"和"意马"两词以对文的形式出现亦在隋唐时代（含中土文献），但后者一经产生，同义异形词便呈衰减趋势，逐渐为后者构成的对文所取代。例如：

唐怀素《四分律开宗记》卷1："取类心猨，内感外机；方调意马，悲夫双林掩化。"（42，334a）

又卷10："律藏甚深冠群籍，咸（一作"戚"）德幽微总众行。能断三结制心猿，亦伏四魔调意马。"（42，603a）

唐守坚集《云门匡真禅师广录》卷3："始见心猿罢跳，意马休驰。"（47，575a）

唐黄滔《黄御史集·卷三之五·六丈金身碑》："俱得放心

猿于菩提树上，歇意马于青凉山中。"

唐道宣《续高僧传》卷7："英贤才艺是为愚弊，舍弃淳朴耽溺淫丽。识马易奔，心猿难制。神既劳役，形必损毙。邪经终迷，修涂永泥。"（50，482a）

唐怀信述《释门自镜录》卷2："近世有等出家者，虽云离俗，俗习不除。尽日出尘，尘缘不断，经教固不知。参禅又不会，心猿乱走，意马奔驰。作队成群，打哄过日。"（51，825c）

宋绍隆等编《圆悟佛果禅师语录》卷16："向三条椽下死却心猿，杀却意马。"（47，786c）

"心猿"与"意马"义同。"'意马'亦似'心猿'指'意'流注不息，一味追逐外境，犹如奔驰之马。"（梁晓虹，1994：78—79）"心猿"和"意马"结合在一起最早当见于《敦煌变文·维摩诘经·菩萨品》："卓定深沉莫测量，心猿意马罢颠狂。"此当是该成语的最早定型式。

"心猿意马"这一成语的形成过程可表示为下图：

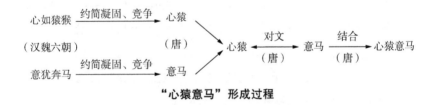

"心猿意马"形成过程

"心猿意马"的形成过程大致经历了比喻表达式约简凝固为词、词与词相对为文、最终凝固为成语三个阶段。在约简凝固为词以后，往往还伴随着词与词相互竞争与淘汰的过程，最终获胜者（在文献中体现为使用频率高于其他词）成了参与成语构成的优选形式（词）。从语源的角度来看，"心猿意马"之构成要素"心猿"和

"意马"源于表义相同的不同比喻表达式。

二、东汉佛经故事与汉语成语发展

汉语有很多成语如"精卫填海""程门立雪""盲人摸象"等经由寓言、神话故事演化而来，其中有一部分是对佛教故事的提炼和概括。这类成语，有些是从东汉佛经中的故事发展而来的。这里，我们举几个例子来作说明。

步步生莲花（步步莲花）

源于东汉支娄迦谶译《阿閦佛国经》卷1《阿閦佛刹善快品》：

> 贤者舍利弗问佛言："阿閦如来、无所著、等正觉入殿舍时，自然生千叶金色莲华耶？为在所至处自然生乎？"佛告贤者舍利弗："阿閦如来若入郡国、县邑，所至到处亦等如入殿舍时也，亦自然生千叶金色莲华。若善男子、善女人意念欲令入殿舍，足下自然生莲华者，皆使莲华合聚一处便合聚；意欲令上在虚空中，承佛威神，其莲华用人民故，便上在虚空中而罗列成行。"（11，756c）

这条成语的形成经历了佛教文化世俗化的过程，体现了佛教文化对中土文明的渗透与影响，从而使原属佛教的故事转变为世俗故事，并最终凝练为成语而广为流传。①

敲骨取髓

佛经中有不少舍身求法的故事，后来凝练成了成语，如"舍身饲虎""割肉喂鹰""断臂立雪"等。"敲骨取髓"也是这类故事的凝练，意指敲碎骨头，取出骨髓（或为供养佛，或为救济濒临死亡

---

① 其形成与演化过程详见高列过（2006），朱庆之（1991）、梁晓虹（1994）也有提及。

的动物），比喻为求佛道而不惜割截自身肉体，牺牲性命。这个故事最早见于东汉支娄迦谶译《道行般若经》卷9《萨陀波伦菩萨品》：

> 婆罗门语萨陀波伦菩萨（言）："善男子！今我欲大祠，欲得人血，欲得人肉，欲得人髓，欲得人心。卿设能与我者，我益与卿财。"萨陀波伦菩萨大欢欣报言："愿相与。"萨陀波伦菩萨即取刀自刺两臂，血大出，持与之；复割两髀里肉，持与之；复自破骨，持髓与之。适复欲自刺胸时，楼观上有长者女，遥见之，伤愍哀之。时长者女与诸伎人、婇女五百人，相随来至萨陀波伦菩萨所，问言："善男子！年尚幼少，端正如是，何以故自割截其身体？"萨陀波伦菩萨报女言："我欲供养于师故，用是故，出血出肉出髓欲卖，持欲（一作'用'）供养于师。"（08，472b）

吴支谦译《大明度经》卷6《普慈闿士品》所录大义相当：

> 梵志曰："吾欲大祠（一作'祀'），欲得人血、肉、髓、心。卿能与我者，我益与卿宝。"闿士闻之，心大欢喜。即取刀自刺两臂，以血与之。复割两髀（一作'胜'）肉，又破骨以髓与之。适欲刺其胸，时楼上有长者女，遥见大愍伤之，与诸妓女五百人下至闿士所，问言："高士年尚幼少，端正如是。何以（一作'何以故'）自割截身体乃尔乎？"报言："我出血割肉取髓卖之，以供养师。"（08，504c）

同是《道行般若经》异译本，在西晋无罗叉、东晋鸠摩罗什、唐玄奘译本中出现了较为固定的四字形式"破骨出髓"，是为"敲骨取髓"之雏形：

> 西晋无罗叉译《放光般若经》卷20《萨陀波伦品》："萨陀波伦便以右手自刺左臂，出血与之，复欲破骨出髓。"（08，

143b）

后秦鸠摩罗什译《小品般若波罗蜜经》卷 10《萨陀波仑品》："萨陀波仑菩萨即（一作'手'）执利刀，刺右臂出血，复割右髀，欲破骨出髓。"（08，582b）

唐玄奘译《大般若波罗蜜多经》卷 398《常啼菩萨品》："尔时，常啼作是语已，即申右手执取利刀，刺己左臂，令出其血。复割右髀，皮肉置地，破骨出髓与婆罗门。复趣墙边，欲剖心出。"（06，1063a）

后世佛教文献又有"析骨取髓""打骨取髓""敲骨出髓"等形式。宋以后则以"敲骨取髓"为常：

宋道原纂《景德传灯录》卷 3："昔人求道，敲骨取髓，刺血济饥，布发掩泥，投崖饲虎。古尚若此，我又何人！"（51，219b）

宋普济集《五灯会元》卷 11："驱耕夫之牛，夺饥人之食。敲骨取髓，痛下针锥。"（80，222b）

明通容集《祖庭钳锤录》卷 2："若遇敲骨取髓底人，管取纳款有分，然而能为白拈贼，则与临济同参矣。"（65，382c）

清净符汇集《宗门拈古汇集》卷 32："猛虎口里分蹄，饥鹰爪下夺雀。敲骨取髓，痛下针锥，须是临济嫡骨儿孙，方始有此作略。"（66，184a）

金翅擘海

源于佛教对"金翅鸟"神话故事的描写。"金翅鸟"，梵语 garuḍa，巴利语 garuḷa。音译"迦楼罗、加楼罗、迦留罗、伽娄罗、揭路荼"等。为印度古代神话中一种类似鹫鸟且性情猛烈的神格化之巨鸟。翅翻金色，故又名"金翅鸟（王）""妙翅鸟（王）""金翅""妙翅"

等。关于"金翅鸟"的描绘，已见于东汉佛经：

　　东汉竺大力共康孟详译《修行本起经》卷 2《出家品》：
"食毕洗手漱口，澡钵已还掷水中，递流未至七里，天化作金翅鸟，飞来捧钵去，并发一处，供养起塔。"（03，470a）

而关于"金翅擘海"的传说，则源于三国吴支谦译《菩萨本缘经》中对金翅鸟擘海取龙而食故事的描绘：

　　吴支谦译《菩萨本缘经》卷 1《毗罗摩品》："大王！如金翅鸟投龙宫中，搏撮诸龙而食啖之。"（03，53a）

西晋竺法护等译经也见此类描写。

　　西晋竺法护译《佛说如来兴显经》卷 3："如金翅鸟王，游在虚空，以清净眼观龙宫殿，变易本形、知应终者，骞蹇奋翮，搏扬海水，波荡披竭，攫食诸龙及龙妻妾。"（10，609a）

　　西晋法立共法炬译《大楼炭经》卷 3《龙鸟品》："胎种金翅鸟，欲取水种龙时，便从句梨睒大树南枝，下至大海，以翅搏海水，波万六千里，取水种龙食之。"（01，288c）

这个故事在后世的佛经中十分常见。东晋时代的汉译佛经中，已经出现语义非常完整的描写：

　　姚秦鸠摩罗什译《大智度论》卷 27《序品》："譬如金翅鸟王，普观诸龙，命应尽者，以翅抟（本或作'搏'）海，令水两辟，取而食之。"（25，263a）

　　东晋佛驮跋陀罗译《大方广佛华严经》卷 35《宝王如来性起品》："佛子！譬如金翅鸟王，飞行虚空，安住虚空，以清净眼观察大海龙王宫殿，奋勇猛力，以左右翅搏开海水，悉令两辟，知龙男女有命尽者，而撮取之。"（09，626b）

后因以"金翅擘海"比喻以勇猛雄壮的气势直奔目标，宋代禅

宗典籍出现了定型式:

> 宋蕴闻编《大慧普觉禅师语录》卷 8:"香象渡河,截流而过,得么?如金翅擘海,直取龙吞,得么?既不许恁么。"(47,842a)

> 宋悟明集《联灯会要》卷 5:"雪窦云:'宗师眼目,须是恁么,如金翅擘海,直取龙吞。'"(79,53b)

> 明真启编《辟妄救略说》卷 1:"古人道:'如金翅擘海,直取龙吞。如单刀直入,取上将头。是教外单传独拔,提持四生之意。'"(65,117b)

中土文献在吸收这个成语时,常将其用来比喻诗文雄健有力,精深透彻:

> 宋严羽《沧浪诗话·诗评》:"李杜数公如金翅擘海,香象渡河,下视郊岛辈,直蛩吟草间耳。"

> 清吴锡麒《程息庐同年心吾子诗钞序》:"昔人比之金翅擘海,香象渡河者,诚观止之叹也。"

第三节　东汉佛经与汉语成语溯源

成语属于汉语词汇系统的一个重要组成部分,因此研究汉语词汇离不开对成语的研究,佛教成语溯源可以在某些方面展现中古汉语词汇的特征与面貌。东汉佛典翻译的最初阶段,有不少现代汉语习用的成语已经在这一时期佛典中出现。如:

不可思议

佛教常用语。"思",即用心思维、思索;"议",即用语言描述、评议。指事物微妙神秘,道理深奥玄妙,既不能以心思索,也不能用语言描述。经中多用来形容诸佛菩萨觉悟之境地、智能、神通力之奥妙。早见于东汉佛经。如：

昙果共康孟详译《中本起经》卷2《佛食马麦品》："阿难意解曰：'如来妙德，不可思议。'"（04，163a）

支娄迦谶译《阿閦佛国经》卷1《发意受慧品》："我为欺是诸佛、世尊——诸不可计无央数、不可思议无量世界中诸佛、天中天，今现在说法者。"

后历代译经、佛教撰述常见，佛教典籍有18000余条用例。如：

旧题曹魏康僧铠译《佛说无量寿经》卷1："行业果报不可思议，诸佛世界亦不可思议。"（12，270a）

东晋法显译《大般涅槃经》卷2："今者如来说此二事，百千万倍不可为比，如来禅力不可思议。"（01，198b）

隋阇那崛多译《佛本行集经》卷1《发心供养品》："希有！希有！不可思议！难见难值，谓佛、世尊、多陀阿伽度、阿罗诃、三藐三佛陀，世间难逢，无量百千万亿劫中，时一出现。"（03，655b）

大型辞书如《大词典》《汉语成语源流大辞典》认为其源为《维摩诘经·不思议品》："诸佛菩萨有解脱名不可思议。"《辞源》最早书证引北魏杨衒之《洛阳伽蓝记·永宁寺》："佛事精妙，不可思议。"均晚。

俗世凡谓事理深妙神奇，无法以思索或讨论而得者，或情况等出于想象之外者，皆以"不可思议"形容之。如：

梁僧佑撰《出三藏记集》卷第八："阿难之所绝尘，皆其不可思议也。"

唐戴孚《广异记》"孙朋"条："乃知修道不可思议，所延二十载，以偿功也。"

大慈大悲

"大慈大悲"，佛教语。佛菩萨对众生广大的慈善心和怜悯心。慈者，与乐之义；悲者，拔苦之义。佛菩萨有利他之心，拔除众生无边之苦而予以喜乐，尤以佛更以无缘之大悲心度化一切众生，故大慈大悲一般多用于称佛的慈悲。

"大慈大悲"最早见于东汉佛经。如东汉支娄迦谶译《阿閦佛国经》卷下《诸菩萨学成品第四》："我当与同学等无差特，当与是一等类俱在一处，欲具大慈大悲，用佛故沙门义故，无辟支佛义，无有弟子之行，无有弟子意，无有缘一觉意，谛住于空，无有恶道法。"（11，761c）《大宝积经》卷82，曹魏康僧铠译《郁伽长者会》第十九："是故我应具阿练儿行沙门义利，谓系念不乱，得陀罗尼，修大慈大悲，五通自在，满六波罗蜜。"（11，478a）西晋聂承远译《佛说超日明三昧经》卷2："归佛法众不为非法，弃舍诸径九十六种，不愿声闻缘觉常志大道，大慈大悲，救济众生五道之惑，是则为宝。"（15，546b）

"大慈大悲"一语在中土文献中首先见于与佛教有关的僧人撰著中。如：《广弘明集》卷二十六《慈济篇第六》引梁高祖《断酒肉文》："以无菩萨法故，无四无量心，无四无量心，故无有大慈大悲。"后多用为祈求别人的怜悯和帮助。此义在现代汉语中常用，众多辞书均已论及，此不赘述。

大千世界

"大千世界"是梵语 mahāsāhasra-lokadhātu 和巴利语 mahāsahassa-lokadhātu 的翻译。为古代印度人之宇宙观。古代印度人认为，四大洲及日月诸天为一小世界，合一千小世界为小千世界，合一千小千世界为中千世界，合一千中千世界为大千世界。因为这中间有三个千的倍数，所以大千世界，又名为"三千大千世界"，又作"三千世界"。

"三千世界"，首见于东汉佛经。如：

> 竺大力共康孟详译《修行本起经》卷上："尔时佛放身三十二相八十种好光明，普照三千世界，如月盛满星中特明，威神堂堂。"（03，461a）

> 昙果共康孟详译《中本起经》卷上《转法轮品第一》："说是法时。拘怜等五人，漏尽意解，皆得罗汉。及上诸天八万，逮得法眼，三千世界，为大震动。"（4，149a）

中土文献中出现要晚得多，首见于南朝徐陵《孝义寺碑》："方使三千世界，百亿须弥，同望飞轮，共禀玄德。"

"大千世界"同样早见于东汉佛经，往往受数量短语"三千"修饰。如：

> 支娄迦谶译《阿閦佛国经》卷1《发意受慧品》："阿閦菩萨初发意学时，三千大千世界中四天王、天帝释及憋魔梵三钵，一切皆向阿閦菩萨，叉手说是语。"（11，753a）

> 昙果共康孟详译《中本起经》卷上《还至父国品第六》："佛始得道，往诣波罗奈国，击甘露法鼓，拘怜五人，逮得罗汉，八万诸天，皆入道迹，九十六种靡不欣伏，无上法音，闻于三千大千世界。"（04，154c）

> 又："佛复惟曰：'甘露法鼓，闻于三千大千世界，谁应得闻。'"（04，147c）

中土文献中用得较晚，直到唐代才出现。如：

> 唐玄奘《大唐西域记·摩揭陀国上》："昔贤劫初成，与大地俱起，据三千大千世界之中，下极金轮，上侵地际。"

　　唐释道宣《广弘明集》卷九《辩惑篇第二》："诸天日月会玉台之下，大千世界之分，天下改易，大千洞然。"

　　《大词典》例引《景德传灯录·希运禅师》："师云：'虽然如此大千世界，总在里许。'"《汉语成语源流大辞典》以《大智度论》为源，均晚。今之成语乃袭用佛教"大千世界"一词，形容广大无边的纷纭世界。

功德无量

　　功德，功能福德之意，亦指行善所获之果报。《大词典》"功德无量"条：原为佛教语。后亦用以称颂人的功劳、恩德或做大有益于别人的事情。《景德传灯录·南阳慧忠国师》："功德无量，非口所说，非意所陈。"孙中山《学生要立志做大事不可做大官》："那么就是象中国的后稷教民耕田，法国柏斯多发明微生物对于动植物的利害，都是功德无量的大事。"鲁迅《书信集·致孟十还》："虽然牺牲太大，然而功德无量。"

　　按："功德"一词，我国春秋战国时代已经出现，指"功业与德行"（参《大词典》"功德"条）。《礼记·王制》："有功德于民者，加地进律。"东汉以后经常被佛教借用。隋慧远撰《大乘义章·十功德义三门分别》对佛教之"功德"进行了解释。《大乘义章》卷14："功谓功能，能破生死能得涅槃能度众生，名之为功。此功是其善行家德，故云功德。"（44，751b）此语之定型式始见于东汉佛教文献，如：东汉昙果共康孟详译《中本起经》卷1《化迦叶品》："佛告迦叶：'朝得汝食，欲漱无水，天帝指地成池给用，当名此池为指地池'。迦叶念曰：'大道人神妙，功德无量！'"（04，151a）东汉昙果共康孟详译《中本起经》卷2《佛食马麦品》："持所得麦，造一老母：'佛者至尊，法御上圣，今欲饭佛，请母熟之，功德无量。'"

（04，163a）

后世沿用。西晋竺法护译《生经》卷 3《佛说审裸形子经》："时阿脂王心自念曰：'彼诸仙人，终不妄语，诸仙人曰：吾当得胜，功德无量，所说如此。'诸臣报曰：'唯然。大王，仙人至诚，终不虚言。'"（3，91a）

中土文献中，在唐代就有了："处处宣说种种名称，功德无量，威神不测。"（唐道宣《广弘明集》卷二十八《悔罪篇第九》引陈文帝《方等陀罗尼斋忏文》）。俗谓"功德无量"，系引用佛教中"功德"二字，用以表示一个人之立功行善，予人诸多恩惠德泽。《旧唐书·狄仁杰传》："伏惟圣朝，功德无量，何必要营大像，而以劳费为名。虽敛僧钱，百未支一。"

然考此语之源，当出自同时代但略早于汉译佛经的中土文献，成书于汉和帝（79—105 年）时期的《汉书》卷七十四《丙吉传》："所以拥全神灵，成育圣躬，功德已亡量矣。"例中"亡"同"无"（二字古通用）。作为此语之源头，当无异议。据此，《大词典》该条释义亦可商，原非佛教语，只是佛教较常用，且定型于佛教文献而已。《大词典》与《俗语佛源》皆引《景德传灯录》例。

功德圆满

《大词典》：1. 原为佛教语。指法令、善事等完满结束。唐陈集原《龙龛道场铭》："更于道场之南造释迦尊像一座，遂得不日而成，功德圆满。"

2. 泛指祭祀、打醮等事圆满完成。隋杨广《入朝遣使参书》之二："用慰驰结，仰承衡岳。功德圆满，便致荆巫。"洪深《五奎桥》第一幕："四百多亩呢，起码得打四十九天的大醮！七七四十九天功德圆满，那时自然是甘霖广降大雨倾盆了！"

3. 指某件事情已经结束或完成。茅盾《"惊人发展"》:"那时候,李顿调查团功德圆满,全中国都成了共管下的太平世界。"

按:《大词典》此语释三义,体现该成语语义汉化过程。功德,中土固有词汇,本指功业与德行。《礼记·王制》:"有功德于民者,加地进律。"佛教借用此语,并灌注新义,谓有益于得成正果的各种善举或这些善举所获之果报,如念佛、诵经、布施等事。早见于东汉佛经。东汉支娄迦谶译《阿閦佛国经》卷2《诸菩萨学成品》:"如是,其人但以前世禅三昧行故,自以功德得灭于蛇毒。"(11,759a)东汉昙果共康孟详译《中本起经》卷2《须达品》:"长者须达,闻说是时,因本功德,便发净意,逮得法眼,归命三尊。"(04,156b)

圆满,佛教词汇,指事情完满结束,没有欠缺。旧题曹魏康僧铠译《佛说无量寿经》卷2:"智慧如大海、三昧如山王,慧光明净超踰日月,清白之法具足圆满。"(12,274a)东晋佛驮跋陀罗译《大方广佛华严经》卷35《宝王如来性起品》:"此菩萨摩诃萨知、见如来一切愿、一切法,转无所转,本无所起,三转圆满,皆悉清净。"(09,627c)

后来两词结合在一起,指修行完满,达到极高境界。始见于东晋汉译佛经,诸辞书所引最早书证均迟。东晋佛驮跋陀罗译《大方广佛华严经》卷45《入法界品》:"如来妙色身,出生净妙音,无碍诸辩才,广开菩提门。普照一切众,无量难思议,建立大乘智,授以菩提记。功德圆满日,出兴照世间,长养一切世,无量功德身。"(09,683a)梁宝亮等集《大般涅槃经集解》卷4《纯陀品》:"虽复互为施者,而不得互为福田。出有能生之功,滋长之用。佛既功德圆满,岂假田益!"(37,391a)隋阇那崛多译《佛本行集经》卷19《车匿等还品》:"呜呼我主!功德圆满,诸仙见者,悉皆喜欢。"(03,

742b）唐玄奘译《大般若波罗蜜多经》卷 482《舍利子品》："舍利子！是菩萨摩诃萨功德圆满，成熟有情、严净佛土，速能证得一切智智。"（07，445a）

也作"功圆行满"。北周法上撰《十地论义疏卷第一．第三》卷1："广长诸根满足者，喻十地；功圆行满，现受佛位，自在行化。"（85，767c）宋戒环集《华严经要解》卷1："我昔发愿，愿入毗卢无量受生海，……至功圆行满，佛果现前，名菩萨降生。"（08，466c）

也作"功行圆满"。唐宗密撰《圆觉经大疏释义钞》卷3："悟后之修，即具随相离相，理事双修，故功行圆满，必有证后悟。"（09，535c）元道安注《初学记》卷1："今此妙觉一佛乘人，顶上旋螺发，项背焰光，胞题卍字，身黄金色，以表功行圆满。"（63，734a）

也作"行满功圆"。唐宗密撰《圆觉经大疏释义钞》卷3："又悟有解悟证悟，修有随相离相。谓初因解悟，依悟修行，行满功圆，即得证悟。"（09，535c）宋延寿集《万善同归集》卷2："皆是从微至着，渐积善根；行满功圆，成其大事。"（48，982c）

也作"行满功成"。唐李玄通撰《新华严经论》卷4："显佛果有三种不同：一，亡言绝行，独明法身无作果；二，从行积修，行满功成，多劫始成果；三，创发心时，十住初位，体用随缘所成果。"（36，740a）宋元照述《阿弥陀经义疏》卷1："机兴缘熟，行满功成，一时圆证于三身，万德总彰于四字。"（37，356b）

也作"功成行满"。宋妙源编《虚堂和尚语录》卷2："释迦老子，雪山六年，功成行满，到腊月八夜，讨得一条路子。"（47，1000c）元普度编《庐山莲宗宝鉴》卷6："果能如是用功，则历劫无明，生死业障自然消殒，尘劳习漏自然净尽无余。亲见弥陀，不离本

念，功成行满，愿力相资。"（47，331c）

此语后被中土文化吸收，指祭祀、打醮等有益于修行的善举完满达成，仍具有佛教文化特色。隋杨广《入朝遣使参书》之二："用慰驰结，仰承衡岳。功德圆满，便致荆巫。"唐陈集原《龙龛道场铭》："更于道场之南造释迦尊像一座，遂得不日而成，功德圆满。"洪深《五奎桥》第一幕："四百多亩呢，起码得打四十九天的大醮！七七四十九天功德圆满，那时自然是甘霖广降大雨倾盆了！"

后泛指事情完满结束或完成。佛教文化色彩荡然无存，语义上完全汉化。《林则徐书简·二·致怡良》："科场一事，功德圆满，宽严得宜，闻士林无不感颂。"茅盾《"惊人发展"》："那时候，李顿调查团功德圆满，全中国都成了共管下的太平世界。"

也作"功行圆满"。清秦子忱《续红楼梦》："只要你们立志真诚，修到功行圆满，包你们随心如意。"

也作"功行完满"。《西游记》第二十三回："功行完满朝金阙，见性明心返故乡。"

也作"行成功满"。金王喆《夜行船》："一炷名香经十卷，三千日、行成功满。"

后又形成分化成语，指通过修行所达到的极高境界。作"圆满功德"。东晋佛驮跋陀罗译《大方广佛华严经》卷46《入法界品》："观察一切菩萨诸方便海，圆满功德；心常乐见一切菩萨，念一切佛，次第兴世，清净功德。"（09，690b）唐玄奘译《说无垢称经》卷6《观如来品》："愿诸有情成就如是福德智慧，圆满功德，一切皆似无动如来。"（14，585b）

恒河沙数

《大词典》：佛教用语，形容数量多至无法计算。《金刚经·无为福胜分》："以七宝满尔所恒河沙数三千大千世界，以用布施。"……
亦省作"恒河沙""恒沙数""恒沙"。南朝梁沈约《千佛颂》："能
达斯旨，可类恒沙。"唐王维《六祖能禅师碑铭》："常叹曰：七宝布
施，等恒河沙；亿劫修行，尽大地墨。"清赵翼《近日刻诗集者又十
数家翻阅之余戏题一律》："岂知同在恒沙数，谁独能回大海
澜。"……

按：此语诸辞书释义无别。形容数量极多，无法计算。然所引书
证均晚出。此语本或作"恒边沙"。东汉支娄迦谶译《道行般若经》
卷3《沤拘舍罗劝助品》："须菩提白佛言：'代劝助功德福者，如恒
边沙佛刹不能悉受。'"（08，439b）东汉支娄迦谶译《般舟三昧经》
卷3《至诚佛品》："正使如恒边沙佛刹，满其中珍宝持用布施，其福
宁多不？不如书是三昧持经卷者，其福极不可计。"（13，919a）吴
支谦译《大明度经》卷2《持品》："佛言：'百倍恒边沙佛刹人皆起
七宝塔，不在计中。如是千万亿无数倍，不在明度净定计中。'"
（08，484b）又有诸多变体。

也作"恒河边沙"。东汉失译《佛说伅真陀罗所问如来三昧经》
卷1："佛语提无离菩萨：'可知洹河边①沙，一沙为一佛土，尽索满
中星宿，是数可知。'"（15，352c）隋吉藏撰《胜鬘宝窟》卷2：
"佛法多于恒河边沙，名过恒沙，应得不得，明无始解。"（37，57a）

也作"恒河沙"。东汉支娄迦谶译《般舟三昧经》卷1《至诚
品》："得是三昧精进学转教人者，正使如恒河沙佛刹满中珍宝，用
布施甚多，不如学是三昧者。"（13，902b）后秦鸠摩罗什译《佛说
仁王般若波罗蜜经》卷1《序品》："西方善住菩萨共十恒河沙大众，

---

① "洹河边"，宋元明宫诸本作"恒边"。

俱来入此大会。"（08，825c）隋毗尼多流支译《大乘方广总持经》卷1："尔时，十方如恒河沙大威德菩萨摩诃萨来诣佛所。"（09，379b）

或作"恒沙"。东汉支娄迦谶译《道行般若经》卷5《本无品》："何以故？空不念我当作阿耨多罗三耶三菩，是法空设易得者。何以故？如恒沙菩萨悉皆逮（本或作'还'）。"（08，454，a）旧题东汉安世高译《佛说自誓三昧经》卷1："我等自于本刹见有化灵瑞树，其树初生，光照恒沙诸佛世界。"（15，344a）吴康僧会译《六度集经》卷8："比丘！过去久远，是阎浮提地有王，名曰镜面，讽佛要经，智如恒沙。"（03，50c）

也作"江河沙"。东汉安玄译《法镜经》卷1："夫去家，智者所称誉，如江河沙，我一日之祠礼（一作'祀'），一切彼布施以去家之意为殊胜。"（12，19a）西晋竺法护译《普曜经》卷5《六年勤苦行品》："时菩萨光明，普照曜佛土；犹如江河沙，普遍四方界。"（03，514a）

也作"江河沙数"。失佚附东汉录《分别功德论》卷1："智慧知尘数及江河沙数，亿载不可计，慧明所了不可穷尽。"（25，33b）西晋竺法护译《等集众德三昧经》卷1："设令江河沙等世界满中芥子，有人尽取芥子一一破碎，各如江河沙数芥子之限。"（12，975b）姚秦竺佛念译《菩萨璎珞经》卷8《受迦叶劝行品》："时东方去此十亿江河沙数，……即遣菩萨万二千人来至忍土，至世尊所，头面礼足在一面坐。"（16，75a）

也作"恒沙数"。旧题东汉支娄迦谶译《佛说无量清净平等觉经》卷2："西南北面皆尔，如是恒沙数土，是诸佛遣菩萨，稽首礼无量觉。"（12，288a）吴康僧会译《旧杂譬喻经》卷2："佛遣须摩提菩萨上国六十（本或作'六千'）亿恒沙数刹，令诣彼国取师子座众饮食具。"（04，521a）西晋竺法护译《佛说方等般泥洹经》卷2《现诸佛品》："三十二亿菩萨得不起法忍，恒沙数等人断一切尘劳，灭生死证说。"（12，924c）

也作"恒河沙数"。曹魏菩提流支译《佛说阿弥陀佛根本秘密神咒经》卷1："如是等恒河沙数诸佛，各于其国出广长舌相，遍覆三千大千世界。"（02，889a）吴支谦译《佛说须摩提长者经》卷1："如是等恒河沙数诸佛如来，断除一切不善之法，修习甚深无量善法，于诸法中无所挂碍，而皆无常。"（14，807a）

也作"沙数"。西晋竺法护译《佛说宝网经》卷1："佛言：'童子！当知东方去此有佛世界名曰解君，犹族姓子江河沙等其中沙数若干佛土，从下水基转至上界三十三天，有诸埃尘周遍其中。'"（14，79c）唐菩提流志译《大宝积经》卷69《广果天授记品》："斯众皆悉得涅槃，过于大海诸沙数，如是彼诸佛正法，具足兴显于世间。"（11，394a）

也作"江沙数"。西晋竺法护译《佛说如幻三昧经》卷1："于时诸佛亿江沙数，各从刹土同时一声，各集其音，柔软了了。"（12，135a）

也作"恒边沙数"。西晋竺法护译《佛说方等般泥洹经》卷2《现诸佛品》："以是之数一切诸毛孔各各放恒边沙数之光明，放已即如其像三昧正受，令一切人眼还得佛眼，皆见诸佛国土所有。"（12，924b）

也作"江沙"。西晋竺法护译《度世品经》卷6："掌捉大铁围，亿姟如一尘，移亿江沙土，还复着故处。"（10，658a）梁僧佑撰《释迦谱》卷1："合集恒沙人，嗟叹佛功德。江沙劫不畅，况我萤烛

明!"（50，51a）

也作"河沙"。西晋竺法护译《佛说如来不思议秘密大乘经》卷3《菩萨语密品》："如其菩萨所出之言，即彼河沙更无增减，亦同如来智所知数。"（11，710c）唐义净译《根本说一切有部毗奈耶药事》卷15："坚固发誓愿，惠施如河沙；光明王世时，专求正觉等。"（24，73c）

也作"河沙数"。元魏菩提留支诏译《金刚般若波罗蜜经》卷1："复次，须菩提! 若有善男子、善女人，于日前分布施身命，如上所说诸河沙数。"（08，759b）宋陈瓘《净土十疑论后序》（《净土十疑论》卷1）："自二圣建立以来，如是之人，如河沙数，云何不信? 云何而疑? 能自信己，又作方便令诸未信无不信者，此则智者之所以为悲也。"（47，81c）

也音译作"殑伽沙数"。唐玄奘译《大般若波罗蜜多经》卷524《方便善巧品》："佛告善现：'是菩萨摩诃萨已曾亲近供养殑伽沙数诸佛。'"（07，683c）宋法护译《佛说如来不思议秘密大乘经》卷3《菩萨语密品》："清净有情所求愿，音声诠表俱胧刹，过殑伽沙数亦然，是心无持无发悟。"（11，710a）

恍然大悟

这条成语的来源，一般辞书所引书证比较晚。《大词典》引最早例为《红楼梦》第九五回："大家此时恍然大悟。"而《汉语成语源流大辞典》则认为此语"原或作'恍然而悟'"，最早见于《太平广记·一七二·裴休》引《唐阙史》："裴公恍然而悟，命击碎，然后举爵尽饮而罢。"

在东汉的佛经翻译中，已见表义相同而形式微别的四字形式"廓然大悟"：东汉竺大力共康孟详译《修行本起经》卷2《出家品》:"明星出时,廓然大悟,得无上正真道,为最正觉,得佛十八法,有十神力、四无所畏。"(03,471c)后世译经极常见,如:

吴支谦译《太子瑞应本起经》卷2:"明星出时,廓然大悟,得无上正真之道,为最正觉。"(03,478b)

西晋竺法护译《普曜经》卷6《行道禅思品》:"明星出时廓然大悟,得无上正真道,为最正觉。"(03,522b)

后秦佛陀耶舍共竺佛念译《长阿含经》卷1:"知世苦恼。又见死人。恋世情灭。及见沙门。廓然大悟。"(01,7a)

后来,在早期汉译佛经中,还形成了很多变体,如"豁然悟解、豁然大悟、霍然大悟、豁然心解、豁然自寤、燋然开悟、豁然而悟、豁然心开、豁然醒悟"等。

缄口不言

这条成语很多大型辞书如《辞源》《辞海》《汉语成语源流大辞典》等未见录。《大词典》释为"闭口不说话"。书证引郑观应《盛世危言·商务》:"商民工匠,见诸官绅,皆缄口不言,恐犯当道之怒,祸生不测云。"东汉及后世佛经也有"闭口不言"的说法:

安世高译《太子慕魄经》卷1:"没此生彼,所从来生,皆悉知见。年十三岁,闭口不言。"(03,408b)

吴康僧会译《六度集经》卷4:"王唯有一子,国无不爱,而年十三,闭口不言,有若喑人。"(03,20b)
亦或作"闭口不语"。

西晋竺法护译《佛说普门品经》卷1:"是以菩萨闭口不语,不以诸口有所食啖,亦无言说澹而自守,不入众会,不称为己,口无二言,忍诸所作;菩萨如是则无地狱。"(11,773a)
亦作"杜口无言"。

梁释慧皎撰《高僧传》卷 13："以光预见乃赍七曜以决光。光杜口无言。故事宁获免。"（50，416b）

"闭口、杜口、缄口"均为闭口不说话之义，"闭口不言"与"缄口不言"一字之差，以之为远源是比较准确的。

皆大欢喜

"皆大欢喜"指人人都很高兴，原为佛经结束时的套语。《大词典》例引《金刚经·应化非真分》，但《金刚经》有不同的译本。吴金华先生指出："这里引《金刚经》而不标明译者，与引证体例不合。……由此上溯，三国时代的译经已有'皆大欢喜'之例。"（吴金华，1985）他注意到了《大词典》的书证问题，并将引例上溯至三国《六度集经》，较《大词典》前进了一步。然而，在东汉佛经中，"皆大欢喜"就已经很常见了。例如：

安世高译《佛说转法轮经》："尔时佛界三千日月、万二千天地，皆大震动。是为佛众佑，始于波罗奈，以无上法轮转未转者，照无数度诸天人，从是得道。佛说是已，皆大欢喜。"（2，503c）

竺大力共康孟详译《修行本起经》卷下《出家品第五》："佛说经已，一切众会，皆大欢喜，为佛作礼而去。"（3，472b）

支娄迦谶译《道行般若经》卷 2《功德品第三》："复次拘翼，善男子善女人，常当净洁身体，用净洁身体故，鬼神皆大欢喜。"（8，435b）

支娄迦谶译《般舟三昧经》卷下《佛印品第十六》："诸天阿须轮龙鬼神人民，皆大欢喜，前为佛作礼而去"（13，919c）

金刚不坏身

原比喻佛身坚固如金刚而不能被损毁。这一成语源自佛典。《大词典》《汉语成语源流大辞典》等辞书有录，定型式最早见于东晋时代汉译佛经（两辞书所引同），如：东晋法显译《大般涅槃经》卷1："过去诸如来，金刚不坏身，亦为无常迁，今我岂独异。"（01，193c）后世译经、佛教撰述常见。

从语义和形式上看，其语源可追溯至东汉失译《佛说伅真陀罗所问如来三昧经》卷上："其身若金刚，诸邪不能得其便。"（15，350b）

此外，中土在使用这条成语时，往往取佛不生不灭，永劫长存之义，故多用来形容通过修炼而达到长生不死的境界，或形容体魄强健，不容易被撼动。例如：

> 唐释广宣《安国寺随驾幸兴唐观应制》（明·高棅《唐诗拾遗》）："初传宝诀长生术，已证金刚不坏身。"

> 《套数·梦太平曲》（《全清散曲》）："狠则狠就没人敢破你长蛇阵，强则强就修到金刚不坏身？"

惊喜交集

"惊喜交集"，义为震惊和喜悦交织在一起。此语在现代汉语中仍很常用，容易误认为现代汉语成语。《大词典》所引最早书证为"惊喜交加"之例：《儿女英雄传》第八回："张老夫妻两个，因方才险些儿性命不保，此刻忽然的骨肉团圆，惊喜交加。""惊喜交集"之例为周而复《上海的早晨》第三部二九："锺珮文看到那半束红色的月季花，不料是陶阿毛送他的，他惊喜交集，一时说不出话来了。"都比较晚。其实此语在东汉佛经中已经出现。《中本起经》卷上《转法轮品第一》："于时如来始起树下，相好严仪，明耀于世，威神震动，见者喜悦。径诣波罗奈国，未至中间，道逢梵志，名曰优呼，瞻睹尊妙，惊喜交集。"（4，148a）

后世沿用。如：

西晋法炬共法立译《法句譬喻经》卷3《世俗品第二十一》："于是如来从树下起，相好严仪，明晖天地，威神震动，见者喜悦，至波罗奈国，未至中道，逢一梵志，名曰忧呼，辞亲离家，求师学道，瞻睹尊妙，惊喜交集。"（4，594b）

唐义净译《根本说一切有部毗奈耶》卷8《断人命学处第三》："告长者曰：'仁今福德，倍更增长，有六十客苾刍来至寺所。'长者闻已，惊喜交集。"（23，666a）

念念不忘

佛经中，"念"是梵语"刹那"的意译，指一动心念的时间，极言其短暂；念念，犹言时间之短。念念不忘，片刻不忘记，指心思意念专注。从《大词典》《辞源》《汉语成语源流大辞典》等大型辞书的收录情况来看，一般忽略了它的佛教来源，均未引佛教文献为例，且所收录的例证大多为宋明以后的作品。事实上，"念念不忘"已见于东汉佛经：

东汉安世高译《四谛经》卷1："念念不忘，少言念不离，是名为正直念。"（01，816c）

后世佛教典籍常见。如：

唐般若共牟尼室利译《守护国界主陀罗尼经》卷6《入如来不思议甚深事业品》："云何时处正念无减？善男子！如来始从无间道，后得阿耨多罗三藐三菩提，即观三世一切众生，心行相续，生灭流注。如是知已，念念不忘，不求不退，故常无减。"（19，552b）

宋宗晓编《四明尊者教行录》卷5："二子粗着工夫，后期二利之行，于人念念不忘于道，盖戒誓之绪余耳。"（46，906b）

此外，中土文献对"念念不忘"的使用在意义上存在差异，多采用"念"之"想念、思考"义，如《汉语成语源流大辞典》释为"时刻在思念或考虑，不能忘怀"，从而淡化了"念念不忘"的宗教文化色彩。

普度众生

"普度众生"，指广济一切处于生死苦海中的众生。佛认为，众生在世，营营扰扰，如在海中，因此他以慈悲之旨，施宏大法力，悉救济之，使登彼岸。《俗语佛源》认为此语出《无量寿经》："除其本愿，为众生故，以弘誓功德而自庄严，普欲渡脱一切众生。"① 非是。其最早的源头当在东汉佛经中，早期作"广度众生"。如：

> 东汉昙果共康孟详译《中本起经》卷上《现变品第二》："佛敕诸比丘：汝曹各行，广度众生，随所见法，示导桥梁，普施法眼，宣畅三尊，拔爱除有，迁入泥洹，吾今独行，诣忧为罗县。"（4，149c）

又三国译经：

> 旧题吴支谦《撰集百缘经》卷3《授记辟支佛品第三》："见是变已，深生信敬，五体投地，发大誓愿，我今以此散佛璎珞善根功德，使我来世得成正觉，广度众生，如佛无异。"（4，214b）

"普度众生"这一形式，在西晋时就正式出现了。如：

> 西晋竺法护《普曜经》卷3《四出观品第十一》："王闻重悲，此四愿者古今无获，谁能蠲除此四难者，子如师子，劝助愍哀，普度众生，具足如意，所愿者得。"（3，503c）

---

① 中国佛教文化研究所（1997：237）。

西晋竺法护译《等目菩萨所问三昧经》卷3《等目菩萨大权慧品第十二》："菩萨亦如是，修行广大无极之愿故，不起劳疲，为以兴发，普度众生故。"（10，588c）

有时也用作"普渡众生"（例略）。后世直到现在都很常用。《大词典》引《警世通言》与《人民日报》例，未溯其源。

如幻如梦

经中多用来形容空无实体，不可捉摸的佛法。在早期译经中，其结构形式尚不固定。如：

东汉失译《佛说伅真陀罗所问如来三昧经》卷上："诸法无所有，如幻野马如梦，如水中影山中之响。悉知一切之音声，通入诸法各各能答。"（15，349a）

竺大力共康孟详译《修行本起经》卷下《游观品第三》："太子观见，一切所有，如幻如化如梦如响，皆悉归空，而愚者保之。"（3，467c）

支娄迦谶译《道行般若经》卷5《分别品第十三》："何等为世间导，菩萨得阿惟三佛，便说色痛痒思想生死识空，说诸法空，是亦无所从来亦无所从去，诸法空，诸法无有想，诸法无有处，诸法无有识，诸法无所从生。诸法空，诸法如梦，诸法如一，诸法如幻，诸法无有边，诸法无有是，皆等无有异。"（8，452c）

又作"如梦如幻"：

吴支谦译《大明度经》卷4《分别品第十三》："五阴诸法空，无来原无去迹如虚空，无异无想无处无识，无所从生，如梦如幻无边无异。"（8，493b）

西晋无罗叉译《放光般若经》卷20《诸法等品第八十六》："假令诸法如梦如幻，菩萨云何行般若波罗蜜。"（8，140a）

"如幻如梦"这一形式，出现较晚。如：

元魏瞿昙般若流支译《顺中论》卷2《初品法门翻译之记》："此一切法，皆无自体，以因缘故，如幻如梦。"（30，46b）

高齐那连提耶舍译《月灯三昧经》卷10："善知诸法，如幻如梦，如化如焰，如响如光影，无去无来。"（15，615b）

三三两两

"三三两两"，三个两个地聚集在一起，或形容零星稀少。源于东汉佛经，本作"两两三三"：

东汉支娄迦谶译《般舟三昧经》卷1《譬喻品》："世间亦有比丘如阿难乎？佛言：其人从持是三昧者，所去两两三三，相与语言，是何等说，从何得是语。"（13，900a）

后历代常见，如：

吴康僧会译《旧杂譬喻经》卷1："如是人民两两三三，相逢求针，使至诸郡县扰乱，在所患毒无慘。"（04，514c）

南北朝慧影抄撰《大智度论疏》卷6："彼治三毒等，若言特胜往治，即不明两两三三杂等；若立杂行往治，即不立特胜行也。"（46，805b）

《辞源》《大词典》《汉语成语源流大辞典》等大型辞书所引最早书证相同，均为《乐府诗集·娇女》诗："鱼行不独自，三三两两俱。"为"三三两两"最早定型式，但未及源。

万劫不复

"劫"，梵语 Kalpa 音译"劫波"的略称，指用年月都不能计算的时间长度。"万劫"，极言时间之长。"万劫不复"，谓永远也不能恢复，本为佛教常用语，后成为汉语常用语，其源头可溯至东汉佛经"亿万劫不复作"的说法：

安世高译《佛说大安般守意经》卷1："一者守令不得生，二者已生当疾灭，三者事已行当从后悔，计亿万劫不复作也。"（15，164a）

"事已行当从后悔，计亿万劫不复作"义即"已做之事，即使经亿万劫也难以恢复"。到隋唐时代，佛教典籍出现了不少定型式。如：

隋天灌顶撰《观心论疏》卷1："现则色心摧折，末则驼驴偿人。一失人身，万劫不复。侵利极微，受报极重，何有观智之人而为斯也。"（46，593b）

唐湛然述《止观辅行传弘决》卷4："若无惭愧，名为畜生。千载者，乃是随俗之言，一失人身，万劫不复。"（46，259b）

唐慧海撰《顿悟入道要门论》卷1："汝若不依教，自不勤修，即不知也。一失人身，万劫不复。努力！努力！须合知尔。"（63，24a）

大型辞书如《大词典》《汉语成语源流大辞典》"万劫不复"最早书证均为晋僧肇《〈梵网经〉序》："一为人身，万劫不复。"然《梵网经》序宋、元、明、宫等诸本均无，是否为僧肇所撰，还有待进一步考察。

唯我独尊

"唯我独尊"，最初作"唯我为尊"，谓世界之中唯我最尊最上。"唯"或作"惟"，下同。此语源自佛典，是佛初生之时语。东汉竺大力共康孟详译《修行本起经》卷上《菩萨降身品第二》："十月已满，太子身成，到四月七日，夫人出游，过流民树下，众花开化，明星出时。夫人攀树枝，便从右胁生堕地，行七步，举手而言：'天上天下，唯我为尊，三界皆苦，吾当安之。'"（03，463c）这是汉译佛典有关佛陀降生的最早记载。

三国时的译经中,《修行本起经》异译本,吴支谦译《太子瑞应本起经》仍作"唯我为尊"。《太子瑞应本起经》卷1:"自夫人怀妊,天为献饮食,自然日至,夫人得而享之,不知所从来,不复飧王厨以为苦且辛,到四月八日夜明星出时。化从右胁生堕地。即行七步。举右手住而言:'天上天下。唯我为尊,三界皆苦,何可乐者。'"(03,473c)。后世汉译佛经、佛教撰述仍不少作"唯我为尊"的例子。

"唯我独尊"最早见于南北朝时期汉译佛经。萧齐僧伽跋陀罗译《善见律毗婆沙》卷4《阿育王品》:"菩萨闻已,作师子吼:'唯我独尊。'"(24,699b)后以此为常,为佛教常用语(经中有数百用例)。如:

隋阇那崛多译《佛本行集经》卷10《私陀问瑞品第九》:"童子初生,无人扶持,住立于地,各行七步。凡所履处,皆生莲花,顾视四方,目不曾瞬,不畏不惊,住于东面。不似孩童呱然啼叫,言音周正,巧妙辞章,而说是言:'一切世间,唯我独尊,唯我最胜,我今当断生老死根。'"(03,699a)

唐道宣撰《广弘明集》卷20:"为降魔梵发诚实语,天上天下唯我独尊。"(52,245b)

宋师明集《续古尊宿语要》卷5:"举世尊初生,一手指天,一手指地云:'天上天下,唯我独尊。'"(68,464a)

可见,此语之源远在东汉佛经,定型式"唯我独尊"产生于南北朝汉译佛经。《汉语成语源流大辞典》以为此语源于《大唐西域记·腊伐尼林》,《大词典》《佛语俗源》等举《五灯会元》为例,并不是此语最早的源头。后世汉语乃套用佛典"唯我独尊",转而形容一个人自尊自大,含有责其骄妄之意,这在各种辞书中多有论述。

五体投地

"五体"指两膝、两手和头部。"五体投地",指两手至肘、两膝和额头着地,是古印度表示最崇敬礼节的仪式。佛教沿用这一礼节仪式,多用于对佛陀的膜拜。其法式为:正立合掌,然后屈膝、屈肘、以手承足、再头至地。这个成语就是由这一礼仪规定发展而来的。诸辞书如《辞源》《汉语成语源流大辞典》所引书证以《大词典》引西晋白祖法译《佛般泥洹经》为最早,但不是最早来源,"五体投地"早见于东汉佛经。如:

> 昙果共康孟详译《中本起经》卷上《须达品第七》:"遥瞻如来,情喜内发,五体投地,退坐一面。"(04,157a)

> 安世高译《佛说罪业应报教化地狱经》卷1:"诸天、大众闻经欢喜,五体投地,作礼奉行。"(17,452b)

经中这条成语十分常见,有一千四百多例。如:

> 吴康僧会译《六度集经》卷6《女人求愿经》:"五体投地,绕庙三匝,散华烧香,然灯悬缯,晨夜肃虔,稽首恭礼。"(3,38b)

> 吴支谦译《梵摩渝经》:"梵志欣然起立,五体投地头面着佛,以口鸣佛足,以手摩佛足。"(01,885c)

> 隋阇那崛多等译《大法炬陀罗尼经》卷4《相好品》:"若诸菩萨,供养父母奉事师长,深敬诸佛及与法僧,三乘圣众尊像塔庙,五体投地至心顶礼,以此因缘,获得如是不见顶相具足圆满。"(21,676c)

唐以后又产生了两个变体:

"五体投诚"

> 唐道宣撰《续高僧传》卷14:"(王)行军淮海,闻琰道胜

栖山，鸣锐赴陇，倾盖承颜，五体投诚，恨接足之晚。"（50，532a）

明智旭著《灵峰蕅益大师宗论》卷1："爰鸠同志，五体投诚，代为大地被难众生，顶礼三劫三千诸佛。"（36，272c）

"五轮投地"

唐菩提金刚三藏译《大毗卢遮那佛说要略念诵经》卷1："面随东向坐，瞻仰本所尊，明印修多罗，五轮投地礼。"（18，55c）

宋赞宁撰《宋高僧传》卷28："若行事忏也，心凭胜境，境引心增，念念相资，绵绵不断。礼则五轮投地，悔则七聚首心。"（50，888b）

此外，"五体投地"被中土文化吸收以后，语义也发生了一些变化，佛教文化色彩逐渐淡化，常用来比喻心悦诚服，佩服到极点。如：

唐姚思廉《梁书·诸夷传》："今以此国群臣民庶，山川珍重，一切归属，五体投地，归诚大王。"

清袁枚《随园诗话》卷一："同征友万柘坡光泰，精于五七古。程鱼门读之，五体投地。"

后又进一步泛化，也用来泛称跪拜。如：

宋刘斧《青琐高议·秃棘子将安用也》："然亲观师之化形，五体投地，不胜悲欢，乃舍。请俾作塔，迄今，师其身存焉。"

清蒲松龄《聊斋志异·胡四娘》："大郎五体投地，泣述所来。"

现身说法

"现身说法"源于佛经故事，谓佛陀神力广大，能根据众生根器差别，变现种种身形而为说法。这一故事在东汉佛经有载：

　　支娄迦谶译《佛说遗日摩尼宝经》卷1：“佛即时化作两比丘，于五百比丘前徐行，五百比丘皆使行，及前两比丘。五百比丘问前两比丘言：‘二贤者欲何至凑？’两比丘报言：‘欲到空闲山中安隐之处，自守坐禅，不能复忧余。’五百人复问言：‘何以故？……’尔时两比丘说是经法，五百人皆得阿罗汉道。”（12，193b）

　　诸辞书所引书证以《大词典》及《汉语成语源流大辞典》引《楞严经》为最早，未及源。“现身说法”这一成语形式，在姚秦时的译经中已经出现：

　　姚秦佛陀耶舍共竺佛念等译《四分律》卷4：“尔时提婆达往至太子阿阇世所，以神通力飞在空中，或现身说法，或隐身说法，或现半身说法，或不现半身说法。”（22，592a）

隋唐以后常见。如：

　　隋吉藏撰《法华玄论》卷10：“七者略广异，妙音现身说法则广，故有六道之身，观音则略，故无地狱饿鬼之身也。”（34，447a）

　　唐玄奘译《成唯识论》卷9：“又说此智分别诸法自共相，等观诸有情根性差别，而为说故。又说此智现身土等为诸有情说正法故，若不变现似色声等，宁有现身说法等事！”（31，50b）

　　唐般若译《大方广佛华严经》卷16《入不思议解脱境界普贤行愿品》：“善男子！我又普见彼世界中一切众生，悉知其心、悉知其根，随其解欲，现身说法。”（10，736a）

也作“见身说法”，较少见。

　　明曾凤仪宗通《楞伽经宗通》卷3：“故感诸佛见身说法，

如华严会中金刚藏菩萨住初地时，蒙如来神力加持，余菩萨亦尔。"（17，682c）

后世中土用法与佛教不同，指以自己的亲身经历为例来讲道理，劝说别人。宗教文化色彩完全脱落。如：

清文康《儿女英雄传》第五回："如今现身说法，就拿我讲，两个指头就轻轻儿的给你提进来了。"

茅盾《〈清明前后〉序》："这算是开场白。以后。就让登场的人物自己来现身说法。"

一切众生

佛教常用语，指人类和世间所有生物。《辞源》书证引《法华经·譬喻品》，《大词典》引《大智度论》卷二七及《法华经·譬喻品》均未及源。东汉佛经已见不少用例。如：

安世高译《佛说奈女祇域因缘经》卷1："佛告阿难：'汝当受持，为四众说，莫令断绝。一切众生，慎身口意，勿生憍慢放逸。'"（14，902a）

支娄迦谶译《阿閦佛国经》卷2《佛般泥洹品》："善男子、善女人，菩萨摩诃萨，愿无上正真道，不可限一切众生。"（11，762a）

安玄译《法镜经》卷1："欲知大道，请命一切众生，安慰众生，救护众生。其誓曰：'未度者吾当度之……未灭度者吾当灭度之。为受一切众生重任。'"（12，15b）

后世译经或撰述无不用之。如：

吴月支谦译《菩萨本缘经》卷1《毗罗摩品》："大王！一切众生决定有之。大王！譬如火性悉能烧然一切之物，无常之法亦复如是，悉能坏灭一切众生。"（03，52c）

西晋竺法护译《正法华经》卷1《光瑞品》："一切众生，所

造苦患，以无巧便，治老病死，犹斯等类，说寂灭度。"（09，64a）

东晋僧肇《肇论》："维摩诘言：'若弥勒得灭度者，一切众生亦当灭度所以者何一切众生本性常灭不复更灭此。"

自欺欺人

自欺欺人，是用自己都无法置信的话或手法来欺骗别人。《汉语成语源流大辞典》最早书证为《石门文字禅》，《大词典》《俗语佛源》以《法苑珠林》卷七五引《佛说须赖经》："夫妄言者，为自欺身，亦欺他人……"为源头，不确。其最早来源当是东汉佛经。

安世高译《七处三观经》卷1："佛告阿难，为五恶。何等为五？一为自欺身，二者为亦欺他人，三为语时上下不可贤者意，四为十方不名闻，五为已死堕地狱。"（02，879a）

在西晋时比较接近现在的形式了。

西晋安法钦译《佛说道神足无极变化经》卷1："诸所学事深远之行皆悉行，于一切诸乘行皆悉行，是名曰为戒。如是行为，不自欺亦不欺他人，如是者名曰甚深戒。"（17，804a）

定型式"自欺欺人"形成较晚，可参诸辞书所引。

自作自受

此词源自佛典。本作"自作自得"。东汉支娄迦谶译《佛说内藏百宝经》卷1："佛前身所作善恶。不可前身得，会当后身得，佛示人自作自得，随世间习俗而入，示现如是。"（17，752c）

在三国时期的译经中，"自作自受"就已出现，后世沿用。如：

吴支谦译《菩萨本缘经》卷2《善吉王品》："如是众生，先行恶法，今受苦报，自作自受，实非我苦。"（03，62b）

后秦鸠摩罗什译《大智度论》卷33《到彼岸义》："譬如犯罪之人自致刑戮自作自受不应怨人。"（25，304a）

元魏瞿昙般若流支译《正法念处经》卷 14《地狱品》:"彼人苦恼,眼转睛动,受大苦恼,孤独无伴,自作自受。"(17,80c)

在中土文献中,首先出现在僧人所撰的作品里。唐怀信《释门自镜录》卷下:"王曰:'狱外尚尔,狱里可知,自作自受,斯言不谬,比日蒙恩,今以此为报也。'遂得再生,深加改励,晓夕精勤,遂成高行僧焉。"丁福保《佛学大词典》引《五灯会元》:"僧问金山颖:'一百二十斤铁枷,教阿谁担?'颖曰:'自作自受。'"《汉语成语源流大辞典》引《法苑珠林》,均未示其源。

积功累德

按:此语诸辞书未见。功德,本中土固有词汇,指功业与德行。《礼记·王制》:"有功德于民者,加地进律。"佛教借用此语,并灌注新义,谓有益于得成正果的各种善举或这些善举所获之果报,如念佛、诵经、布施等事。早见于东汉佛经。东汉支娄迦谶译《道行般若经》卷 3《沤拘舍罗劝助品》:"复有菩萨摩诃萨,于阿僧祇刹土诸佛所而作功德,一一刹土不可计佛。"(08,438a)东汉昙果共康孟详译《中本起经》卷 2《须达品》:"长者须达,闻说是时,因本功德,便发净意,逮得法眼,归命三尊。"(04,156b)《南史·循吏传·虞愿》:"陛下起此寺,皆是百姓卖儿贴妇钱,佛若有知,当悲哭哀愍。罪高佛图,有何功德!"

因"功德"一词在两种文化范畴具有两种不同的语义,故"积功累德"亦因此而两义。其一,在佛教文献中,指不断积累、修行善业,以求善报。本或作"积累功德"。旧题东汉安世高译《佛说自誓三昧经》卷 1:"妙哉!大圣化,愍哀群萌类,从无央数劫,积累功德行。"(15,344b)吴支谦译《月明菩萨经》卷 1:"如来、无所

著、等正觉饶益于世间不可计量，积累功德，欲度一切故，菩萨大士行皆如是。"（03，411c）

汉语行文讲求对称和谐，故后以"积功累德"为常。旧题东汉支娄迦谶译《佛说无量清净平等觉经》卷1："每独弃国捐王，绝去财色，精明求愿，无所适莫。积功累德无央数劫，自致作佛悉皆得之，不忘（本或作'亡'）其功也。"（12，281c）吴康僧会译《六度集经》卷5："昔者菩萨守戒行净，积功累德，遂获如来无所著正真道最正觉，游处舍卫国。"（03，30b）西晋竺法护译《渐备一切智德经》卷3《难胜住品》："道业益胜，所誓宽弘，因所愿力，亲近如来；慈愍群生，未曾忘舍，积功累德，合集圣熏。"（10，473b）

也作"积德累功"。

隋费长房撰《历代三宝纪》卷12："魏氏将谢，躬事经纶，周室勃兴……积德累功，福流后嗣。"（49，107c）

唐道宣撰《广弘明集》卷28："积德累功，福流后嗣。俾朕虚薄，君临区有。"（52，328a）

其二，在与非佛教文化思想相关的中土文献中，指积累仁德与功业。多作"积德累功"。三国高贵乡公《改元大赦诏》："宣力之佐，比积德累功，忠勤帝室。"《三国志·魏志·袁术传》："主簿阎象进曰：'昔周自后稷至于文王，积德累功，三分天下有其二，犹服事殷。'"唐吴兢《贞观政要·君臣鉴戒第六》："贞观六年，太宗谓侍臣曰：'朕闻周秦初得天下，其事不异，然周则惟善是务，积德累功，所以能保八百之基。'"

后常作"积功累德"。

北宋《册府元龟》："皇帝陛下运齐七政，历契千年，爰从创业开基，莫不积功累德，行宜直笔，具载鸿猷。"

昙花一现

"昙花一现"源于佛教比喻说理。昙花即优昙花,传说三千年一开花,开花数小时即凋谢,因此佛教用来比喻佛、佛法难遇难值。诸辞书如《大词典》《辞源》《辞海》《俗语佛源》《汉语成语源流大辞典》等最早以东晋时代翻译佛经为源,较晚,这一比喻早见于东汉佛经:

东汉失译《佛说㐌真陀罗所问如来三昧经》卷1:"却诸外道,降伏众魔。是者难值,若优昙钵花时时可得。"(15,348c)

又卷2:"㐌真陀罗自呼官属及中宫,便言:'佛者难值,譬若华优昙钵①。今已得之,当好供养。'"(15,355b)

这种用法在后世译经中常见。如:

西晋竺法护译《佛说弘道广显三昧经》卷1《得普智心品》:"于斯诸法等解不动,重三宝教奉而敬之,转其法轮而无所碍,欣悦信乐皆自得之,如优昙花亿世希出。"(15,488c)

后秦鸠摩罗什译《妙法莲华经》卷1《方便品》:"譬如优昙花,一切皆爱乐,天人所稀有,时时乃一出。"(09,10a)

刘宋功德直译《菩萨念佛三昧经》卷3《赞如来功德品》:"譬如大船,能济彼岸,如来法船,渡诸众生四流彼岸。长老阿难,如优昙花,稀有难见,如来出世,亦复难遇。"(13,810a)

定型式"昙花一现"直到明代才出现,较晚。如:

明释德清《憨山老人梦游集》卷48:"止有禄金堪布地,更无尘迹可随眠。昙花一现三千岁,今喜重开北斗边。"(73,796b)

---

① "华优昙钵",在宋思溪藏、元大普宁寺藏、明嘉兴藏本中作"优昙钵华"。

中土用法与佛教有所不同，多用优昙花开花周期长而花期短的特性比喻稀少难见或易亡失的人或事。如：

> 吴玉章《从甲午战争前后到辛亥革命前后的回忆》二："光绪帝颁布'定国是'的诏书，表示决心要实行变法，这样就开始了昙花一现的'百日维新'。"

第九章　东汉佛经与外来词研究

第一节　东汉佛经外来词的基本面貌

东汉佛经是以汉语翻译原典产生的宗教文献，汉语与原典语的差距、文化系统之间的差异，使对译原典产生了大量词汇空缺，而翻译的实现最终催生了大量新词。东汉佛经中的外来词，受原典语多音节特征的影响，通常也是多音节的，单音节、双音节词的数量只占一小部分。三音节以上的词，基本是佛经翻译新创，其中除四音节以外，通常是含有音译成分的外来词，且音节形式越长，外来性质越明显，这是原典语在词汇层面对汉语的局部影响。佛经中的外来词，总体上看，并不是所有的都能流传下来，只有复现率较高的部分，后来才成为汉语通用的成分，如"佛""僧""菩萨""禅""魔"以及由这些词参与构造的词等。三音节以上的词，除四音节有一部分演变为汉语成语以外，其余很难成为汉语词汇系统的基本成分。这其中，有一部分经过改造形成双音节形式，成为汉语常用词。从广义上说，翻译产生的新词都可以看作外来词。但以此为研究对象，意义不大，因此我们这里要讨论的外来词，主要是指含有音译成分的那些译经新词，大体包含纯音译词和音译兼意译两类。

一、纯音译词

译音词是典型的外来词。受原典词语多音节形式的影响，东汉佛经中的译音词通常也是多音节形式。由于语音的差异，不少梵语原词的单或多辅音用一个汉字去对译，更加助长了汉语佛源外来词多音节现象的增加。如：阿耨多罗三耶三佛（anuttarā-samyak-saṃbodhi）、菩萨摩诃萨（bodhisattva-mahāsattva）、摩诃迦旃延（Mahā-Kātyāyani）、摩诃目揵连（Mahā-Maudgalyāyana）、邠利文陀弗/邠祁文陀弗/邠祁文陀罗弗（Pūrṇa Maitrāyaṇiputra）、摩诃般若波罗蜜（摩诃波罗蜜）（Mahāprajñāpāramitā）、摩诃沤恕拘舍罗（Mahāupāyakauśalya）、阿惟越致菩萨（Avaivart）、提和竭罗佛（Dīpaṃkara）等（张诒三、张福通，2013：66—67）。不过总体上看，大部分音译词没有完全对译原典音节，受梵汉语体风格及译师主观因素（如是否忠实原典语体风格）的影响，音译词通常省略了部分音节，全译的仍然是少数，东汉佛经纯音译词有200个，只有如下60个是全译式：

阿罗汉/阿罗呵/阿罗诃（Arhāñ）、阿罗犁（Ararī）、阿比罗提（Abhirati）、阿迦腻吒（Akaniṣṭha）、阿惟越致（Avaivart）、迦兰陀（Karaṇḍa）、波利（Pari）、阿须伦/阿须轮/阿须罗/阿修罗（Asura）、比丘（Bhikṣu）、禅那（Dhyāna）、怛萨阿竭陀（Thatāgata）、比丘尼（Bhikṣuṇi）、阿耨多罗三藐三菩提（Anuttara-samyak-saṃbodhi）、迦留罗/迦楼罗/迦留勒（Garuḍa）、阿耨多罗（Anuttara）、梵摩（Brahman）、和夷罗（Vajra）、迦罗（Kāla）、迦耶（Kāya）、迦罗越（kulapati）、健陀罗/揵陀越/揵沓惒/乾陀罗（Gandhāra）、揵陀罗耶（Gandhālaya）、拘利（Koṭi）、拘舍罗（kauśalya）、赖吒和罗（Rasṭrapāla）、罗陀那吱头（Ratnakhaṇḍa）、罗阅祇（Rājagṛha）、摩呵/摩诃（Mahā）、摩呵迦娄那（Mahākaruṇa）、摩诃沤恕拘舍罗（Mahāupāyakauśalya）、摩竭提（Magadha）、摩尼（Maṇi）、摩耶（māyā）、魔罗（Māra）、难陀（Nanda）、沤和（惒）拘舍罗（Upāyakauśaiya）、

祇陀 （Jeta）、瞿师罗 （Ghoṣira）、瞿昙弥 （Gautami）、三拔致
（Sampatti）、三耶三佛陀 （Samyak-saṃbuddha）、僧伽梨 （saṅghātī）、
舍利（Śarīra）、舍夷 （Sāki）、释迦文尼（Śākyamuni）、首呵 （阿）
（Śubha）、头陀 （Dhūta）、陀邻尼 （Dhāraṇi）、天竺 （sindhu）、荼
（Ḍha）、文殊尸 （师） 利（Mañjuśrī）、须摩提 （Sumati）、须菩提
（Subhūti）、须陀（Śndra）、忧陀耶 （Udāyī）、阅叉 （Yakṣa）、甄陀罗/
真陀罗 （Kiṃnara）、维耶离 （Vaiśāli）、尼弥陀罗 （nimimdhara/
nemimdhara）。

其余 140 个都存在音节缩略的情况：

阿那含 （anāgāmin）、阿耨多罗三耶三佛 （Anuttara-samyak-
saṃbodhi）、阿祇 （耆） 达 （Agnidatta）、伅真陀罗 （Druma-
kimnara）、鸠垣 （Kupana）、菩萨摩诃萨 （Bohdhisattva/Mahāsattva）、
阿波摩那 （Apramāṇābha）、迦罗越 （kulapati）、三耶三菩
（Samyaksaṃbodhi）、阿閦 （Akṣobhya）、阿阇贳 （Ajātaśatru）、阿难
（Ānanda）、阿难邠祇 （Anāthapiṇḍada）、阿僧祇 （Asaṅkhya）、阿惟
三佛 （abhisambuddha）、阿惟颜 （avaivartika）、阿夷 （Ārya）、阿遮
（Acala）、拔提 （bhadrika）、般若波罗蜜 （Prajñāpāramitā）、般遮旬
（Pañcābhijñāna）、薛荔 （Preta）、波罗蜜 （Pāramitā）、波罗奈
（Vāraṇasi）、波罗尼蜜 （Paranirmita-vaśavartin）、波斯匿 （Prasenajit）、
波陀 （Bhadra）、钵 （pātra）、不兰迦叶 （Pūraṇakāśyapa）、禅
（Dhyāna）、怛萨/怛萨阿竭 （Tathāgata）、忉利 （Trāyastrṃśa）、梵
（Brahmā）、佛 （Buddha）、伽耶迦叶 （Gayākāśyapa）、和夷罗洹
（Vajrapāṇi）、偈 （Gāthā）、迦兰 （Karaṇḍa）、迦兰迦 （Karaṇḍaka）、
迦陵 （Kalaviṅka）、迦罗越 （kulapati）、迦维罗卫 （Kapilavastu）、迦
叶 （Kāśyapa）、迦夷 （Kapilavastu）、袈裟 （Kaṣāya）、劫 （Kalpa）、

拘耶尼（Godāniya）、罗阅祇（Rājagṛha）、摩诃迦叶（Mahākāśyapa）、摩诃目捷连（Mahā-maudgalyāyana）、摩诃萨（Mahāsattva）、摩诃衍（Mahāyāna）、摩呵迦旃延（Mahā-Kātyāyani）、摩诃梵天（Mahābrahman）、摩诃迦叶（Mahākāśyapa）、摩诃迦旃延（Mahākātyāyana）、摩诃目捷兰/摩呵目捷连（Mahā-maudgalyāyana）、摩睺勒/摩休勒（Mahoraga）、摩舐（Mahilā）、魔（māra）、末利（Māllikā）、目捷连（Maudgalyāyana）、那罗陀（Naradhara）、那术（Nayuta）、那提迦叶（Nadikāśyapa）、尼捷（Nirgrantha）、尼连禅（Nairañjana）、泥洹（nirvāna）、泥犁（niraya）、婆罗门（brahmin/brāhmaṇa）、瞿昙（Gautama）、萨芸若（sarva-jaña）、萨陀波伦（Ssadāpralāpa）、三昧（samādhi）、三摩越（Samāpatti）、三耶三佛（Samyakaṁbuddha）、僧（Saṁgha）、僧那（saṁnāha-saṁnaddha）、沙罗（Sārana）、沙门（Çrmaṇa）、刹帝（Kñatriya）、舍利弗（Śāriputra）、释（Śakya）、释迦文（Śākyamuni）、斯陀含（sakṛd-āgāmin）、塔（Stūpa）、提谓（Trapsa）、惟（维）摩罗（Vimalakirti）、文陀竭（Mūrdhagata）、悉达（Siddhārtha）、须弥（Sumeru）、阎浮利/阎浮提（Jambudvipa）、优婆塞（Upāsaka）、优婆夷（Upāsikā）、优昙钵（Udumbara）、优填（Udayana）、忧陀（Udaka）、优陀（udāna）、由旬（Yojana）、郁单越（Uttarakuru）、阅头檀（Śuddhodana）、栴檀（candana）、遮迦越（Cakravartin）、震越（Civara）、罗刹（Rākṣasa）、僧涅（Saṁnāha-samnaddha）、悉达膝（Siddhārtha）、罗汉（arhat）、琉璃（Vaidūrya）、阿若拘邻（Ājñāta-kauṇḍimya）、安般（Ānâpāna）、阿难邠坻（Anāthapiṇḍada）、般泥洹（Parimrvāṇa）、般若波罗蜜（Prajñā pāramitā）、邠利文陀弗/邠祁文陀弗/邠祁文陀罗弗（Pūrṇamaitrāyaṇi-putra）、禅波罗蜜（Dhyāna-pāramitā）、辟支佛（Pratyekabuddha）、

佛 （Budhakṣetra）、迦 夷 卫 （Kapilavastu）、拘 怜 （邻）
（Ājñātakauṇdinya）、弥 勒 （Maitreya）、摩 河 目 邻 （Mahā-
maudgalyāyana）、摩河般若波罗蜜/摩河波罗蜜（Mahāprajñāpāramitā）、
斯陀含 （sakad-āgāmin）、菩萨 （Bodhisattva）、菩萨摩河萨（bodhi-
sattva-mahāsattva）、僧那僧涅（Saṃnāha-samnaddha）、舍卫（Śrāvastī）、
释提桓因 （Śakrodevānām Indrah）、昙无竭 （Dharmodgata）、檀波罗蜜
（Dānapāramitā）、调 达 （Devadatta）、维 卫 （Vipaśyin）、须 波 佛
（Suprabuddha）、须陀洹 （srota-āpanna）、遮迦越罗 （cakravartī-rāja）、
尸波罗蜜（Śīa-pāramitā）、绀琉璃 （Vaidūrya）。

二、音译兼意译（注）词①

这类外来词几乎都是名词。汉译佛经是佛教文化传播的产物，其
中有不少地名、界名、佛教名词术语及其他在汉语中找不到相应名称
的事物，为便于理解，译师通常采用这种翻译方式，形成音意兼顾的
外来词，这样的词在东汉佛经中共有 168 个。根据音译成分所在位
置，可分为"音译+意译（注）"和"意译+音译"两类。

（一）音译+意译（注）

即在翻译原典词时，前一部分采用音译，后一部分采用意译；或
者音译原典词，同时增加表示事物类别的语素以提示概念类别、范
围。前者如"菩萨道 （bodhisattva-caryā）、梵天 （brahma-loka）"，
后者如"那难陀国 （Nālandā）、弥勒佛/弥勒菩萨 （Maitreya）、摩尼
宝（Maṇi）"等。根据事物类别，可分为如下四类：

1. 天、界、地名

这类词主要是佛经中有关印度神话或虚构的天名、地名等专有名

---

① 这类外来词有些找不到对应梵文，文中未注出。

词。由于在汉语中找不到对等的词，译师通常采用音译兼意译，或音译加类名的方式进行翻译。这类词在东汉佛经中共有 59 个：

迦维罗卫国/迦维罗越王（Kapilavastu）、舍夷国（Sāki）、犍陀越国/揵陀越（Gandhāra）、越祇国（Vrji）、罗阅城/罗阅祇国（Rājagrha）、舍卫国（sāvatthī）、摩竭国/摩竭提国/摩竭提界（Magadha）、阿奴摩国（Anavamā）、波罗㮈国/波罗奈/波罗城国（Vārāṇasī）、那难陀国（Nālandā）、须豐祇耨天/须豐天/须陀施尼天（Sudarśana）、阎浮利天（界）（Jambudvipa）、伊沙天（īśana）、因坻天（Indra）、郁单曰天（Uttarakuru）、波那和提天（Brahmapurohita）、忉利天（Trāyastriṁśa）、兜术天/兜术陀天/兜术天王（Tuśita）、庶波摩那天（Apramāṇābha）、梵富楼天（Brahmapurohita）、梵迦夷天（brahmakāyikas）、梵摩三钵天（Brahmāsahāṃpati）、阿波摩修（羞）天（Apramäëābha）、阿会亘羞（修）天（Ābhāsvara）、阿迦贰咤天/阿迦尼咤天/阿迦腻咤天/阿迦腻咤天王（Akaniṭṭha）、弗于逮天（Videha）、首呵天/首诃天/首诃迦天（Śubhakrtsnā）、首陀会天（Śuddhāvāsa）、波罗那（奈）界（Vāraṇa）、尼摩罗提天（Nirmāṇarati）、梵天（brahma-loka）、须弥宝山/须弥山（Sumeru）、祇树给孤独园（Jetavana Anāthapiṇḍada-ārāma）、耆阇崛山（Grdhrakūṭa）。

还有"遮匿迦罗国、拘类国（拘留国）、舍羁瘦国、修干天/羞讫天、波罗蜜和耶拔致天/波罗蜜尼和耶拔致天、忉利迦翼天、梵波利产天、梵波瘟天、梵弗还天、梵迦产天、阿波修天、照头摩罗天、阿渐货罗天、诃波摩首诃天俱耶匿天、摩呵（诃）梵天、阿比耶陀天、阿陀波大、阿惟潘天、比伊潘罗天、波利（梨）陀天、波利首诃天、波栗羞诃天/波栗多修呵天/波栗惟呵天/波栗推呵天、尼摩罗提罗怜耨天、那提干天、尼惟先天、泥摩罗提罗邻优天、惟呵天、惟于潘天"等。

2. 佛、菩萨名及尊号

佛经中佛名和菩萨名及各种尊号，在汉语中也找不到相应的词，通常主要采用音意兼译、音译加尊号（菩萨、佛、王）的方式翻译，这类词东汉佛经中有 32 个：

阿惟越致菩萨（Avaivart）、弥勒佛/弥勒菩萨（Maitreya）、摩诃萨菩萨（Mahāsattva）、㝹真陀罗王（Druma-kimnara）、梵天王（mahā-brahman）、悦头檀王（súddhodana）、梵志（brāhmaṇa）、遮迦越罗王/遮迦越王（Cakravartin）、昙无竭菩萨（Dharmodgata）、摩竭提王（Magadha）、提和竭罗佛（提洹竭佛）（Dīpaṁkara）、阿閦佛（Akṣobhya）、阿阇贳王（Ajātaśatru）、阿须伦王（Asura）、跋陀和菩萨（Bhadrpāla）、萨陀波伦菩萨（Sadāpralāpa）、释迦文佛（Śākyamuni）、释氏（Śākya）、波罗尼蜜天王（Paranirmita-vaśavartin）、捷陀诃尽菩萨、罗麟那杖那佛、伊豆罗堕还佛、郁沈堕还佛、梵摩堕还佛、阿泥罗堕还佛、阿阇浮菩萨、阿楼那堕还佛、阿惟颜菩萨、阿栴堕还、佛阿祝竭罗佛、惟夷罗还佛、尼摩罗提天王。

3. 佛教专名术语

佛经中有不少专名术语（如关于佛教义理的词），如果在汉语中找不到恰当的词，在翻译过程中，译师在保留音译成分的同时，又对部分词素进行意译，或在音译的基础上增加类名。这类词东汉佛经中共有 18 个：

罗汉地（arhat）、摩诃衍心（Mahāyāna）、婆罗门道（Brahmanism）、菩萨道（bodhisattva-caryā）、须陀洹道（Srota-āpauna）、怛萨阿竭印（智）（Tathāgata）、阿罗汉道/罗汉道/阿罗汉法/阿罗汉果（Arhä）、阿耨多罗三耶三菩提心/阿耨多罗三藐三菩提心（Anuttara-samyak-

saṁbodhi)、阿那含道（Anāgāmin）、阿耨多罗禅（Anuttara）、阿惟
（越）致印/阿惟越致地（avaivartika）、般若波罗蜜法/般若波罗蜜教
（Prajñāpāramitā）、婆罗劫/陂陀劫（bhadra）、斯陀含道（Sakrdāgāmi）、
辟支佛道/辟支佛法（Pratyekabuddha）、陀邻尼法（Dhṇraṇi）、禅思
（Dhyāna）、萨芸若慧（Sarvajña）。

4. 其他事物名

一些具体的事物，如山川河流，花草树木等，中土没有或罕见，
对汉语来说是新事物，没有相应的词汇来记录，于是在翻译过程中形
成词汇空缺，也主要采用"音译+意译（注）"的方式翻译。这类词
东汉佛经中有 19 个：

拘文罗华/拘文华（Kumuda）、曼殊颜华（Mañjuṣaka）、栴檀香
（candana）、须捷提华（Sugandhi）、摩诃文陀罗华（Mahāmandārava）、
优钵华（Udumbara）、不那利华/文陀罗华（Mandārava）、分陀利华
（puṇḍarī）、占匐华（campaka）、波罗林（palāśa）、娑罗树
（Śālavana）、摩尼宝（Maṇi）、阿摩勒果（Āmalaka）、师子（Siṁha）、
刹土（Kṣetra）、遮迦和山/遮加恕山（Cakravāḍa）、尼拘类树/尼拘陀
树（nyagrodha）、泥兰（尼连）禅河（Nairañjana）、末愿捷提华。

（二）意译+音译

这类词数量不多，主要是以"X+波罗蜜"模式翻译原典复合词
"X+pāramitā"的佛教专名术语，共有如下 40 个：

清净波罗蜜、梦波罗蜜、惟逮波罗蜜、枝掖（掖）般若波罗蜜、
恍忽波罗蜜、极安隐菩萨摩诃萨、寂波罗蜜、空波罗蜜、力波罗
蜜、个全边波岁蜜、无常波罗蜜、无垢波罗蜜、无恚波罗蜜、无极波罗
蜜、无苦波罗蜜、无念波罗蜜、无人波罗蜜、无上波罗蜜、无所从生
波罗蜜、无所去波罗蜜、无我波罗蜜、无有尽波罗蜜、无有想波罗

蜜、无欲波罗蜜、自然波罗蜜、不动摇波罗蜜、不腐波罗蜜、不观波
罗蜜、不可得波罗蜜、不可计佛法波罗蜜、不可见波罗蜜、不可量波
罗蜜、不乱波罗蜜、等波罗蜜、定波罗蜜、六波罗蜜、精进波罗蜜
（Viryapāramitā）、新学菩萨（ādikārmika-bodhisattva）、无余泥洹界
（Anupadhiśeṣa-nirvāṇa）、大目犍连（Mahā-maudgalyāyana）、十力迦
叶（Daśabalakāśyapa）。

三、汉语词汇词汇系统对外来词的规范作用

以上介绍的是东汉佛经中含有音译成分的外来词。不难看出，这
些词大多数是多音节的，这是原典语影响汉语词汇的一个方面。就词
汇的发展来说，多音节外来词在汉语中并未得到广泛使用，除文化差
异以外，主要受到汉语词汇系统内部因素的制约。在汉语中，单音词
和双音词是主要的词汇单位，语用中汉语以单音词为主要造句单位，
双音词虽然数量巨大，但远不如单音词活跃。汉语的这些特点，决定
了单音节和双音节外来词往往能在汉语词汇系统中占有一席之地，并
获得充分发展，而多音节外来词，除了一部分能在佛教文化系统中广
泛流传以外，绝大部分逐渐被汉语淘汰。

（一）单音节音译词

就词的音节数来说，梵语是多音节语，因此佛经中的单音音译词
通常是通过略译产生的外来词。佛经中单音节音译词数量不多[1]，但
几乎都成为汉语常用词。由于单音音译词符合汉语习惯，能够很快融
入汉语词汇系统，并在历史过程中获得很大发展空间，成为汉语词汇
系统活跃的构词语素。

---

[1] 顾满林（2000）统计，东汉佛经中单音节音译词共有"钵、刹、禅、梵、佛、
恒（洹）、偈（绝）、劫、魔、僧、释、尸、塔、檀、盐（炎、焰）、衍"16个。

佛

东汉安世高译《长阿含十报法经》卷2："已依佛亦余慧者同学者，得时时闻微法经，是增本行，不得本慧便得本慧。是为二法因缘。"（01，237a）

东汉安世高译《七处三观经》卷1："一时，佛在舍卫国祇树给孤独园。"（02，875b）

"佛"，梵语Buddha，全译有"佛陀、休屠、浮陀、浮图、浮头、勃陀、勃驮、部陀、母陀、没驮"等形，其中"佛陀""浮图"在汉语中较常见，但远不如略译单音节"佛"。"佛"自东汉佛经以来，一直是汉语常用词，在历史长河中意义也产生了不少变化：可以指称修行佛道圆满而成道者。如宋楼钥《姜子谦以试邑钟离请益》："叔笑曰：'汝既做了知县，更望做佛耶？'"苏曼殊《有怀》诗之二："生天成佛我何能？幽梦无凭恨不胜。"也可以用来比喻慈悲善良的人。如宋吕祖谦《吕氏家塾记》："宋余崇守九江，秋不雨，举家蔬食，为民祷祈而雨，遂有秋。民举手加额，呼余为佛。"还可以指称"佛像""佛教""佛学""佛经"等。

此外，东汉以来，"佛"成为汉语最为活跃的构词语素之一。《大词典》收"佛"开头的词语达164条：佛人、佛力、佛土、佛口蛇心、佛子、佛天、佛牙、佛牙舍利、佛日、佛手、佛手瓜、佛手柑、佛手麦、佛手蕉、佛化、佛氏、佛火、佛心、佛心天子、佛甲草、佛生日、佛印、佛出世、佛母、佛寺、佛老、佛地、佛耳草、佛光、佛光寺、佛光袴、佛曲、佛旨、佛多、佛衣、佛汗、佛宇、佛戒、佛豆、佛男、佛位、佛弟子、佛妆、佛陀、佛青、佛事、佛果、佛典、佛刹、佛舍、佛舍利、佛法、佛性、佛性禅心、佛法僧、佛郎、佛郎嵌、佛郎机、佛郎机炮、佛门、佛草、佛面、佛面竹、佛界、佛骨、佛律、佛迹、佛宫、佛屙、佛祖、佛祠、佛退、佛院、佛珠、佛逝国、佛桌儿、佛气、佛乘、佛记、佛座、佛座须、佛海、佛家、佛书、佛现鸟、佛理、佛教、佛教徒、佛顶珠、佛顶菊、佛堂、佛眼、佛眼佛心、佛眼相看、佛国、佛偈、佛婆、佛袈裟、佛塔、佛场、佛爷、佛爷桌儿、佛伞、佛道、佛画、佛粥、佛号、佛迹、佛幌、佛像、佛钵、佛会、佛义、佛窟、佛殿、佛经、佛场、佛境、佛图、佛图户、佛幔、佛种、佛饼、佛说、佛阁、佛慧、佛发、佛齿、佛影、佛影蔬、佛幡、佛仪、佛盘、佛庙、佛坛、佛髻、佛树、佛头、佛头石、佛头青、佛头着粪、佛头菊、佛历、佛学、佛谛、佛灯、佛藏、佛螺、佛阐克、佛柜、佛双陆、佛陇、佛罗安国、佛腊日、佛证、佛庐、佛兰西、佛宝、佛欢喜日、佛龛等。

现代汉语又产生了"佛系"一词，并广泛参与构造新语。如"佛系青年""佛系教授""佛系卖家"等，音译词"佛"的普遍程度不言而喻。

禅

> 东汉安世高译《是法非法经》卷 1："或时比丘，已得第一禅，余比丘不如，便从第一禅故，自誉自憍欺余，是非贤者法。"（01, 838c）

> 东汉安世高译《七处三观经》卷 1："第二者为禅，第三受为忍辱，第四能为持戒，第五闻受为精进。"（02, 879c）

"禅"梵语 dhyāna，全译"禅那"。佛教文献、中土文献中"禅那"均不如"禅"常见。佛教文化传播与中土化进程使"禅"成为汉语常用词，并在语用过程中成为活跃的构词语素，《大词典》收"禅"开头的词语有 111 条，如："禅人、禅士、禅子、禅天、禅化、禅友、禅月、禅文、禅户、禅心、禅世雕龙、禅句、禅寺、禅旨、禅衣、禅宇、禅那、禅杖、禅伯、禅坐、禅床、禅林、禅枝、禅味、禅和、禅和子、禅和气、禅版、禅侣、禅刹、禅受、禅念、禅法、禅河、禅宗、禅定、禅房、禅门、禅居、禅要、禅思、禅律、禅庭、禅室、禅宫、禅客、禅扃、禅衲、禅祖、禅祚、禅除、禅院、禅真、禅乘、禅师、禅师窟、禅病、禅流、禅悟、禅悦、禅家、禅家子、禅袍、禅理、禅规、禅带、禅堂、禅眼、禅偈、禅庵、禅寂、禅椅、禅栖、禅栖客、禅众、禅道、禅扉、禅絮沾泥、禅号、禅话、禅意、禅源、禅窟、禅经、禅榻、禅僧、禅语、禅说、禅诵、禅阁、禅慧、禅数、禅德、禅锋、禅谈、禅寮、禅机、禅学、禅锡、禅灯、禅讲、禅斋、禅铠、禅关、禅钟、禅魔、禅龛、禅观、禅钻"等。

僧

东汉安世高译《七处三观经》卷1："便婆罗门持头礼佛：'已觉知，从今已后，自归佛、自归法、自归比丘僧。'"（02，878a）

东汉昙果共康孟详译《中本起经》卷2《须达品》："佛从本国，与比丘僧千二百五十人俱，游于王舍国竹园中。"（04，156a）

"僧"为僧伽Saṃgha之略。四人（一称三人）以上比丘和合一处而为众，非谓一人。汉语中可称一人为僧，指出家修行之男性佛教徒，犹"僧人"，这是历代汉语的一贯用法，如《魏书·释老志》："僧译为和命众，桑门为息心，比丘为行乞。"南朝宋谢灵运《山居赋》："远僧有来，近众无阙。"唐韩愈《送文畅师北游》诗："昔在四门馆，晨有僧来谒。"刘半农《游香山纪事》诗："颓唐一老僧，当窗缝破衲。"其"僧众"义则在汉语中消失了。

不仅如此，"僧"还是汉语中常见的词汇材料，广泛参与构造新词。由其参与构造的词语，《大词典》共录199条，其中双音词137

条，"僧+X" 85 条，如："僧庵、僧宝、僧兵、僧残、僧曹、僧刹、僧厨、僧雏、僧窗、僧窻、僧次、僧单、僧道、僧牒、僧坊、僧房、僧跌、僧伽、僧纲、僧阁、僧格、僧宫、僧供、僧官、僧馆、僧行、僧户、僧会、僧籍、僧家、僧讲、僧戒、僧居、僧腊、僧蓝、僧廊、僧寮、僧楼、僧庐、僧录、僧侣、僧律、僧门、僧盟、僧纳、僧衲、僧尼、僧祇、僧磬、僧裘、僧佉、僧人、僧舍、僧社、僧史、僧首、僧寺、僧俗、僧塔、僧榻、僧堂、僧统、僧徒、僧陀、僧王、僧夏、僧鞋、僧轩、僧衣、僧英、僧佑、僧宇、僧院、僧斋、僧帐、僧肇、僧正、僧制、僧钟、僧众、僧主、僧麈、僧字"等；"X+僧" 52 条，："避僧、禅僧、大僧、道僧、登僧、定僧、番僧、凡僧、饭僧、梵僧、高僧、供僧、汉僧、胡僧、讲僧、九僧、客僧、枯僧、髡僧、老僧、林僧、律僧、门僧、名僧、衲僧、内僧、尼僧、女僧、贫僧、沙僧、山僧、圣僧、诗僧、俗僧、谈僧、唐僧、替僧、土僧、西僧、小僧、学僧、野僧、依僧、逸僧、吟僧、游僧、云僧、斋僧、真僧、竺僧、主僧、醉僧"。

魔

东汉安世高译《长阿含十报法经》卷2："若沙门、若婆罗门、若天、若魔、若梵，亦余世间。"（01，240b）

东汉竺大力共康孟详译《修行本起经》卷1《现变品》："不求释梵魔，四王转轮圣，愿我得成佛，度脱诸十方。"（03，462a）

"魔"，梵语 māra，全译"魔罗"，指一切扰乱身心，妨碍修行的心理活动。"魔罗"在佛经中有较大使用范围，但纯粹的中土少见。与此相反，"魔"自东汉翻译佛经以来逐渐成为汉语常用词，语义也在使用过程中发生变化，可以指神话传说中的恶鬼、怪物。如唐李商隐《戊辰会静中出贻同志二十韵》："金铃摄群魔，绛节何焱焱。"亦可指喻指邪恶势力。如《魏书·元遥传》："法庆以归伯为十住菩萨、平魔司、定汉王……凶众遂盛，所在屠灭寺舍，斩戮僧尼，焚烧经像，云新佛出世，除去旧魔。"还可指迷恋某事物的人。唐白居易《与元九书》："知我者以为诗仙，不知我者以为诗魔。"又可作动词用，指入迷或使入迷。前蜀贯休《寄赤松舒道士》诗之二："余亦如君也，诗魔不敢魔。"也可作形容词用，神奇的，变幻莫测的。如"魔力""魔法"。

此外，"魔"还是非常活跃的构词语素。据《大词典》，汉语中由魔参与构造的词语有127条，其中"魔+X"模式有"魔力、魔女、魔王、魔天、魔于、魔爪、魔心、魔尺、魔芋、魔邪、魔行、魔合罗、魔劫、魔杖、魔君、魔事、魔咒、魔氛、魔物、魔法、魔怪、魔星、魔鬼、魔侯罗、魔风、魔宫、魔军、魔高一尺，道高一丈、魔家、魔祟、魔教、魔术、魔棒、魔惑、魔酡、魔云、魔掌、魔道、魔媪、魔意、魔窟、魔障、魔境、魔魅、魔说、魔驼、魔影、魔浆、魔头、魔头星、魔焰、魔瘴、魔魍、魔难、魔魇"55条。

劫

东汉安世高译《七处三观经》卷1："人居世间一劫中生死，取其骨藏之不腐、不消、不灭，积之与须弥山等；人或有百劫生死者，或有千劫生死者，尚未能得阿罗汉道泥洹。"（02，880b）

东汉竺大力共康孟详译《修行本起经》卷1《现变品》："夫极天地之始终，谓之一劫，而我更天地成坏者，不可称载也！"（03，461b）

"劫"，梵语 kalpa，全译"劫簸"。"劫簸"经中少见，中土文献罕见，但单音形式"劫"东汉以来一直是汉语常用词，也是常见的构词语素,《大词典》所录由"劫"构成的双音词达 202 个。

塔

　　东汉竺大力共康孟详译《修行本起经》卷 2《出家品》:
"食毕洗手漱口,澡钵已还掷水中,逆流未至七里,天化作金翅
鸟飞来捧钵去,并发一处,供养起塔。"(03,470a)

　　东汉昙果共康孟详译《中本起经》卷 2《本起该容品》:
"寻声即下,而般泥洹。诸女起塔,供养舍利。"(04,158a)

梵语 stūpa 在汉译佛经中有多种翻译形式,如"塔婆、兜婆、偷
婆、浮图、窣堵波"等,"塔"为略译形式。"塔"为佛寺建筑物,
用以收藏舍利。后亦用来收藏经卷、佛像、法器,庄严佛寺等。南朝
宋谢灵运《山居赋》:"谢丽塔于郊郭,殊世间于城傍。"《魏书·释
老志》:"弟子收奉,置之宝瓶,竭香花,致敬慕,建宫宇,谓为
'塔'。塔亦胡言,犹宗庙也。"唐杜甫《江畔独步寻花七绝句》之
五:"黄师塔前江水东,春光懒困倚微风。"仇兆鳌注:"蜀人呼僧为
师,葬所为塔。"后"塔"在汉语中产生其他它用法,可指称塔形建
筑物。如"水塔、灯塔、指挥塔"等。亦可用作动词,谓埋葬僧尼
于塔。如清黄宗羲《张仁庵墓志铭》:"甲辰七月三日,卒于庆云,
年六十五。是年十一月,塔全身于皋亭之盆月坞。"又可用如量词,
犹块。如元关汉卿《四春园》第三折:"俺这里惟有一塔闲田地,不
是栽花蹴气球。"等。

"塔"也是汉语常见的构词语素,《大词典》所录由"塔"构成
的词语多达 112 条。

释

　　东汉竺大力共康孟详译《修行本起经》卷 2《出家品》:
"太子即上马,出行诣城门,诸天、龙神、释梵四天,皆悉导从,

盖于虚空。"（03，468a）

　　东汉昙果共康孟详译《中本起经》卷1《转法轮品》："世尊念曰：'吾本发心，誓为群生梵释请法，甘露当开，谁应先闻?'"（04，147c）

　　梵语Śākya,全译"释迦"或"设枳"，"释"为略译，佛世尊之姓。佛法传入中土，出家人常以"释"为姓，又泛指佛教或僧人。南朝梁慧皎《高僧传·义解·释道安》："初，魏晋沙门，依师为姓，故姓各不同。安以为大师之本，莫尊释迦，乃以'释'命氏。"唐卢纶《敩颜鲁公送挺赟归翠微寺》诗："挺赟惠学该儒释，袖有颜徐真草迹。"

　　此外，"钵"为patra（钵多啰）之略，"偈"为gāthā（"偈他"或"伽他"）之略，"梵"为Brahmā（梵摩）之略等，与多音节形式相比，在汉语中都有很高使用频率，也是活跃的构词语素。

（二）双音节音译词

　　从汉语史的角度看，双音节外来词比多音节外来词更常用。总趋势是：对于存在多音节音译形式与双音节对应的外来词，音节越短，越容易被汉语词汇系统吸收。

琉璃

　　东汉支娄迦谶译《道行般若经》卷10《昙无竭菩萨品》："是时释提桓因，即化地悉使作琉璃，其上有金沙。"（08，474c）

　　东汉竺大力共康孟详译《修行本起经》卷1《现变品》："佛哀国人，欲令解脱，即化二城，变为琉璃，其城洞达，内外相照。"（03，461b）

　　"琉璃"，梵语Vaidūrya，全译"吠琉璃耶"，全译形式中土文献中罕见用例，但双音节形式为汉语常用词。如：

《后汉书·西域传》:"土多金银奇宝、有夜光璧、明月珠、骇鸡犀、珊瑚、虎魄、琉璃、琅玕、朱丹、青碧。"

《隋书·何稠传》:"时中国久绝琉璃之作,匠人无敢厝意,稠以绿瓷为之,与真不异。"

明梅鼎祚《玉合记·义妬》:"琉璃榻,翡翠楼,手卷真珠上玉钩。"

清赵翼《陔馀丛考·琉璃》:"俗所用琉璃,皆消融石汁及铅锡和以药而成,其来自西洋者较厚而白,中国所制,则脆薄而色微青。"

阿难

东汉安世高译《人本欲生经》卷1:"佛告阿难:'勿说是分明易知易见,深微妙。阿难!从有本,生死是。'"(01,242a)

东汉安世高译《七处三观经》卷1:"是时,佛告阿难:'一切,阿难!我说身不可行恶,口意亦尔。'"(02,879a)

"阿难",梵语 Ānanda,全译"阿难陀"等,人名。佛经所载,"阿难"为佛陀十大弟子之一,斛饭王之子,佛陀之从弟。"阿难"虽为佛教虚构之人名,但中土文献亦多见其例。如:

南朝陈徐陵《谏仁山深法师罢道书》:"法师非是无智,遂为愚者所迷,类似阿难更为魔之所绕。"

明徐渭《翠乡梦》第一出:"当时西天那靡登伽女,是个有神通的娼妇,用一个淫咒,把阿难菩萨霎时间摄去,几乎坏了他戒体。"

清赵翼《散花曲》:"推上牙床谁恶友,欲试阿难禅定不?"

叶玉森《印度故宫词》诗:"斋饭无人礼世尊,阿难乞食遍鸡园。"

须弥

东汉失译《佛说㤬真陀罗所问如来三昧经》卷 1："其心譬若须弥，无能譬者。"（15，348c）

东汉竺大力共康孟详译《修行本起经》卷 1《试艺品》："王告难陀：'与太子决。'难陀白王：'兄如须弥，难陀如芥子，实非其类。'"（03，465c）

"须弥"，梵语 Sumeru，全译"修迷楼、苏弥楼、修迷卢、苏迷卢、须弥楼"等，全译形式在纯正的中土罕见其例，但"须弥"常见。如：

唐杨炯《梓州惠义寺重阁铭》："俯观大道，仅如枣叶；下望须弥，裁同芥子。"

宋苏轼《观湖》诗之一："须弥有顶低垂日，兜率无根下戴鳌。"

清姚鼐《题〈四更山吐月图〉》诗："环海世界中须弥，光明隐蔽行两规。"

此外"音译+类名"的翻译形式"须弥山"在汉语中也很常见，如唐段成式《酉阳杂俎·天咫》："释氏书言，须弥山南面有阎扶树，月过，树影入月中。"清昭梿《啸亭续录·佛言须弥山》："佛经言须弥山高数万由旬，日月绕山周行，为其峰影所蔽，遂分昼夜。"

菩萨

东汉竺大力共康孟详译《修行本起经》卷 1《现变品》："尔时其众，欣踊无量，主人长者，甚大欢喜，以女贤意，施与菩萨。"（03，461c）

又卷 2《游观品》："菩萨见此众生品类展转相吞，慈心愍伤，即于树下得第一禅。"（03，467b）

菩萨，梵语 Bodhisattva，又译"菩提萨埵、菩提索埵"等。原为释迦牟尼修行未成佛时的称号，后泛称大乘思想的实行者，亦可指称人们崇拜的偶像等，东汉以来，"菩萨"一直是汉语常用词，其他翻译形式中土文献少见，现当代亦如此。如：

《红楼梦》第五五回："他们瞅着大奶奶是个菩萨，姑娘又是脑腆小姐，固然是托懒来混。"

《老残游记》第十四回："两位老爷菩萨，救命恩人，舍得花银子把我救出火坑。"

夏衍《克农同志二三事》："你得认清这个时期，这个地方，和菩萨要打交道，和恶鬼也要打交道。"

毛泽东《湖南农民运动考察报告》："只有两个小菩萨名'包公老爷'者，被一个老年农民抢去了，他说：'莫造孽！'"

罗汉

东汉竺大力共康孟详译《修行本起经》卷 2《游观品》："一心之道，谓之罗汉，罗汉者真人也。"（03，467b）

东汉昙果共康孟详译《中本起经》卷 1《转法轮品》："说是法时，拘怜等五人，漏尽意解，皆得罗汉。"（04，149a）

"罗汉"，梵语 Arhāt，全译"阿罗汉"等，小乘佛教的最高果位，谓已断烦恼，超出三界轮回，应受人天供养的尊者。

唐司空图《十会斋文》："维摩赴会，捧瑞露以同沾；罗汉飞空，曳危峰而亦至。"

"罗汉"也是汉语较常用的词，亦泛指高僧。

《西游记》第四七回："哥哥莫嚷，不是邪魔，乃东土大唐取经的罗汉。"

袈裟

东汉安世高译《七处三观经》卷 1："三者持钵袈裟至他国。四者弃戒受白衣。五者自坐愁失名，亦如上说。"（02，879b）

东汉支娄迦谶译《道行般若经》卷 10《嘱累品》："佛从袈裟中出金色臂，举右手着阿难头上，摩阿难头，持手着阿难肩上，语阿难言：'云何，阿难！汝慈于佛不？'"（08，478a）

"袈裟"，梵语 kaṣāya，全译"迦沙曳"，原意为"不正色"，佛教僧尼所穿法衣。历代中土文献"袈裟"常见。如：

南朝梁慧皎《高僧传·答杨苕华书》："且披袈裟，振锡杖，饮清流，咏波若，虽王公之服，八珍之膳，铿锵之声，晔晔之色，不与易也。"

清黄遵宪《石川鸿斋英偕僧来谒张副使余赋此以解嘲》诗："先生昨者杖策至，两三老衲共联袂，宽衣博袖将毋同，只少袈裟念珠耳。"

艾芜《我在仰光的时候》："和尚尼姑托着黑色的钵，披着黄色袈裟，整队地出现在街头巷尾。"

沙门

东汉安世高译《长阿含十报法经》卷 1："七现恩，一为若道行者，意在佛信入道根生，住无有能坏，若沙门、若婆罗门、若天、若魔、若梵，亦余世间行者。"（01，236c）

东汉安世高译《普法义经》卷 1："五为至命欲已覆，六为至命人间身欲乐，已作沙门为疾观是。"（01，923c）

沙门，翻译 śramaṇa，又译"沙门那、室摩那拏、舍啰磨拏、室啰磨拏、沙迦懑囊"等，历来以双音节形式"沙门"常见。如：

晋袁宏《东汉纪·明帝纪下》："浮屠者，佛也……其精者，号为沙门。沙门者，汉言息心，盖息意去欲而归于无为也。"

《文选·王巾〈头陀寺碑文〉》："头陀寺者，沙门释慧宗之
所立也。"李善注引《瑞应经》："沙门之为道，舍妻子，捐弃爱
欲也。"

《魏书·释老志》："诸服其道者，则剃落须发，释累辞家，
结师资，遵律度，相与和居，治心修净，行乞以自给。谓之沙
门，或曰桑门，亦声相近，总谓之僧，皆胡言也。"

章炳麟《支那印度联合之法》："今岁安庆遣四沙门西游求
学，是固沟合梵汉之端。"

《西游记》第五六回："他们虽是丑陋，却也秉教沙门，皈
依善果，不是甚么恶魔毒怪。"

此外，迦叶（Kāśyapa 迦叶波/迦摄波）、忉利（Trāyastriṃśa 怛唎
耶怛唎奢天）、三昧（samādhi 三摩提/三摩帝）、由旬（Yojana 踰阇
那/踰缮那）、泥洹 nirvāna（涅槃那）、泥犁（niraya 泥梨耶）、弥勒
（Maitreya 弥帝隶/梅低梨/迷谛隶/梅怛丽/每怛哩/梅怛丽药）等音译
双音词在汉语词汇系统中都占有一定地位，但相应的多音节音译形式
则罕见用例。

通过对比可以看出，东汉佛经中的音译词在汉语中的使用状况受
到汉语习惯和特点的制约。汉语以单、双音节为主要词汇单位，因
此，节译产生的单、双音节音译词更符合汉语的习惯和特点，往往能
够被汉语词汇系统充分吸收利用。

第二节　音译外来词的语素化

汉语词汇一般是一个汉字一个音节，一个音节表示一个语素，音

译外来词中，汉字只是记音符号，几个汉字组合起来才构成一个语素，表示一定意义。而在佛经翻译过程中，音译复音外来词表现为以单音节表示复音词的整体意义，即单音节语素化，与其他汉字构成一个双音梵汉合璧词。这主要是一些应用广泛的音译复音外来词发生了音节语素化。如：

【梵】Brahmā，梵摩、婆罗贺摩、没罗憾摩、梵览磨等之略。东汉佛经中已广泛参与构词，逐渐演变为汉语常见的构词语素。

梵天：一为神名。东汉支娄迦谶译《道行般若经》："佛语须菩提：'不但诸天、诸梵天为菩萨作礼，上至阿会亘彼立、阿波摩那、阿会波罗，及卜至阿迦腻咤诸天，皆为行般若波罗蜜菩萨作礼。'"（08，0467b）

二为界名。东汉康孟详共昙果译《修行本起经》："超越过梵天，今用刍草为？"（03，0470b）

梵行：东汉康孟详共昙果译《修行本起经》："一时佛在迦维罗卫国，释氏精舍尼拘陀树下，与大比丘众千二百五十人俱，皆是阿罗汉——已从先佛，净修梵行，诸漏已尽，意解无垢。"（03，0461a）

梵志：东汉昙果共康孟详译《修行本起经》："是时有梵志儒童，名无垢光。幼怀聪睿，志大苞弘，隐居山林，守玄行禅，图书秘谶，无所不知，心思供养，奉报师恩。"（03，0461c）

梵身：东汉安世高译《人本欲生经》："彼阿难第二识止处，为从色行因缘行道。若干身一想，辟天名为梵身。"（01，0245b）

梵迹：东汉昙果共康孟详译《中本起经》："何等为四？一者解定、二者智定、三者慧定、四者戒定。名色皆灭，梵迹独存，无忧喜想，生死根断；迦叶比丘亦复如是。"（04，0161b）

梵界：东汉失译《转法轮经》："众佑法轮声三转，诸天世间在

法地者莫不遍闻，至于第一四天王忉利天焰天兜术天不骄乐天化应声天，至诸梵界须臾遍闻。"（02，0503c）

梵天王：东汉昙果共康孟详译《修行本起经》："圣王寿尽，又升梵天，为梵天王。上为天帝，下为圣主，各三十六反，终而复始，欲度人故，随时而出。"（03，0463a）

梵天子：东汉支娄迦谶译《道行般若经》："佛语爱欲天子、梵天子：'正使复有人闻深般若波罗蜜，以得证，决所信乐过一劫，其功德不及是辈。'"（03，0463a）

【佛】Buddha，佛陀之略，又作休屠、佛陀、浮陀、浮图、浮头、勃陀、勃驮、部陀、母陀、没驮。

佛法：东汉支娄迦谶译《文殊师利问菩萨经》："佛言：'一切法一切人，悉以怛萨阿竭署见，亦不异见、亦复不见自然、亦不见法，作是学，为学怛萨阿竭署。奈咤和罗复听！比丘所学无极署，是乃应怛萨阿竭署，如所乐不见其乐，如是行者，比丘为学怛萨阿竭署。学怛萨阿竭署者，以为学佛法，不可议法，用一切故。'"（14，0436c）

佛教：东汉昙果共康孟详译《中本起经》："迦叶白佛：'我前事火，昼夜不懈，勤苦积年，好术弟子，凡有五百人，精锐燃火，不避寒暑，年者根熟，永无仿佛，先人传感，以授后生，自称是道，唐苦无报。今得佛教，洗浣心垢，已得罗汉。'"（04，0152b）

佛道：东汉支娄迦谶译《道行般若经》："佛语舍利弗：'是善男子、善女人深入般若波罗蜜者，于是中自解出——深法以为经卷。何以故？舍利弗！其有如阿耨多罗三耶三菩教者，便能教一切人，劝助之为说法，皆令欢喜学佛道。'"（08，0446c）

佛性：东汉昙果共康孟详译《修行本起经》："若得最调如佛性，已如佛调无不仁。"（03，0471b）

佛智：东汉支娄迦谶译《佛说阿阇世王经》："其一儿则脱着身白珠着手中，便报谓二儿，是犹可以供佛智者，见怛萨阿竭，不当作贪，则其二儿，效解取着头上白珠着其手中，即各叹言行至佛所。"（15，0394c）

佛慧：东汉支娄迦谶译《道行般若经》："菩萨摩诃萨作是求、作是行、作是力，为逮佛慧、极大慧、自在慧、萨芸若慧、怛萨阿竭慧。设见不得佛，佛语为有异。"（08，0463a）

佛种：东汉支娄迦谶译《般舟三昧经》："于十方诸佛刹无所适止，悉逮得愿行，度脱十方万民，智慧珍宝，悉逮得经藏，身如虚空无有想，教人求菩萨道，使佛种不断，行菩萨道未曾离摩诃衍，逮得摩诃僧那僧涅极旷大道，疾逮得一切智。"（13，0904a）

佛藏：东汉支娄迦谶译《道行般若经》："汝以亲近持佛藏，作是谛念：'于是般若波罗蜜，当谛取，莫得失一字。'"（08，0478a）

佛经：东汉昙果共康孟详译《修行本起经》："至梵摩众圣，莫能论佛之志故，独步不惧，二无畏也。佛说经戒，天下诵习，愚惑相言：'佛经可遏。'"（03，0472a）

佛心：东汉支娄迦谶译《道行般若经》："须菩提白佛言：'请问摩诃萨者，何所字摩诃萨？设是菩萨心无有与等者，无有能逮心者，诸阿罗汉、辟支佛所不能及心。佛心如是，心无所著，心无所出、无所入。'"（08，0427b）

佛印：东汉支娄迦谶译《般舟三昧经》："道要道本是印中，阿罗汉辟支佛，不能坏不能败不能缺，愚痴者便疑是印，是印是为佛印。"（13，0919b）

佛像：东汉支娄迦谶译《道行般若经》："萨陀波伦菩萨报言：'不在中。所以作佛像者，但欲使人得其福耳。不用一事成佛像，亦

不用二事成，有金有黠人，若有见佛时人，佛般泥洹后念佛故作像，欲使世间人供养得其福。'"（08，0476b）

　佛寺：东汉支娄迦谶译《般舟三昧经》："斋时于佛寺，学三昧通利。"（13，0910b）

　佛足：东汉康孟详共昙果译《修行本起经》："于是能仁菩萨，以得决言，踊跃欢喜疑解望止，燋然无想，寂而入定，便逮清净，不起法忍，实时身踊，悬在空中，去地七仞，从上来下，稽首佛足，便作沙门。"（03，0462b）

　佛身：东汉支娄迦谶译《佛说内藏百宝》："佛身未尝有病，而现病呼医服药，与药者得福无量，随世间习俗而入，示现如是。"（17，0752a）

　佛树：东汉支娄迦谶译《佛说阿阇世王经》："诸欲天子诸色天子，以若干伎乐而供养之，皆以天华天香共散之言，所谓法轮，闻是法者已为逮法轮转，诸外道者闻是法即而自知，是故因为伏是者则菩萨印，其得是印者乃到佛树下。"（15，0406b）

　佛事：东汉支娄迦谶译《道行般若经》："佛在众人中央端正姝好，坐起行步安隐，佛众恶已尽，但有诸德，佛皆使人得安隐，佛亦自行佛事，佛本自空无所著，如幻人所作。"（08，0477a）

　佛会：东汉支娄迦谶译《道行般若经》："阿难心念：'如阿閦佛刹诸菩萨会者，是为佛会耳。'"（08，0458a）

　佛土：东汉失译《佛说伅真陀罗所问如来三昧经》："佛语提无离菩萨，可知洹河边沙，一沙为一佛土。"（15，0352c）

　佛国：东汉支曜译《成具光明定意经》："佛以威神感动十方诸佛国，明士及上诸天应当成者及当发者，凡八百亿万人皆飞来至佛所，稽首于地列住空中。"（15，0451b）

佛德：东汉昙果共康孟详译《修行本起经》："佛德现天下，是故丰三世。"（03，0464c）

佛语：东汉昙果共康孟详译《中本起经》："贤者阿难受佛语已熟谛，便作礼而出，报大爱道言：'瞿昙弥！可勿复愁，已得舍家之信、去家就戒。佛说女人作沙门者，有八敬之法，不得踰越，但当终身勤意学行之耳。持心当如防水，善治堤塘勿漏而已。'"（04，0159a）

佛境界：东汉支娄迦谶译《道行般若经》："作是思惟十二因缘行般若波罗蜜时，不见色，不见痛痒思想生死识，不见佛境界，无有所因法见佛境界，是为菩萨行般若波罗蜜。"（08，0469c）

【魔】梵语，魔罗 Māra 之略。

魔王：东汉昙果共康孟详译《修行本起经》："魔王败绩怅失利，惛迷却踞前画地。"（03，0471b）

魔子：东汉昙果共康孟详译《修行本起经》："魔子须摩提前谏父曰：'菩萨行净，三界无比，以得自然神通，众梵诸天亿百皆往礼侍，此非天人所当沮坏，无为兴恶自毁其福。'"（03，0470c）

魔事：东汉支娄迦谶译《道行般若经》："须菩提白佛言：'何所菩萨善师，何行从知之？'佛言：'其人尊重摩诃般若波罗蜜，稍稍教人令学成教，语魔事令觉知、令护魔，是故菩萨善师也。'"（08，0427b）

天魔：东汉昙果共康孟详译《修行本起经》："云起可畏窈冥冥，天魔围绕不以惊。"（03，0471a）

魔怨：东汉昙果共康孟详译《修行本起经》："今持无上慧，降伏诸魔怨。"（03，0471a）

魔教：东汉支娄迦谶译《道行般若经》："是菩萨随魔教，便亡远离法。魔语言道：'等取阿罗汉法，作是念无有异，当随是行，辟支佛道作是念无有异，亦当随是行，菩萨道作是念无有异，亦当随是行，般若波罗蜜难了知入中，若当作是行舍般若波罗蜜。'"（08，0461a）

魔众：东汉昙果共康孟详译《修行本起经》："垓天见佛擒魔众，忍调无想怨自降。"（03，0471b）

【禅】禅那 Dhyāna 之略。

禅行：东汉失译《转法轮经》："又是比丘苦为真谛，苦由习为真谛，苦习尽为真谛，苦习尽欲受道为真谛，若本在昔未闻是法者，当受眼观禅行受慧见受觉念令意得解，若令在斯未闻是四谛法者，当受道眼受禅思受慧觉令意行解。"（02，0503c）

禅思：东汉失译《转法轮经》："又是比丘苦为真谛，苦由习为真谛，苦习尽为真谛，苦习尽欲受道为真谛，若本在昔未闻是法者，当受眼观禅行受慧见受觉念令意得解，若令在斯未闻是四谛法者，当受道眼受禅思受慧觉令意行解，若诸在彼不得闻是四谛法者。"（02，0503c）

坐禅：东汉支娄迦谶译《文殊师利问菩萨》："复有婆罗门，名曰阿耨迦惟延，白佛：'我所至城外，坐于树下，其心安定譬若如禅，视四面如普大明，见无央数佛。'悉言：'不当坐禅如是。'"（14，0439a）

【偈】Gāthā 之略。

偈赞：东汉支娄迦谶译《般舟三昧经》："阿难从坐起更被袈裟，前至佛所为佛作礼，却住叉手，以偈赞曰。"（13，0911a）

【忏】梵语忏摩 Ksamayati 之略。

忏悔：东汉昙果共康孟详译《中本起经》："王意乃解，即便下

床，遥礼祇洹，归命三尊，忏悔谢过，尽形竟命，首戴尊教。"（04，0160b）

【劫】梵语劫簸 Kalpa 之略。

劫数：东汉昙果共康孟详译《修行本起经》："汝辈乱人道意，不计非常，经历劫数，展转五道。今汝曹等，未离勤苦。吾在世间，处处所生，观视老者如母，中者如姊，小者如妹，诸姊等各各还宫，勿复作是曹事。"（03，0471a）

劫尽：东汉康孟详共昙果译《中本起经》："须弥宝山，劫尽坏烂。大海深广，犹有枯竭。人命危脆，智者不怙，唯有修德精进履道。"（04，0160c）

【刹】梵名，Ksetra，译为掣多罗，差多罗，纥差怛罗，刹摩等。

佛刹：东汉失译《佛说伅真陀罗所问如来三昧经》："闻如是，一时佛在罗阅祇耆阇崛山中，与六万比丘俱，菩萨七万三千人，一一尊复各从十方佛刹。"（15，0348b）

刹土：东汉支娄迦谶译《佛说阿阇世王经》："皆悉发阿耨多罗三耶三菩心，十方今现在诸佛，皆以珍宝华盖，用供养法故，悉覆三千大千之刹土，从其华盖尽闻其音，如释迦文佛之所言，皆文殊师利之所感动。"（15，0394c）

第三节　佛教外来词的汉化

学界对佛教汉化的探讨表现在多个方面：有的集中在哲学层面，有的从佛教的中国民间化、通俗化以及佛教徒日常生活的汉化等方面来讨论。本节以东汉支娄迦谶所译《道行般若经》（10 卷）及其异译经为例，来寻求佛教外来词的汉化过程。《道行般若经》自东汉开始传译以来，在不同时代被不止一次地翻译成汉语，形成了不同的译本，主要有五部同经异译经：吴支谦《大明度经》、苻秦昙摩蜱共竺佛念《摩诃般若钞经》、后秦鸠摩罗什《小品般若波罗蜜经》、唐玄奘《大般若波罗蜜多经》、宋施护《佛说佛母出生三法藏般若波罗蜜多经》。下面通过对东汉支娄迦谶所译《道行般若经》及其五部同经异译经进行比对，比较其翻译用语上的差异，考察外来词的汉化过程。此处所说的汉化，是指汉语在吸收梵语语言时，按照汉语的语言结构特点和汉族人民的思维方式，对其进行的加工和改造。其中涉及语音、字形、语义等方面的转变和演化。

一、个别梵语词语的具体汉化过程

1. 辟支佛的汉化

【辟支佛/缘一觉/独觉/缘觉】

东汉支娄迦谶译《道行般若经》卷6："佛言：'阿惟越致菩萨，如逮得禅者不动摇，如罗汉、辟支佛地、佛地，是佛地如本无终不动。'"（08，454b）

吴支谦译《大明度经》卷4："佛言：'如逮得禅者不动不摇，如应仪地，如缘一觉地，如佛地，如本无终不动。'"（08，494c）

苻秦昙摩蜱共竺佛念译《摩诃般若钞经》卷4："佛语须菩提：'于凡人及声闻、辟支佛，乃至怛萨阿竭地道，闻悉本无而不动摇，亦无有异。'"（08，526c）

后秦鸠摩罗什译《小品般若波罗蜜经》卷6："佛告须菩提：'所有凡夫地、声闻地、辟支佛地、如来地，是诸地于如中不坏不二不别。'"（08，564a）

唐玄奘译《大般若波罗蜜多经》卷 549："佛告善现：'若菩萨摩诃萨能如实知若异生地、若声闻地、若独觉地、若菩萨地、若如来地，如是诸地虽说有异，而于诸法真如性中无变异、无分别，皆无二、无二分。'"（07，825c）

宋施护译《佛说佛母出生三法藏般若波罗蜜多经》卷 16："佛告须菩提言：汝今当知，不退转菩萨摩诃萨有种种相。须菩提！所有异生地、声闻地、缘觉地、菩萨地、如来地，如是诸地于真如中无二无别无疑无坏。菩萨从是真如入诸法性，虽入是法而亦于中不生分别：'此是真如，此真如相。'"（08，641a）

由该组同经异译，我们可以看到梵语 pratyekabuddha 的汉化印迹。按照谐音可对应翻译为"辟支迦佛陀"，但"汉语中词的音节数量一般不超过三个，其中双音节词和单音节词占大多数，四个音节以上的主要是成语等熟语性质的语言单位。音译外来词如果音节数量太多，在交际中使用频率又很高，就会被缩减为两到三个音节，甚至简化为一个音节。同时，音译词中的音节符号是纯粹的音节符号，一连串没有意义的音节组合很不符合汉语汉字的习惯，不便称说，也不便理解。语义认知的习惯促使音节数量过多的音译词削减音节数量，缩短词形。"（杨锡彭，2007）所以，出于"经济、简便"的需要，缩略形式"辟支佛"应运而生。随着译者翻译水平的提高和佛经传播的需要，意译形式"缘—觉"出现。最后适应汉语双音化的需要而定型为可以从各个语素分析得出意义的"独觉"和"缘觉"。观十二因缘法而得道，意译为"缘觉"；身出无佛之世，潜修独悟，意译为"独觉"。二者虽同为梵语 pratyekabuddha 的意译形式，但是"缘觉"的汉化程度远不及"独觉"。"独觉"在后秦时就已出现一个用例，如：

后秦耶舍共竺佛念译《长阿含经》卷13："若如来出现于世，应供、正遍知、明行足、为善逝、世间解、无上士、调御丈夫、天人师、佛、世尊，于一切诸天、世人、沙门、婆罗门、天、魔、梵王中，独觉自证，为人说法。"（01，83c）

但该词在唐时才大量使用。如：

唐般若译《大乘本生心地观经》卷："利根声闻及独觉，勤求不退诸菩萨，十二劫数共度量，无有能知其少分。"（03，301b）

唐玄奘译《大般若波罗蜜多经》卷3："若菩萨摩诃萨欲超声闻及独觉地，应学般若波罗蜜多。"（05，12c）

唐实叉难陀译《大方广佛华严经》卷35："又此上品十善业道，修治清净，不从他教，自觉悟故，大悲方便不具足故，悟解甚深因缘法故，成独觉乘。"（10，185c）

佛教和道教在教义和术语上又有某些相通之处，故随着"独觉"的大量使用，在唐时又可指道教中的自悟玄理，如唐符载《庐山故女道士梁洞微石碣铭》："仙师独觉，闭迹山水"。此外，该词还产生了宗教意义以外的世俗意义，在"上不事天子，下不识侯王；夜半睡独觉，爽气盈心堂。"（唐卢仝《冬行》诗之三）和"翛然独觉午窗明，欲觉犹闻醉鼾声。"（宋苏轼《独觉》诗）中，均为"独自睡醒"之义，完全与宗教相脱离。所以，汉语吸收外来词时，并不是对其原义进行照本宣科，而是在吸收、使用的过程中，逐渐赋予了它们某些新的意义，以服务于世俗百姓的日常交际。

2. 阅叉的汉化

【阅叉/鬼神/夜叉/药叉】

东汉支娄迦谶译《道行般若经》卷1："是时诸天子心中作

是念：'诸阅叉辈尚可知所念，阅叉若大若小所语悉可了知，尊者须菩提所语了不可知。'"（08，429c）

　　吴支谦译《大明度经》卷2："尔时诸天子心念：'诸鬼神所语，悉可了知。今是尊者善业所说经道，了不可知。'"（08，482c）

　　符秦昙摩蜱共竺佛念译《摩诃般若钞经》卷1："诸天人闻是，其心各作是念：'诸阅叉若大若小，所语悉可了知。'"（08，512b）

　　后秦鸠摩罗什译《小品般若波罗蜜经》卷1："尔时，众中有诸天子作是念：'诸夜叉众语言章句尚可知义，须菩提所说所论难可得解。'"（08，540b）

　　唐玄奘译《大般若波罗蜜多经》卷539："尔时，众中有诸天子窃作是念：'诸药叉等言词咒句，种种差别虽复隐密，而我等辈犹可了知。大德善现于深般若波罗蜜多，虽以种种言词显示，然我等辈竟不能解。'"（07，770b）

　　宋施护译《佛说佛母出生三法藏般若波罗蜜多经》卷2："尔时，会中有诸天子作是思惟：'诸夜叉众所有语言文字章句尚可了知，而尊者须菩提所说诸法，我等天众无能解了。'"（08，593a）

在上组同经异译中，我们可以看到梵语 yakṣa 的几种汉译形式。阅叉、夜叉、药叉均为其音译形式，佛经中指一种形象丑恶的鬼，勇健暴恶，能食人，后受佛之教化而成为护法之神，故用鬼神来作为其意译形式。除此之外，梵语 yakṣa 的音译形式还有悦叉、野叉，意译形式有轻捷、勇健、能啖、贵人、威德、祠祭鬼、捷疾鬼，在不断地使用中，梵语 yakṣa 的音译形式固定在了夜叉、药叉上，意译形式固定在了鬼神上。最初夜叉、药叉的汉化程度相当，除其佛教意义外，均引申出了世俗意义，比喻丑陋、凶恶的人。但"药叉"在此种意义上，还带有较浓厚的佛教色彩，如：

> 唐玄奘《大唐西域记·迦毕试国》："其中多藏杂宝，其侧有铭，药叉守卫。有欲开发取中宝者，此药叉神变现异形，或作师子，或作蟒蛇、毒虫，殊形震怒，以故无人敢得攻发。"

> 明徐渭《渣澹滩》诗："药叉窥绿渊，人命轻一诧。"

> 清袁枚《新齐谐·罗刹鸟》："罗刹鸟如灰鹤而大，能变幻作祟，好食人眼，亦药叉修罗薜荔类也。"

但"夜叉"在这个世俗意义中完全脱离了佛教色彩。如：

> 唐张鷟《朝野佥载》："尝逢饿夜叉，百姓不可活。"

> 宋吴曾《能改斋漫录·记事一》："建中靖国元年，侍御史陈次升言章，以蔡元度为笑面夜叉。"

后来，"夜叉"与汉语语素"母"组合成"母夜叉"一词，常用来比喻凶悍的妇女，如：

> 《水浒传》第二七回："只因义勇真男子，降伏凶顽母夜叉。"

而且，在现代日常生活口语中，依然在使用着，有些人甚至不知其为佛教外来词。如：

> 老舍《骆驼祥子》十五："他哼了一声，没法子！他知道娶来一位母夜叉。"

> 周立波《暴风骤雨》："白家屋里的是个惹不起的母夜叉。"

所以，"药叉"的汉化程度不及"夜叉"，但在表示佛教中鬼神之义时，二者均是梵语yakṣa比较固定的音译形式。

3. 优婆塞和优婆夷的汉化

【优婆塞/清信士/邬波索迦】　　**【优婆夷/清信女/邬波斯迦】**

> 东汉支娄迦谶译《道行般若经》卷5："佛说是经时，五百

比丘僧、三十比丘尼，皆得阿罗汉，六十优婆塞、三十优婆夷，皆得须陀洹道，三十菩萨皆逮得无所从生法乐，皆当于是婆罗劫中受决。"（08，451a）

吴支谦译《大明度经》卷4："因随作是说不可称计时，五百比丘、二十比丘尼得应仪，六十清信士、清信女皆得沟港，二十闾士逮得无所从生法乐，皆当于是贤劫中受决。"（08，492b）

唐玄奘译《大般若波罗蜜多经》卷547："佛说如是不可思议、不可称量、无数量、无等等法时，众中有五百苾刍、二千苾刍尼不受诸漏心得解脱，复有六十邬波索迦、三十邬波斯迦于诸法中远尘离垢生净法眼，复有二万菩萨摩诃萨得无生法忍，世尊记彼于贤劫中得受无上正等菩提不退转记。"（07，818c）

通过该组同经异译，可以初步反映梵语 upāsaka 和 upāsikā 的汉化过程。优婆塞、邬波索迦为梵语 upāsaka 的音译形式。优婆夷、邬波斯迦则为梵语 upāsikā 的音译形式。音节数量简化是音译外来词汉化的一个重要手段。按道理看，应是先出现音译形式邬波索迦、邬波斯迦，再出现缩略形式优婆塞、优婆夷，但事实却相反。概由于译者的翻译风格和水平以及受汉语音节结构的影响，最初这两个梵语被翻译为三音节词优婆塞、优婆夷，为了便于人们的理解，又出现了意译形式清信士、清信女。唐朝是佛经翻译的高峰期，佛经翻译水平达到了前所未有的高度，主张忠实于佛经原典的翻译方式。于是按照严格谐音的原则进行译经，则出现了四音节形式的邬波索迦、邬波斯迦。尽管唐代译经者的目的是好的，但是他没有考虑到佛教传播的需要，邬波索迦、邬波斯迦一看就为"外来户"，使汉族人民很难在心理上接受它们，所以类似此四音节的音译形式并未在普通百姓生活中扎根下来。梵语 upāsaka 的音译形式除优婆塞、邬波索迦外，还有伊蒲塞、优波娑迦、优婆娑柯、邬波塞迦、邬波素迦，梵语 upāsikā的音译形式除优婆夷、邬波斯迦外，还存在优婆私诃、优婆斯、优波赐迦。在不断的使用中，其他的音译形式逐渐被淘汰，两个外来词的音译形式最终固定为在优婆塞、优婆夷上。但在汉化程度上优婆塞稍逊于优婆夷。优婆塞、优婆夷最初分别指在家中奉佛的男子、女子。后来，优婆夷在日常生活中又可以用来指出家的女子，此当为其引申义。如"自誓大母得生，终身投菩萨，戒不复适人。林寿终，弃家为优婆夷。"（清钱谦益《李孝贞传序》）由单义到多义亦是外来词汉化的一种重要手段。梵语 upāsaka 的意译形式除清信士外，还有近事男、善宿、信士，梵语 upāsikā的意译形式除清信女外，还有近善女、近事女、近宿女、信女。清信士指受三规五戒得清净信心之男子，清信女指受三规五戒具清净信心之女子，二者均符合汉民族对汉字"望文生义"的心理，故两个外来词的意译形式最终固定为清信士、清信女。随着汉语双音化的发展，清信士、清信女分别出现信士、信女的缩略形式，在语音形式上进一步汉化了。如：

南朝梁萧纲《菩提树颂序》："信女百味之初，诸天四钵之状。"

唐郭崧《药师像赞》："立召良工，雕磨斯像，使信士等日加精勤。"

元无名氏《昊天塔》第四折："对客官细说分明，我也曾杀的番军怕，几曾有个信士请，直到中年才落发为僧。"

在不断地使用中，二者又通过不同的途径，进一步世俗化了。汉朝墓碑有"义士"之称，泛指出财布施之人，宋避太宗赵光义讳，改称"信士"，"信士"由于这个特殊原因便具有了"出财布施之人"的意义。在此基础上又进一步宗教化，专指信仰佛教而出钱布施的人。而"信女"先在语法形式上汉化，与"善男"组合成成语"善男信女"，泛指信佛的男女，如：

《〈金刚经〉六译疏记》："善男信女有二义：一以人称……一以法喻。"

明沈德符《野获编·谐谑·苏州谑语》："阳台上善男信女，人人尽贺恶人亡。"

《花月痕》第五回："（冯燕娘）因此把所居舍为华严庵，就菩萨前神签，指示善男信女迷途，法号蕴空。"

《红楼梦》第二五回："若有善男信女虔心供奉者，可以永保儿孙康宁。"

姚雪垠《李自成》第一卷："尽管各地都有灾荒，而河南的灾荒十分严重，但善男信女们不远千里朝拜金顶的仍然在老河口、石花街和草店的大道上络绎不绝。"

在现代日常生活中，该成语完全脱离佛教色彩，用来泛指心地慈善而又单纯的人。如："他可不是什么善男信女，这种事他干得出来。"

从表面上看，"信女"的汉化程度较"信士"更为彻底一些，但是二者是无法进行比较的。因为"信士"本是中土词语，在中土文献中早已存在，指诚实可信的人。如：

《荀子·王霸》："人无百岁之寿，而有千岁之信士，何也？曰：以夫千岁之法自持者，是乃千岁之信士矣。"

《史记·滑稽列传》："楚王曰：'善，齐王有信士若此哉！'厚赐之，财倍鹄在也。"

唐段成式《酉阳杂俎·玉格》："及至鹄处，老人已至，喜曰：'固是信士。'"

　　佛经翻译者，是借用中土的词语来对译了佛教外来词。所以，关于"信士"一词既涉及中土词语的佛教化，又涉及其佛教意义的汉化。

　　4. 摩诃萨的汉化

【摩诃萨/大士】

　　东汉支娄迦谶译《道行般若经》卷1："须菩提言：'悉晓了知诸经法，尔故字菩萨。何以故复呼摩诃萨？'佛言：'摩诃萨者，天上天下最尊，尔故字摩诃萨。'"（08，427b）

　　吴支谦译《大明度经》卷1："大士者，其义云何？佛言：'大士者，能聚大众为之合家，是故为大士也。'"（08，480c）

　　后秦鸠摩罗什译《小品般若波罗蜜经》卷1："须菩提白佛言：'世尊！若知一切法名为菩萨义，复以何义名为摩诃萨？'佛言：'当为大众作上首，名为摩诃萨义。'"（08，538c）

　　唐玄奘译《大般若波罗蜜多经》卷538："具寿善现复白佛言：'菩萨何缘名摩诃萨？'佛告善现：'以诸菩萨于大有情众中当为上首故，复名摩诃萨。'"（07，766b）

　　宋施护译《佛说佛母出生三法藏般若波罗蜜多经》卷1："又复，世尊！云何得名摩诃萨？佛言：'于有情聚中而为最上，以是义故，名为摩诃萨。'"（08，589c）

　　"摩诃萨""大士"均为梵语 mahāsattva 的不同意译形式，"摩诃萨"为音译形式，"大士"为意译形式。我们在此来看一下梵语 mahāsattva 的汉化过程。首先是音节的缩略，梵语 mahāsattva 的完全音译形式为"摩诃萨埵"，后来为了适应汉语音节结构的需要，缩略为了三音节形式"摩诃萨"。译者出于读者理解的需要，转变了外来词的翻译形式，于是出现了意译形式"大士"。

"大士"本为中土固有词语。在上古有两个意思。一为德行高尚的人。如"凡论人有要，矜物之人，无大士焉。"（《管子·法法》）尹知章为之注："大士不矜，谦以接物。"再如，"孔子曰：'大士哉！由来，区区汝何攻？赐来，便便汝何使？愿得衣冠为子宰焉。'"（《韩诗外传》卷九）二为正狱讼之官。如"天子建天官，先六大：曰大宰、大宗、大史、大祝、大士、大卜，典司六典。"（《礼记·曲礼下》）；"卫侯与元咺讼，宁武子为辅，针庄子为坐，士荣为大士。"（《左传·僖公二十八年》）杜预注："大士，治狱官也。"

佛教东传，在东汉时就以该词意译梵语 mahāsattva，作为菩萨之通称。如：

> 东汉安玄译《法镜经》卷1："三十二大士之相以自严饰，亦以其诸德本，而致三十二大士之相，以致彼诸德本。"（12，15c）

> 东汉支娄迦谶译《佛说阿阇世王经》卷1："一切诸顺何所恨起意，大士以度脱此中忍，所受法本如住，作是者乃至无极慧。"（15，390a）

"大士"在佛经中用来通称菩萨，可能与"德行高尚的人"意思有关。菩萨以智上求无上菩提，以悲下化众生，修诸波罗蜜行，于未来成就佛果之修行者，德行之高尚，可谓是世人之楷模。故佛教借用该词来作为菩萨之通称。《大词典》该条义项二："佛教对菩萨的通称。"首例引南朝齐周颙《重答张长史》："夫大士应世，其体无方，或为儒林之宗，或为国师道士，斯经教之成说也。"书证较晚。"大士"一词被佛教借用后，在佛经中使用相当活跃，而上古本有的两个意思在后来的中土文献中很少出现，即使出现了也均与佛教有关。后"大士"又产生了两个新的义项，一为对高僧的敬称。如宋苏轼

《金山长老宝觉师真赞》："望之俨然，即之也温，是惟宝觉大士之像。"二特指观世音菩萨。如《红楼梦》第五十回："不求大士瓶中露，为乞嫦娥槛外梅。"这两个义项均是由"大士"作为菩萨之通称发展而来的。在汉时，我们还可以看到"大士"上古的"正狱讼之官"义，如汉刘向《说苑·臣术》："忌举北郭刁勃子为大士，而九族益亲，民益富。"而在佛教传入后，"大士"均基本作为佛教术语出现，可见，"大士"在东汉佛教传入时就基本佛教化了。

　　但是经过音译形式和意译形式的较量之后，意译形式虽也使用，但梵语 mahāsattva 的通用形式一般为其音译形式"摩诃萨"。

二、汉化方式的主要表现

　　1. 外来词语书写形式相对定型化

　　通过对照《道行般若经》及其异译，我们可以发现，同一个外来词往往会有不同的书写形式，在书写形式上往往有一个定型化的过程。而音译词中的汉字用于记音，词无定字，产生许许多多的同音替代现象。如：

【娑婆世界/索诃界】

　　后秦鸠摩罗什译《小品般若波罗蜜经》卷1："尔时释提桓因，与四万天子，俱在会中；四天王，与二万天子，俱在会中；娑婆世界主、梵天王，与万梵天，俱在会中；乃至净居天众，无数千种，俱在会中。"（08，540a）

　　唐玄奘译《大般若波罗蜜多经》卷539："尔时，天帝释与三十三天四万天子俱来会坐，护世四天王与四大王众天二万天子俱来会坐，索诃界主大梵天王与万梵众俱来会坐，如是乃至五净居天各与无量百千天子俱来会坐。"（07，769c）

宋施护译《佛说佛母出生三法藏般若波罗蜜多经》卷 2：
"尔时，帝释天主与四十千天众俱来会中，四大天王与二十千天
众，娑婆世界主大梵天王与十千梵众，净居天子与千天众，如是
等皆来集会。"（08，592a）

娑婆世界、索诃界均为梵语 sahā-loka-dhātu 的梵汉合璧形式。
娑婆、索诃为 sahā 的音译形式，除二者外 sahā 的音译形式还有沙诃、
娑呵，意译形式有忍、堪忍、能忍、忍土等多种形式。最终，梵语
sahā-loka-dhātu 的通行形式固定在了"娑婆世界"上。

【阿须伦/质谅神/阿修罗】

东汉支娄迦谶译《道行般若经》卷 10："佛年三十得佛，十
二月十五日过食后说经。佛说经已，诸弟子、诸菩萨、诸天、诸
阿须伦、诸龙鬼神、诸人民，皆大欢欣，为佛作礼而去。"（08，
478b）

吴支谦译《大明度经》卷 6："佛年三十，得佛十二月十五
日过食后，说经毕。诸弟子、闿士，诸天、质谅神、龙、鬼王、
人民，皆大欢喜，前为佛作礼而去。"（08，508b）

宋施护译《佛说佛母出生三法藏般若波罗蜜多经》卷 25：
"佛说此经已，慈氏等诸菩萨摩诃萨，尊者须菩提、尊者舍利
子、尊者阿难等诸大声闻众，并帝释天主等，乃至一切世间天、
人、阿修罗等，闻佛所说，皆大欢喜，信受奉行。"（08，676c）

【阿修罗/阿素洛】

后秦鸠摩罗什译《小品般若波罗蜜经》卷 6："阿惟越致菩
萨亦复如是，阿惟越致菩萨心常安住阿惟越致地中，不可动转，
一切世间天、人、阿修罗所坏种种魔事，能觉之。"（08，565b）

唐玄奘译《大般若波罗蜜多经》卷 549："此诸菩萨亦复如

是，不退转心恒常随逐，安住菩萨不退转地，世间天、人、阿素
洛等不能动坏自所得法，于诸魔业善能觉知，所证法中常无疑
惑。"（07，828b）

宋施护译《佛说佛母出生三法藏般若波罗蜜多经》卷16：
"彼不退转菩萨摩诃萨亦复如是，已得安住不退转性，于其自地
所证法中，决定坚固无所退失，不为世间天、人、阿修罗等而能
动转。随诸魔事悉能觉知，觉已不随，乃至转身亦复不疑更发声
闻、缘觉之心，乃至转身亦复不疑不得阿耨多罗三藐三菩提。"
（08，643b）

在以上两组同经异译中，"阿须伦/质谅神/阿修罗/阿素洛"相
互对应，为Asura的不同汉译形式，古印度神话中的一种鬼神。"阿
须伦""阿修罗""阿素洛"为音译书写形式，"质谅神"应为意译
书写形式，后"阿修罗"成为通行的书写形式。

【比丘/苾刍】【比丘尼/苾刍尼】

东汉支娄迦谶译《道行般若经》卷2："尔时佛在众会中央
诸天中坐，佛告比丘、比丘尼、优婆塞、优婆夷：'今四部为证，
欲天、梵天、阿会亘修天皆证知。'"（08，431a）

符秦昙摩蜱共竺佛念译《摩诃般若钞经》卷2："佛于天会
中告诸比丘、比丘尼、优婆塞、优婆夷：'今以四辈为证。'欲
天、梵天、阿陂谭天皆共证知。"（08，513c）

后秦摩罗什译《小品般若波罗蜜经》卷2："佛因释提桓因，
告欲色界诸天子及四众比丘、比丘尼、优婆塞、优婆夷等。"
（08，541c）

唐玄奘译《大般若波罗蜜多经》卷539："尔时，世尊知欲、
色界诸天神众及诸苾刍、苾刍尼等四众云集，恭敬信受同为明

证。"（07，772c）

宋施护译《佛说佛母出生三法藏般若波罗蜜多经》卷2：
"尔时，世尊普告四众——苾刍、苾刍尼、优婆塞、优婆夷
——帝释天主等欲界诸天众，大梵天王等色界诸天众。"（08，
594c）

"比丘""苾刍"均为梵语 bhikkhu 的不同音译书写形式，"比丘
尼""苾刍尼"均为梵语 bhikkhunī 的不同音译书写形式，由于"比
丘""比丘尼"书写形式更加简便，也不陌生，二者成为最通用的
形式。

2. 翻译形式上的汉化

（1）由音译词到梵汉合璧词

【提和竭罗佛/定光佛/燃灯佛/然灯佛】

东汉支娄迦谶译《道行般若经》卷6："佛言：乃昔提和竭
罗佛所作功德，初发意求佛。提和竭罗佛时，亦复持金华散佛
上，愿言：'持是功德施与，作阿耨多罗三耶三菩者。'"（08，
458b）

吴支谦译《大明度经》卷："佛言：'于定光佛所作功德。
初发意求佛时，亦持金花散佛上，愿持是功德施与作无上正真
道。'"（08，495b）

后秦鸠摩罗什译《小品般若波罗蜜经》卷7："阿难！是女
人于燃灯佛所初种善根。"（08，568c）

符秦昙摩蜱共竺佛念译《小品般若波罗蜜经》卷7："佛告
庆喜：'今此天女先于过去然灯佛所初发无上正等觉心，种诸善
根回向发愿。'"（08，833c）

"提和竭罗佛"为梵语 Dīpaṃkara 的音译形式，"定光佛""燃灯

佛""然灯佛"均为梵汉合璧形式。

【阎浮提/赡部洲】

后秦摩罗什译《小品般若波罗蜜经》卷2："尔时佛告释提桓因言：'憍尸迦！满阎浮提舍利以为一分，般若波罗蜜经卷以为一分。二分之中，为取何分？'"（08，545a）

唐玄奘译《大般若波罗蜜多经》卷541："复次，憍尸迦！假使充满此赡部洲佛设利罗以为一分，有书般若波罗蜜多甚深法门复为一分，于此二分，汝取何者？"（07，781b）

宋施护译《佛说佛母出生三法藏般若波罗蜜多经》卷4："尔时，世尊告帝释天主言：'憍尸迦！若以满阎浮提如来舍利而为一分，以此般若波罗蜜多书写经卷而为一分，汝于此二分中当取何分？'"（08，601c）

"阎浮提"为梵语 Jambudvīpa 的音译形式，"赡部洲"为其梵汉合璧形式。

【婆罗劫/贤劫】

东汉支娄迦谶译《道行般若经》卷5："佛说是经时，五百比丘僧、三十比丘尼，皆得阿罗汉，六十优婆塞、三十优婆夷，皆得须陀洹道，三十菩萨皆逮得无所从生法乐，皆当于是婆罗劫[①]中受决。"（08，451a）

吴支谦译《大明度经》卷4："因随作是说不可称计时，五百比丘、二十比丘尼得应仪，六十清信士、清信女皆得沟港，二十阎士逮得无所从生法乐，皆当于是贤劫中受决。"（08，492b）

唐玄奘译《大般若波罗蜜多经》卷547："佛说如是不可思

---

① 婆罗劫＝波罗蜜尽【圣】。

议、不可称量、无数量、无等等法时，众中有五百苾刍、二千苾刍尼不受诸漏心得解脱，复有六十邬波索迦、三十邬波斯迦于诸法中远尘离垢生净法眼，复有二万菩萨摩诃萨得无生法忍，世尊记彼于贤劫中得受无上正等菩提不退转记；即前所说邬波索迦、邬波斯迦于诸法中远尘离垢生净法眼者，佛亦记彼不久当证永尽诸漏心慧解脱。"（07，818c）

宋施护译《佛说佛母出生三法藏般若波罗蜜多经》卷 13："说是不可思议乃至无等等法门时，会中有五百苾刍、二十苾刍尼，不受诸法，得诸漏尽，心善解脱。六十优婆塞、三十优婆夷，远尘离垢，得法眼净。即于佛前皆得授记。二十菩萨悉证无生法忍，而诸菩萨于此贤劫，当得成就阿耨多罗三藐三菩提果。"（08，633a）

"婆罗劫"为梵语 bhadrakalpa 的音译形式，"贤劫"为其梵汉合璧形式。

（2）由音译词到意译词

【罗阅祇/王舍国/王舍城】

东汉支娄迦谶译《道行般若经》卷 1："佛在罗阅祇耆阇崛山中。"（08，425c）

吴支谦译《大明度经》卷 1："一时，佛游于王舍国其鸡山，与大比丘众不可计，弟子善业第一；及大众菩萨无央数，敬首为上首。"（08，478b）

符秦昙摩蜱共竺佛念译《摩诃般若钞经》卷 1："一时，佛在罗阅祇耆阇崛山中。"（08，508b）

后秦鸠摩罗什译《小品般若波罗蜜经》卷 1："一时，佛在王舍城耆阇崛山中。"（08，537a）

唐玄奘译《大般若波罗蜜多经》卷 538："一时，薄伽梵住王舍城鹫峰山中。"（07，763b）

宋施护译《佛说佛母出生三法藏般若波罗蜜多经》卷 1："一时，佛在王舍城鹫峰山中。"（08，587a）

【罗阅祇/王舍】

东汉支娄迦谶译《道行般若经》卷 10："佛说是般若波罗蜜时，在罗阅祇耆阇崛山中，在众弟子央坐。"（08，478b）

吴支谦译《大明度经》卷 6："佛说明度无极时，在王舍鸡山中众弟子，诸阎士中央坐。"（08，508b）

由以上两组同经异译可知，"罗阅祇/王舍国/王舍城/王舍"相互对应。"罗阅祇"为摩竭陀国王舍城之梵名 Rājagṛha 的音译形式，"王舍国""王舍城""王舍"为意译形式。

【阿惟越致/阿毗跋致/不退转】

东汉支娄迦谶译《道行般若经》卷 1："须菩提报言：'从是法中出阿惟越致菩萨，是为般若波罗蜜相。如是诸弟子闻法，悉具足疾成阿罗汉。'"（08，430a）

后秦鸠摩罗什译《小品般若波罗蜜经》卷 1："时阿难言：'如是说般若波罗蜜义，阿毗跋致菩萨、具足正见者、满愿阿罗汉，是等能受。'"（08，540c）

宋施护译《佛说佛母出生三法藏般若波罗蜜多经》卷 2："是时阿难即告众言：'所有不退转菩萨摩诃萨具正见人，及彼漏尽诸阿罗汉，当知是等于须菩提所说般若波罗蜜多能受其义。'"（08，593b）

阿惟越致、阿毗跋致为梵语 Avaivart 的不同音译形式，"不退转"为其意译形式。

【昙无竭/法来】

　　东汉支娄迦谶译《道行般若经》卷9："萨陀波伦菩萨报女言：师在东方，师名昙无竭，当为我说般若波罗蜜。"（08，472c）

　　吴支谦译《大明度经》卷6："闿士报言：在东方，字法来，当为我说明度。"（08，505a）

"昙无竭"为梵语 Dharmodgata 的音译形式，"法来"为意译形式。

【萨和萨/众生】

　　东汉支娄迦谶译《道行般若经》卷10："若于萨和萨为极大慈，具诸菩萨当视如见佛，当恭敬诸佛法。'"（08，477c）

　　吴支谦译《大明度经》卷6："若于众生为大慈，为以亲近持佛藏。'"（08，508a）

"萨和萨"为梵语 sarvasattva 的音译形式，"众生"为其意译形式。

（3）由梵汉合璧词到意译词

【梵迦夷天/梵众天】【梵多会天/梵辅天/首陀谕天】

　　东汉支娄迦谶译《道行般若经》卷1："尔时释提桓因与四万天子，相随俱来共会坐；四天王与天上二万天子，相随来共会坐；梵迦夷天与万天子，相随来共会坐；梵多会天与五千天子，相随来共会坐。"（08，429a）

　　吴支谦译《大明度经》卷2："尔时，帝释与四万天子，四天王与二万天子，梵众天与万天子，梵辅天与五千天子，俱皆来会坐。"（08，482b）

　　符秦昙摩蜱共竺佛念译《摩诃般若钞经》卷1："尔时，释提桓因与四万天人俱来共会，四天王与天上二万天人俱来共会，

梵迦夷天与一万天人俱来共会，首陀谐天与五千天人俱来共会。"(08，511c)

"梵迦夷天"为梵名 Brahma-kāyika 的梵汉合璧形式，该形式渐渐被意译形式"梵众天"所代替。

【阿迦腻咤天/无结爱天】

东汉支娄迦谶译《道行般若经》卷8："佛语须菩提：'不但诸天、诸梵天为菩萨作礼，上至阿会亘彼立、阿波摩那、阿会波罗，及上至阿迦腻咤诸天，皆为行般若波罗蜜菩萨作礼'"(08，467b)

吴支谦译《大明度经》卷5："佛言：'不但诸释梵，上至约净天、遍净天、无结爱诸天，皆为作礼。'"(08，502a)

"阿迦腻咤"为梵名 Akaniṣṭha 音译，"无结爱"为意译，"阿迦腻咤天"为梵汉合璧形式，"无结爱天"为意译形式。

【耆阇崛山/鸡山】

东汉支娄迦谶译《道行般若经》卷10："佛说是般若波罗蜜时，在罗阅祇耆阇崛山中，在众弟子央坐。"(08，478b)

吴支谦译《大明度经》卷6："佛说明度无极时，在王舍鸡山中众弟子，诸闿士中央坐。"(08，508b)

耆阇崛山为梵语 Gṛdhrakūṭa 的不同汉译形式，前为梵汉合璧形式，后意译形式。

【般遮旬/五旬】

东汉支娄迦谶译《道行般若经》卷2："是祝故出十诫功德，照明于天下，四禅、四谛、四神足、般遮旬，照明于世间。"(08，433b)

吴支谦译《大明度经》卷2："出十善功德照明于世，四禅、

四谛、四神足、五旬照明于世。"（08，515c）

"般遮旬"为梵语 pañcābhijñā 的梵汉合璧形式，"五旬"为其意译形式。

汉化的方式除以上两种外，还有音节的缩略、由单义到多义、意义的世俗化、外来词的语素化等，这几方面在个别梵语词的具体汉化过程中都有所提及。从《道行般若经》及其六个译本比对来看，其汉化方式以书写形式相对定型化和翻译形式的改变为主。

余　论

东汉时期，汉语正处于由上古阶段到中古阶段转变的关键期，汉语词汇的发展也在这个时候悄无声息地酝酿着激烈的变化。新质成分急剧增加，旧质要素也随之发生了细微变化。但目前能见的反映当时实际语言状况的中土文献资料较少，而东汉翻译佛经中包含相当多的口语成分，更能反映当时汉语的真实面貌，是汉语词汇史研究的宝贵语料。同时，佛教思想文化在中国的传播，主要以佛经翻译和对原典的阐释为媒介，这一过程中形成了新的语言接触。翻译佛经所展现出来的语言面貌，反映了在佛教文化传播影响之下，语言接触对汉语发展所产生的影响，这值得我们深入挖掘，并系统研究。

一、主要工作、基本结论和研究特色

本研究根据经录记载并结合相关研究成果，对东汉佛经的语料详加梳理考辨，对东汉佛经词汇进行了全面系统研究。东汉是汉语词汇从单音节向双音节发展的关键期，比如中土文献，尤其是汉赋一类文学作品就产生了大量双音词。这种状况，在东汉以来的翻译佛经中体现得最为明显，比如东汉佛经中有双音词 8477 个，其中 2063 个为中土固有，其余 6414 个为译经新造。从宏观层面看，这反映了东汉以来，汉语词汇的音节数量发生了重大变化，新词的构造方式逐步向双音节方向发展。从绝对数量上看，东汉佛经双音词的数量远远超过以往汉语双音词数量的总和，佛经翻译对汉语词汇双音化发展趋势起到了推动作用，因此我们尤其关注东汉佛经双音词的使用，及其在汉语中的发展状况。

本研究的主要结论和特色表现在以下几个方面：

其一，重视从宏观角度对译经词汇的整体面貌进行统计分析。研究认为，汉语词汇史分期将东汉作为中古汉语的起始阶段是科学的。佛教自两汉之交传入中国，东汉佛经翻译对汉语词汇发展产生了深远影响，丰富了汉语的语义，增加了构词语素，扩充了汉语词汇的数量，复音词的数量急剧增加。无论从宏观方面（词汇量的大幅增长），还是从微观方面（如词义变化、语素化等），东汉词汇与以往相比都表现出很大的不同，它更接近于魏晋时期的语言面貌。

其二，重视佛经翻译对汉语词义发展的影响。只有符合汉语词义演变规律的新用法，才能在汉语中继承下来。我们统计了东汉佛经中的双音词，其中 2063 个是东汉及以前中土固有词，这些词在佛经中的用法，很大一部分与中土不同。但通常情况下，用固有词翻译佛经，译师会考虑受众的接受和理解问题，尽量选择中土用法与原典词关联度高的词进行翻译，原典词的用法可以通过中土词的用法类推出来，如"饱满"在译经中通常是"吃饱"义，可通过当时的常用义"充足"类推出来；佛经中"解脱"的抽象用法"摆脱烦恼业障的系缚而复归自在"，可以从具体用法"解开、解除"类推出来。王云路先生（2019）认为："佛经翻译者使用汉语时，并不是简单的照搬，而是加上自己的理解，容易接受的就使用，觉得不易理解的也会放弃，所以具有选择性；词义或复音词的创造也是根据自己的理解和汉语的构词规律加以类推。"佛教文献是以汉语的形式呈现出来的文本形态，虽然汉语词汇的各个层面都受到佛经翻译的影响，但在汉语词汇系统中，汉民族的思维习惯及汉语自身的用法仍然基于主导地位，它像一个巨大的磁场，深刻影响着其他外来词意义的发展，使佛经词语的演变在符合汉语词汇发展规律的道路上不断演进，只有符合汉语发展规律的那些成分，才能被汉语吸收利用，从而实现佛教词语的"本土化"（或"汉化""世俗化"）。

其三，从造词法角度研究译经双音词的生成。造词法是从历时的角度来考察词的形成，是关于新词如何造成的问题。汉语的造词法大部分都能在东汉佛经中找到例子，但由于佛经翻译的特殊性，有些类别的造词法很难在东汉佛经中找到实例，如"音变造词"。我们的基本观点是，佛经翻译的过程，实质上也是词汇创造的过程，因此从广义上说，翻译本身也是新词的产生方式。一般造词法研究将"译音"别为一类，是很有道理的，因为汉语有不少外来词是音译词，如"佛陀（buddha）""菩萨（bodhisattva）""魔（māra）""三昧（samādhi）""沙发（sofa）""香波（shampoo）""粉丝（fans）"等。如果做进一步分类，"翻译"造词还可以分为"译音""意译"，意译又可分为"仿译"等小类。仿译是东汉译经最为常见的翻译方式，不少由相同语素构成的双音词，是对原典复合词模式的仿译，如"大+X"模式双音词通常是对梵语复合词"mahā-X"模式的仿译。译经中的意译词，大部分是仿译原典词的结果，数名结构的简称词，几乎全是仿译原典词造成的新词。仿译词的大量出现，是经师重视原典风格的表现之一。

二、几点启示

第一，汉语词汇研究应同时关注常用词在中古佛经中的用法，才能厘清常用词发展演变的历史过程。近几十年来，汉语常用词演变研究取得了很大进步，材料范围也得到了很大扩展，但总体上仍以中土文献为主，对中古佛经语料较少利用，因此在考察常用词演变过程时，有可能存在源流倒置的问题，不能准确反映常用词的历史过程。

第二，限于能力、精力和时间，有些方面的探讨尚不深入，有待后续不断深入。比如，佛经翻译过程中词语选择的问题值得关注，也就是译师选择某词对译原典词，考虑了哪些可能的因素？在译经中词义有无变化？有何种变化？如果译经中固有词的词义有变化，这些变化是否反映了汉语词汇发展的一般规律？如果反映了汉语词义发展的一般规律，我们如何看待佛教文化传播或者佛经翻译对汉语词义发展产生的影响？解决这些问题，是考量佛教文化传播对汉语词汇发展演变发生影响程度的基础。再如，从新词造成的过程来说，译经新词是使用哪些手段构组的？从广义上说，翻译也是一种造词法，但还可以进行下位分类，比如译音、仿译，甚至译音还可以从音节的缩略情况细分为全译、缩略等。

我们对东汉佛经词汇造词法的分析主要借鉴了蒋绍愚（2015）的分类方法，考虑到翻译佛经形成过程的特殊性，从造词法的角度分析译经词汇，同样会呈现出与众不同的特征，而我们的分析尚不能反映译经造词法的全貌，其中有些问题会比较复杂，比如，意译词中非仿译的部分，其形成方式如何？构造理据何在？都还值得进一步思考。

第三，研究过程中我们逐渐认识到，译经中汉语固有词的使用状况及其变化，是值得从理论上进一步发掘的领域。以往的研究重视对这些词变化结构的描写，为厘清词语发展脉络做出了重要贡献。更加深入细致的研究，应该将这些词离析出来，将它们在译经中的用法一个一个弄清楚，在此基础上总结汉语固有词在译经中的变化规律，考察佛教文化传播在哪些方面以及如何影响汉语词汇变化。这些变化有些能够在汉语中承继下并进一步发展，有些未能走出佛门，只能在佛教文化内部流行，又受到哪些因素的制约等，都是值得深入思考的问题。

附录　《大方便佛报恩经》翻译时代考

佛经的汉译从汉代起，一直延续到明清。由于诸多因素，今传早期翻译佛经所题年代、译人有不少讹误，汉译佛经的具体年代和译人存疑，古代经录记载中有不少地方含混不清，其间出入很大，其中许多错误今天仍在沿用。不管是中国佛教思想、文化、佛教史还是语言学研究领域，对佛典利用都尚存在一些问题。如《大方便佛报恩经》（七卷），一些学者错误地把它当作东汉语料来使用，这是有问题的。学术界对于此经翻译年代的看法并不一致。如吕澂认为是东汉失译经，许理和认为不是，没有将其归入东汉译经的目录中。这部经的时代存疑，有学者已经对其时代进行了一些揣测和考察①。本文拟从文献学和语言学两个方面对《大方便佛报恩经》做进一步考察。

一、《大方便佛报恩经》文献学考察

（一）《大方便佛报恩经》在经录方面的情况

有关《大方便佛报恩经》在经录方面的记载，最早见于梁僧佑《出三藏记集》（510—518 年）卷 4《新集续撰失译杂经录》第一："《大方便报恩经》七卷。"（55，21c）（本文所引佛经均据日本《大正新修大藏经》，55，21c 分别表示册数，页码，栏次，下同。）此处

---

① 如汪维辉先生认为："有种种迹象表明，这些经的实际翻译时代可能要晚于东汉，估计为三国时期所译"，见汪维辉（2000；2017：292）。此外，参见方一新（2003），方一新、高列过（2005）。

作"《大方便报恩经》"。隋法经等《众经目录》（594 年）卷 1《众经失译》也作："《大方便报恩经》七卷。"（55，120b）俱定为"失译"，均未说明时代。

隋费长房《历代三宝纪》（597 年）卷 4 则作"《大方便报恩经》一卷（见吴录）"（49，0053a），并指出："月支国沙门支娄迦谶，亦直云支谶，桓灵帝世建和岁至中平年，于洛阳译。"（49，53a）同时又在卷 13 云"《大方便报恩经》七卷"（49，112b），卷 4 云"《大方便报恩经》七卷（宫本作一卷）"（49，54b），又言："并是僧佑律师《出三藏记》撰古旧二录，及道安失源并新集所得失译，诸经部卷甚广，雠校群目，芜秽者众，出入相交，实难诠定。未睹经卷，空阅名题。有人有源，无人无译。详其初始，非不有由，既涉年远，故附此末。"（49，55c）这里记载了两种《大方便报恩经》，一是一卷本，支谶译；二是七卷本，东汉失译。这是第一次把七卷本《大方便报恩经》的翻译时代定为东汉。唐靖迈《古今译经图纪》卷 1 亦袭此说，认为一卷本《大方便报恩经》为东汉时支娄迦谶所译：

沙门支娄迦谶，月支国人。操行纯深，性度开敏。禀持法戒，讽诵群经。志在宣弘，游方化物。以桓帝建和元年岁次丁亥至灵帝中平三年岁次丙寅，于洛阳译……《大方便报恩经》（一卷）。（55，348c）

隋彦琮《众经目录》卷 1："《大方便报恩经》七卷。"（55，152c）唐静泰《众经目录》卷 1："《大方便报恩经》七卷（一百二十四纸）。"（55，182b）上两种《众经目录》均仅收录七卷本《大方便报恩经》，未说明译经年代及译者。

唐明佺等《大周刊定众经目录》卷 3："《大方便报恩经》七卷。右汉代支谶译。出长房录。"（55，387a）下又著录有"《大方便报恩经》一部七卷"① （55，387a），并特别说明："上二经同本别译。"
（55，387b）指出了该经存在异译本，但均为七卷。

唐道宣《大唐内典录》（664 年）卷 1《历代众经传译所从录·
东汉传译佛经录》第一："《大方便报恩经》（见吴录）。"（55，
223c）其下有一个说明："右二十一部六十三卷，是月支国沙门支娄
迦谶，亦直云支谶，以汉桓帝世建和岁至中平年于洛阳译，河南清信
士孟福、张运等笔受。捡僧佑录，有二十四部。"（55，224a）

另《大唐内典录》卷 6《历代大乘藏经翻本单重传译有无录》第
二又云："《大方便佛报恩经》（七卷，一百二十四纸）失译见宝唱
录。"（55，287a）此处首次明确出现了《大方便佛报恩经》之名，
将其与《大方便报恩经》明确区别开来，《大方便报恩经》为支谶
译，卷数未著录，七卷本的《大方便佛报恩经》，定为失译，时代
不明。

道宣《续大唐内典录》卷 1（730 年）："《大方便报恩经》七卷。
右见吴录。"（55，347a）可知道宣是把《大方便报恩经》定为七卷
的，并且与七卷本《大方便佛报恩经》视为不同。

唐智昇《开元释教录》（730 年）卷 14 "别录中有译无本录第
二"："《大方便报恩经》一卷，东汉月支三藏支娄迦谶译。"（55，
633a）又卷 1 云 "《大方便佛报恩经》七卷"（55，483b）、卷 12 云
"《大方便佛报恩经》七②卷。失译在东汉录"（55，602b）、卷 19 云
"《大方便佛报恩经》七卷，一百二十六纸"（55，687a）、卷 20 云
"《大方便佛报恩经》七卷（一百二十六纸），失译，在东汉录"
（55，710b）。这里也是把两种《报恩经》区别开来的：一卷本《大方

---

① 另卷 13 上著录有："《大方便报恩经》一部七卷。"（55，462a）
② 原误作 "十"，形近而误。宋、元、明本均作 "七"。

便报恩经》为支谶译；七卷本《大方便佛报恩经》为失译，在东汉录。

根据以上经录的著录记载我们可知：在梁僧佑《出三藏记集》、隋法经等《众经目录》中，记有《大方便报恩经》七卷，定为失译，时代不明。在费长房《历代三宝纪》中则出现了一卷本和七卷本两种《大方便报恩经》，一卷本为支谶译，七卷本为东汉失译，这是第一次把七卷本的翻译时代定为东汉。唐道宣《大唐内典录》首次出现了《大方便佛报恩经》一名，将其与《大方便报恩经》区别开来，记《大方便报恩经》为支谶译，失卷数；记七卷本的《大方便佛报恩经》，为失译，未明时代。唐智昇《开元释教录》也是把两种《大方便报恩经》区别开来的，一卷本《大方便报恩经》为支谶译；七卷本《大方便佛报恩经》为失译，在东汉录。《大正新修大藏经》与此同，当沿于此。

经录著录的情况大致如此。僧佑《出三藏记集》并没有指出时代，东汉译的说法实则源于费长房《历代三宝纪》。

（二）佛教类书引录该经的基本情况

一卷本《大方便报恩经》今已佚，但仍有一个问题，即僧佑《出三藏记集》所记的七卷本《大方便报恩经》与现存的七卷本《大方便佛报恩经》是否为同一部经书？

这一问题必须搞清楚。历代诸经录记载较为混乱，从经录著录中找不到线索，我们通过对佛教类书引录该经情况的考察，来解决这一问题。

梁宝唱《经律异相》中引录了《大方便佛报恩经》的部分内容。《经律异相》凡五十卷，宝唱撰集，梁天监十五年（516 元）成书。本书系将散见于经、律中之稀有异相集录而成，属于佛教百科全书之一种，为一部以类相从，便于索览之佛教故事集成。本书的内容有的是直接抄录经律原文，有的是节录经律原文。

　　《经律异相》中，选有《大方便佛报恩经》卷一、卷三、卷四的部分内容，而且有一处也提到了卷七。我们拿《经律异相》中所引的卷一内容与今本《大方便佛报恩经》做对比：

表7　《经律异相》所引卷一内容与《大方便佛报恩经》对比表

今本《大方便佛报恩经》卷一	《经律异相》所载
尔时世尊告于阿难及诸大菩萨摩诃萨一切大众，而作是言：乃往过去无量无边阿僧祇劫。尔时有国号波罗奈，彼中有佛出世，号毗婆尸如来应供正遍知明行足善逝世间解无上士调御丈夫天人师佛世尊。其佛寿命十二小劫，正法住世二十小劫，像法亦住二十小劫。于像法中有王出世，号曰罗阇王。波罗奈国王，有二万夫人，大臣有四千人，有五百健象王，主六十小国八百聚落，王有三太子，皆作边小国王。	毗婆尸佛像法时，波罗奈国王，名罗阇，唯有三子，各任小国。
尔时波罗奈大王聪睿仁贤，常以正法治国，不枉人民。惟王福德力故，风雨时节，五谷丰熟，人民优壤。尔时波罗奈大王有一所重大臣，名曰罗睺。罗睺大臣心生恶逆。起四种兵。所谓象兵车兵马兵步兵。伐波罗奈国断大王命，已杀王竟，复遣四兵，往诣边国，杀第一太子，次复往收第二太子。其最小弟作边小国王。其小王者，形体姝大，端正殊妙。仁性调善，语常含笑，发言利益，不伤人意。常以正法治国，不邪枉人民。国土丰乐，人民炽盛，多饶财宝，家计充盈。国土人民叹美其王，称善无量，虚空诸天一切神祇亦皆敬爱。尔时其王生一太子，字须阇提，聪明慈仁，好喜布施。须阇提太子者，身黄金色，七处平满，人相具足。年始七岁，其父爱念，心不暂舍，尔时守宫殿神语大王言：大王	时王聪睿，正法为治，不拄（枉）人民。王有德力，风雨以时，五谷丰熟，王所重臣名罗口罗，心生恶逆，忽起四兵，伐波罗奈国，断大王命。续伐第一第二王子，次讨第三、第三王子，形体姝大，端正殊美，任性调善，语常含笑，发言利益，不伤人意。正法治民，土地丰乐，国计充盈，四方叹美，虚空诸天一切神鬼亦皆敬爱。有一太子名须阇提，聪明慈仁，好喜布施。身黄金色，七处平满，人相具足，年始七岁其父爱念，心不暂舍。时守宫神语王言：罗口恶逆，谋夺国位，欲杀父王。

今本《大方便佛报恩经》卷一	《经律异相》所载
知不？罗睺大臣近生恶逆，谋夺国位，杀父王竟，寻起四兵，伺捕二兄，已断命根，军马不久当至大王，今者何不逃命去也。尔时大王闻是语已，心惊毛竖，身体掉动，不能自持，忧恚懊恼，暗嗟烦闷，心肝恼热，宛转躄地闷绝，良久乃稣，微声报虚空中言：卿是何人，但闻其声不见其形，向者所宣，审实尔不？即报王言：我是守宫殿神。以王聪明福德，不枉人民，正法治国，以是之故，先相告语：大王，今者宜时速出，苦恼衰祸，正尔不久，怨家来至。	寻起师众，伺捕二兄，亦已断命，军马不久，当复至此。王闻是语。忧愁懊恼，不能自持，心肝崩裂，婉转躄地，良久乃苏。微声报虚空中言：卿是何人？但闻其声，不见其形。向者所宣审实尔不？即报王言：吾是守宫神，以王聪明正直，不拄（枉）人民，以是相告。王宜速出，其至不久。
尔时大王，即入宫中，而自思念：我今宜应归投他国。复自思惟：向于邻国而有两道，一道行满足七日乃到他国，一道经由十四日。即便盛七日道粮，微服寻出，去到城外，而便还入宫中，呼须阇提太子，抱着膝上，目不暂舍，粗复惊起，而复还坐。	王思投邻国而有两道，一道七日行，一道十四日行。即盛一人七日粮食，入宫呼须阇提，抱着膝上。
尔时夫人见其大王不安其所似恐怖状。即前问言：大王，今者似恐怖状，何因缘故？坐不安所，身坌尘土，头发蓬乱，视瞻不均，气息不定，如似失国，恩爱别离，怨家欲至，如是非祥之相，愿见告语。王言：吾所有事非汝所知。夫人寻白王言：我身与王二形一体，如似鸟之两翅，身之两足，头之二目，大王今者，云何而言不相关预？	夫人前问：大王今者，似有恐状？王言：非卿所知。夫人白言：我身与王，如鸟两翅，云何而言不相关预？
王告夫人：汝不知耶，罗睺大臣近生恶逆，杀父王竟，伺捕二兄，亦断命根。今者兵马次来收我，今欲逃命，即便抱须阇提太子，即出进路。	王报如上。即抱太子，便出进路。

卷一其他内容以及卷三、四、七的情况与此类似。今将大致对应情况列一简表如下，并略做说明：

表8　《经律异相》所载内容与《大方便佛报恩经》对比表

《经律异相》	今本《大方便佛报恩经》	说明
《经律异相》卷5：吹香山药入五百盲贼眼中还得清眼十四（53，23a）	卷七	出《大方便佛报恩经》第七（卷）大同（53，23b）。
《经律异相》卷5：化作执着婆罗门子令其父母还得本心十五（53，23b）	卷四	出《大方便佛报恩经》第四卷（53，23b），节录。
《经律异相》卷24：转轮王为半偈剜身然千灯六（53，131c）	卷三	出《大方便佛报恩经》第三卷（53，132b），节录。
《经律异相》卷25：大光明王舍头施婆罗门三（53，137a）	卷四	出《大方便佛报恩经》第四卷（53，137c）大同，节录。
《经律异相》卷31：忍辱为父杀身三（53，163a）	卷三	出《大方便佛报恩经》第三（宋、元、明、宫本作"五"）卷（53，163b）大同，节录。

通过对比发现，《大方便佛报恩经》有关内容与《经律异相》大致大同，但是内容更为详尽，《经律异相》系节引。证明今存七卷本《大方便佛报恩经》与早期经录所记的七卷本《大方便报恩经》是同一种经书。

现在需要进一步澄清的问题是，唐以前经录记载的七卷本是否与今存入藏的版本相同？

我们发现，《法苑珠林》和《诸经要集》亦有引《大方便报恩经》，与今本《大方便佛报恩经》卷七《亲近品》字句完全相同。

《大方便佛报恩经》卷7《亲近品》："菩萨常勤求善知识，

为闻佛法，乃至一句一偈一义，三界烦恼，皆悉萎悴。菩萨至心求佛语时，渴法情重，不惜身命，设践热铁，猛火之地，不以为患。菩萨为一偈故，尚不惜命，况十二部经？为一偈故，尚不惜身（宋、元、明本无'身'）命，况余财物？闻法利故，身得安乐，深生信心，直心正见。见说法者，如见父母，心无憍慢。为众生故，至心听法，不为利养；为众生故，不为自利；为正法故，不畏王难。饥渴寒热，虎狼、恶兽、盗贼等事。先自调伏烦恼诸根，然后听法。"（03，163b）

（三）《一切经音义》所录该经词语与今本《大方便佛报恩经》的对比

唐慧琳《一切经音义》卷43辑录了《大方便报恩经》卷1—7的词语（此部分系录玄应《音义》）共66条。其次序与今本《大方便佛报恩经》的次序，在分卷上与今本完全对应。现将《一切经音义》所收录《大方便报恩经》的66条词语与今本《大方便佛报恩经》的对应情况列表统计如下：

表9 《一切经音义》所载内容与《大方便佛报恩经》对应表

《音义》收录情况			与今本《大方便佛报恩经》（下称《经》）对应情况	
卷	词数	完全对应	存异文	
一卷	11	1. 池湖 2. 微服 3. 挑目 4. 里程 5. 咆地	1. 暉豔（又作艷。）《经》作"暉艶"。 2. 旃叔（或言甄叔迦，或云緊叔，迦樹名）。《经》作"甄叔"。（03，127b） 3. 喑喈。《经》作"喑嗟"。（03，128c） 4. 呼禽（古文歐嚵二形，今作吸。《廣雅》：歙，飲也，引也。謂氣息入也。）《经》作"呼嚵"。（03，129a） 5. 撼揩（经文从首作醎。）《经》作"醎揩"。（03，129c） 6. 輸頭檀王。《经》作"輸頭檀"。（03，130a）	

续　表

卷	词数	完全对应	存异文
二卷	25	1. 眼眩 2. 迫憎 3. 财贿 4. 干晒 5. 嵌岩 6. 羸惙 7. 唼食 8. 茹食 9. 担揭 10. 炎旱 11. 猥多 12. 噢嘻 13. 喊喊 14. 拔肋 15. 瞰然	1. 蟠蘭椿輪。《經》作"蟠（或作"幡"）蘭椿輪"。（03，130b） 2. 蒨練粲爛。《經》作"蒨練粲爛"。（03，130b） 3. 戬遏。《經》作"戬遏"。（03，131b）宋本"戬"作"摵"，元、明本作"截"。 4. 兜鍪（经文作鉾，非字體）。"鍪"，《經》作"矛"。（03，131c）宋本作"鉾"，元、明本作"鍪"。 5. 歇波那食（或云怛鉢那譯。）《經》作"怛鉢那食"。（03，131c） 6. 飡唵（烏感反。《字林》："唵，噆也，謂向口唵也。"以掌進食曰唵。）《經》作"食飲"（03，132a），宋、元、明本"食"作"飡"。 7. 髀腨（扶忍反。《説文》云："膝骨也。"下又作"腨"，同時充反。胇腸。）《經》作"臏腨"（03，132b），宋、元、明本作"腨"作"踳"。 8. 爪攫。《經》作"抓攔"。（03，134a）宋、元、明本作"爪攓"。 9. 單子（按：子，猶孤獨也。）《經》作"單子"。（03，134b） 10. 蹹張（经文從口作噏悵，非也。）《經》作"噏張"。（03，134b）宋本作"蹹悵"。
三卷	9	1. 嫡嫡 2. 慨叹 3. 悒迟 4. 摩诃罗	1. 耶維（或言"闍毗"，或言"闍維"，皆訛也。正言"闍鼻多"，義是焚燒也。）《經》作"闍維"（03，138b）。 2. 蹎蹶（又作僵。经文作"顛厥"，非體。）《經》作"顛蹶"（03，139c）。 3. 瓾瓳（字又作"燔"，同。普安反。下户吾反。《通俗文》："甎方大謂之瓾。"瓳，今大方瓾是也。）《經》作"珊瑚"（03，139c），宋、明本"珊"作"燔"，元本作"瓾"。"瑚"，宋本作"瓳"。 4. 煩冤（经文作"宛""惋"二形，非體也。）《經》作"煩惋"。（03，141a） 5. 汪水（经文作"洸"，音光，非也。）《經》作"洸水"。（03，141a）"洸"，宋、元、明本作"汪"。

卷	词数	完全对应	存异文
四卷	10	1. 祷祀 2. 湍浪 3. 举帆	1. 瞤動（经文作瞤，非體也。）《經》作"瞤動"。（03，143a）宋、元、明本"瞤"作"瞤"。 2. 蕃息（蕃滋也。謂滋多也。经文作"繁"。繁，盛也，亦多也。）《经》作"滋息"。（03，143b）宋、元、明本"滋"作"繁"。 3. 帷帳（《字林》："在旁曰帷"。謂張幕障旁也。幨，圍也。）《经》作"幨（或作'幃'）帳"。（03，143c） 4. 矇眊（有眸子而無見曰矇，目無眸子曰眊。）《经》作"矇盲"。（03，144a） 5. 振济（经文作"賑"。）《经》作"賑濟"。（03，146b） 6. 草蔡（音察，草蘆也。亦芬。经文作藻，非也。蘆，音千古反。枯草也。今陝以西言"草蔡"，江南、山東言"草蘆"。蘆，音山。東云"七故反"。）《经》作"草莽"。（03，147a） 7. 嗥咻（又作"嘊"。）《经》作"嗥吼"。（03，147b）
五卷	6	1. 白虹 2. 祸酷	1. 劓刵。《经》作"刵劓"。（03，150c）"刵劓"，宋本作"劓刵"。元、明本作"劓刵"。 2. 刵耳。参上"劓刵"。 3. 捫摸。《经》作"探摸"。（03，153a） 4. 捊發（《说文》作"枹桴"，二形同。步交反。桴，引取也。《通俗文》作"捊"，手把曰捊）。《经》作"把發"（03，153b），宋、元、明本"把"作"捊"。
六卷	3	1. 牛哃 2. 跳枰 3. 须陀食	
七卷	2	1. 童龀	1. 彄綱（经文作擛，俗字也。）《经》作"彄綱"。（03，162c）宋、元、明本"彄"作"擛"。
计	66	33	33

通过上表可以看出，《一切经音义》所录《大方便报恩经》词语与今本《大方便佛报恩经》在次序（含卷次）上是完全对应的，且所收录词条相同。至于存在的异文，有的是《一切经音义》所据存在异文（这种情况《一切经音义》在说解时称"经文作"），有的是音近义通且形亦近的字造成的差异（如"振"与"赈"），其余大部分均因形近而误所致（如"子"与"子"）。亦可证明《大方便报恩经》与今本《大方便佛报恩经》是同一种经。

（四）小结

长期以来，《大方便佛报恩经》在翻译年代、译者、卷数上一直存在含糊不清的现象，经考查，费长房之前，《大方便报恩经》在经录记载上均为七卷，标为失译，时代不明。费长房《历代三宝纪》记载了两种《大方便报恩经》：一为一卷本，一为七卷本，将七卷本记为东汉失译。七卷本《大方便报恩经》与今本《大方便佛报恩经》实为同一部经。

我们应对历代佛典目录所载译经进行考查，充分利用现代佛教史家的研究成果，并在此基础上从语言史的角度做进一步深入研究，整理出一部更加可靠的佛经目录。

二、从语言角度看《大方便佛报恩经》的翻译时代

（一）词汇方面

汉语的词汇具有时代性，从词汇角度，判定作品的译者及其时代是可行的。本节拟从《大方便佛报恩经》中的原典词语、一般词语和常用词三部分来探讨译作年代。

1. 源自原典的词语

许理和先生曾说过："对于中国佛教初期历史而言，翻译所选的

文本的性质以及翻译所用的术语，均揭示了汉代佛教的某种基本特征。"（许理和，1998）我们通过对来自原典的词语进行研究，来区分哪些是汉代就有的，哪些是以后才出现的。

如是我闻

《大方便佛报恩经》卷1："如是我闻，一时佛住王舍城耆阇崛山中，与大比丘众二万八千人俱，皆所作已办。"（3，124a）

如是我闻，梵名 evammayasrutam，巴利名 evammesutam，是佛经经文之初所常用的语句，又译"闻如是""我闻如是"。依传统的说法，佛灭后不久，有五百阿罗汉于王舍城举行第一次结集。其时阿难于会众前诵出经文。而在诵出经文之前，先言"如是我闻"，以此表示此下所诵是直接从佛陀处亲闻。

东汉译经中不见有译为"如是我闻"的，只译为"闻如是"。三国译经中"如是我闻"仅出现一例。即《大宝积经》卷第82，曹魏康僧铠译《郁伽长者会》第19："如是我闻。一时佛在舍卫国只陀林中，给孤穷精舍，与大比丘僧千二百五十人俱，菩萨五千人。"（11，472b）三国时多为"闻如是"。又有作"我闻如是"的，旧题曹魏康僧铠译《佛说无量寿经》卷上："我闻如是，一时佛住王舍城耆阇崛山中，与大比丘众万二千人俱。"（12，265c06）此经吕澂先生认为是刘宋宝云译。永初二年（421年）出，后误为康僧铠译。

西晋时期的译经也多用"闻如是"。不见有用"我闻如是"，只有三例用了"如是我闻"，它们是：《大宝积经》卷第100，西晋聂道真译《无垢施菩萨应辩会》第三十三序品第一："如是我闻，一时佛游舍卫国祇树给孤独园，与大比丘众千人俱，皆是阿罗汉。"（11，556a）若罗严译《佛说时非时经》："如是我闻，一时佛在王舍城鹊封竹园。"（17，738b）又："如是我闻，一时佛住王舍城迦兰陀竹林

园精舍。"（17，739a）

也就是说，直到西晋时期，也是"闻如是"比较普遍。"如是我闻"这种译经开头模式是从西晋开始逐渐形成的。

憍陈如

《大方便佛报恩经》卷1："如是我闻。一时佛住王舍城耆阇崛山中，与大比丘众二万八千人俱，皆所作已办，梵行已立，不受后有，如摩诃那伽心得自在。其名曰摩诃迦叶、须菩提、憍陈如、离越多诃多、富楼那弥多罗尼子、毕陵伽婆蹉、舍利弗、摩诃迦旃延、阿难、罗睺罗等。"（3，124a）

又卷6："尔时难陀比丘闻佛说已，即从座起，头面礼大憍陈如足，次第至优波离前，俛仰而立，合掌而已。"（3，154c）

憍陈如，梵名 Kauṇḍinya，巴利名 Koṇḍañña。佛陀于鹿苑初转法轮时所度五比丘之一，是佛陀最初之弟子。此词不见于东汉、三国、西晋的可靠译经，东汉三国西晋的译经中是用"阿若拘邻""拘邻"。"憍陈如"的译法，东晋始见。后秦鸠摩罗什译《大庄严论经》卷8："诸旧比丘上座，憍陈如、阿毗马师比丘等次第为礼，优波离最在下坐。"（4，300b）刘宋求那跋陀罗译《过去现在因果经》卷3："作此言已，顾瞻其傍，见憍陈如等五人。"（3，637a）

耆婆

《大方便佛报恩经》卷6："如昔一时，大目揵连以弟子有病，上忉利天以问耆婆。"（3，160b）

耆婆，梵名 Jīvaka，为佛陀时代之名医。在题为东汉录的佛经中有二例：旧题东汉康孟详译《佛说兴起行经》卷1《佛说木枪刺脚因缘经第六》："耆婆闻佛为木枪所刺，涕泣至阿阇世王所。"（4，168c）失译附东汉录《分别功德论》卷2："时阿难背上生痈，佛命耆婆治阿难所患。"（25，37c）但值得注意的是，这两部经的翻译时代是存在争议的，并不可靠（方一新，2003）。在可靠的东汉译经中并不见"耆婆"一词。此词最早出现于《撰集百缘经》卷10："时诸眷属，载其尸骸，诣于塚间，请大医耆婆，破腹看之。"（4，250c）该经据学者考察，大致译于6世纪中叶（辛岛静志，2006；张雨薇，2015；张雨薇、方一新，2019）。另有"耆域"一词，是"耆婆"的异译，在西晋已出现。如：西晋竺法护《佛五百弟子自说本起经》卷1："遣耆域医王，擎药与鹿子。"（4，199a）西晋以后，用例渐多。后秦弗若多罗共罗什译《十诵律》卷21："佛在王舍城，是时耆婆药师，治二种人：'一洴沙王，二佛比丘僧。'"（23，152b）姚秦佛陀耶舍共竺佛念等译《四分律》卷52："尔时耆婆童子治众僧病，为佛及僧作吐下药。"（22，958c）

摩睺罗伽

　　《大方便佛报恩经》卷2："尔时众中，有七十恒河沙等众生，皆发声闻辟支佛心，复有无量天人及干闼婆、阿修罗、迦楼罗、紧那罗、摩睺罗伽、人非人等，见闻是已，皆发道心欢喜而去。"（3，135a）

　　摩睺罗伽，梵名 Mahoraga，八部众之一。东汉时期只用"摩休勒"和"摩睺勒"。东汉竺大力共康孟详译《修行本起经》卷上："诸龙王阿须伦、迦留罗、真陀罗、摩休勒——尊神，复各与眷属，皆悉会来。"（3，461a）东汉支谶《佛说阿阇世王经》卷2："譬若海含受众水，受持珍宝，龙阅叉、揵陀罗、真陀罗、摩休勒、无不苞裹，为一切作其处。"（15，398）东汉支谶译《道行般若经》卷9："菩萨为诸天阿须伦龙鬼神、甄陀罗、摩睺勒、人及非人，作不可计之覆护。"（8，470 a）在三国时的译经中，"摩睺罗伽"这一译名才出现，如：旧题吴支谦译《撰集百缘经》卷9："尔时释提桓因，知佛欲下，敕诸天龙夜叉、干闼婆、阿修罗、迦楼罗、紧那罗、摩睺罗伽、究盘荼等，为佛造作三道宝梯。"（4，247a）

夜叉

《大方便佛报恩经》卷1："诸天龙夜叉、干闼婆、阿修罗、迦楼罗、紧那罗、摩睺罗伽、人非人等，各与若干百千眷属俱，各礼佛足，退坐一面。"（3，124b）

夜叉，梵语 yakṣa，巴利语 yakkha。八部众之一。东汉译经中不见此词，而用其异译词"阅叉"。东汉竺大力共康孟详译《修行本起经》卷上："释梵四王，与其官属，诸龙鬼神、阅叉、揵陀罗、阿须伦，皆来侍卫。"（3，463c）支谶译《道行般若经》卷2："诸天人、诸龙、阿须伦、诸阅叉鬼神、诸迦楼罗鬼神、诸甄陀罗鬼神、诸干陀罗鬼神、诸摩睺勒鬼神、诸人诸非人，都卢赐来到是间。"（8，434c）三国时期的译经中才开始使用"夜叉"一词，共出现5次。旧题吴支谦译《撰集百缘经》卷9："有无量百千万亿诸天龙夜叉人非人等，见佛如来从天上下，莫不欢喜，渴仰闻法。"（4，247a）自此之后，译经就以用"夜叉"一词为主了。

紧那罗

《大方便佛报恩经》卷7："诸天、鬼神、干闼婆、阿修罗、迦楼罗、紧那罗、摩睺罗伽，以诸华香，微妙伎乐，幡盖供养。"（3，164b）

紧那罗，梵名 Kiṃnara，巴利名 Kinnara，八部众之一。东汉不见有用此词形，而是用"真陀罗、甄陀罗、甄多罗"等。如：东汉支谶译《佛说阿阇世王经》卷2："龙、阅叉、阿须伦、迦留罗、真陀罗、摩休勒、人非人及释梵，下至一切诸虫兽鸟兽，各各知其意，随其所欲。"（15，397b）东汉支谶译《道行般若经》卷 10《昙无竭菩萨品第二十九》："亦入于阿须伦，亦入于龙，亦入于鬼神，亦入于捷陀罗，亦入于迦留勒，亦入于甄陀罗，亦入于摩睺勒，亦入于罗刹。"（8，475b）吴支谶译《般舟三昧经》卷 1："时诸比丘、比丘尼、优婆塞、优婆夷、诸天、诸龙、诸阿羞伦民、诸阅叉鬼神、诸迦楼罗鬼神、诸甄多罗鬼神、诸摩睺勒鬼神、诸人非人，无央数都不可计。"（13，903a）

涅槃

《大方便佛报恩经》卷 2："夫大导师者，导以正路示涅槃径，使得无为，常得安乐。"（3，132a）

涅槃，梵语 nirvana，巴利语 nibbana。东汉译经只用"泥洹、般泥洹"。东汉竺大力共康孟详译《修行本起经》卷 2："速疾入众寂，皆得至泥洹。"（3，472b）东汉支谶译《道行般若经》卷 8："诸未度者，悉当度之，诸未脱者，悉当脱之，诸恐怖者，悉当安之，诸未般泥洹者，悉皆当令般泥洹。"（8，465c）三国译经中首见为：旧题吴支谦译《撰集百缘经》卷 4："佛在拘尸那城娑罗双树间，将欲涅槃，时须拔陀，闻佛世尊欲入涅槃，将五百力士，来诣佛所。"（4，220c）自魏晋以降，已是用"涅槃"一词为常。

南无

《大方便佛报恩经》卷 5《慈品第七》："尔时五百人，寻共发声唱如是言：'南无释迦牟尼佛。'"（3，150c）

遍寻确切无疑的东汉译经，未见"南无"一词。"南无"一词始见于三国译经。旧题吴支谦译《撰集百缘经》卷 2："我等今者，咸共至心，称南无佛陀，以救苦厄。"（4，209b）吴支谦译《佛说阿弥陀三耶三佛萨楼佛檀过度人道经》卷 2："若起，更被袈裟，西向拜，

当日所没处，为阿弥陀佛作礼。以头脑着地言：'南无阿弥陀三耶三佛'。"（12，316b）

2. 一般词语

乞儿

《大方便佛报恩经》卷4《恶友品第六》："尔时牧牛人寻后得见，问言：'汝是何人？'善友即自念言：'我今不应自陈本末，炳说上事，脱令我弟得大苦恼。'答言：'我是盲乞儿耳。'"（3，145b）

"乞儿"是魏晋时期一个带口语色彩的词，张永言先生曾论及，此词未见于东汉译经，译经的最早用例是在康僧会译经（方一新，2003）。三国时期的译经中共有3例，均在康僧会译《六度集经》中，除张先生举的一例外，另2例为：《六度集经》卷3："时有乞儿，遥闻斯诲怆然而感，进犹乞食。还取鼠去。"（3，14a）《六度集经》卷8，"鳏寡幼弱，乞儿给救，疾病医药，衣食相济，苦乏无者，令诣宫门，求所不足。"（3，49a）三国时期的译经中，以用"乞人"一词为常，共有9例。如：吴支谦译《佛说孛经抄》："王所奉孛，被服粗陋，似乞人耳。"（17，730b）曹魏康僧会译《六度集经》卷5："王即怒曰：'当死乞人，吾现帝王一国之尊，问不时对，而佯低头乎？'"（3，25a）魏晋以降，"乞儿"的用例渐多。

寻时

《大方便佛报恩经》卷4："善友太子还得宝珠，往父母前跪烧妙香，即咒誓言：'此宝珠是如意宝者，令我父母，两目明净如故。作是愿已，寻时平复。'"（3，146c）

"寻时"义为"随即"。《大方便佛报恩经》中有9例之多。东汉三国译经尚无，西晋时则较为常见。如：西晋竺法护译《生经》卷

1："时天帝释寻时来下，化作一小鼠，啮系魁绳，魁即堕地。"（3，76b）西晋法炬共法立译《法句譬喻经》卷2："佛重为说四谛八解之要，寻时即得阿罗汉道。"（4，587c）西晋聂承远译《佛说超日明三昧经》卷1："离垢目长者子五千营从，皆发无上正真道意，寻时逮得，不起法忍。"（15，536b）

一七

《大方便佛报恩经》卷1："汝师瞿昙实是恶人，适生一七，其母命终，岂非恶人也。"（3，124c）

又卷2："如是承事，乃至一七至九十日，为欲求请菩萨听闻佛法。"（3，131c）

又卷4："尔时善友太子，与盲导师即前进，路行一七日，水齐到膝，复更前行一七，水齐到颈，前进一七，浮而得渡，即到海处。"（3，144b）

又卷5："时婆罗门住在门外，停滞一七不能得前。"（3，149c）

"一七"即七，这种说法最早出现在东晋时期的译经中。后秦鸠摩罗什等译《禅秘要法经》卷3："如前数息已，闭气而住，经一七日，尔时自然见此大地渐渐空，见一床下渐渐空，见一房渐渐空。"（15，267a）后代沿用：元魏吉迦夜共昙曜译《杂宝藏经》卷8："佛为说法，一七日中，成阿罗汉。"（4，486b）

足跟

《大方便佛报恩经》卷7："一者足下平，二者足下千辐轮，三者指纤长，四者足跟佣满……"（3，164c）

"足跟"一词，未见于东汉时期的文献。三国支谦译经中有二例。吴支谦译《梵摩渝经》卷1："一相足下安平正，二相手足有轮，轮有千辐，三相钩锁骨，四相长指，五相足跟满。"（1，883c）吴支谦译《太子瑞应本起经》卷1："修臂指长，足跟满安平趾。"（3，474a）三国以后，用例渐多。西晋竺法护译《普曜经》卷2："修臂指长，足跟满安平正。"（3，496a）姚秦竺佛念等译《四分律》卷50："诸比丘脚劈破，听涂足跟足底油涂至指奇。"（22，943a）

必定

《大方便佛报恩经》卷4："夫人见已，心生恃赖，今者此雁，其必定得我子死活定实消息。"（3，146b）

"必定"一词，东汉译经不见，三国时期支谦的译经中才出现。如：吴支谦译《菩萨本缘经》卷2："今此端应必定不祥，将非我夫命根断耶？"（3，60b）又卷3："我今贫穷施乃为难，唯愿哀矜必定受之。"（3，66b）旧题吴支谦译《撰集百缘经》卷3："今者考我，彻于心骨，痛不可言，若不伏首，授我四归，必定交死。"（4，216c）在中土文献中出现甚晚，《史记·穰侯列传》："臣闻往来者言曰'秦将益赵甲四万以伐齐'，臣窃必之。"《索隐》曰："告齐王，言秦必定不益兵以助赵。"

胡跪

《大方便佛报恩经》卷1："即从座起整衣服，偏袒右肩，胡跪合掌。"（3，127b）

又卷4："尔时阿难观察众心咸皆有疑，即从座起，偏袒右肩，右膝着地，胡跪合掌。"（3，142c）

又卷6："精进乞戒，胡跪合掌，白四羯磨已。"（3，158c）

又卷7："尔时婆罗门子，胡跪合掌，心生惭愧。"（3，161c）

胡跪，指一种跪坐之法。古时印度、西域地方总称为胡，胡跪乃跪拜之敬仪。"胡跪"一词，不见于东汉译经。在三国译经中有一例。即：曹魏昙谛译《羯磨》卷1："来已，应与捉衣钵，教礼僧足已，在戒师前胡跪合掌。"（22，1061b）东晋时多见。如：后秦鸠摩罗什译《大庄严论经》卷8："时优波离说是偈已，到世尊所，胡跪合掌，右膝着地。"（4，300a）东晋佛陀跋陀罗译《大方广佛华严经》卷47："复有一万阿修罗王，在虚空中，右膝胡跪，一心合掌，恭敬供养。"（9，701c）东晋佛陀跋陀罗译《佛说观佛三昧海经》卷2："入塔观时，亦当作此诸光明想，至心合掌，胡跪谛观，一日至三日心不错乱。命终之后，生兜率天。"（15，656b）东晋佛陀跋陀罗共法显译《摩诃僧祇律》卷28："请依止法者，应偏袒右肩胡跪接足。"（22，457c）东汉不见"胡跪"一词，在讲跪拜的礼仪时都用"长跪"，三国时期的译经中也是以"长跪"为常。

3. 常用词的运用

一些在历史上有过历时更替的常用词，它们的发展很有规律，时代性明确。利用常用词来判定作品的时代，首先要求把一些常用词在各个时期的演变情况弄清楚。然后，根据其在《大方便佛报恩经》中的使用情况，我们就可以大致考定其创作时间的上限与下限。具体说来，我们先把《大方便佛报恩经》的使用次数统计出来，再各抽几部东汉、三国、西晋以及其后的译经做详细统计，看其最接近于哪个阶段的译经。

侧：边

《大方便佛报恩经》卷1："其土平正，琉璃为地，黄金为绳以界道侧。"（3，126a）

又卷3："即问青衣：'鹿母夫人所生华者，遗弃何处？'答言：'大王，埋此池边大珊瑚下。'"（3，139c）

"侧、边"在东汉、三国、西晋时代的几部译经中的使用频率如下表：

表 10　"侧、边"使用频率统计表

时代	经名	侧	边
	大方便佛报恩经	5	51
东汉	修行本起经	9	0
	中本起经	4	8
三国	六度集经	12	26
	撰集百缘经	5	18
	生经	5	19
西晋	普曜经	6	35
	法句譬喻经	6	28
东晋	佛说长阿含经	18	142
北魏	贤愚经	11	86

东汉时期"边"的使用并不十分频繁，三国时期"边"的使用就已经远远超过"侧"了。通过对比，《大方便佛报恩经》中"侧、边"使用次数分别为 5∶51，其使用频率与西晋的译经最为接近。

放∶牧

《大方便佛报恩经》卷 4∶"利师跋王有一牧人名留承，为利师跋王放五百牛，随逐水草。"（3，145b）

又卷 4∶"太子言∶'无苦，为我饷致给与此牧牛人。'"（3，146b）

《大方便佛报恩经》中单用"牧""放"各 4 例，有一例为"放牧"连用。即《大方便佛报恩经》卷 4∶"复有一大臣言∶世间求利，莫先畜养众生，放牧滋息，其利最大。"（3，143b），其中"牧"用在"牧人，牧牛人"这样的组合当中。东汉译经中说"放牧"用

"牧"，不用"放"，共有 5 例。如：安世高译《七处三观经》卷 1：
"一者离垢悭意，家中行牧。"（2，881a）三国时"放""牧"并用，
各有 10 例。《大方便佛报恩经》中"放、牧"用例的比例与三国译
经情况相近。

（二）语法方面

1. 助动词"当"修饰判断词"是"

> 《大方便佛报恩经》卷 4："善友太子言：'此小人者，何敢
> 违逆我意？当是父王教耳。'"（3，143b）

助动词修饰判断词"是"，是中古时期新出现的语言现象，在东
汉的译经中未见此用法，三国译经中有一例：《大宝积经》卷 82，曹
魏康僧铠译《郁伽长者会》第 19："是阴界入非我我所，况父母妻子
当是我所。"（11，475a）三国以后，此用法渐渐兴起。后秦鸠摩罗
什译《发菩提心经论》卷上："若横加恶伤害于我，当自思惟我今无
罪，当是过去宿业所招，是亦应忍。"（32，512c）后秦弗若多罗译
《十诵律》卷 4："时有毗舍佉鹿子母，小因缘故，到掘多比舍，遥闻
迦留陀夷说法声，作是念：必当是迦留陀夷在掘多舍说法，我当往
听。"（23，28b）东晋僧伽提婆译《增壹阿含经》卷 46："佛告梵
志：'若复婆罗门女出适刹利家，生男儿者彼当从何姓？'梵志报曰：
'彼人当是刹利种。'"（2，798b）宋求那跋陀罗译《过去现在因果
经》卷 2："王闻此语，心生欢喜，而自念言：'太子当是不乐在宫行
夫妇礼，所以求出园林去耳。'"（3，629c）中土文献则在晋代才有
此用例，晋干宝《搜神记》卷 17："郡中典农闻之曰：'此神正当是
狸物耳。'"

2. 今……是

> 《大方便佛报恩经》卷 4："尔时波罗奈大王者，今现我父悦

头檀是。尔时母者，今现我母摩耶夫人是。尔时恶友太子者，今提婆达多是。尔时善友太子者，今我身是。"（3，147a）

又："尔时王者，今大王身是。尔时猎师者，今提婆达多是。尔时一雁悲鸣吐血者，今阿难是。尔时五百群雁者，今五百阿罗汉是。尔时雁王者，今我身是。"（3，148a）

东汉译经中用"今……是也"句式。东汉昙果共康孟详译《中本起经》卷下："尔时高行梵志，则吾身是也。五百弟子，今若曹是也。"（4，163c）又："人闻道言，背而不信，喻如下田没溺不生，今六师尼揵等是也。"（4，162c）"今……是"由"今……是也"发展而来，这是由于这一时期判断句进一步发展，煞尾的"也"字脱落的结果。这一句式变化是在三国时开始的。如：吴支谦译《佛说月明菩萨经》卷1："尔时智力王者，今弥勒菩萨是，时智止太子，我身是。"（3，411c）旧题吴支谦译《撰集百缘经》卷7："欲知彼时商主奉上摩尼宝珠者，今此宝盖比丘是。"（4，236c）西晋以后，继续沿用。如：西晋竺法护译《生经》卷1："尔时猕猴，今淫荡女人是。"（3，71c）西晋法炬、法立译《法句譬喻经》卷1："尔时夫人婇女五百人者，今此五百比丘尼是。"（4，585a）例多不举。

通过以上的考查，我们认为七卷本《大方便佛报恩经》和东汉其他译经在语言上有着明显的差异，其具体翻译年代当不早于三国，其中不少用语与西晋时期佛经的语言更为接近。

主要参考文献

［梁］慧皎，1992，《高僧传》，北京：中华书局。

［梁］僧祐，1995，《出三藏记集》，北京：中华书局。

［清］俞樾，2008，《古书疑义举例》，上海：上海古籍出版社。

蔡镜浩，1990，《魏晋南北朝词语例释》，南京：江苏古籍出版社。

陈宝勤，2002，《汉语造词研究》，成都：巴蜀书社。

陈明，2012，《梵汉本〈破僧事〉词语札记》，《欧亚学刊》第 10 辑。

陈明，2017，《根本说一切有部律典梵汉词语例释》，《汉语史研究集刊》第二十三辑。

陈明，2018，《梵汉本根本说一切有部律典词语研究》，北京：北京大学出版社。

陈琼，2010，《外来词的汉化途径及其文化心理探究》，《西南农业大学学报》第 3 期。

陈文杰，2000，《早期汉译佛典语言研究》，成都：四川大学博士论文。

陈文杰，2005，《东汉译经词语考释》，《古籍整理研究学刊》第 3 期。

陈秀兰，1997，《佛典语词札记二则》，《绵阳师范高等专科学校学报》第 1 期。

陈秀兰，2003，《"不听"作"不允许"解的年代考证补》，《中国语文》第 6 期。

陈秀兰，2018，《基于梵汉对勘的东汉译经外来词研究》，《中国俗文化研究》第 2 期。

陈秀兰，2018，《基于梵汉对勘的魏晋南北朝佛经词汇语法研究》，上海：复旦大学出版社。

陈秀兰、朱庆之，2013，《"心猿意马"的语源和流变》，《汉语史学报》第十三辑。

陈义孝，1998，《佛学常见词汇》，上海：上海佛学书局。

程湘清（主编），1982，《先秦汉语研究》，济南：山东教育出版社。

程湘清（主编），1985，《两汉汉语研究》，济南：山东教育出版社。

〔日〕荻原云来，1979，《汉译对照梵和大辞典》，台北：新文丰出版公司。

丁福保，1984，《佛学大辞典》，北京：文物出版社。

董秀芳，2011，《词汇化：汉语双音词的衍生和发展》，北京：商务印书馆。

董志翘，1988，《古文献的多音节同义复词》，《训诂教学与研究》第 1 期。

董志翘，1994，《中古虚词语法例释》，长春：吉林教育出版社。

董志翘，1997，《〈入唐求法巡礼行记〉词汇研究》，成都：四川大学博士论文。

董志翘，2000，《中古文献语言论集》，成都：巴蜀书社。

董志翘，2004，《21 世纪中古近代汉语词汇研究随想》，载《21 世纪的中国语言研究（一）》，北京：商务印书馆。

董志翘、蔡镜浩，1994，《中古虚词语法例释》，长春：吉林教育出版社。

董志翘、赵家栋，2011，《中古汉语词义探索（二则）》，《江苏大学学报》第 3 期。

范晓露，2019，《从梵汉对勘看中古译经中"形+X"结构的特殊用法及其形成》，《宁夏大学学报》第 4 期。

方一新，1992，《汉魏六朝翻译佛经释词》，《语言研究》第 2 期。

方一新，1996，《东汉语料与词汇史研究刍议》，《中国语文》第 2 期。

方一新，1997，《东汉魏晋南北朝史书词语笺释》，合肥：黄山书社。

方一新，1998，《从〈汉语大词典〉看大型历史性语文词典的取证举例方面的若干问题》，《汉语史研究集刊》第一辑。

方一新，2003，《〈兴起行经〉翻译年代初探》，《中国语言学报》第 11 期。

方一新，2004，《从中古词汇的特点看汉语史的分期》，《汉语史学报》第四辑。

方一新，2005，《21 世纪中古汉语词汇研究》，《中古汉语研究》第 2 辑。

方一新，2010，《中古近代汉语词汇学》，北京：商务印书馆。

方一新（主编），2023，《语言考辨与佛经鉴别》，北京：商务印书馆。

方一新、高列过，2012，《东汉疑伪佛经的语言学考辨研究》，北京：人民出版社。

方一新、王云路（编著）1993，《中古汉语读本》，长春：吉林教育出版社。

方一新、王云路，1994，《读〈佛典与中古汉语词汇研究〉》，《古汉语研究》第 1 期。

高列过，2003，《东汉佛经被动句疑问句研究》，杭州：浙江大学博士学位论文。

葛本仪，2006，《汉语词汇研究》，北京：外语教学与研究出版社。

葛本仪，2001，《现代汉语词汇学》，济南：山东人民出版社。

顾满林，2015，《佛经语料与佛经用语散论》，北京：中国社会科学出版社。

顾满林，2016，《东汉佛经语料问题举隅——从〈中本起经〉"晋言"说起》，《汉语史学报》第十六辑。

顾满林，2018，《汉文佛典中"塔"相关音译形式及其汉化》，《古汉语研究》第 3 期。

顾满林、俞理明，2011，《东汉佛道文献词汇新质的概貌》，《汉语史研究集刊》第十四辑。

顾满林、俞理明，2012，《东汉佛经词汇新质中的意详词——兼谈汉译佛经用语的性质》，《汉语史学报》第十二辑。

郭在贻，1985，《训诂丛稿》，上海：上海古籍出版社。

郭在贻，1986，《训诂学》，长沙：湖南教育出版社。

郭在贻，1989，《读江蓝生〈魏晋南北朝小说词语汇释〉》，《中国语文》第 3 期。

郭在贻，1992，《郭在贻语言文学论稿》，杭州：浙江古籍出版社。

洪波，1999，《论实词的虚化》，载《坚果集——汉台语锥指》，天津：南开大学出版社。

胡敕瑞，2002，《〈论衡〉与东汉佛典词语比较研究》，成都：巴蜀书社。

黄金贵，1995，《古代文化词义集类辨考》，上海：上海教育出版社。

黄征，1992，《三字连义论析》，《语文建设通讯》（香港）第 38 期。

黄征，1998，《唐代俗语词辑释》，载荣新江（主编）：《唐研究》第四卷，北京：北京大学出版社。

季羡林，1991，《季羡林学术论著自选集》，北京：北京师范学院出版社。

季羡林，2007，《季羡林谈佛》，北京：当代中国出版社。

贾彦德，1999，《汉语语义学》，北京：北京大学出版社。

江蓝生，1998，《求实探新，开创汉语史研究的新局面》，《语言文字应用》第 3 期。

江蓝生，1988，《魏晋南北朝小说词语汇释》，北京：语文出版社。

江蓝生，1988，《魏晋南北朝小说词语汇释》，北京：语文出版社。

江蓝生，2000，《相关词语的类同引申》，载《近代汉语探源》，北京：商务印书馆。

江蓝生，2000，《近代汉语探源》，北京：商务印书馆。

江蓝生、曹广顺（编著），1997，《唐五代语言词典》，上海：上海教育出版社。

姜南，2014，《汉译佛典中的"梵志"是梵汉合璧词吗?》，《中国语文》第 5 期。

蒋骥骋，1991，《近代汉语词汇研究》，长沙：湖南教育出版社。

蒋礼鸿（主编），1994，《敦煌文献语言词典》，杭州：杭州大学出版社。

蒋礼鸿，1997，《敦煌变文字义通释》（增补定本），上海：上海古籍出版社。

蒋绍愚，1994，《近代汉语研究概况》，北京：北京大学出版社。

蒋绍愚，2000，《汉语词汇语法论文集》，北京：商务印书馆。

蒋绍愚，2005，《古汉语词汇纲要》，北京：商务印书馆。

蒋绍愚，2015，《汉语历史词汇学概要》，北京：商务印书馆。

李海波，2007，《"心"、"意"、"识"略诠》，《宗教学研究》第 4 期。

李铁匠，1989，《安世高身世辨析》，《南昌大学学报》第 1 期。

李维琦，1993，《佛经释词》，长沙：岳麓书社。

李维琦，1999，《佛经续释词》，长沙：岳麓书社。

李小军，2014，《论手部动作范畴向心理范畴的演变》，《江西师范大学学报》第 6 期。

李周渊，2020，《三国支谦译经研究》，新北：法鼓文理学院博士论文。

李宗江，1999，《汉语常用词演变研究》，上海：汉语大词典出版社。

梁启超，1989，《佛学研究十八篇》，北京：中华书局。

梁晓虹，1994，《佛教词语的构造与汉语词汇的发展》，北京：北京语言学院出版社。

梁晓虹，1996，《从语言上判定〈旧杂譬喻经〉非康僧会所译》，《中国语文通讯》第 40 期。

林美玲，2003，《试论佛经词汇的汉化》，杭州：浙江大学硕士学位论文。

刘百顺，1993，《魏晋南北朝史书词语札记》，西安：陕西师范大学出版社。

刘坚、江蓝生、白维国等，1992，《近代汉语虚词研究》，北京：语文出版社。

刘洁修，2009，《汉语成语源流大辞典》，北京：开明出版社。

刘叔新，1990，《汉语描写词汇学》，北京：商务印书馆。

柳士镇，1992，《魏晋南北朝历史语法》，南京：南京大学出版社。

〔美〕罗杰瑞，1995，《汉语概说》，张惠英译，北京：语文出版社。

罗竹风（主编），1997，《汉语大词典》（缩印本），上海：汉语大词典出版社。

骆晓平，1990，《魏晋六朝汉语词汇双音化倾向三题》，《古汉语研究》第 4 期。

吕澂（编），1980，《新编汉文大藏经目录》，济南：齐鲁书社。

吕澂，1979，《中国佛学源流略讲》，北京：中华书局。

吕叔湘著，江蓝生补，1985，《近代汉语指代词》，上海：学林出版社。

吕叔湘（主编），1984，《现代汉语八百词》，北京：商务印书馆。

潘允中，1989，《汉语词汇史概要》，上海：上海古籍出版社。

潘小溪，2020，《近 20 年安世高相关问题研究综述》，《世界宗教研究》第 1 期。

钱锺书，1986，《管锥编》，北京：中华书局。

邱冰，2012，《从汉译佛经构词语素演变看文化与语言的交流特性》，《中国文化研究》第 2 期。

邱冰，2018，《语言接触对中古汉译佛经词汇的多层级影响》，《汉语史学报》第十九辑。

任继愈，1985，《中国佛教史》（第一卷），北京：中国社会科学出版社

任学良，1981，《汉语造词法》，北京：中国社会科学出版社。

沈家煊，1994，《语言研究中的认知观》，《国外语言学》第 4 期。

史光辉，2003，《也说"不听"》，《唐都学刊》第 3 期。

史光辉，2003，《谈早期汉译佛经在大型语文辞书编纂方面的价值——以东汉支娄迦谶译〈道行般若经〉为例》，《浙江学刊》第 5 期。

史光辉，2005，《从语言角度判定〈伅真陀罗所问如来三昧经〉非支谶所译》，《汉语史学报》第五辑。

史光辉，2009，《从语言角度看〈大方便佛报恩经〉的翻译年代》，《古汉语研究》第 3 期。

史有为，2000，《汉语外来词》，北京：商务印书馆。

释德安（周睦修），2005，《〈无量寿经〉译者考——以佛经语言学为研究主轴》，衡阳：南华大学硕士学位论文。

苏新春，1990，《汉语双音词化的根据和动因》，《广州师院学报》第4期。

孙常叙，1956，《汉语词汇》，长春：吉林人民出版社。

〔日〕太田辰夫，1987，《中国语历史文法》，蒋绍愚等译，北京：北京大学出版社。

〔日〕太田辰夫，1991，《汉语史通考》，江蓝生等译，重庆：重庆出版社。

汤用彤，1997，《汉魏两晋南北朝佛教史》，北京：北京大学出版社。

〔日〕藤田宏达，1970，『原始浄土思想の研究』，东京：岩波书店。

汪维辉，1997，《先唐佛经词语札记六则》，《中国语文》第2期。

汪维辉，2000/2017，《东汉—隋常用词演变研究》，南京：南京大学出版社/北京：商务印书馆。

汪维辉，2005，《佛经词语考释四则》，《浙江大学学报》（人文社会科学版）第5期。

汪维辉，2006，《论词的时代性和地域性》，《语言研究》第2期。

汪维辉，2018，《汉语核心词的历史与现状研究》，北京：商务印书馆。

王力，1958，《汉语史稿》，北京：中华书局。

王力，1989，《汉语语法史》，北京：商务印书馆。

王力，1993，《汉语词汇史》，北京：商务印书馆。

王宁，1996，《训诂学原理》，北京：中国国际广播出版社。

王宁，1997，《现代汉语双音合成词的构词理据与古今汉语的沟通》，载《庆祝中国社会科学院语言研究所建所45周年学术论文集》，

　　北京：商务印书馆。

王锳，1986，《诗词曲语辞例释》（第 2 版），北京：中华书局。

王锳，1990，《唐宋笔记语辞汇释》，北京：中华书局。

王海棻等（编），1996，《古汉语虚词词典》，北京：北京大学出版社。

王云路，1997，《汉魏六朝诗歌语言论稿》，西安：陕西人民教育出版社。

王云路，1999，《六朝诗歌语词研究》，哈尔滨：黑龙江教育出版社。

王云路，2000，《中古常用词研究漫谈》，《中古近代汉语研究》第一辑。

王云路，2001，《百年中古汉语词汇研究述略》，《浙江大学学报》第 4 期。

王云路，2003，《中古汉语词汇研究综述》，《古汉语研究》第 2 期。

王云路，2006，《试说翻译佛经新词新义的产生理据》，《语言研究》第 2 期。

王云路，2010，《中古汉语词汇史》，北京：商务印书馆。

王云路、方一新，1992，《中古汉语语词例释》，长春：吉林教育出版社。

王云路、方一新（编），2000，《中古汉语研究》，北京：商务印书馆。

王云路、王诚，2014，《汉语词汇核心义研究》，北京：北京大学出版社。

王云路、张凡，2008，《释"踊跃"其他——兼谈词义演变的相关问题》，《中国语文》第 3 期。

魏德胜，1995，《〈韩非子〉语言研究》，北京：北京语言学院出版社。

吴福祥，1996，《敦煌变文语法研究》，长沙：岳麓书社。

吴金华，1982，《古文中的同义词连用》，《语文学习》第 9 期。

吴金华，1990，《三国志校诂》，南京：江苏古籍出版社。

吴金华，1994，《世说新语考释》，合肥：安徽教育出版社。

吴金华，1995，《古文献研究丛稿》，南京：江苏教育出版社。

吴金华，2000，《〈三国志〉语词琐记》，《中古近代汉语研究》第一辑。

向熹，2010，《简明汉语史》，北京：商务印书馆。

项楚，1990，《敦煌变文选注》，成都：巴蜀书社。

谢质彬，2000，《"不听"作"不允许"解的始见年代及书证》，《中国语文》第1期。

〔日〕辛岛静志，1997，《汉译佛经的语言研究》，裘云青译，《俗语言研究》第4期。

〔日〕辛岛静志，1999，『大阿弥陀経』訳注（一），《佛教大学総合研究所纪要》第6号。

〔日〕辛岛静志，2005，『大阿弥陀経』訳注（六），《佛教大学総合研究所纪要》第12号。

〔日〕辛岛静志，2006，《〈撰集百缘经〉的译出年代考证——出本充代博士的研究简介》，《汉语史学报》第六辑。

〔日〕辛岛静志，2010，《早期汉译佛典的语言研究——以支娄迦谶及支谦的译经对比为中心》，《汉语史学报》第十辑。

〔日〕辛岛静志，2016，《佛典语言及传承》，裘云青、吴蔚琳译，上海：中西书局。

徐时仪，2000，《古白话词汇研究论稿》，上海：上海教育出版社。

徐时仪，2009，《佛经音义研究通论》，南京：凤凰出版社。

徐时仪，2010，《玄应音义研究》，北京：商务印书馆。

徐时仪，2013，《〈朱子语类〉词汇研究》，上海：上海古籍出版社。

徐通锵，1991，《历史语言学》，北京：商务印书馆。

徐通锵，1997，《语言论》，长春：东北师范大学出版社。

颜洽茂，1991，《佛教语言阐释——中古佛经语汇研究》，杭州：杭
　　州大学出版社。

颜洽茂，1998，《试论佛经语词的"灌注得义"》，《汉语史研究集
　　刊》第一辑。

杨锡彭，2007，《外来词的语音汉化》，《北华大学学报》第 4 期。

姚永铭，2001，《一切经音义与词语探源》，《中国语文》第 2 期。

叶蜚声、徐通锵，1990，《语言学纲要》，北京：北京大学出版社。

殷寄明，2007，《汉语同源字词丛考》，上海：东方出版中心。

俞理明，1993，《佛经文献语言》，成都：巴蜀书社。

俞理明，2005，《东汉佛道文献词汇研究的构想》，《汉语史研究集
　　刊》第八辑。

俞理明、顾满林，2011，《东汉佛教文献词汇新质中的外来成分》，
　　《江苏大学学报》第 3 期。

俞理明、顾满林，2012，《东汉佛道文献词汇新质的表义分析》，《汉
　　语史研究集刊》第十五辑。

俞理明、顾满林，2013，《东汉佛道文献词汇新质研究》，北京：商
　　务印书馆。

遇笑容、曹广顺，1998，《也从语言上看〈六度集经〉与〈旧杂譬喻
　　经〉的译者问题》，《古汉语研究》第 2 期。

遇笑容，2003，《说"云何"》，《开篇》第 22 卷，东京：好文出版社。

曾昭聪，2005，《中古佛经中的字序对换双音词举例》，《古汉语研
　　究》第 1 期。

张静，2016，《东汉译经动词专题研究》，杭州：浙江大学博士学位
　　论文。

张静，2021，《〈㐆真陀罗所问如来三昧经〉非支谶译新证》，《现代语文》第 9 期。

张万起（编），1993，《世说新语词典》，北京：商务印书馆。

张烨，2012，《支谶译经"构词法"及"造词法"研究》，长春：吉林大学博士学位论文。

张诒三、张福通，2013，《佛源外来词汉化研究》，北京：中国书籍出版社。

张谊生，2000，《现代汉语副词研究》，上海：学林出版社。

张幼军，2006，《"庄严"一词梵汉对勘》，《古汉语研究》第 2 期。

张永言，1982，《词汇学简论》，武汉：华中工学院出版社。

张永言，1991，《从词汇史看〈列子〉的撰写时代》，载《季羡林教授八十华诞纪念论文集》，南昌：江西人民出版社。

张永言，1992，《语文学论集》，北京：语文出版社。

张永言（主编），1992，《世说新语辞典》，成都：四川人民出版社。

张雨薇，2015，《〈撰集百缘经〉译者、时代之考辨——以词汇为中心》，杭州：浙江大学硕士学位论文。

张雨薇，2019，《〈无量寿经〉同经异译语言与文献研究》，杭州：浙江大学博士学位论文。

张雨薇，2022，《汉译佛经中表示无穷大数的"过数"类表达形式及其来源》，《中国语文》第 6 期。

张雨薇、方一新，2019，《〈撰集百缘经〉非三国吴支谦译的语言学证据》，《河南师范大学学报》（哲学社会科学版）第 2 期。

〔日〕志村良治，1995，《中国中世语法史研究》，江蓝生等译，北京：中华书局。

中国佛教文化研究所（编），1995，《俗语佛源》，上海：上海人民出版社。

周光庆，1989，《古汉语词汇学简论》，武汉：华中师范大学出版社。

周俊勋，2009，《中古汉语词汇研究纲要》，成都：巴蜀书社。

周榕，2001，《隐喻认知基础的心理现实性》，《外语教学与研究》第
　　2 期。

周一良，1985，《魏晋南北朝史札记》，北京：中华书局。

周一良，1996，《唐代密宗》，上海：上海远东出版社。

朱冠明，2008，《移植：佛经翻译影响汉语词汇的一种方式》，《语言
　　学论丛》第 37 辑。

朱冠明，2015，《佛经翻译中的词义移植补例》，《语言研究》第
　　4 期。

朱庆之，1992，《佛典与中古汉语词汇研究》，台北：文津出版社。

朱庆之，1990，《佛经翻译与中古汉语词汇二题》，《中国语文》第
　　2 期。

朱庆之，2000，《佛经翻译中的仿译及其对汉语词汇的影响》，《中古
　　近代汉语研究》第一辑。

朱庆之（编），2009，《佛教汉语研究》，北京：商务印书馆。

朱庆之，2015，《论佛教对古代汉语词汇发展演变的影响》，载吴福
　　祥、王云路（编）：《汉语语义演变研究》，北京：商务印书馆。

朱庆之、梅维恒（编），2004，《荻原云来〈汉译对照梵和大辞典〉
　　汉译词索引》，成都：巴蜀书社。

朱瑞玫（编著），1989，《佛教与成语》，北京：北京经济学院出版社。

朱瑞玫（编著），2003，《佛教成语》，上海：汉语大词典出版社。

邹伟林，2006，《〈普曜经〉词汇研究》，长沙：湖南师范大学硕士学
　　位论文。

〔荷兰〕许理和，1987，《最早的佛经译文中的东汉口语成分》，蒋绍愚译，《语言学论丛》第 14 辑。

〔荷兰〕许理和，1998，《佛教征服中国》，李四龙、裴勇等译，南京：江苏人民出版社。

〔荷兰〕许理和，2001，《关于初期汉译佛经的新思考》，顾满林译，《汉语史研究集刊》第四辑。

Zürcher, Erik, 1991 "A New Look at the Earliest Chinese Buddhist Text," in Koichi Shinohara and Gregory Schopen（eds.）, *From Benares to Beijing*: *Essay on Buddhism and Chinese Religion*, New York: Mosaic Press.

Nattier, Jan, 2008 *A Guide to the Earliest Chinese Buddhist Translations*: *Texts from the Eastern Han* 东汉 *and Three Kingdoms* 三国 *Periods*, The International Research Institute for Advanced Buddhology-Soka University（BPPB X）, Tokyo.

Nattier, Jan, 2005 "The Proto-History of the Buddhāvataṃsaka: The Pusa benye jing 菩萨本业经 and the Dousha jing 兜沙经," *Annual Report of The International Research Institute for Advanced Buddhology at Soka University for the Academic Year* 2004 [ARIRIAB] 8.

Harrison, Paul, 1998 "Women in the Pure Land: Some reflections on the textual sources," *Journal of Indian Philosophy* 26, no. 6.

Zacchetti, Stefano, 2010 "Defining An Shigao's 安世高 Translation Corpus: The State of the Art in Relevant Research," 《西域历史语言研究集刊》第三辑，北京：科学出版社。

Zacchetti, Stefano, 2019 "An Shigao," in Jonathan A. Silk（eds.）, *Brill's Encyclopedia of Buddhism*, volume II, Leiden: Brill.

后　记

　　本书的主体部分是我的博士学位论文《东汉佛经词汇研究》（史光辉，2001）。答辩后陆续进行修改，于2011年申报教育部后期资助项目，有幸获得立项资助。本书内容以结项成果为基础，结合鉴定专家意见进行了大幅修改，最终以现在的样子呈现在读者面前。

　　感谢我的博士生导师方一新先生。1997年秋，我负笈杭州，师从方一新先生研习中古汉语。刚好方老师在《中国语文》1996年第2期发表了《东汉语料与词汇研究刍议》一文，呼吁"加强对汉代尤其是东汉语言材料的发掘和研究，已经成为词汇史研究的新课题"。这是一篇中古汉语词汇研究方面具有前瞻性和针对性的重要论文，受此启发，我对题名东汉的翻译佛经进行研读，经过与导师的反复讨论，将博士论文的选题确定为"东汉佛经词汇研究"。论文的写作，更是得到老师的悉心指导，大到论文的结构安排、条目考释，小到字句表达以及标点运用，无不凝聚着老师的心血，论文的不少观点来源于老师的思想。

　　王云路先生既是论文的答辩委员会专家，后又受聘为本课题结项评阅专家，对本书给予了十分中肯的评价，也指出了不少有待修改完善的地方。在我的学习、工作和生活中，王老师和方老师给予了无微不至的关心和扶持，令我铭感于心。

　　论文定稿后，论文匿名评审专家提出了许多宝贵的修改建议。论文答辩时，又得到了祝鸿熹、黄金贵、樊维纲、吴金华、张涌泉、王云路、汪少华诸位先生的教正，吴金华先生专程到杭州来主持了我的博士论文答辩，答辩之余，我陪吴先生在西子湖畔喝茶，吴先生还就论文提出很多具体的指导意见，给予我诸多期许和鼓励。谨向先生们致以我衷心的感谢。

王锳先生是我的硕士生导师，王先生将我领入汉语史研究的大门，一直关心我的学习和工作，先生的道德文章，是我一生学习的典范。

在本书的修改过程中，我经常就部分章节和我的研究生交流讨论，增修的不少内容，是师生共同研讨形成的成果，我的博士生汤仕普贡献尤其突出。在最后定稿阶段，师妹张雨薇博士帮助核对增补部分文献，是正本书多处缺失。谨向他们表达诚挚的谢意。

本书的部分成果发表后，得到了学界的关注和指教。如张永言先生致董志翘先生的书信中专门提到：

"近得方一新兄赐寄之《汉语史学报》三，偶阅其中史光辉《常用词"矢""箭"的历时替换》一文，末尾论及在唐诗中'箭'已占绝对优势，甚是。我临时想到一例，比史文所举诸文人诗时代都更早，且见于典型的'人民口头创作'，即《旧唐书》卷83'薛仁贵传'：'仁贵发三矢……军中歌曰：'将军三箭定天山，战士长歌入汉关。'史传叙事（文言）用'矢'，而记录兵士歌辞（口语）用'箭'，颇可玩味。"

董先生向我转述了张先生的意见。2007年，我去川大参会，随方老师一起去拜访张先生，张先生又特地向我谈及此例。前辈学者对学术的严谨及对后学的鼓励与指教，令人感佩不已。

从博士论文的撰写到本书最后定稿，历时二十余年。这期间，中古汉语词汇研究从受到学界初步重视到逐渐成为研究的热点，材料的发掘逐步深入，研究方法和手段日益完善，研究队伍逐渐壮大，新成果层出不穷，中古汉语词汇的研究取得了长足的进展。当初博士论文的一些观点，现在已经有了新的认识。如东汉译经篇目的判定，学界看法也在不断改变，如果要全面修改，差不多要重写，也并不现实，这可能是旧作修订所面临的困境，思考再三，我决定在相关涉的地方对部分时贤的新成果加注进行说明，挂一漏万，在所难免，这是需要特别指出的。

在学习和生活中，我得到了诸多老师的教导、师友与同门的帮助以及家人的大力支持，在此一并表达我深深的谢意。

感谢商务印书馆白中林先生、孙祎萌女士，使本书有机会在商务印书馆出版。感谢本书责任编辑为本书付出的辛勤劳动。

史光辉

图书在版编目（CIP）数据

东汉佛经词汇研究 / 史光辉著 . -- 北京 : 商务印
书馆 , 2024. -- ISBN 978-7-100-22068-2

Ⅰ . B948；H13

中国国家版本馆 CIP 数据核字第 20245F0S98 号

东汉佛经词汇研究

史光辉　著

商 务 印 书 馆 出 版
（北京王府井大街 36 号　邮政编码 100710）
商 务 印 书 馆 发 行
北京虎彩文化传播有限公司印刷
ISBN　978-7-100-22068-2

2024 年 12 月第 1 版　　　开本　880×1240　1/32
2024 年 12 月第 1 次印刷　　印张　15⅜

定价：98.00 元